全球增长视角下的女性企业家

〔美〕坎迪达 · G.布拉什（Candida G. Brush）
〔新西兰〕安妮 · 德布鲁因（Anne de Bruin）
〔美〕伊丽莎白 · J. 盖特伍德（ Elizabeth J. Gatewood ）◎主编
〔爱尔兰〕科莉特 · 亨利（Colette Henry）
周 星 范乐乐 董 蕴 杨珂桢◎译

北京大学出版社
PEKING UNIVERSITY PRESS

著作权合同登记号　图字:01-2018-2356

图书在版编目(CIP)数据

全球增长视角下的女性企业家 /(美)坎迪达・G.布拉什等主编;周星等译.—北京:北京大学出版社,2020.5

(百森商学院教授创业学经典丛书)

ISBN 978-7-301-30852-3

Ⅰ.①全…　Ⅱ.①坎…②周…　Ⅲ.①女性—创业—研究　Ⅳ.①F241.4

中国版本图书馆 CIP 数据核字(2019)第 262765 号

书　　名　全球增长视角下的女性企业家
QUANQIU ZENGZHANG SHIJIAO XIA DE NÜXING QIYEJIA

著作责任者　〔美〕坎迪达・G.布拉什（Candida G. Brush）〔新西兰〕安妮・德布鲁因（Anne de Bruin）〔美〕伊丽莎白・J.盖特伍德（Elizabeth J. Gatewood）〔爱尔兰〕科莉特・亨利（Colette Henry）主编
周　星　范乐乐　董　蕴　杨珂桢　译

策划编辑　贾米娜

责任编辑　王　晶

标准书号　ISBN 978-7-301-30852-3

出版发行　北京大学出版社

地　　址　北京市海淀区成府路 205 号　100871

网　　址　http://www.pup.cn

微信公众号　北京大学经管书苑(pupembook)

电子信箱　em@pup.cn

电　　话　邮购部 010-62752015　发行部 010-62750672
编辑部 010-62752926

印 刷 者　涿州市星河印刷有限公司

经 销 者　新华书店
890 毫米×1240 毫米　32 开本　15.5 印张　340 千字
2020 年 5 月第 1 版　2020 年 5 月第 1 次印刷

定　　价　58.00 元

本丛书系列由美国百森商学院、厦门大学 MBA 教育中心和

北京大学出版社联合推出

支持中国的创业创新实践和创业教育实践

These series are brought to you by the collaboration of Babson College, MBA Education Center of Xiamen University and Peking University Press, in support of the Practice of Chinese Entrepreneurship and Chinese Entrepreneurship Education.

百森商学院教授创业学经典丛书
编委会

Preface

At Babson College, we educate entrepreneurial leaders who create great social and economic value everywhere.

Babson founded the academic discipline of entrepreneurship; we invented the methodology of Entrepreneurial Thought & Action; and we redefined entrepreneurship to embrace Entrepreneurs of All Kinds. We believe that entrepreneurship is a mindset, a way of looking at the world, and that it can be applied in any context, from corporations to startups to NGOs.

Through this book series, we are excited to share key lessons from renowned Babson faculty members with readers around the world. Our Babson faculty members are global leaders in entrepreneurship education. Their unmatched insights into business and entrepreneurship ensure that Babson remains a pioneer in entrepreneurship education and on the leading edge of research and pedagogy.

As we approach our Centennial in 2019, we are focused on preparing entrepreneurs to lead in a new way, creating social and economic value simultaneously, and, in doing so, transforming lives, businesses, and communities for the better. By offering a transformative experience, fostering intentional diversity and preparing graduates to apply Entrepreneurial Thought & Action in all settings, our graduates are ready to lead and make a difference in our rapidly changing world.

At 40, 000 and growing, Babson's global network of alumni and friends is poised to tackle big challenges—climate change, youth unemployment, global poverty—with entrepreneurial energy and Babson spirit; creating jobs, strengthening communities and generating social and economic value that goes beyond personal gain and extends to families, employers and society as a whole.

At Babson, we understand that entrepreneurship is the most powerful force for creating positive change in the world. Now, building on nearly 100 years of leadership in entrepreneurship education, we are striving to bring Entrepreneurial Thought & Action to everyone on the planet.

This is an exciting time for Babson as we build on our successes and continue into a second century of innovation and leadership. Thank you for being part of this journey.

Sincerely,
Kerry Healey
President
Babson College
July,2017

丛书序

在百森商学院，我们为创业领袖们提供创业教育。他们在世界各地创造了巨大的社会和经济价值。

百森商学院创立了创业学科；创造了“创业思维与行动”的方法；重新将创业学定义为包含“一切创业行为”的学科。我们确信创业学是一种思维的方式、一种观察世界的方法，无论是对于大企业、新创企业还是非政府组织，创业学在任何场景下均适用。

通过这套丛书，我们非常欣喜能够将百森商学院著名教授团队的重要心得与世界各地的读者分享。百森商学院教授团队的成员均为全球创业教育领域的翘楚。他们对商业和创业无与伦比的洞察力使百森商学院在创业教育上一直保持先行者的位置，同时在研究和教学方法上也具有领先优势。

2019 年百森商学院将迎来百年校庆，我们一直专注于帮助创业者做好准备，使他们能够以一种新的方式引领世界，并创造社会和经济价值；在这个过程中，也让自己的生活、事业和社区变得更加美好。通过提供具有变革性的经验，有意识地培养多样性，让毕业生们能够将“创业思维与行动”应用到所有场合，从而在这个快速多变的世界独领风骚，不同凡响。

百森商学院在全球的校友和朋友已经超过40 000名，而且人数还在不断增长，他们具备充分的能力，秉持创业的正能量和百森商学院精神去迎接巨大的挑战，如气候变化、青年失业、世界贫困等；他们将创造新的就业机会，强化社区的功能，并将创造的社会价值和经济价值从个人利益延伸到家庭、雇主及整个社会。

在百森商学院，我们知道创业学是促使这个世界产生积极变化的最强劲的力量。现在，以近一百年的创业教育领导地位为基础，我们正努力将“创业思维与行动”带给这个世界上的每一个人。

百森商学院将立足已有的辉煌，迈入充满创新和领导力精神的另一个世纪！这是一个多么令人激动的时代！感谢你们成为这一伟大进程中的一员！

克里·希利（Kerry Healey）

百森商学院校长

2017年7月

译者序

创新是一个民族的灵魂，创新创业是一个社会进步的永恒动力，同时也是 21 世纪知识经济的一项重要内容。近年来，女性创业也已被世界各国认为是摆脱女性贫困、提高女性地位、缓解就业压力、取得经济发展与社会进步的重要途径。近一个世纪以来，由于两性平权的观念已逐渐普遍，女性的经济地位愈显重要，然而碍于传统社会价值，很多女性对于自己是否能独当一面仍欠缺信心，同时，相对于男性，女性对有关创业的概念、信息与经验的掌握也比较薄弱，尤其是当经济不景气、失业问题严重时，会出现大批被迫创业的女性，此时她们的创业资源更显短缺。许多女性往往不知道自己到底能做什么，直到勉强自己去做或是为生活所迫而不得不挺身而出时，才知道自己实力惊人，这是《可以勇敢，也可以温柔》（*Risk to Win：A Woman's Guide to Success*）的作者史克萝为女性创业者下的脚注。然而不管是为了适应知识经济，还是为了对抗高失业率，女性创业已经成为全球性趋势，不但创业女性人口激增，而且各国政府与国际组织也十分关注女性创业的发展，纷纷投入大量资源，积极辅导、协助女性顺利踏上创业之路，例如成立妇女创业育成中心、妇女银行等，而亚太经济合作组织（APEC）会议也多次将女性创业纳入讨论议题。但与男性创业相比，女性创业有自身的特点，除创业环境因素外，这些特点同样影响着女性创业的发展。虽然近年来女性所创办的公司已然成为世界上增长最快的企业群体之一，并且为所有经济体的创新、就业以及财富创造作出了重大贡献（Brush 等，2006），但目前对于女性创业的研究仍然处于不断摸索与完善的阶段，关于这一群体创业现象的探讨仍很匮乏（Baker 等，1997；De Bruin 等，2006，2007），因此，尽管女性企业家对国民生产总值、就业、创新和社会福利均作出了积极贡献，但公众还是对女性企业家这一群体知之甚少。最新的文献表明有关女性企业家的研究占该领域相关文献的比率还不到 10%，现阶段研究的成果也仅仅初步揭示了世界范围内女性创业的主要特点。与男性创业者相比，全球女性创业在创业动机、创业活动涉及的行业范围、年龄、就业情况、教育、收入、创业心态等方面都存在着不同的特点。

机缘巧合，我有幸被邀请参加“百森商学院教授创业学经典丛书”之一《全球增长视角下的女性企业家》一书的翻译，这本书以大量翔实的案例，分析了芬兰、爱尔兰、捷克、挪威等国女性与男性相比而言成为企业家的概率、创造就业机会的概率、创业的影响等，并从家庭嵌入视角出发，验证了男性企业家和女性企业家在处理工作—家庭冲突方面存在的显著差异及其社会网络的结构差异，探讨了企业孵化环境可否成为女性创业者的一种资源，同时以俄罗斯转型经济为研究背景，对影响女性所有和运营的小型企业成功的因素进行分析，此外还探讨了女性企业家和男性企业家对发展意愿的感知差异。全书分成两大部分，第一部分重点介绍环境因素，特别是社会和家庭因素如何对男性和女性产生不同的影响，导致“女性创业悖论”产生的文化、历史、社会和经济等可能的原因；第二部分则检验了影响企业发展和绩效的战略、限制因素和促进因素，充分考量了自我效能、顾问、网络、社会政治和科技等一系列因素的影响。

本书是近年来少有的从女性角度全方位深入探讨女性创业的佳作，我们非常希望能将书中独到的见解尽快介绍给中国读者，期待读者能够从中获取些许的收益或灵感。近年来，我国政府先后出台了一系列减税让利政策，积极倡导“大众创业、万众创新”，大力支持创业创新和小微企业发展，这为包括女性在内的各类创业者创造了很好的宏观发展环境和发展机会，因此我们希望书中关于新兴经济体和欠发达经济体的女性创业和企业家方面的研究能够为当前我国的政策制定者、女性企业家提供一种全新的理念与思维模式。

在本书的翻译过程中，我的博士生范乐乐参与了第一到六章的初译，硕士生杨珂桢参加了第七到十一章的初译，硕士生董蕴参加了第十二到十七章的初译，我本人则承担了文前、注释和图表的翻译以及全书的整理、审校和润色工作。尽管我们怀着对女性创业问题的巨大兴趣，竭尽所能地翻译，但由于译者学识有限，加之时间仓促，错讹之处在所难免，企望读者海涵并指正。在此，我特别感谢北京大学出版社贾米娜、王晶女士的指导和帮助，她们的耐心和专业的编校工作是我们得以完成本书翻译、出版工作的必要条件。

周　星

2019 年 4 月于厦门大学嘉庚楼

参考文献

Baker, T., Aldrich, H. and Liou, N. (1997), 'Invisible entrepreneurs: The neglect of women business owners by mass media and scholarly journals in the USA', *Entrepreneurship and Regional Development*, 9 (2), 221-238.

Brush, C., Carter, N. M., Gatewood, E. J., Greene, P. G. and Hart, M. M. (2006), 'Introduction: The Diana Project International', in C. Brush, N. M. Carter, E. J. Gatewood, P. G. Greene and M. M. Hart, *Growth-Oriented Women Entrepreneurs and Their Businesses*, Cheltenham, UK and Northampton, MA, USA: Edward Elgar.

De Bruin, A., Brush, C. and Welter, F. (2006), 'Introduction To the special issue: Towards building cumulative knowledge on women's entrepreneurship', *Entrepreneurship Theory and Practice*, 30 (5), 585-594.

De Bruin, A., Brush, C. and Welter, F. (2007), 'Advancing a framework for coherent research on women's entrepreneurship', *Entrepreneurship Theory and Practice*, 31 (3), 323-339.

目录

Contents

第二部分　增长战略与驱动因素

第一章
导论：女性企业家及企业增长

Candida G. Brush，Anne de Bruin，
Elizabeth J. Gatewood，Colette Henry

近年来，女性所创办的公司已然成为世界上增长最快的企业群体之一，它们为所有经济体的创新、就业以及财富创造作出了重大贡献（Brush 等，2006）。《全球创业观察报告》（Global Entrepreneurship Monitor，GEM）的统计数据表明，女性企业家开创和经营的企业包括采掘、加工、商业服务及消费品等几乎所有产业部门。发达地区的女性创业通常由市场机会驱动，而欠发达地区的女性创业则由需求驱动。拉丁美洲和亚洲的女性创业率高于欧洲和美国。但无论如何，女性企业家在就业、创新和国民生产总值方面，均对经济作出了巨大贡献（Allen 等，2007）。

尽管女性企业家的重要性日益突出，但她们仍未得到应有的重视，目前关于这一群体的创业现象的研究仍很匮乏（Baker 等，1997；de Bruin 等，2006，2007）。最新的文献表明有关女性企业家的研究占该领域相关文献的比率还不到10%，因此尽管女性企业家对国民生产总值、就业、创新和全

球社会福利均作出了积极贡献，但公众对女性企业家这一群体还是知之甚少。因此，在过去的10年里，戴安娜项目（Diana Project）一直希望改善这种不平等的局面。

戴安娜项目

早期关于女性创业的研究主要集中于探讨初创企业的影响因素（Gatewood等，2003），相比之下，对影响创业企业成长因素的研究却极其匮乏。1999年，Candida Brush、Nancy Carter、Elizabeth Gatewood、Patricia Greene以及Myra Hart启动了戴安娜项目，旨在研究美国的女性创业现象。从历史角度来看，女性领导的企业通常要比男性领导的企业规模小，无论是按收入规模还是按受雇人数来衡量均是如此，问题的关键是“为什么女性拥有的企业总比男性拥有的企业规模要小?”为此，一项运用多种方法的研究工作就被提上了日程，这项研究致力于探讨面向女性企业家的成长资本的供求关系。美国的研究表明女性企业家很难获得充足的资金来推动她们企业的快速增长并充分发挥她们的潜能，这就引发了一个新的问题：“女性在获取成长资本方面是否面临独特的挑战?”

尽管众多研究都提出了女性企业家获取权益资本的需求，但是社会在女性企业家及其企业与发展资金的来源方面一直存在不匹配的问题（Brush等，2001b，2004b）。黛安娜项目的研究发现引起了媒体、政府官员、从业者和教育家的极大兴趣，他们想要更深入地了解如何通过提供更好的项目配置和更多的课程来为那些希望能够大展宏图的女性企业家提供帮助，以拓宽女性获取增长资本的途径（参见：Hart，2003；Henry，2002；Hoover，2002；Montandon，2002）。所有这些“观众”都有一个共同的目标，即促进新创企业的成长，从而为企业家个人及其家庭乃至她们所在的社区带来创新和财富。

在戴安娜项目开展的同时，世界各地的学者对于女性企业家以及她们所创立的企业的研究兴趣也日益高涨，为此，戴安娜项目团队与瑞典的企业家和小企业研究机构（Entre preneurship and Small Business Research Institute，ESBRI）展开合作，并于2003年召开了一次国际学者会议，此次会议就研究议程达成共识，旨在探讨如何支持女性主导的新创企业，尤其是那些成长型企业的发展，并促进各国学者的交流和相互学习。戴安娜国际合作项目的主要目标是：

- 提供一个可以发展、执行和共享全球性研究议程的平台；
- 创建一个专门致力于研究有关女性企业家及其企业成长相关问题的国际学术团队。

2003年第一届戴安娜国际会议的成果是一份探讨以发展为导向的女性领导企业之重要性的报告，该报告还总结了参会国家对这些企业的认知情况。这份报告最终于2005年春天发布，总结了各个国家的女性创业状况。在2004年的第二届会议上，与会者提交了他们的工作论文，之后经过同行评审、修订，最终结集成名为“增长导向型女性企业家及其企业”（*Growth-Oriented Women Entrepreneurs and Their Business*，Brush等，2006）的论文集出版。该书是第二届戴安娜国际会议的工作结晶，也体现了不断壮大的积极探讨女性创业发展历程的学术团队的满腔热忱和艰辛努力。

自2004年以来，学界定期召开学术会议，其中，2005年及2006年的会议在斯德哥尔摩举行，2007年与2008年分别在马德里和贝尔法斯特召开。贝尔法斯特会议吸引了100多名国际学者参加。一些期刊专门就女性创业这一主题发表了相关的文章，值得关注的有以下期刊:《创业理论和实践》（两卷本）(*Entrepreneurship Theory and Practice*, 2 volumes),《风险资本杂志》(*Venture Capital Journal*),《创业和区域发展》(*Entrepreneurship and Regional Development*),《创业文化杂志》(*Journal of Enterprising Culture*),《国际创业行为与研究杂志》(*International Journal of Entrepreneurial Behaviour and Research*),《国际小企业杂志》(*International Small Business Journal*)。此外，一种新的期刊《国际性别与创业杂志》(*International Journal of Gender and Entrepreneurship*)于2008年创办，并出版了其第一卷。2007年，戴安娜项目的创办人获得由瑞典企业家论坛、瑞典经济和区域发展机构以及工业经济研究所发起的久负盛名的全球创业研究大奖（Global Award for Entrepreneurship)。总的来说，这些努力和成果显示了学界在推动关于女性创业的全球研究议程上取得了重大进展，这一不断壮大的学者群体力图弥补我们对女性创业问题认识的不足。

女性所领导企业的一种增长框架

Brush等在2006年的《增长导向型女性企业家及其企业》

中提出了一个增长框架，用以研究影响女性所领导企业增长的因素。该框架主要探讨了四个构念：个体因素、创投理念、企业资源和机构财务资源。此外，该增长框架还表明企业发展前景会同时受到商业部门和国家环境的影响。

本书是该系列书的第二卷，为保持连续性和一致性，我们采用了相同的框架元素，但是对一些关系的描述进行了调整，以此来强调个体是嵌于家庭中的，图 1.1 说明个体的发展是包含在家庭的圈环之内的。此外，我们对于框架的理解也有所不同，我们更加强调将女性创业置于包括家庭和其他制度情境在内的不同层次背景下进行研究。

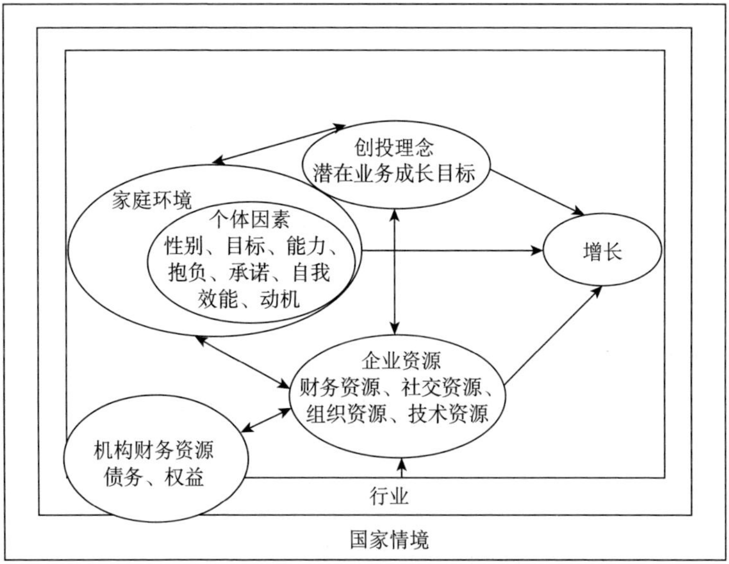

图 1.1　女性及其增长型企业的研究框架

资料来源：改编自 Brush 等（2004a）。

任何新创企业的基础均是个体以及企业家及其团队最初所具有的能力和资源。不仅企业家所接受的教育水平、在职经历和培训对其取得成功有正向促进作用，而且女性对自己知识和技能的自我评估也是至关重要的（Langowitz 和 Minniti，2007）。男性企业家和女性企业家在抱负及战略选择上也有所不同，一些女性企业家往往有意将其企业保持在较小的规模（Cliff，1998；Orser 和 Hogarth-Scott，2002），此外，其他一些个体层面的因素，譬如个人特质和创业动机也存在很大的差异（Buttner 和 Moore，1997）。虽然女性企业家的人力资本、特质、动机和抱负构成她们创业的基础，但是在创业过程中，她们不是单一的个体，而是嵌套于家庭之中，家庭环境给她们带来的影响通常比男性更大（Brush 等，2009）。

创投理念是指企业要做什么或者它提供什么产品或服务（Bhide，2000）。它往往源于一个想法、一次创新或一个问题，进而转化为一个理念，这奠定了组织的基础。一个突破性的想法、一个重大问题的解决方案，或者是创造一个能够取代原来低价值产品并迎合广大市场需求且难以被替代的产品，都将孵化出具有高发展潜力的组织。这些商业理念也很有可能吸引外来发展资金的支持（Timmons 和 Bygrave，1997）。

利用企业资源能够将创投理念落地，并把商品和服务推向市场（Penrose，1954）。资源可以分为社会资源、财务资源、组织资源、物质资源和技术资源（Brush 等，2001a）。社会资本是不具备经济效益的知识的一种形式，它从个体生活中的规范、人际关系和社会结构中产生（Coleman，1988），主要包括关系网、声誉，以及帮助企业家及其团队获取新兴组织资源的技能和专业知识（Aldrich，1999）。其他资源包括：组织资源，如新创企业的关系、结构、惯例和信息（Dollinger，1995）；物质资源，包括企业运营所需的有形和无形资产（Dollinger，1995），还可能包括企业运行所需的技术、设备、材料及其他实物资产；财务资源，包括企业的现金和货币资产（Bygrave，1992），企业家和团队的私人储蓄通常是企业最先可用的财务资源。

商业部门或行业环境对企业发展也会产生影响（Carter 等，1997）。女性企业家主要集中在零售、私人护理服务、餐饮等准入门槛低、启动资金要求少的行业，这些行业竞争激烈且趋于饱和，这限制了企业的增长潜力（Brush 等，2004a；Marlow 等，2008）。

机构财务资源是指企业外部的资金来源。获取并使用来自私营金融机构和私募基金提供者（包括企业资本家和天使投资人）的外部财务资本通常是企业发展的先决条件，但男性和女性拥有的企业在获得外部资金模式上一直存在差异（Brush 等，2001b；Greene 等，1999；Haines 等，1999）。和先前的分析有所不同，这里我们想将图 1.1 中的该元素放在行业和国家环境下并对这些差异进行分析。关于前者，一些研究表明包括部门相关因素在内的制度性因素可以解释外部资金支持的性别差异（Haines 等，1999），而另一些研究则认为还存在一些无法解释的性别残差（Verheul 和 Thurik，2000）。因此，应对其他制度因素加以考虑，如国家层面的因素，它或许能提供一些解释。对我们来说，国家环境还能够解释女性的角色是如何被社会建构的。性别偏见的刻板效应普遍存在，在许多国家企业家被认为应该具有男性特征，这会在创业领域产生很大的影响（Gupta 等，2009），正如 Carter 等（2007：440）所指出的，当涉及来自银行的外部资金投资时，性别仍然是一个重要但常被隐藏的因素。

我们以该研究框架为基础，将全部章节分成两大部分，第一部分重点介绍环境因素，特别是社会和家庭因素如何对男性和女性产生不同的影响；第二部分则检验影响企业增长和绩效的战略、限制因素及促进因素，充分考量了包括自我效能、导师、网络、社会-政治和科技等一系列因素的影响。

环境因素

这一部分的第一章深入探讨了不同性别在创业率以及创造就业岗位方面存在的差异及其原因。第二章中 Marc Cowling 利用欧盟关于雇佣工作（wage employment）和自主创业（self-employment）方面的调查数据，探讨了在欧洲的不同国家中，女性与男性相比而言成为企业家的概率以及创造就业岗位的概率等一系列问题。他的研究发现男性和女性在这两种情况下的差异都很大，男性显著地倾向于选择自主创业，而不是去谋取固定报酬的工作，并且更倾向于创造就业岗位。但是以计量经济学方法为根据的深入研究发现，所观察到的男性和女性之间的自主创业率差异可以简单地用他们的工作性质和所在的行业存在差异来解释。进一步的研究表明，由于承担照顾老人和小孩的职责，女性选择自主创业的可能性实际上增加了，且通过自主创业提高了创造就业岗位的概率。该章最后谈到这些发现对政策制定有哪些启示意义。

Gry Alsos、Ragnhild Steen Jensen 和 Elisabet Ljunggren 在第三章讨论了导致他们所称的“女性创业悖论”产生的文化、历史、社会和经济等可能的原因。尽管挪威倡导性别平等，并提供儿童保育和其他社会服务，且女性在劳动力市场中的比例很高，但女性创业者的比例仍然相对较低。根据作者的观点，由于创业者的性别结构在历史长河中根深蒂固，并在当代实践中进一步强化，譬如按性别进行劳动分工、女性更倾向于从事兼职工作、政府倡导有利于家庭职能的政策，以及认为家务是女性的分内之事等，这些都影响了女性成为创业者和企业家的可能性。有趣的是，作者认为企业家是资本主义制度的重要组成部分之一，而资本主义从根本上是带有性别色彩的。

在第四章中，Annu Kotiranta、Anne Kovalainen 和 Petri Rouvinen 探讨了在芬兰发现的同样的“悖论”，虽然有劳动力市场的积极参与、相关政治活动以及针对性别方面的立法，但是芬兰女性在最高管理层和决策层中的参与程度仍然非常低。出于经济和竞争性方面的考虑，学者们主张鼓励女性更多地参与高层次的管理和决策。他们发现女性领导者与公司盈利能力之间存在显著的正相关关系，并提出了形成这种相关性的可能原因。他们的发现与以下观点相一致：女性往往经历更严格的“筛选过程”，因此高层女性管理人员的平均领导能力可能比同层次的男性更好。他们提供了一种可能的解释：女性领导力可能与组织文化相关，这些组织的晋升和任命是基于能力及具体情况，而不是传统和既定的惯例。尽管不能证明因果关系，但他们建议公司通过识别并消除女性进入管理高层的障碍来获得竞争优势。

在第五章中，Lorna Treanor 和 Colette Henry 比较了影响爱尔兰共和国与捷克共和国女性创业的因素。该研究对爱尔兰和捷克女性企业家在创业及企业增长方面的经验、动机、特征和影响进行了对比分析。作者所采用的数据是从一个名为“支持特殊人群参与创业”的项目中抽取的，每个国家一个样本，该项目属于由欧共体倡导的 EQUAL 项目下的一个子项目，旨在为弱势群体（譬如女性）中有抱负的企业家提供支持，并以此来促进她们融入社会。基于有关性别和企业家的文献，作者采用了一种定性的方法来探究这些女性企业家与目前文献中所描述的标准相比是典型的还是非典型的。他们发现二者主要的相似之处在于企业、个人情况以及她们所从事的行业（主要是服务业，尤其是零售）；主要的不同之处在于企业增长和规模。他们的发现支持了近年来制度理论的相关研究，并提出了许多有趣的未来研究方向。

在第六章中，Friederike Welter 和 David Smallbone 开始关注白罗斯、摩尔多瓦、乌克兰和乌兹别克斯坦的转型经济。他们从制度理论的视角出发，对这些国家的女性创业活动进行了研究，并探讨了不同层级的嵌入性和制度变迁的影响。在苏联时期，女性历经了不同的制度“现实”，一旦转型发生，这些制度“现实”就会对女性的创业机会产生重大影响。该章概括了女性创业中不同层级的制度嵌入性，并将其与苏维埃和后苏维埃时期的经验结合起来进行探讨。尽管后苏维埃社会对职场女性的态度是相互矛盾的，但社会变革有助于独联体国家女性企业家的涌现。女性创业对于推进这些国家的现代化，以及转变公众对女性的看法起到了重要作用。作者所提供的证据表明女性企业家对社会变迁作出了一定的贡献，并且她们通过为其他女性（和男性）提供就业机会以及发挥积极的榜样作用，减轻了社会转型带来的一些负面影响。

在第七章中，Haya Al-Dajani 和 Sara Carter 重点探讨了约旦的家庭生产者。该章厘清了女性企业家对家庭女性生产者进行授权的过程，并提出了女性授权的最佳做法。两位作者认为家庭生产在中东女性中的普及程度有所提高，这将增强非正规工作部门的经济意义。并且鉴于该地区最近出现的市场性别隔离现象，研究人员和政策制定者需要对女性授权的直接影响进行研究。该章探讨了女性所拥有的中小企业（SMEs）如何对家庭生产者授权。通过为家庭生产者放开市场准入、提供比其他部门更高的经济回报和收益、树立角色典范，以及营造超越当地社区的自主性和流动性，中东地区的女性企业家对家庭生产的理解比非营利组织、援助机构及地方政策制定者更为深刻。这项研究的结果表明职业性别隔离在不经意间为女性授权提供了一条可能的途径。

这一部分的最后一章则强调无论是女性的家庭嵌入，还是某个特定的国家制度情境，都会对女性企业家的创业途径产生影响。Vartuhí Tonoyan、Michelle Budig 和 Robert Strohmeyer 在第八章探讨了美国和欧洲的家庭结构（母亲身份和伴侣的就职状态）及家庭政策（如公共资金资助的儿童保育、产假长度）对女性参与专业性或非专业性创业有何影响。他们利用欧洲劳动力调查和美国国家青年纵向调查的数据，对所涉及的 23 个国家的一系列假设进行了检验，结果表明女性的自主创业具有显著的异质性。母亲身份只是女性进行非专业性自主创业的一个预测因素，相比之下，伴侣的创业活动与专业性及非专业性自主创业均有着强烈的正相关关系。他们的研究表明福利国家之间的制度差异是造成各国女性企业家的就职状态有所不同的原因。这项调查对政策制定以及未来的研究有许多启示意义。

增长战略与驱动因素

由于需要采用新的方法来探讨为什么女性领导的企业的表现相对“不如”男性领导的企业，Jennifer Jennings、Karen Hughes 和 Devereaux Jennings 在第九章从家庭嵌入视角出发，验证了男性企业家和女性企业家在处理工作-家庭冲突（work-family interface，WFI）方面存在的显著差异。他们在 Jennings 和 McDougald（2007）理论研究的基础上，利用加拿大阿尔伯塔省 163 家企业的调查数据，首次实证检验了男性企业家和女性企业家在面对工作-家庭冲突时所采取的策略。他们的分析集中于个人和夫妻层面的促进企业增长与限制企业增长的工作-家庭冲突策略。与预期相反，他们发现总体上几乎不存在性别差异。为了检验不同行业的性别差异，他们分别选取了制造业、零售批发和一般服务业以及专业服务业三个行业的样本公司进行研究，结果发现尽管制造业几乎不存在性别差异，但其他两个行业的性别差异则较为显著，而且差异模式也不尽相同，这些发现突出了创业环境在女性创业理论和研究中的重要性。

Eleanor Shaw、Sara Carter 和 Wing Lam 在第十章中提出创

业公司的融资是一个复杂的过程，会受到一系列经济、个人和社会因素的影响。他们从创业资本的视角出发，利用来自苏格兰的 30 对男性和女性所拥有的企业的配对样本，探索性别、资金和企业所有权之间的相互影响，研究结果显示非金融资本影响女性企业家所拥有的和可获取的资金。他们的讨论以多种方式推动了有关性别、企业所有权和资金关系的主题研究。首先，他们所提出的理论和方法框架深度揭示了性别与创业资本之间微妙而复杂的关系；其次，他们的研究能够促使女性企业家更深刻地洞察到她们在进行企业融资时可能面临的一些挑战的根源是什么，并可以帮助她们了解自己在应对这些挑战时能够发挥怎样的作用；最后，他们所深入探讨的社会结构与创业之间的相互关系和影响，对旨在鼓励更多女性进入创业领域的政策制定是大有裨益的。

Frances Hill、Claire Leitch 和 Richard Harrison 在第十一章聚焦于一些与企业增长相关的问题。他们探讨了北爱尔兰一小部分高科技企业，并根据公司特征（高科技、B2B 的商业模式、成立年限不超过 15 年）以及与人力和社会资本有关的个人特征来选择男性企业家/经理和女性企业家/经理的匹配样本。研究者们发现样本中女性企业家和男性企业家之间的相似之处多于差异，这为过去的研究结论提供了进一步的支持，然而研究者们也发现了一些值得注意的差异。总体而言，男性和女性对企业的增长意愿相同，但女性对出口贸易的信心不足，这可能限制其企业未来的增长。此外，虽然女性和男性都热衷于构建自己的社会网络，但是女性认为她们在社会网络中获益相对较少，且不太愿意加入非正式网络。其中有一项发现与过去的研究相矛盾，即男性企业家在寻求外部资金支持方面较女性企业家更保守。尽管女性更倾向于从外部渠道获得投资增长，但她们对自己所获得的外部资金总额感到不满。

Kim Klyver 和 Siri Terjesen 在第十二章利用丹麦企业家的数据，探讨了新企业创立过程的四个不同时期中，社交网络的性别结构差异。与先前的研究一致，他们发现相较于男性企业家，在女性企业家的社交网络的性别构成中，男性比例要低得多。不过，该比例在创业发展阶段的后期会有所提高，这表明女性企业家能够在新企业创立过程中持续调整，最终构建出类似于男性企业家的社交网络。他们还发现虽然女性企业家比男性企业家拥有更大的社交圈子，但是就密度或构成而言，两者在业务关系、家庭或情感支持关系的比重上并没有差异。

Rodney Farr-Wharton 和 Yvonne Brunetto 在第十三章关注了中小企业内部员工社交网络的重要性。他们分析了来自澳大利亚的 58 位女性企业家和 64 位男性企业家的样本数据，探讨他们是如何寻找新的商业机会的。从学习型组织的视角出发，该研究发现，大多数创业者并没有积极地从与员工的互动中寻求新的商业机会。基于社交网络和社会资本的视角，研究者们还提出了一些有趣的发现。他们发现在关系导向型的管理中，相较于男性企业家，社会资本的质量对女性企业家而言显得重要得多。女性企业家更倾向于使用关系导向的管理方法，这意味着她们正在促进社会资本的发展以及推进信息分享、资源共享和相互尊重等积极行为的互惠互利。这种行为在一些由女性企业家所推动的会议和会晤等社交活动中表现得很明显，这些似乎为她们自己创造了理想的条件，有助于她们从内部员工的社交网络中学习和识别新的商业机会。

Maura McAdam 和 Susan Marlow 在第十四章通过对一位经营范围涉及科学、工程和技术（science，engineering and technology，SET）领域的女性企业家进行案例研究，探讨了企业孵化环境可否成为女性创业者的一种资源。尽管爱尔兰攻读 SET 相关专业的女毕业生数量急剧增加，但有证据表明她们整体上仍处于较低的职位层级上，并且往往会提前退出 SET 领域的职业生涯。虽然对于 SET 领域的女性而言，开启创业生涯似乎是为应对职业歧视所带来的负面影响而采取的一种策略，但是 SET 领域的女性企业家数量仍然不足。本章作者发现企业孵化器模式适合为 SET 领域的女性创业者提供基础设施、业务和专业技术支持、社交网络以及信誉，但作者也发现孵化器文化仍然是高度性别化的，他们呼吁孵化器应给予女性的经营偏好更高程度的认可和价值。

Barbara Orser 和 Joanne Leck 在第十五章通过研究加拿大的一个名为“为了女性和依靠女性”（for women and by women）的公共医疗保健中心的演化进程，讨论了创业过程的性别化本质。具体来说，他们试图探讨性别在机会识别、资源获取和组织形式中的嵌入方式。在创业理论和女权主义理论的基础上，他们提出了一种基于性别对新创组织进行分类的方法以及“女权主义企业家”这一构念。他们将女权主义企业家定义为试图通过创新的服务、产品和流程来提高女性的生活质量及幸福感的变革推动者。这些企业家的动机明确专注于提高女性的生活条件，虽然这并不是他们唯一的目的。Orser 和 Leck 利用参与-观察法和内容分析法，记录了一家创业型医疗保健企业是如何制定性别标准的。他们的研究还提出了一些对该领域女性创业“沉寂”现象的见解。作者呼吁通过执行层的领导和一些措施将综合医疗保健制度化，此外还讨论了其对医疗保健和创业研究的意义。

尽管已有大量研究探讨了发达国家中女性拥有的中小企业成功的原因，但是对于转型经济体中女性企业家的研究却不多。Jill Kickul、Mark Griffiths、Lisa Gundry 和 Tatiana Iakovleva 在第十六章以俄罗斯转型经济为研究背景，对影响女性所有和运营的小型企业成功的因素进行分析，并提出了新的理论和实证见解。他们认为导师制度和自我效能会对女性领导的公司的绩效产生影响。该研究的样本包括 555 名俄罗斯女性企业家，实证结果表明导师制度在促进自我效能和提升公司业绩可持续发展方面大有裨益。通过了解导师和角色榜样如何在这些脆弱的环境中支持女性，我们能够更好地创建支持系统来培养和支持女性创业实践。作者还介绍了其研究对新兴和转型经济中女性企业家的启发意义。

第十七章是针对斯洛文尼亚企业家的研究，Karin Širec、Polona Tominc 和 Miroslav Rebernik 探讨了女性企业家和男性企业家对增长意愿的感知差异。正如作者所解释的，尽管并非所有企业家的预期都可以达到，但他们的增长意愿已经被证明是企业最终增长的一个很好的预测因素，并且技术导向也可能起到了一定的作用。他们的发现表明目前斯洛文尼亚企业家的发展潜力因性别而异。此外，研究也验证了斯洛文尼亚中小企业应用新技术的强度和增长意愿之间存在显著的正相关关系。企业家在特定的发展意愿方面也存在着性别差异。男性企业家期望提高销售收入，而女性企业家则期望增加公司资产。不过，无论是男性企业家还是女性企业家，都不追求员工数量方面的增长。通过深化我们对这些增长的各个方面的理解，可以加强创新和创业理论中微观层次的实证基础。

推进全球研究议程

自 1999 年“戴安娜项目”启动以来的十年里，人们对女性创业所进行的研究以及对影响女性所拥有企业增长因素的认识都取得了重大进展。此外，人们还逐渐意识到“女性创业的前景是性别化的”（Brush 等，2009：18）。本书的贡献在于，恰如其分地论证了采用聚焦的性别视角是深入探讨女性创业现象的必要条件。

本书中的许多章节都提到了 de Bruin 等（2007：323）的建议，即“关于女性创业的研究，我们需要的可能不是一个独立的理论，相反，我们应该扩展现有的理论概念，以便加入对女性创业的特殊性的解释，并且通常用于解释女性创业的现有理论方法也应当有所推广”。例如，Tonoyan 等以及 Welter 和 Smallbone 在他们撰写的章节中使用了制度分析，后者还探讨了制度理论所认可的嵌入性概念的变形，并认为混合嵌入性的概念有可能成为分析转型条件下女性创业的总体概念框架。在其他的几个例子中，Jennings 等以现有理论解释为基础，基于家庭嵌入性方法进行创业研究，而 Orser 和 Leek 则根据创业和女权主义理论提出了“女权主义企业家”的构念。

展望未来，我们认为建立一个完整的研究女性创业的学术团队至关重要，这一方面可以继续探索和发展理论，另一方面可以发现问题并推广研究发现，以指导政策的制定和实践。换言之，研究的良性循环应该能够反哺指导教学和教育方法的政策制定和实践。一个振奋人心的组织是位于英国利物浦的女性国际经济发展中心（Women's International Centre for Economic Development，WICED），该组织致力于帮助女性创办和发展自己的企业，并为她们创造实现这一目标的条件和基础设施。这一引领世界的理念正在利物浦逐步形成，并同时通过实物形态和智力支持设立基准，以此提升人们对女性经济发展的期望值。通过汇集研究、因性别而异的企业孵化和高质量的商业支持等元素，WICED 希望能够帮助更多女性领导的企业实现目标，并且创造更多的财富，实现繁荣。戴安娜国际项目以及编写本书的所有学者们，都致力于为拓展 WICED 的工作和愿景奠定基础。

我们希望本书能增进有关女性创业和企业增长的现有知识，并提出新的问题以激发更多的探讨，尤其是促进关于新兴经济体和欠发达经济体的女性创业研究。

参考文献

Aldrich，H.（1999），*Organizations Evolving*，Thousand Oaks，CA：Sage Publications.

Allen，E.，Elam，E.，Langowitz，N. and Dean，M.（2007），*The GEM*

Women's Report. Wellesley, MA: Babson College, Center for Women's Leadership.

Baker, T., Aldrich, H. and Liou, N. (1997), 'Invisible entrepreneurs: The neglect of women business owners by mass media and scholarly journals in the USA', *Entrepreneurship and Regional Development*, 9 (2), 221-238.

Bhide, A. (2000), *The Origin and Evolution of New Businesses*, New York: Oxford University Press.

Brush, C., Carter, N. M., Gatewood, E. J., Greene, P. G. and Hart, M. M. (2006), 'Introduction: The Diana Project International', in C. Brush, N. M. Carter, E. J. Gatewood, P. G. Greene and M. M. Hart, *Growth-Oriented Women Entrepreneurs and Their Businesses*, Cheltenham, UK and Northampton, MA, USA: Edward Elgar.

Brush, C., Carter, N., Gatewood, E., Greene, P. and Hart. M. (2004a), *Clearing the Hurdles: Women Building High-Growth Businesses*, Upper Saddle River, NJ: Financial Times Prentice Hall Books.

Brush, C., Carter, N., Gatewood, E., Greene, P. & Hart, M. (2004b), *The Diana Project. Gatekeepers of Venture Growth: The Role and Participation of Women in the Venture Capital Industry*, Report 2, Kansas City, MO: Ewing Marion Kauffman Foundation.

Brush, C., Carter, N., Greene, P., Gatewood, E. and Hart, M. (2001b), 'An investigation of women-led firms and venture capital investment', report prepared for the U. S. Small Business Administration Office of Advocacy and the National Women's Business Council.

Brush, C., de Bruin, A. and Welter, F. (2009), 'A gender-aware framework for womens entrepreneurship', *International Journal of Gender and Entrepreneurship*, 1, 8-24.

Brush, C. G., Greene, P. G. and Hart, M. M. (2001a), 'From initial idea to unique advantage: The entrepreneurial challenge of constructing a resource base', *Academy of Management Executive*, 15 (1), 64-80.

Buttner, E. H. and Moore, D. P. (1997), 'Women's organizational exodus to entrepreneurship: Self-reported motivations and correlates with success', *Journal of Small Business Management*, 35 (1), 34-46.

Bygrave, W. D. (1992), 'Venture capital returns in the 1980s', in D. L. Sexton and J. Kasarda (ed), *The State of the Art of Entrepreneurship*, Boston, MA: PWS Kent.

Carter, N. M., Williams, M. and Reynolds, P. D. (1997), 'Discontinuance among new firms in retail: The influence of initial resources, strategy, and gender', *Journal of Business Venturing*, 12, 125-145.

Carter, S., Shaw, E., Wilson, F. and Lam, W. (2007), 'Gender, entrepreneurship and bank lending', *Entrepreneurship Theory and Practice*, 31 (3), 427-444.

Cliff, J. E. (1998), 'Does one size fit all? Exploring the relationship between attitudes between growth, gender and business size', *Journal of Business Venturing*, 13 (6), 523-542.

Coleman, J. (1988), 'Social capital in the creation of human capital', *American Journal of Sociology*, 94, S95-S120.

De Bruin, A., Brush, C. and Welter, F. (2006), 'Introduction To the special issue: Towards building cumulative knowledge on women's entrepreneurship', *Entrepreneurship Theory and Practice*, 30 (5), 585-594.

De Bruin, A., Brush, C. and Welter, F. (2007), 'Advancing a framework for coherent research on women's entrepreneurship', *Entrepreneurship Theory and Practice*, 31 (3), 323-339.

Dollinger, M. (1995), *Entrepreneurship: Strategies and Resources, Boston*, MA: Irwin.

Gatewood, E. G., Carter, N. M., Brush, C. G., Greene, P. G. and Hart, M. M. (2003), *Women Entrepreneurs, Their Ventures, and the Ven-*

ture Capital Industry: An Annotated Bibliography, Stockholm: ESBRI.

Greene, P., Brush, C., Hart, M. and Saparito, P. (1999), 'An exploration of the venture capital industry: Is gender an issue?', in P. D. Reynolds, W. Bygrave, S. Manigart, C. Mason, G. D. Meyer, H. Sapienza and K. G. Shaver (ed), *Frontiers of Entrepreneurship Research*, Wellesley, MA: Babson College.

Gupta, V. K., Turban, D. B., Wasti, S. A. and Sikdar, A. (2009), 'The role of gender stereotypes in perceptions of entrepreneurs and intentions to become an entrepreneur', *Entrepreneurship Theory and Practice*, 33 (2), 397-417.

Haines, G. H., Orser, B. J. and Riding, A. L. (1999), 'Myths and realities: An empirical study of banks and the gender of small business clients', *Canadian Journal of Administrative Sciences*, 16 (4), 291-307.

Hart, D. (ed) (2003), *The Emergence of Entrepreneurship Policy: Governance Start-ups and Growth in the U. S. Knowledge Economy*, Cambridge: Cambridge University Press.

Henry, S. (2002), 'Women Fighting for Venture Capital Study: Study Cites Entrepreneur Networks', *Washington Post*, 13 February, E05.

Hoover, K. (2002), 'Women entrepreneurs push for greater access to venture capital', *Washington D. C. Business Journal*, 22 February.

Jennings, J. E. and McDougald, M. S. (2007), 'Work-family interface experiences and strategies: consequences for entrepreneurship research and practice', *Academy of Management Review*, 32, 747-760.

Langowitz, N. and Minniti, M. (2007), 'The entrepreneurial propensity of women', *Entrepreneurship Theory and Practice*, 31 (3), 341-364.

Marlow, S., Carter, S. and Shaw, E. (2008), 'Constructing female entrepreneurship policy in the UK: Is the US a relevant benchmark?', *Environment and Planning C: Government and Policy*, 26 (2), 335-351.

Montandon, M. (2002), 'The ol' gal money hunt', *Fortune Small Business*, available at: http://www.fortune.com/indexw.jhtml? channel = artcol.jhtml&doc_id=207032 (accessed April 2002).

Orser, B. and Hogarth-Scott, S. (2002), 'Opting for growth: Gender dimensions of choosing enterprise development', *Canadian Journal of Administrative Sciences*, 19 (3), 284-300.

Penrose, E. (1954), *Theory of Growth of the Firm*, New York: John Wiley.

Timmons, J. and Bygrave, W. (1997), 'Venture capital: Reflections and projections', in D. L. Sexton and R. Smilor (ed), *Entrepreneurship 2000*, Chicago, IL: Upstart, 29-46.

Verheul, I. and Thurik, R. (2000), *Start-up Capital: Differences between Male and Female Entrepreneurs. Does Gender Matter?* EIM Research Report 9910/E, Rotterdam: Erasmus University.

PART 1

第一部分

环境因素

第二章

创业、性别和就业机会：欧洲的动态

Marc Cowling

引　言

自 Birch（1979）就创造就业岗位进行开创性研究以来，学者们开始对如何确定小型公司创造工作岗位的数量以及创造这些工作的企业家具有哪些特质产生兴趣。纵观早期的实证研究，一些学者聚焦于净新增就业的相对份额这一研究课题（例如，Davidsson 等，1998；Davis 等，1996），而另一些学者（Westhead 和 Cowling，1995）则关注相较于传统的小企业，科技型小企业在创造就业岗位方面有什么不同。还有一系列相关的研究则致力于厘清创造就业岗位的企业家和以生活方式为导向的企业家有哪些不同特征（Burke 等，2001；Carroll 等，1996；Cowling 等，2004）。

学者们也开始对两个潜在的相关问题越来越感兴趣，即男性和女性在成为企业家的倾向性上是否存在差异（Brush，1999；de Bruin 等，2007），以及性别对企业绩效的潜在影响（早期的开创性研究之一是 Kalleberg 和 Leicht，1991）。关于前者的实证结果在不同国家和不同时间都是相当一致的，并且有大量的发现表明，相较于女性，男性有更高的倾向创办自己的企业。然而，即便如此，这一结论也并不适用于所有国家（Cowling，2000，2003），其中芬兰就是一个引人注目的例外。

虽然 Marlow 等（2008）也指出了历史文化因素对不同国家女性创业的普遍性有着重要影响，但 Cowling 和 Bygrave（2007）发现不同国家的制度安排和福利制度的差异对各国创业率的提升几乎没有影响，由此可见，在这方面还存在学术争议。然而，现有大量的跨国乃至跨区域的研究均表明男性和女性在自主创业方面确实存在实质性差异，因此这仍是值得探讨的领域。

在企业家人力资本的作用和广度这一研究主题上，Lazear（2005）提出了强有力的证据表明企业家与专家（或雇员）的不同，即企业家可能在某一单项技能上处于相对劣势，但他们拥有涵盖许多不同技能的更均衡全面的才能。Colombo 等（2004）利用取自意大利的数据研究发现，相对于正式的人力资本或一般工作经验，非正式的、特定行业的人力资本是决定初创企业规模的一项更为重要的决定性因素，因此我们可以预计人力资本的不同配置及其性质或许对解释创业中的性别差异很重要。

关于女性企业家绩效的研究显示男性企业家和女性企业家在绩效表现方面存在显著差异。Brush（1992）、Cowling 和 Taylor（2001）、Watson 和 Robinson（2003）以及 Rosa 等（1996）提供了有关女性绩效表现不佳的经验证据，而 Du Rietz 和 Henrekson（2000）却得出了截然相反的结论。那么，先前的研究对这些观察到的男性企业家和女性企业家之间的差异具体说了什么，又是什么原因导致女性企业家绩效表现不佳？早期的研究主要关注性别歧视问题，例如，Coates 和 Tennyson（1992）认为一般劳动力市场的歧视会蔓延到与企业家相关的市场。其他研究者（Moore，1983；Sowell，1981）认为在正式的提供雇佣工作的部门中存在这种劳动力市场歧视正是女性创业的原因。如果歧视是造成企业家存在性别差异的部分原因（这种差异可能是数量上的，也可能是质量上的，或者兼而有之），那么我们可以预料到它将在时间维度（也许目前的歧视少于历史上的）和跨国家层面（出于历史和/或文化的原因，一些国家可能天然就比其他国家存在更多歧视）上表现出来。

也有学者关注家庭角色的作用以及家庭和市场化生产之间的时间分配带来的影响（Dolton 和 Makepeace，1987），并指出有育儿责任的女性会积极寻找匹配这些角色的就业机会。这一观点得到了 Georgellis 和 Wall（2005）的支持，他们认为女性和男性对非标准化工作具有不同的策略和需求，而自主创业可以降低育儿的成本。Jennings 和 McDougald（2007）发现工作-家庭冲突体验可以解释男性企业家和女性企业家的绩效持续表现不佳的大部分原因。最后，Parker（2008）在研究家庭关系如何影响女性自主创业的倾向时，探索了一种相对新颖的调查方法。通过采用取自美国的数据，他发现夫妻之间的知识交流会增加配偶也成为企业家的可能性，因此，探讨家庭的构成和责任以及非正式学习和支持如何影响女性的创业决策是至关重要的。

基于心理学的大量研究有助于增进我们对女性创业倾向的

理解。例如，Langowitz 和 Minniti（2007）认为，由于女性对自己和环境的感知相对消极，因此，主观感知变量对她们具有至关重要的影响，这个研究结论得到了 Wagner（2007）的支持，他的研究表明对失败的恐惧会阻碍女性创业。但 Verheul 等（2006）则发现，在大多数情况下，女性企业家和男性企业家都会受到相同因素的影响。Morris 等（2006）指出，女性企业家所作出的企业增长决策要经历一个更加深思熟虑的过程，并且通常是由那些更看重财富的女性作出的。Watson 和 Robinson（2003）认为女性所领导企业的低增长反映了女性企业家对高风险的容忍度较低，这里的风险是指收入和利润的波动等。Georgellis 和 Wall（2005）也发现金钱对于男性企业家而言是一种强大的动力。其他研究者，如 Gatewood 等（2009）和 Manolova 等（2007）探讨了非正式网络在这一情境中的作用，他们发现女性的增长决策能够得到正式和非正式网络的支持，这些网络为她们提供可利用的金融资本。此外，女性的增长决策取决于自身先前的经验，而非来自社交网络中同伴的建议。

有充分的证据表明企业家是创造就业过程中的重要推动者，而且有许多可能的理由来说明女性不太可能：(a) 从事创业活动；(b) 比男性企业家的绩效差。在本章的剩余部分中，我们将采用计量经济学的方法探讨以下六个问题：

1. 男性是否比女性更有可能成为企业家？
2. 创业率是否在不同国家因性别而异？
3. 男性企业家和女性企业家是否存在差异？
4. 男性企业家是否比女性企业家更有可能创造就业岗位？

5. 创造就业岗位的男性企业家和女性企业家是否存在差异?

6. 这些问题的答案是否取决于企业家所在的国家?

所有这些问题都是基于一定情境设置的，即在这样的情境下可能观测到与不同的历史、文化和制度安排有关的显性或隐性的差异，以及人力资本、潜在歧视、家庭角色与时间分配的深度和广度等方面的差异，此外还包括不同的心理特征所呈现出的差异。

研究方法

用于探讨这些研究问题的数据来自覆盖欧盟的三次调查——该调查针对欧盟每个成员国的劳动人口（包括雇佣工作者和自主创业者）。为了保持三次调查的一致性，我们将重点放在核心的欧盟 15 国，并排除加盟国。这些调查分别于 1995 年、2000 年和 2005 年进行，通过与在职成年人进行面对面的访谈来获取数据。除了人口很少的卢森堡，其他每个国家调查的最低样本要求是 1 000 个在职成年人，我们对每个被调查对象都收集了人口统计和工作特征方面的资料。

每个国家层面的调查都采用了加权的方法，以确保各个国家内部以及相关时点上的劳动人口具有代表性。我们选择 2000 年的数据集进行主要的计量经济学分析，因为它包含更大的样本和更详细的人口统计数据。但是，为了做对比，并探讨性别的影响是如何随时间推移而产生的，我们还使用 1995 年与 2005 年的数据集估计了类似的方程组，不过我们省略了与性别无关的其他发现。

在方法论方面，我们首先进行基本的描述性统计分析，即按性别和国家分类研究创业倾向。然后，我们对每个感兴趣的研究问题进行一系列 probit 模型的估计，模型考虑了关键变量的二元性（例如，您是从事雇佣工作还是自主创业？您是创造就业岗位的企业家吗?)。在每个案例中，我们都将性别作为等式右边的解释变量来评估一个完整的模型，然后再分别评估关于男性和女性的独立方程。基本模型如下所示：

Pr（Y）=f（性别、年龄、婚姻状况、子女、职业、行业、国家）

为了便于解释，我们报告了边际效应，举例来说，在控制其他因素不变的情况下，女性成为自主创业者的可能性比成为雇佣工作者的可能性低 3.1%。

创业倾向的国家差异

在这里我们将讨论 15 个欧盟核心国的每个国家中正在从事创业活动和正在创造就业岗位的男性企业家和女性企业家比例的基础数据。我们注意到南欧国家的公民想要成为企业家的倾向是最高的，例如，在希腊，45.94% 的劳动人口是自主创业者，在意大利为 26.54%，西班牙为 24.66%，而荷兰（5.70%）、丹麦（6.36%）和瑞典（8.99%）的自主创业率则较低，因此，整个欧洲的不同国家在自主创业率上存在巨大差异。同样要注意的是，大多数自主创业者并没有创造任何额外的就业岗位（即他们是个体经营型自主创业者，individual self-employment，ISE），那么，从绝对数量来看，哪些国家具有相对较高（低）水平的创造就业型自主创业活动（job-creating self-employment，JC）呢？自主创业能够提供相对较高比率的就业岗位的国家包括希腊（8.18%）、西班牙（7.10%）、意大利（6.67%）和爱尔兰（6.18%）。

此外，我们还注意到，欧盟15国自主创业的企业家总体中能创造就业岗位的企业家的比例平均为28.73%。企业家创造就业岗位的倾向相对较高的国家包括丹麦、德国、奥地利、荷兰和卢森堡；相比之下，希腊、芬兰和意大利的企业家在创造额外就业岗位方面的意愿比较低。因此，一个国家中现有的企业家数量和质量之间似乎存在某种权衡取舍，这个特性与先前在欧盟层级的实证研究结果一致（Cowling，2003），同时也与Verheul等（2006）在多国研究中提出的基于性别的议题一致。Verheul等（2006）认为政策制定者需要弄清楚他们是仅仅想要更多的女性企业家，还是希望女性在创业领域占据更大的份额，抑或是只考虑女性企业家能有更好的绩效表现而不论其数量如何。我们将在接下来的部分更加深入地讨论这些与性别相关的问题。

创业倾向的性别差异

如图2.1所示，我们看到比利时、卢森堡和葡萄牙女性的ISE比率高于男性，而就女性ISE比率本身而言，希腊、西班牙和意大利（南欧国家）的比率最高。

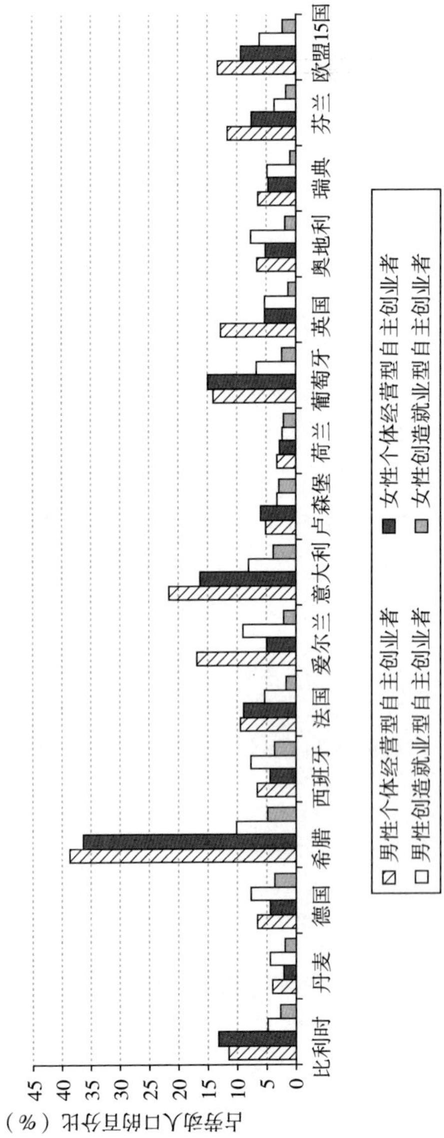

图2.1 按国家和性别分类的自主创业情况

在其他国家，尤其是西班牙、法国和荷兰，男性和女性的 ISE 比率相差无几。相比之下，在丹麦、爱尔兰和英国，男性的 ISE 比率则要高得多。数据显示，各国女性的绝对 ISE 比率与相对 ISE 比率之间几乎没有关系。关于创造就业型自主创业活动，我们注意到没有哪个国家的女性在这一比率上高于男性。

在创造就业岗位方面，男性自主创业者和女性自主创业者之间似乎有更明显的差距。相对于个体经营而言，创造就业岗位的创业活动更多是由男性主导的。下面我们将讨论在各自的性别范围内，分别以男性创业者和女性创业者总体为基数，能够创造就业的男性和女性分别占多大的比重。

从图 2.2 中我们可以看出，欧盟 15 国创造就业型企业家的平均比例为男性 32.4%，女性 21.4%。对于男性企业家而言，JC 比率在丹麦（52.3%）、德国（53.7%）、奥地利（53.2%）和瑞典（43.3%）都相当高。在丹麦（48.3%）、德国（45.5%）和荷兰（42.8%），女性创业者的 JC 比率也很高。但是我们也注意到，只有 21.1% 的希腊男性企业家、25.2% 的芬兰男性企业家、11.7% 的希腊女性企业家以及 15.0% 的葡萄牙女性企业家创造了就业岗位，由此可以看出欧盟各国在创造就业的潜力上存在很大差距。到目前为止我们可以清楚地看到，要将劳动力大军中的众多创业者转变为能够创造出额外就业岗位的企业家并不容易，简而言之，一个国家的企业家数量和质量似乎存在某种权衡取舍。

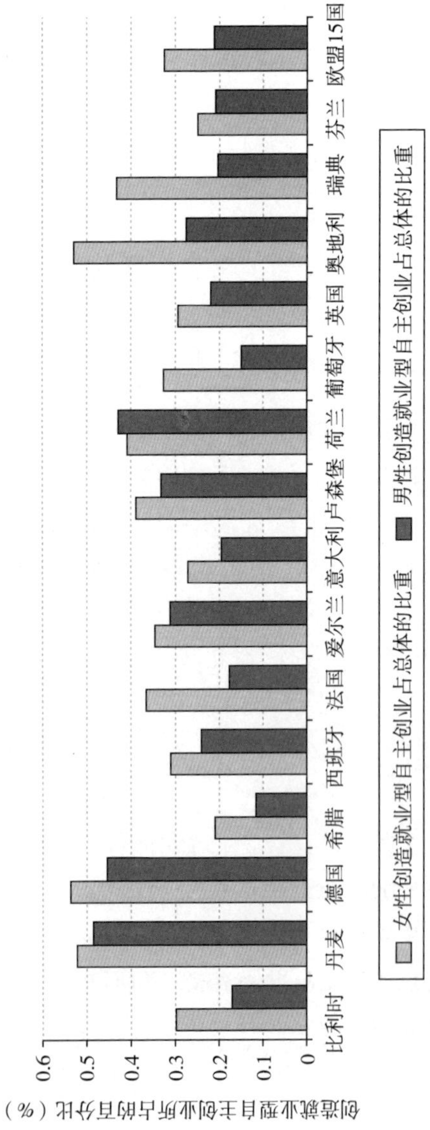

图2.2　按国家和性别分类的创造就业型自主创业情况

关于自主创业的计量经济模型

我们现在使用二元 probit 计量经济模型来进行统计估算（衡量边际效应），要进行估计的模型为：

- 自主创业（1，0）全模型
- 自主创业（1，0）分别适用于男性和女性
- 创造就业型自主创业（1，0）全模型（以自主创业为条件）
- 创造就业型自主创业（1，0）分别适用于男性和女性（以自主创业为条件）

详见表 2.1。

谁是自主创业者？

在这一节中，我们将在不同国家的基础上，探讨引言中所提出的两个关键问题：

- 男性是否比女性更有可能成为企业家？
- 男性企业家和女性企业家是否存在差异？

我们试图在原始数据的基础上更进一步分析男性和女性在创业倾向上更实质性的差异，并探讨不同性别间创业率的“真实”差异以及造成这些差异的原因，同时利用核心人口统计信息来验证哪些是可以解释的，哪些仍然无法得到解释，这对于确定和改善这一领域的未来研究非常重要。

表 2.1　自主创业情况

	模型 1：自主创业-雇佣工作决策全模型		模型 2：自主创业-雇佣工作决策：男性		模型 3：自主创业-雇佣工作决策：女性		模型 4：ISE-JC 决策：全模型		模型 5：ISE-JC 决策：男性		模型 6：ISE-JC 决策：女性	
变量	dF/dx	p>|z|	dF/dx	p>|z|	dF/dx	p>|z|	dF/dx	p>|z|	dF/dx	p>|z|	dF/dx	p>|z|
男性	0. 03	0. 00					0. 11	0. 00				
年龄												
25—39	0. 11	0. 00	0. 13	0. 00	0. 07	0. 00	0. 02	0. 64	−0. 01	0. 84	0. 21	0. 08
40—54	0. 16	0. 00	0. 18	0. 00	0. 13	0. 00	0. 02	0. 73	−0. 03	0. 63	0. 21	0. 06
55+	0. 30	0. 00	0. 33	0. 00	0. 25	0. 00	−0. 03	0. 51	−0. 07	0. 27	0. 16	0. 24
婚姻状况												
已婚	0. 02	0. 01	0. 01	0. 17	0. 02	0. 01	0. 07	0. 01	0. 07	0. 03	0. 05	0. 20
未婚	0. 01	0. 11	0. 02	0. 27	0. 02	0. 18	0. 02	0. 53	0. 02	0. 70	0. 03	0. 58
离婚	0. 01	0. 42	0. 04	0. 04	−0. 01	0. 68	0. 05	0. 29	0. 12	0. 05	−0. 05	0. 43
分居	0. 00	0. 90	0. 03	0. 25	−0. 02	0. 25	−0. 13	0. 03	−0. 11	0. 17	−0. 16	0. 07
丧偶	0. 03	0. 09	0. 04	0. 33	0. 02	0. 24	0. 03	0. 68	0. 04	0. 72	0. 02	0. 41
孩子	0. 01	0. 06	0. 01	0. 18	0. 01	0. 02	0. 02	0. 18	0. 03	0. 22	0. 05	0. 20

（续表）

	模型 1：自主创业-雇佣工作决策全模型		模型 2：自主创业-雇佣工作决策：男性		模型 3：自主创业-雇佣工作决策：女性		模型 4：ISE-JC 决策：全模型		模型 5：ISE-JC 决策：男性		模型 6：ISE-JC 决策：女性	
职业												
高级经理	0.44	0.00	0.45	0.00	0.50	0.00	0.36	0.00	0.37	0.00	0.32	0.00
专业人士	0.14	0.00	0.22	0.00	0.08	0.00	0.19	0.00	0.19	0.01	0.15	0.09
技术人员	0.13	0.00	0.19	0.00	0.07	0.00	0.18	0.00	0.17	0.02	0.16	0.07
文职人员	−0.03	0.01	−0.02	0.28	−0.02	0.10	0.13	0.05	0.10	0.30	0.11	0.22
销售人员	0.04	0.00	0.09	0.00	0.02	0.05	0.15	0.01	0.19	0.01	0.09	0.26
熟练的手工劳动者	0.49	0.00	0.56	0.00	0.37	0.00	−0.02	0.83	−0.10	0.35	0.17	0.27
手工艺者	0.10	0.00	0.11	0.00	0.17	0.00	0.14	0.01	0.15	0.03	0.09	0.33
操作员	0.02	0.11	0.04	0.05	0.02	0.50	0.07	0.34	0.08	0.34	0.00	0.98
部门												
农业	0.14	0.04	0.12	0.00	0.21	0.00	0.10	0.23	0.20	0.06	−0.07	0.54
制造业	−0.02	0.17	−0.03	0.01	−0.02	0.13	0.18	0.00	0.23	0.00	0.09	0.13

（续表）

	模型 1：自主创业-雇佣工作决策全模型		模型 2：自主创业-雇佣工作决策：男性		模型 3：自主创业-雇佣工作决策：女性		模型 4：ISE-JC 决策：全模型		模型 5：ISE-JC 决策：男性		模型 6：ISE-JC 决策：女性	
公用事业单位	−0.06	0.01	−0.08	0.01	−0.02	0.61	0.02	0.86	0.11	0.49	0.47	0.01
建筑业	0.07	0.07	0.09	0.00	0.03	0.35	0.13	0.00	0.15	0.00	−0.04	0.24
零售业	0.14	0.17	0.17	0.00	0.09	0.00	−0.01	0.67	0.02	0.66	0.17	0.00
酒店和餐饮业	0.11	0.05	0.11	0.00	0.08	0.00	0.15	0.00	0.13	0.02	0.16	0.21
交通和通信业	0.02	0.07	0.03	0.10	−0.01	0.56	−0.02	0.65	−0.03	0.57	0.01	0.88
金融业	0.02	0.03	0.04	0.11	0.00	0.95	0.12	0.03	0.17	0.01	−0.07	0.11
房地产业	0.11	0.07	0.10	0.00	0.09	0.00	0.02	0.59	0.08	0.08	0.13	0.42
公共管理	−0.11	0.07	−0.15	0.00	−0.07	0.00	0.09	0.41	0.09	0.55	−0.07	0.54
国家												
丹麦	−0.08	0.00	−0.09	0.00	−0.06	0.00	0.31	0.00	0.31	0.00	0.31	0.00
德国	−0.04	0.00	−0.03	0.04	−0.04	0.00	0.32	0.00	0.30	0.00	0.37	0.00

（续表）

	模型 1：自主创业-雇佣工作决策全模型		模型 2：自主创业-雇佣工作决策：男性		模型 3：自主创业-雇佣工作决策：女性		模型 4：ISE-JC 决策：全模型		模型 5：ISE-JC 决策：男性		模型 6：ISE-JC 决策：女性	
希腊	0.17	0.00	0.25	0.00	0.06	0.00	−0.04	0.23	−0.03	0.51	−0.05	0.30
西班牙	0.08	0.00	0.09	0.00	0.07	0.00	0.08	0.07	0.06	0.25	0.12	0.07
法国	−0.04	0.00	−0.04	0.02	−0.03	0.00	0.07	0.14	0.13	0.04	−0.01	0.87
爱尔兰	0.00	0.70	0.06	0.00	−0.05	0.00	0.17	0.00	0.17	0.00	0.21	0.02
意大利	0.11	0.00	0.15	0.00	0.06	0.00	0.08	0.07	0.07	0.22	0.12	0.09
卢森堡	−0.05	0.00	−0.06	0.02	−0.03	0.14	0.20	0.04	0.15	0.24	0.30	0.04
荷兰	−0.08	0.00	−0.11	0.00	−0.06	0.00	0.21	0.00	0.14	0.10	0.29	0.00
葡萄牙	0.01	0.21	0.01	0.57	0.01	0.60	0.02	0.71	0.04	0.46	0.00	0.94
英国	−0.02	0.03	0.02	0.39	−0.05	0.00	0.08	0.08	0.07	0.24	0.16	0.06
奥地利	−0.04	0.00	−0.02	0.38	−0.04	0.00	0.27	0.00	0.31	0.00	0.16	0.04
瑞典	−0.05	0.00	−0.05	0.00	−0.05	0.00	0.18	0.00	0.23	0.00	0.10	0.23
芬兰	−0.04	0.00	−0.03	0.12	−0.04	0.00	0.02	0.66	−0.01	0.91	0.06	0.36
其他	0.01	0.65	0.04	0.23	−0.01	0.52	0.02	0.80	0.02	0.84	0.00	0.98

本章的一个有趣发现是，在欧洲，女性成为自主创业者的可能性比男性低3.11%，这比男性和女性之间7.64%的自主创业率实际差异要小得多，这意味着在欧洲观测到的有关自主创业率性别差异的59.3%可以通过关键的个体特质、职业和国家特征的不同得到解释，当然，这也意味着40.7%的差异是不能由基本的人口统计变量解释的。

除了这一可识别的性别差异，我们的模型还表明个体成为自主创业者的可能性会随着年龄的增长而提高，并且在45岁以上的人群中达到最高。同时我们也发现已婚人士和鳏夫更可能成为自主创业者。若家庭中有孩子，那么进行自主创业的可能性大约会增加1%，这可能说明自主创业在时间上的相对灵活性对那些有育儿责任的人来说是具有吸引力的。研究发现职业是影响自主创业决策很重要的决定性因素之一，熟练的手工劳动者最有可能成为自由职业者，而文职人员则最不可能。此外，行业也会对自主创业产生影响，尽管它的影响一般不及职业或年龄那么强。在国家层面，尽管我们发现的差异比原始差异要小得多，但希腊、意大利和西班牙都有更高的自主创业率，自主创业率较低的国家包括丹麦和荷兰。

接着，我们分别估计男性和女性模型，在此基础上重点探讨哪种类型的男性或女性更倾向于成为自主创业者，这将有助于我们回答男性企业家和女性企业家是否存在实质性差异这一问题。我们注意到年龄对男性成为自主创业者的影响要比女性大得多，换句话说，虽然年龄对于女性自主创业的决策会有影响，但这种影响并不是那么重要。在婚姻状况方面，我们发现男性和女性之间存在一些重要的差异。对于男性来说，离婚会使其自主创业的可能性增加 4.1%，而对女性而言，结婚则会使其创业的可能性增加 2.3%。虽然我们没有明确观察到这些事件的发生时间，但我们的研究结果可能意味着男性和女性有不同的自主创业动机。还有一种现象也可以说明这一点，家庭有孩子使女性自主创业的可能性增加了 1.4%，但对男性没有影响，这也再次揭示了男性和女性在自主创业动机方面有所不同。

在职业方面，我们发现职业与男性和女性自主创业倾向或多或少有关系，但影响的强度却大不相同。举例来说，男性专业人士自主创业率的可能性高出 22.1%，而女性只有 7.8%。此外，熟练的男性手工劳动者有更大的可能性进行自主创业，这一比例为 55.6%，而对熟练的女性手工劳动者来说，这一比例仅为 36.6%。因此，我们可以得出结论，职业是决定是否自主创业的关键因素之一，而且这一因素对于男性比对于女性更重要。在行业影响方面，我们发现男性自主创业率的变化程度比女性大得多。数据表明从事农业的女性在自主创业率上增加了 21.5%，而相较之下，男性在这一方面仅有 11.6% 的差异。我们还注意到女性的创业领域主要集中在零售业、酒店和餐饮业（尽管程度低于男性）。

最后需要指出的是，自主创业倾向有着显著的国别差异，但是，在跨国差异方面，女性的差异（最大为 6.6%）明显低于男性。将所有这些有关性别的结果汇总起来，我们可能得出如下结论：一般来说，影响男性和女性创业倾向的特征是类似的，但这些因素对男性的影响强度通常会更大。不过，也有例外，即家中有孩子和已婚的情形只会影响女性的创业决策，而对男性却没有影响。

到目前为止，我们已经分别建立了一般性创业决策以及男性和女性各自创业决策的计量经济模型以回答我们所要研究的三个问题：

- 男性是否比女性更有可能成为企业家？
  是的，男性比女性进行自主创业的可能性更大，但是这些观测到的差异很大程度上可以用职业差异和其他基本特征来解释，创业倾向方面的实际差异仅为3.1%。
- 男性企业家和女性企业家是否存在差异？
  尽管孩子的存在是女性创业的一个关键限制特征，但差异并没有像一些评论者所指出的那么大。
- 这些问题的答案是否取决于企业家所在的国家？
  是的，不同国家是有差异的，譬如，在创业倾向较高的国家（如希腊和意大利）与在创业倾向较低的国家（如丹麦和荷兰），这些问题的答案是不同的。此外，国家的差异对男性的影响比女性更大。

哪类企业家会创造就业岗位？

在这里，我们只关注自主创业者，并进一步探讨本章前面所提出的另外两个问题：

- 男性企业家是否比女性企业家更有可能创造就业岗位？
- 创造就业岗位的男性企业家和女性企业家是否存在差异？

针对第一个问题，我们发现男性企业家创造就业岗位的可能性相较于女性企业家要高出 11.1%，这比最初的绝对差异 3.8%要大得多，这意味着我们所观测到的成为创造就业型企业家概率的大部分差异都可以由核心的个体特征、工作特征以及男性企业家和女性企业家在这些方面的差异所解释。

我们也注意到年龄并不是自主创业的障碍。调查数据还表明已婚人士成为创造就业岗位的人的可能性高出 6.9%，而有过夫妻分居经历的个体的这一概率则要降低 13.3%。在这里，我们也再次证实高级经理、专业人士、技术人员以及销售人员等相关职业者成为创造就业岗位的人的可能性特别大。在行业层面，我们注意到在制造业、酒店和餐饮业、建筑业以及金融服务领域中，进行创造就业型自主创业的概率很高。有趣的是，研究结果表明，和所有自主创业者的情况相比，行业和职业的相对贡献更相近。在国家层面，我们发现在创造就业型自主创业概率方面较高的国家是丹麦（+30.6%）、奥地利（+26.6%）、德国（+32.3%）和荷兰（+21.4%）。

至于创造就业岗位的男性和女性相较于个体经营者所存在的差异，我们首先注意到创造就业岗位的男性在所有年龄组中的概率基本是一样的，而对女性而言，我们发现 25—54 岁是成为创造就业岗位的人概率最高的时期。此外，我们的结果再次表明婚姻状况很重要，但它对男性和女性的影响方式不同。对于男性来说，已婚男性成为创造就业岗位的人的概率增加 7.1%，而离婚男性的概率增加 11.7%；而对于女性来说，婚姻期间分居使她们成为创造就业岗位的人的概率降低 16.2%。

在职业方面，我们发现最有可能成为创造就业岗位的人的三种职业分别为高级经理、专业人士和技术人员，但职业对男性的影响比女性更大。此外，诸如熟练的手工艺者等其他相关职业也增加了男性而非女性成为创造就业岗位的人的概率。在其他行业也是如此，建筑业、酒店和餐饮业的男性和女性都更有可能成为创造就业岗位的人，尽管这些行业对女性成为创造就业岗位的人的影响强度是男性的三倍多。我们的调查再次证实，与女性的情况相比，男性的 ISE 和 JC 之间存在更大的行业（包括金融服务和房地产业）差异。

至于国家的影响，我们也观察到巨大的性别差异。我们的研究发现，在丹麦（+30.5%）、德国（+30.3%）和奥地利（+31.4%）男性成为创造就业岗位的人的概率特别高，而在法国、爱尔兰、荷兰和瑞典也比较高。我们也注意到对于女性而言，她们在德国和丹麦成为创造就业岗位的人的概率是最高的，分别能够增加 37.3% 和 31.0%，并且高于她们本国的男性。女性企业家有较高概率成为创造就业岗位的人的其他国家包括卢森堡（+29.8%）、荷兰（+29.3%）和爱尔兰（+20.5%）。因此，国家层面的因素对于男性和女性进行创造就业岗位方面的决策具有很大的影响，而且通常情况下，它们对女性企业家更为重要。

无法解释的性别差异

我们发现是否有孩子以及婚姻状况如何往往会对女性的就业决策产生较大影响，这表明社会-经济变量和时间分配可能是我们理解女性就业决策的关键所在。

我们需要进一步探究是什么驱动女性最终选择了自主创业，从而增进我们对女性创业的理解。我们所采用的是计量经济学的方法，即在基本模型中保存残差（无法解释的变异），然后在方程的右边加入一组与时间分配有关的变量，进而对新模型进行估计。

从残差估计来看，我们发现承担儿童养育或老人看护责任的女性更倾向于自主创业，而不是接受雇佣工作，这是相当有力的证据，即就业模式的弹性，尤其是时间分配上的灵活性对女性选择自主创业是非常重要的。

就创造就业型自主创业而言，包括儿童养育和老人看护在内的关键时间分配变量都会提高成为创造就业型企业家的可能性。更重要的是，这些因素对成为创造就业型企业家而非仅仅成为个体经营型企业家的影响强度，比对进行自主创业还是从事雇佣工作的就业决策的影响要高出四倍。综合来看，这两项研究结果可能表明选择自主创业而非雇佣工作的女性，不仅喜欢自主创业这种工作方式赋予她们时间上的灵活性，同时也在其中满足了她们建立自己的事业并取得成功的诉求。这些发现与 Dolton 和 Makepeace（1987）、Jennings 和 McDougald（2007）以及 Morris 等（2006）的研究是一致的，Dolton 和 Makepeace（1987）认为自主创业可以与承担育儿责任形成互补，Jennings 和 McDougald（2007）则强调自主创业在调和工作-家庭冲突方面的重要性，而 Morris 等（2006）提出只有那些主动将自主创业作为职业生涯决策的女性，才会倾向于发展她们自己的事业。

男性和女性在个体经营与创造就业方面随时间的变化

在本节中，我们将呈现涵盖1995年、2000年和2005年三个调查期的结果。图2.3显示了估计女性和男性成为简单的个体经营者以及自主创业后成为创造就业的企业家的“真实”概率差异。

从图2.3可以看出，这一结果是令人惊叹的。1995年，男性成为创造就业型企业家的概率比女性高出14.85%，到2000年，这一差距已降至11.1%，而到2005年又降至仅为9.51%。在短短10年时间里，这种“真实”性别差异的逐渐缩小是劳动力市场的一个显著变化，同时，自主创业本身也有相类似的变化趋势。如图2.3所示，1995年，男性进行自主创业的概率比女性高出3.37%，到2000年，这一差距下降到只有3.11%，到2005年，这一差距进一步缩小到只剩1.53%。如果这种动态变化趋势持续下去，尤其是延续到接下来的10年，我们可以期待“真实”的性别差异可能会全部消失。

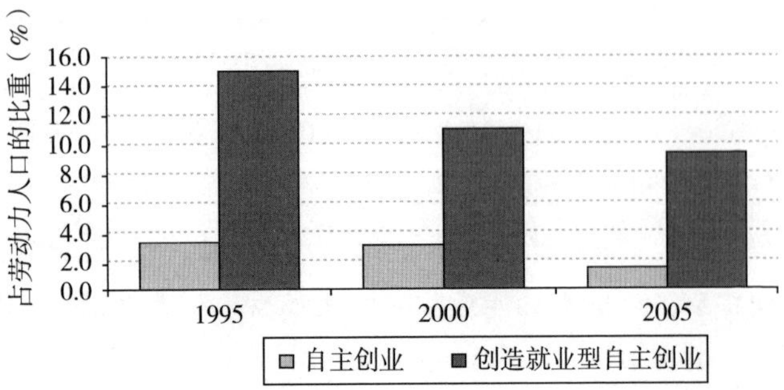

图2.3　自主创业性别方面的变化趋势，1995—2005年

总　结

我们利用欧盟的数据，探讨了与男性和女性在创业倾向上的差异，以及一旦他们进入创业领域创造额外就业岗位的倾向上的差异相关的六个基本问题。初步数据显示在这两种情况下的性别差异都很大，男性更倾向于选择自主创业而非从事雇佣工作，而且更倾向于成为创造就业岗位的企业家。但进一步的计量经济学研究发现，观察到的男性和女性之间的自主创业率差异，很容易由他们的工作性质以及他们所从事行业之间的差异等基本原因进行解释，这意味着由性别造成的“真实”差异实际上比原始差异要小得多。在创造就业岗位的自主创业方面同样也存在性别差异，但这几乎都可以由职业选择、就业行业和国家层面的影响来解释。因此，我们很容易得出这样的结论：历史遗留问题（即女性与何种工作岗位和行业更为契合的传统观念）以及各国文化的差异能够解释大部分自主创业在数量和质量方面存在的性别差异。

但其他一些证据表明实际情况要复杂得多。例如，我们发现家中是否有孩子和婚姻状况如何在女性进行创业决策时显得很重要。家中有孩子会增加女性自主创业的倾向，此外，照顾孩子和老人的责任增加了女性选择自主创业和在自主创业过程中创造就业岗位的概率。这表明竭力协调工作-家庭冲突的女性，看重的是自主创业所赋予她们的时间分配上的灵活性，而且一旦作出自主创业的决定，她们就会下决心培养相应的能力以发展自己的事业，这意味着承担家庭责任且目标明确的女性可能会选择创造就业型自主创业，与之不同的是，对于那些家中的孩子已经在校学习的女性而言，她们倾向于按照自己的生活方式选择自主创业，以寻求创业所带来的时间灵活性。

我们还希望知道，居住国对自主创业的决策到底有多重要。研究发现这非常重要，对于男性而言更是如此。然而，当我们在研究创造就业型自主创业时，实际情况却是相反的，因为我们发现国家的影响对女性来说更大，这暗示着文化和历史的差异是非常重要的。如果我们具体针对女性自主创业的质量进行探讨，并将它定义为她们创造就业的能力，那么德国、丹麦和荷兰可作为研究的典范，值得我们未来进一步深入研究。

最后，我们提出的问题是性别差异是否会随着时间的推移而持续增加或减少，在这一点上我们的研究发现是令人吃惊的。在短短 10 年时间里，欧盟在自主创业以及成为创造就业型自主创业者倾向方面的“真实”性别差异，无论是在数量还是在质量上，都大幅缩小。如果这种动态趋势持续下去，那么将来我们所观测到的有关自主创业率方面仅剩的性别差异，很可能只与女性职业分布的差异相关。对于那些致力于促进女性创业的人士来说，我们的研究有力地表明应该将活动的重心放在企业的增长上，而不是放在企业的启动或准入上。通过出台一些更广泛的政策，进一步鼓励女性从事非传统行业和职业，自然会消除这种性别差异。

政策结论和研究意义

我们的研究表明在过去 10 年里，欧洲的劳动力市场发生了巨大的变化，即男性与女性在自主创业的数量和质量上的差异显著缩小了。尽管性别差异大幅缩小，但就不同性别的创业质量而言仍存在不平衡。如果要求我们提出任何政策性结论，我们会提议向仍处于教育体系中的年轻女性推广 STEM（science, technology, engineering and mathematics；科学、技术、工程和数学）科目，这可能有助于女性提升与自主创业相关的关键领域方面的人力资本。倘若这些女性进入劳动力市场，并且从事非服务行业的工作，之前受过的教育会在潜移默化中提高她们的创业人力资本。一旦她们进入创业领域，就应该出台一些政策举措，以提升女性创业者对发展前景、机会识别以及如何利用这些机会的认识，这将有助于直接解决自主创业质量不平衡的问题，尽管这方面的性别差异日益缩小。

在未来研究的方向方面，我们强烈建议以下两点。第一，我们需要深入了解为什么像德国、荷兰和丹麦这样的国家有如此高质量的女性创业行为，同样，为什么像法国、希腊和葡萄牙这样的国家太多的女性创业活动是低质量的，因此，开展更为细致的单个国家的研究会大有裨益。同时，在研究中加入时间维度也是很有必要的，这样我们就可以更多地了解创业和创业质量以怎样的模式随时间推移而不断演化，不同的国家会有怎样不同的速率，以及产生这种差异的原因。第二，我们需要明确最应该努力的重点和方向，很明显的是（至少在欧洲），劳动力市场已经发生了变化，探讨性别差异的歧视性解释可能是不合时宜的。如果我们的总体数据是正确的，那么在欧洲，女性创业在过去短短十年已经发展壮大了，并且这一趋势将会持续下去。因此，我们认为研究主题应该包括时间分配、工作-家庭冲突（包括老年人护理这一有待研究的领域），尤其是期望的工作时长、时间安排的灵活性以及创业的积极动机，诸如追求独立和金钱之间的联系，而这些研究将会给我们带来很多需要理解和学习的知识。

致 谢

感谢 2008 年 12 月参加于贝尔法斯特召开的戴安娜项目研讨会的所有参会者，尤其是本书的编者们，以及提供宝贵建议和给予指导的匿名审稿人。

参考文献

Birch, D. (1979), *The Job Generation Process*, Cambridge, MA: MIT Press.

Brush, C. (1992), 'Research on women business owners: Past trends, a new perspective and future directions', *Entrepreneurship, Theory and Practice*, Summer, 5-30.

Brush, C. (1999), 'Women entrepreneurs: Moving beyond the glass ceiling', *Academy of Management Review*, 24 (3), 586-589.

Burke, A., Fitzroy, F. and Nolan, M. (2001), 'When less is more: Distinguishing between entrepreneurial choice and performance', *Oxford Bulletin of Economics and Statistics*, 62 (5), 565-587.

Carroll, R., Holtz-Eakin, D., Rider, M. and Rosen, H. (1996), 'Income taxes and entrepreneurs use of labour', Centre for Economic Policy Studies, Working Paper No. 32.

Coates, S. and Tennyson, S. (1992), 'Labour market discrimination, imperfect information and self-employment', *Oxford Economic Papers*, 44, 272-288.

Colombo, M., Delmastra, M. and Grilli, L. (2004), 'Entrepreneurs' human capital and the start-up size of NTBFs', *International Journal of Industrial Organisation*, 22, 1183-1211.

Cowling, M. (2000), 'Are entrepreneurs different across countries?', *Applied Economics Letters*, 7 (12), 785-789.

Cowling, M. (2003), 'The employment contribution of the self-employed in the EU. Small Business Service Research report URN 03/539', London, available at: www. sbs. gov. uk/research/and http://berr. gov. uk/files/file38300.pdf (accessed March 2003).

Cowling, M. and Taylor, M. (2001), 'Entrepreneurial women and men: Two different species?', *Small Business Economics*, 6 (3), 167-175.

Cowling, M. and Bygrave, W. (2007), 'Entrepreneurship, welfare provision and unemployment', *Comparative Labor Law and Policy Journal*, 28 (4), 617-636.

Cowling, M., Taylor, M. and Mitchell, P. (2004), 'Job creators', *Manchester School*, 72 (5), 601-617.

Davidsson, P., Lindmark, L. and Oloffson, C. (1998), 'The extent of overestimation of small firm job creation-an empirical examination of the regression bias', *Small Business Economics*, 11, 87-100.

Davis, S., Haltiwanger, J. and Shuh, S. (1996), 'Small business job creation: Dissecting the myth and reassessing the facts', *Small Business Economics*, 8, 297-315.

De Bruin, A., Brush, C. and Welter, F. (2007), 'Advancing a framework for coherent research on women's entrepreneurship', *Entrepreneurship, Theory and Practice*, 31 (3), 323-339.

Dolton, P. and Makepeace, G. (1987), 'Marital status, child rearing and earnings differentials in the graduate labour market', *The Economic Journal*, 97, 897-921.

Du Rietz, A. and Henrekson, M. (2000), 'Testing the female under-performance hypothesis', *Small Business Economics*, 14, 1-10.

Gatewood, E., Brusch, C., Carter, N., Greene, P. and Hart, M. (2009), 'Diana: A symbol of women entrepreneurs' hunt for knowledge, money, and the rewards of entrepreneurship', *Small Business Economics*, 32 (2), 129-144.

Georgellis, Y. and Wall, H. (2005), 'Gender differences in self-employment', *International Review of Applied Economics*, 19 (3), 321-342.

Jennings, J. and McDougald, M. (2007), 'Work-family interface experiences and coping strategies: Implications for entrepreneurship research and practice', *Academy of Management Review*, 32 (3), 747-760.

Kalleberg, A. and Leicht, K. (1991), 'Gender and organisational performance: Determinants of small business survival and success', *Academy of Management Journal*, 34 (1), 136-161.

Langowitz, N. and Minniti, M. (2007), 'The entrepreneurial propensity of women', *Entrepreneurship, Theory and Practice*, 31 (3), 341-364.

Lazear, E. (2005), 'Entrepreneurship', *Journal of Labor Economics*, 23 (4), 649-680.

Manolova, T., Carter, N., Manev, I. and Gyoshev, B. (2007), 'The differential effect of men and women entrepreneurs' human capital and networking on growth experiences in Bulgaria', *Entrepreneurship, Theory and Practice*, 31 (3), 407-426.

Marlow, S., Carter, S. and Shaw, E. (2008), 'Constructing female entrepreneurship in the UK: Is the US a relevant benchmark?', *Environment and Planning C*, 26 (2), 335-351.

Moore, I. (1983), 'Employer discrimination: Evidence from self-employed workers', *The Review of Economics and Statistics*, 65, 570-579.

Morris, M., Miyasaki, N., Watters, C. and Coombes, S. (2006), 'The dilemma of growth: Understanding venture size choices of women entrepreneurs', *Journal of Small Business Management*, 44 (2), 221-244.

Parker, S. (2008), 'Entrepreneurship among married couples in the US', *Labour Economics*, 15 (3), 459-481.

Rosa, P., Carter, S. and Hamilton, D. (1996), 'Gender as a determinant of small business performance', *Small Business Economics*, 8, 463-478.

Sowell, I. (1981), *Markets and Minorities*, New York: Basic Books.

Verheul, I., Van Stel, A. and Thurik, R. (2006), 'Explaining female and male entrepreneurship at the country level', *Entrepreneurship and Regional Development*, 18 (2), 151-183.

Wagner, J. (2007), 'What a difference a Y makes: Female and male nascent entrepreneurs in Germany', *Small Business Economics*, 28 (1), 1-21.

Watson, J. and Robinson, S. (2003), 'Adjusting for risk in comparing the performance of male and female controlled SMEs', *Journal of Business Venturing*, 18 (6), 773-788.

Westhead, P. and Cowling, M. (1995), 'Employment change in independent owner managed high technology firms in great Britain', *Small Business Economics*, 7 (2), 111-140.

第三章

性别与创业：揭示外在结构和潜在机制的研究——来自挪威的案例

Gry Agnete Alsos, Ragnhild Steen Jensen, Elisabet Ljunggren

引 言

近年来，尽管女性参与创业活动的人数有所增加，但进行创业以及掌管企业的所有权仍然是男性主导的活动，这在西方国家表现得尤其明显。因此，社会想要真正实现性别平等，还有很长的一段路要走。《全球创业观察报告》（GEM）的结果表明，无论是在创业活动的早期阶段，还是在企业所有权组建起来之后，均存在显著的性别差异，而高收入国家的这种差异则更为显著（Allen 等，2007）。从事创业活动的女性，其比例低于去劳动力市场谋求工作的女性（Verheul 等，2006），在北欧国家尤其如此，在那里女性在劳动力市场中所占的比例非常高，但女性企业家的比例仍然相对较低，尽管这些国家已经推出了一些政策举措以增进女性的创业活动，但其结果各不相同。在这一章中我们将通过分析阐明，性别与创业活动之间的关系远比这些政策措施所假定的要复杂得多。创业被视为一种由男性主导的活动，其历史渊源由来已久，并受文化、社会和经济过程的影响。为了厘清性别差异是如何产生的，我们必须不断深化对于“创业活动及其性别观念的形成和发展与社会结构是密不可分的”这一观点的理解（Elam，2008）。

在本章中，我们采用挪威的案例，探讨被称为“女性创业悖论”现象背后可能的文化、历史、社会和经济原因，该悖论是指为什么社会上占比相对较少的女性企业家，却通常扮演着追求性别平等的先锋角色。挪威是一个福利政策很完善的国家，能够提供良好的儿童保育和其他社会服务，这使得同时兼顾事业和家庭变得更加容易，此外，挪威对平等问题的关注相对较为强烈，二者的结合使得该国女性在劳动力市场中占了很高的比例。在权力和决策地位方面，特别是在政治层面，性别平衡的原则逐渐在挪威生根，自 1986 年以来，女性在议会和内阁中的比例一直很高。然而，挪威女性在商界、企业家、企业管理人员以及董事会成员中所占的比重还是相对较低，这一直被视为一个悖论，即挪威这个性别相对平等的国家，却不能促使女性在商界中担任重要职位（Foss 和 Ljunggren，2006）。

这一章将讨论构建和重构男性主导的企业界的主要过程。我们认为，女性一直以来都没有在参与创业活动以及掌管企业所有权上取得进展，这表明女性在商业领域的活动深深植根于社会如何构建企业界以及将其性别化。我们认为这也正是政策措施经常达不到预期效果的原因。此外，我们还关注资本主义自身的性别化，以及人们对能力的性别认知如何与女性参与创业活动产生关联。

在以下的章节中，我们首先提出一个理论出发点，即个人如何将资本和能力理解为具有性别化的构念；接下来，我们详细阐述挪威的案例，用我们所提出的理论框架对其进行研究分析。我们将阐释历史根源以及当代的政策如何营造并强化了商业领域中男性主导的结构。因此，为了改善女性创业的局面，直面现存的强大阻碍力量，必须付出艰辛的努力。

创业是一种被“性别化”的现象

在对创业进行的跨国研究中，各国的企业在初创阶段以及随后的企业所有权掌管中都存在类似的性别分工，这和来自《全球创业观察报告》的数据是一致的：无论国家背景如何，女性创建企业的人数都比男性少（Allen 等，2007），在高收入国家，性别差异甚至更大，基于机会的创业中更是如此。对该现象的一个似是而非的解释是：在创业只是多种可供选择的情形之一时，女性并不太热衷于创业，此时，女性参与创业完全是由自身的愿望驱动的。

越来越多的学者将创业现象视为“性别化”的（例如，Elam，2008；Gatewood 等，2003；Ljunggren，2003）。20 世纪 80 年代，关于性别与创业的早期研究开始出现。早期阶段的方法是“将性别作为一个变量”应用于创业研究，以加深人们对性别的理解（Ahl，2002；Harding，1987；Ljunggren，2003）。这些研究揭示了创业领域中的性别失衡，并提供了一些有关男性企业家与女性企业家在频率和特征方面的信息，然而，它们对这种不平衡的解释仍不清晰。最近的研究更多地从社会建构的理论视角来看待性别问题（Ahl，2002；Berg，1997），认为

“性别化”和“创业活动”都应该被置于社会背景中加以理解，并将其视为一种社会实践（Bruni 等，2004）。同时将不同的理论视角考虑在内有助于增进我们对这一现象更加多元化的认识。因此，关于性别和创业这一主题的讨论变得更为广泛，包括诸如人力和社会资本、获得金融资本的途径、态度和社会支持等因素。此外，女性创业者也越来越被视为一个异质群体（Bruni 等，2004；Lewis，2006）。

从女权主义的视角对创业进行研究可以使研究人员不再局限于简单地将企业家划分为男性和女性（Bird 和 Brush，2002）。相关研究开始揭示创业活动这一社会现象是如何被高度性别化的，这不仅体现在女性和男性进行创业的比例上，还体现在我们的规范、态度以及对这一概念的理解上，比如媒体如何报道企业家（Baker 等，1997；Ljunggren 和 Alsos，2007），甚至研究人员如何讨论性别和创业这一主题（Ahl，2002）。当人们将创业活动置于社会情境中进行理解时，脑海中会自然而然地将企业家勾勒为男性化的形象（Ljunggren 和 Alsos，2007）。企业家与男子气概相联系，他们是孤独的英雄、家长、冒险家，果断勇敢、意气风发（Bruni 等，2004；Chell 等，1991）。然而，这些观点并没有增进我们对以下问题的理解，即企业家是如何被构建和重构为男性的，以及这些过程是如何影响男性和女性成为企业创始人及企业所有者的实际分布的。

通过对挪威案例的分析，我们发现创业活动和企业界的性别建构在历史渊源中根深蒂固，且通过当代的实践得以强化，进而说明这些历史渊源和当代实践如何直接影响男性或女性成为创业者和企业所有者的可能性。创业活动是资本主义和资本主义制度的重要组成部分，因为资本主义制度是开展创业活动的基本前提。下面我们要说明创业的性别建构的根源在于资本主义制度本身从本质上就是性别化的。[①]

资本主义的“性别化”[②]

性别不是一种有限的社会现象，而是一种泛文化的分类原则，并具有重大的社会影响。创业和企业所有权的性别建构并不是一个孤立的过程，必须将其视为社会一般性性别分工的组成部分。Solheim（2007）认为“现代性”是社会建构的一部分，其基础是两性的对立假设，而这一基本假设也构成了资本主义的基础。性别分工与现代社会是完全融合而不可分割的，社会的经济、政治和文化都是围绕性别划分进行构建的（Solheim，2007）。

根据马克思的理论，资本家具有追逐资本积累的动机或欲望（Yanagisako，2002）。然而，学者 Yanagisako 认为资本家的行为是从文化中产生的，因此总是充满了文化的意义和价值。她提出了资本主义动机的另一种理论，在该理论中，意义作为一种生产力，能够激发和推动不同类型的资本主义实践。经济关系承载文化意义，并且正如所有象征性的表达，它也植根于

① 尽管现有文献关于资本主义和性别领域的研究似乎经常探讨欠发达国家的经济发展（例如，Boserup，2007），但并不是说发达国家没有什么可借鉴的。

② 本小节主要基于人类学家 Jorunn Solheim 的著作，特别是她的《性别与现代性》（*Gender and Modernity*，2007）一书。

物质之中。经济制度是对现实的象征性组织建构，经济制度也是一种文化。Polanyi（2001）认为当代资本主义（和其他经济制度一样）是一种将经济生活嵌入社会关系和文化习俗的制度化过程（Swedberg 和 Granovetter，2001）。作为资本主义制度的核心部分，创业也是一种文化现象（Bruni 等，2004），并由此嵌入社会关系和文化习俗中。

现代性别关系是以两个界限为基础的：①家庭生活与劳动生活的划分（即家庭与市场之间的划分）；②私人生活与公共生活的划分（即私人领域和公共领域）（Solheim，2007）。女性归属于私人领域（分娩、生育），而男性则归属于公共领域（市场、交易、生产、政治），这也导致了家庭和市场之间的性别分工（女性属于家庭，男性属于市场），这种分工模式时至今日仍然盛行。Bruni 等（2004：409）指出："由于人们过于强调工作不同于生活的独特和理性本质，因此家庭与工作之间存在如此鲜明的界限也被视为理所当然。然而，管理人际关系所必需的情感因素常常被忽略了。"在早期的资本主义地区，将家庭作为经济单位是资本主义经济制度的起点（Solheim，2007）。从历史的角度来看，资产阶级在这些界限的划分和形成上起核心作用。资产阶级与市场经济的发展和资本主义生产都密切相关。因此，资本主义本身有助于在社会组织模式中重构性别分工。

创业活动显然归属于公共领域和市场，即由男性主导的领域。女性在创业时会进入市场或公共领域，这打破了她们归属于家庭和私人领域的规则及规范，所以，开展创业活动的女性正在跨越界限，从她们所主导的领域进入男性主导的领域。因此，跨越这种性别界限并非易事，因为它打破了社会和文化传统。此外，女性往往不能离开私人领域，相反，女性企业家终究要竭尽所能承担起这两个领域的责任，这就是所谓的双重工作负担。许多家族式企业可以被形象地比喻为家庭和市场角逐的竞技场（Wheelock 和 Mariussen，1997）。

当女性进入创业领域时，她们需要满足并挑战现有的对企业家的预期：企业家的特征、企业家的行为以及企业家的形象。女性需要遵照现有的安排，反映了她们必须遵循由制度、标准和体制组成的规则。她们必须说服周围的人，即她们的做法符合人们普遍认同的企业的做法，以此获得合法性（参见 Bourdieu，1990）。女性创业者还需要让她们的顾客、投资者和其他利益相关者相信，她们是有能力的企业家，符合市场对现有可接受标准的预期（Aldrich，1999）。

然而，她们是女性这一事实使利益相关者形成了她们对现有制度、标准和体制构成挑战的预期。她们被冠以女性企业家的称号，通常被认为与“正常”的企业家略有不同。因此，女性企业家不仅需要作为“真正的企业家”以让她们的产品或企业赢得认可度，而且还需要借助她们是女性这一事实来增加吸引力，以提升她们的创业活动。因此，重要的不仅仅是她们的创业活动，认同她们的女性特质同样重要；她们不仅是一名企业家，而且是一位女性。

被性别化的企业家能力和掌控所有权能力

公认的“有能力的”企业家往往具备创业活动所需的相关

能力，在资本主义社会中，能力（competence）可以被看作为性别赋予价值过程中最核心的转换机制。能力被定义为一个人的技能、知识和资格，是女性和男性能为创业过程带来的主要资产，它构成了性别分类和等级制度最重要的基础（Solheim，2002）。

缺乏能力是一种经常被用来解释为什么女性不能被招聘到管理岗位、董事会职位以及参与企业家活动的理由，但人们很少谈论能力和性别为何是相互联系的概念。我们不能将能力和知识视为独立的变量，而应将它们置于其所嵌入的社会领域中进行讨论（Solbrække，2002）。Solbrække 认为我们必须从历史的角度将能力理解为一种动态的被创造出来的现象，即作为文化进程的结果。这意味着不同形式的能力，例如创业能力，不能被当作普遍的或性别中立的。

创业能力的性别划分主要通过两种方式。第一，创业能力的定义本身就被性别化了。由于企业家精神和企业所有权在历史上就属于男性领域，因此，企业家的标准是什么以及需要具备什么能力，以往都是由男性塑造的。企业家能力的构建不仅是动态变化的，而且是与历史相关的，其不仅要基于实际所需的能力，也要基于传统习俗所认为的能力，而这种传统习俗正是以男性企业家为参照的。直到现在，社会上仍普遍接受企业家包括创业活动是男性的专利的观点（Bird 和 Brush，2002）。创业能力这一概念的发展与企业家是如何被描述或表征的，即如何被赋予男性化的内涵紧密相关。因此，有关企业家能力的理解主要是基于男性企业家预设拥有的能力，而远非对企业家实际所需要的相关能力的考量。女性企业家所拥有的创业能力与男性略有不同，同样人们会发现她们在企业的管理方式上也有所不同（Carter 等，1997）。

第二，能力的“性别化”理解也会影响人们对男性和女性实际能力的感知。性别分工是基于能力这一概念得到广泛传播的，它根据文化上所界定的女性和男性所具有的特征，将特定的任务分配到女性领域或男性领域（Solheim，2002）。女性具备来自私人和家庭领域的能力，而男性则拥有来自公共和市场领域的能力。特定类型的能力，例如创业能力，包含具有象征意义的连接，并通过与女性及男性的联系，体现出“性别化”的特征。通过这种方式，创业能力被赋予很浓重的“男性化”色彩，从而导致人们普遍将这种能力理解为是男性的专利，而非女性所具备的。

挪威的案例

挪威是一个位于斯堪的纳维亚半岛上人口稀少的小国，总共只有 470 万居民，并非欧盟的成员国。挪威经济以出口石油、天然气和养殖鱼类为基础，发展势头强劲。该国在第二次世界大战后将自己定位为提供高福利的国家，与其他北欧国家一样，拥有相对庞大的公共部门。

挪威在性别平等方面的国际统计数据相当不错，女性在劳动力市场的参与率很高，相较于挪威参与劳动力市场的男性 81.4%的比例，女性比例占到 74.8%（Statistics Norway，2008）。相比之下，美国女性的比例为 69.3%，男性为 81.9%；英国女性的比例为 70.3%，男性为 83.2%。然而，当涉及女性在商界的参与度，包括创业、所有权、管理和董事会职位等方面时，挪威的排名却跌至谷底。

《全球创业观察报告》的研究显示挪威女性在创业初期的参与率为4.28%，约占挪威总参与人数的1/3。相比较而言，英国和美国的参与率分别为3.60%和7.25%（Allen等，2007）。尽管在许多国家，从事创业活动的女性的比例均低于在劳动力市场求职的女性的比例（Verheul等，2006），但这种现象在挪威表现得尤为突出。接受过高等教育的挪威女性占很大的比重，挪威（与瑞典一起）被视为世界上性别平等程度最高的国家之一，但是，挪威女性的创业水平仍然相对较低，这就产生了一个悖论（Foss和Ljunggren，2006）。在某种程度上，其他北欧国家（它们都拥有一个庞大的公共部门）也同样存在这种悖论，部分原因在于这些国家劳动力市场的性别分工（纵向和横向）。根据北欧统计数据（Nordic Statistical Yearbook，2007），建筑公司拥有11%的男性员工和1%的女性员工；相比之下，服务行业的企业则拥有55%的女性员工和21%的男性员工。

独资企业是最常见的企业法律形式，尤其是女性会更多地采用这种形式，这种组织形式没有对企业设定法定股本或其他资源的下限，并且也比其他企业法律形式的正式要求少，因此它被认为是创办小企业更简易的方式。另一方面，自主创业的女性在福利制度中，譬如产假、疾病津贴等方面，能够享受的权利较少，为了弥补这一点，政策已经发生改变，包括对自主创业女性产假的全额支付。

分工的结果导致了企业创始人和企业所有权在性别结构上

的差异。女性除了在企业创始人和所有者中占据相对较低的比重，各行业的性别隔离程度也是很高的（Statistics Norway，2007）。

从创业的总体动机来看，无论是女性还是男性（尤其是女性创业者），都声称创办企业是为了实现自己的梦想，获得工作满意感和自主性，支撑他们自己和家庭的生计，而获取利润并不是其最主要的目标（Ljunggren，2003）。然而，男性和女性在追求企业增长的动机上是存在差异的，女性在这方面的抱负低于男性（Delmar 和 Holmquist，2004）。无论是随着时间的推移，还是在不同行业，这些结果都具有稳定性。

创业政策——提高女性的创业能力

若干政策措施的出台都旨在提高女性在商界的参与度，例如成为企业家、管理人员和董事会成员等。这些政策和措施成为 20 世纪 80 年代区域政策的组成部分，并通过落实执行来鼓励女性成为企业家和企业所有者，其目的在于推动女性开展创业活动并为她们自己创造就业机会，由此，也可以避免由许多女性迁入城市接受教育和参加工作而引发的人口减少或人口失衡问题（Pettersen 等，1999）。当前，无论是在国家层面，还是在区域层面，支持女性创业已经成为挪威产业和创业支持组织（Innovation Norway）的一个重要目标，并被列入挪威直接帮助创业者的大多数支持计划。支持计划主要包括财务方面的津贴和贷款，但这些方案也包括社交项目和咨询服务在内的“软支持”。支持女性创业已成为企业家核心支持计划中更具整合性的一般目标（Alsos 等，2006）。一些计划甚至提出了女性受益者份额的明确目标，例如提出要将 40% 的补助金拨给女性。近年来，在关于商界女性的辩论中，任职于管理岗位和董事会的女性受到极大的关注。2006 年 1 月 1 日，挪威颁布了一项新的法律，要求所有私营部门股份有限公司的董事会要保证男性和女性都至少拥有 40% 的代表权。截至 2008 年 2 月，在股份有限公司的代表中，有 39% 是女性；在 459 家股份有限公司中，93% 的公司达到男女性别的代表权要求。

尽管随着其他政策措施的执行，女性作为工薪阶层、政治家以及内阁成员的地位似乎提高了，但当谈及女性创业和掌管企业所有权时，其结果却令人大失所望。虽然女性可以创办并运营自己企业的观点已经逐渐为人们所接受，但女性企业家的人数仍然很少。开展创业活动以及掌管企业所有权仍然具有“与众不同”的味道，创业依旧被视为男性的领域。男性主导的创业观意味着由男性来制定标准，而女性企业家则被视为偏离了这一标准。

在本章的剩余部分，我们将讨论产生女性创业悖论的原因。我们将从形成今天所看到的文化和结构上的性别分工的历史渊源开始讲起，在此基础上，我们将讨论当代实践如何重塑这一格局，并成为一种阻碍性别平等实现的机制，最后提出缩小商界性别差异的政策措施。

商界“性别化”的历史渊源

当今资本主义社会的产权结构基于过去的继承制和所有

制，并经过不断的发展而来，它影响了当今社会对财产、资本和利润的构想与价值评估，也因此形成了企业所有权的性别结构。

19 世纪，挪威的司法原则认为丈夫拥有经济生活方面的经验和洞察力，因此，他们掌握家庭经济大权（Sandvik，2005），而妻子几乎不懂经济事务，以至于无法作出正确的决策，而她们的经济洞察力也太有限，因此，不应该在家庭经济中拥有话语权。

在这一时期，经济被认为是比较复杂的，而且只有男性才具备认识它的洞察力。风险承担能力也成为考察经济参与者素质的一个维度，同时社会对公共的男性领域和私人的女性领域已经有了清晰的界定与认知。一项对位于特隆赫姆的一家大型家族企业的研究表明，尽管 18 世纪的女性选择去公司上班，但她们在 19 世纪开始重新回归家庭（Bull，1998）。文化传统赋予工作和家庭责任性别化的定义，并据此对男性和女性设置不同的社会定位，这对女性几乎在商界保持“隐形”的局面起着重要作用。从历史上来看，女性所承担的家庭之外的工作责任是次要的，她们主要承担家庭的家务、情感以及社交生活方面的责任。另一方面的男性则按照工作的要求来组织自己的生活。农耕社会与资本主义社会一样，家庭领域的工作（如挤奶或做家务）和超出家庭领域的工作（在田地里耕作或在森林里狩猎）是高度性别化的，然而随着奶牛养殖业的机械化，挤奶这一工作也成为男性的领域。

尽管自由主义的法律改革赋予未婚女性法律上的成年资格（主要是选举权）（1845 年）、平等继承权（1854 年）以及接受高等教育的权利（1884 年），但 1888 年的新《婚姻法》再次确保了丈夫在支配共同财产上的权利，直到 1927 年，丈夫在婚姻中的权威才被消除。同样，授予女儿与儿子具有同等继承权的法律也遭到保守党的反对，他们认为丈夫应该掌管家庭的共同财产，“因为他们对经济比较了解”（Sandvik，2005：116），但针对农场的法律是个例外。根据 1821 年的《自由权利法案》（Allodial Rights Act，*Odelsloven*），家族中的长子拥有接管家庭农场和森林的优先权，虽然这一法律条文只适用于农场，但家族企业的父系继承一直是普遍采用的做法。家族企业内部的惯例一直是将所有权从父亲转移到长子，女儿则继承公司的其他部分或价值较小的部分，而在选择公司所有者的接班人时，女儿往往不作为考虑的人选。女性的这种“隐形性”构成了传统家族企业结构的一部分，即主要聚焦于男性创始人及其男性继承人身上。传统家庭角色的阻力，无论是存在于社会内部，还是来自个体家庭，都使得女性的商业贡献得不到认可（Dumas，1998）。该法案于 1974 年修订后规定，第一个出生的孩子（出生于 1965 年以后），无论其性别是男是女，都享有优先所有权，但是，由儿子接管农场和家族企业的现象仍然很普遍。

在当代的挪威，我们仍然可以看到这方面的痕迹，比如在《自由权利法案》中就可见一斑。尽管在 1974 年有所改变，但儿子继承农场（和公司）的传统仍然根深蒂固。女性从事兼职工作的原因通常是因为她们承担着生育和照顾的义务，即负责养育孩子和其他如做饭和打扫卫生等活动。妇女或年轻女孩选择特定的教育和职业部门也可以被解释为家庭与私人领域活动的商品化（Wheelock，1992）。女性所属领域的活动正在持续成为市场经济的一部分，这些商业机会被认为是更适合于女性的，因为她们可以自如地将原本属于女性领域的活动调整为商业活动，从这个意义上说，她们同时达到了创业领域与女性领域的要求，而且在进入创业领域时，她们也不负众望，为创业带来一些新的元素。然而，在挪威，许多女性所受的职业教育（例如看护），并没有为她们提供太多自主创业的机会，这是由于这些服务项目主要局限于公共部门内部。

教育和劳动的性别分工

正如我们前面所提到的，相比于其他国家，挪威女性在劳动力市场的参与率很高，挪威女性和男性之间的差距很小。然而，从事兼职工作的女性比男性多；截止到 2004 年，有 43% 的女性和 13% 的男性从事兼职工作。尤其是，家中有不止一个 16 岁以下孩子的女性更频繁地从事兼职工作；而对于男性来说，兼职工作更常见于与学习相结合的时期或出现在职业生涯的末期。

如前所述，在行业方面，劳动力市场有很强的性别分工。尽管教育水平有所提高，但是男性和女性的职业生涯仍然是相当遵循传统的，年轻女性尤其如此，她们倾向于接受以后能在公共部门工作的教育，而年轻男性所接受的教育则是为了以后在私人部门工作，这意味着，诸如护士、教师、清洁工和秘书等都是女性主导的职业，而木匠、水管工、司机和工程师则是男性主导的职业。在过去的几十年里，公共部门经历了强劲的增长，主要集中于医疗、社会保健和教育方面。今天，大约

1/3 的就业人员在公共部门工作，分性别来看，53% 的女性在公共部门中工作，而相比之下，只有 21% 的男性在公共部门任职（Statistics Norway，2006）。因此，挪威的劳动力市场存在强烈的性别分离，即女性主要还是在她们所主导的职业或行业中工作。

劳动力市场不仅是横向隔离的，而且是纵向隔离的，即男性和女性处在不同的等级层次上。在整个挪威经济中，大约有 1/6 的组织是由女性领导的（Jensen 和 Schøne，2007）。根据挪威统计局的数据，2004 年，大约有 29% 的管理人员为女性，其中，公共部门和私人部门的女性管理人员比例分别为 44% 和 25%（Statistics Norway，2006）。这种横向和纵向的隔离可能是挪威的女性企业家稀少的一个重要原因。某些类型的教育和工作经验可以帮助人们培养更多与创办及运营企业相关的能力。正如我们所看到的，男性和女性的能力有所不同，与男性相比，女性在私人部门的经历和管理经验都较为缺乏，这或许可以解释为什么挪威的女性企业家如此之少。这与 Delmar 和 Holmquist（2004）的观点一致，即如果劳动力市场被隔离，那么企业所有权也将被隔离，因为无论是男性还是女性，他们通常都会从事与自己之前经验和知识相关的创业活动。

针对挪威女性企业家比例偏低的现象，有一个观点认为是女性缺乏识别新的商业机会并创办新企业所需的能力和网络。政府的许多支持性举措都是建立在女性有这些能力障碍的假设之上的（Alsos 和 Ljunggren，1998），它们为女性企业家提供创业培训或社交活动，并为这类活动提供财务支持。除了其他方面，能力障碍与前面所提到的教育和劳动的性别分工是相联系的，女性缺乏在私人部门工作的经历，因此可能对企业如何运作知之较少，并且与企业家或商界之间的网络联系也较少。

家庭友好政策

挪威作为一个高度性别平等的国家而受到关注的主要原因之一是其家庭友好政策，这一政策的基本假设是它允许女性更自由地管理她们的时间，并拥有自己的事业，由此，这会对女性的就业和创业产生积极的影响。然而，家庭政策的模式与女性进入劳动力市场，随后进入创业领域的关系远非如此简单直接，其中的许多政策都与整个政治制度息息有关。例如，低女性创业率的国家，譬如挪威和瑞典，制定了为公众提供儿童保育和产假的通用条款；然而在美国和英国，既没有政府提供的带薪休假，也没有出台相关政策以支持儿童保育，它们的女性创业水平却相对较高且呈现不断上升的趋势。因此，尽管北欧福利国家提供了更高水平的儿童保育服务，并且往往能够带来很高的女性就业率，但似乎并没有产生高水平的女性创业与企业所有权。

此外，这些国家的性别平等政策也有不同的焦点：美国在劳动力市场上实施了一项强有力的机会平等政策，但把家庭问题视为私人事务；挪威在社会的各个领域都设立了性别平等的长期政治目标，并强调在工作和家庭之间进行平衡，以促使父母能够将工作和家庭生活有机结合在一起。考虑到传统的性别角色分工，相比于男性，将工作与家庭生活有机结合的安排更适用于女性。因此，我们似乎可以认为，挪威在劳动力市场强力执行的机会平等政策并没有取得成功，尤其是在私营部门（Birkelund 和 Sandnes，2003）。因此，也许可以得出如下结论，即挪威的家庭政策和性别政策一直是家庭友好的，虽然这对于家庭来说是有利的，但当这些政策为女性所用时，却不利于她们抓住劳动力市场上的就业机会或不利于她们（潜在）的创业生涯。

结论与启示

追溯挪威的历史渊源，实际上它早已将创业和企业所有权视为男性主导的领域。随着性别平等在社会中逐步得到实现，女性已经在参与劳动力市场和政治体制方面取得了显著的进展，人们可以预期创业活动和企业所有权领域浓重的男性色彩也将逐渐褪去。然而，由男性主导的局面似乎也被当代实践进一步强化了。例如，这些横向和纵向的性别隔离，以及女性从事兼职工作的趋势，都会造成劳动的性别分工。此外，家庭友好政策虽然会对女性的就业产生积极影响，但也强化了女性应承担家庭和家务责任的观念。北欧的福利模式为女性参与经济活动提供了良好的机会，同时又不影响她们组建和照顾家庭。通过保障女性在公共部门的就业率和双重模式（女性既能承担一位好母亲的职责，又能拥有自己的职业生涯），使得商界以及企业家或管理者的职业对女性的吸引力降低。社会关于好母亲和作为女性意味着什么的论述，以及商业领域中的大部分社会创造都从男性化视角出发的情况，均强化了人们对性别分工的理解，即女性和男性各自擅长做什么，以及他们应该做什么。这些过程均影响着女性的职业选择。

为了鼓励女性进入商界成为一名企业家或企业主，政府已经出台了很多政策措施，然而从结果来看，到目前为止所实施的政策显然并没有如预期的那样成功。这些政策主要是基于以下假设，即女性之所以很少能成为企业家或企业主，是由于她们缺乏资源。因此，这些措施试图通过为女性提供资源来鼓励她们开展创业活动，这些资源包括财务支持和社交网络支援，这将有助于提高女性的财务、人力和社会资本。然而，创业领域的性别鸿沟根深蒂固地存在于更广泛的社会进程中，因此这些措施只触及性别分工的表面，只是在某种程度上医治了“病症”，但未能解决商界性别化的根本问题。

改善现有的女性创业局面需要不同领域政策的相互协调。家庭政策需要提升男性的平等地位，鼓励男性进入私人领域，并承担起与女性同等的家庭责任。教育政策应该探索一种机制，以鼓励年轻女性和男性在教育选择上摒弃传统的束缚。鼓励两性平等的政策需要把商业部门考虑进去，需要把注意力更多地放在鼓励商业部门与其他部门就平等问题进行合作上。我们还认为有必要从短期和长期两方面来规划目标和工作，长期意味着从整体上重新分配财务资源，以提高人力、社会、象征和文化资本。

本章讨论了挪威在创业和企业所有权领域的性别化问题，关键是要在解释性别差异时将国家情境考虑进去。重要的因素包括经济的规模和构成、管理方式、教育水平、就业率、福利制度和政治，这些因素都直接或间接地影响着性别多样性。这也意味着来自一个国家的研究成果不一定适用于另一个与它具有很大差异的地理环境。然而，关于促进或阻碍女性进入商界的机制的经验教训却是可以吸取的。由于挪威关于男女平等的许多基本条件都已经满足了，但这个国家的女性在企业家、管理人员和董事会成员中的比例仍然相对较低，因此挪威是研究这些机制的一个很有意思的案例。应该把重点转向导致商业部门权力地位性别失衡的机制上来，而非将其放在一种理所当然的相对性别平等的背景下进行讨论。虽然本章所提到的很多方面都是挪威情境所特有的，但我们认为这里所描述的过程是根本性的，在其他情境中也可以找到，尽管它们可能以不同的形式表现出来。

参考文献

Ahl, H. J. (2002), *The Making of the Female Entrepreneur: A Discourse Analysis of Research Texts on Women's Entrepreneurship*, JIBS Dissertation Series No. 015, Jönköping: Jönköping University.

Aldrich, H. E. (1999), *Organizations Evolving*, London: Sage Publications.

Allen, I. E., Elam, A., Langowitz, N. and Dean, M. (2007), *Global Entrepreneurship Monitor. 2007 Report on Women and Entrepreneurship*, Wellesley, MA: Babson College.

Alsos, G. A., and Ljunggren, E. (1998), 'Does the business start-up process differ by gender? A longitudinal study of nascent entrepreneurs', *Journal of Enterprising Culture*, 6 (4), 347-367.

Alsos, G. A., Brastad, B., Iakovleva, T. and Ljunggren, E. (2006), *Flere og bedre bedriftsetableringer? Evaluering av Innovasjon Norges stipendordninger 1999-2005*, Bodø: Nordlandsforskning.

Baker, T., Aldrich, H. E. and Liou, N. (1997), 'Invisible entrepreneurs: The neglect of women business owners by mass media and scholarly journals in the USA', *Entrepreneurship & Regional Development*, 9 (3), 221-238.

Berg, N. G. (1997), 'Gender, place and entrepreneurship', *Entrepreneurship & Regional Development*, 9 (3), 259-268.

Bird, B. and Brush, C. (2002), 'A gendered perspective on organizational creation', *Entrepreneurship Theory and Practice*, 26 (3), 41-65.

Birkelund, G. E. and Sandnes, T. (2003), 'Paradoxes of welfare states and equal opportunities: Gender and managerial power in Norway and the USA', *Comparative Social Research*, 21, 201-241.

Boserup, E. (2007) *Woman's Role in Economic Development*, London: Earthscan.

Bourdieu, P. (1990), *The Logic of Practice*, Stanford, CA: Stanford University Press.

Bruni, A., Gherardi, S. and Poggio, B. (2004), 'Doing gender, doing entrepreneurship: An ethnographic account of intertwined practices', *Gender, Work and Organization*, 11 (4), 406-429.

Bull, I. (1998), *De trondhjemske handelshusene på 1700-tallet. Slekt, hushold og for-retning*, vol. 26, Trondheim: NTNU.

Carter, N. M., Williams, M. and Reynolds, P. D. (1997), 'Discontinuance among new firms in retail: The influence of initial resources, strategy, and gender', *Journal of Business Venturing*, 12 (2), 125-145.

Chell, E., Haworth, J. and Brearely, S. (1991), *The Entrepreneurial Personality: Concepts, Cases and Categories*, London: Routledge.

Delmar, F. and Holmquist, C. (2004), *Women's Entrepreneurship: Issues and Policies*, Istanbul: OECD.

Dumas, C. (1998), 'Women's pathways to participation and leadership in the family-owned firm', *Family Business Review*, 11 (3), 219-229.

Elam, A. B. (2008), *Gender and Entrepreneurship. A Multilevel Theory and Analysis*, Cheltenham, UK and Northampton, MA, USA: Edward Elgar.

Foss, L. and Ljunggren, E. (2006), 'Women's entrepreneurship in Norway: Recent trends and future challenges', in P. G. Greene, C. G. Brush, N. M. Carter, E. J. Gatewood and M. M. Hart (ed), *Growth Oriented Women Entrepreneurs and Their Business – a Global Research Perspective*, Cheltenham, UK and Northampton, MA, USA: Edward Elgar.

Gatewood, E. J., Carter, N. M., Brush, C. G., Greene, P. G. and Hart, M. M. (ed) (2003), *Women Entrepreneurs, Their Ventures, and Their Venture Capital Industry. An Annotated Bibliography*, Stockholm: ESBRI.

Harding, S. (1987), *Feminism and Methodology*, Milton Keynes: Open University Press.

Jensen, R. S. and Schøne, P. (2007), 'Kvinneledede virksomheter-gjør det noen forskjell for bedrifters familievennlighet?', *Sosiologisk tidsskrift* (3).

Lewis, P. (2006), 'The quest for invisibility: Female entrepreneurs and the masculine norm of entrepreneurship', *Gender, Work and Organization*, 15 (5): 453-469.

Ljunggren, E. (2003), 'Entreprenørskap og kjønn. En kunnskapsreise mellom to perspektiver: Fra individ til relasjon', PhD-thesis, Umeå University.

Ljunggren, E. and Alsos, G. A. (2007), 'Media expressions of entrepreneurs: Presentations and discourses of male and female entrepreneurs in Norway', in N. M. Carter, C. Henry, B. Ó. Cinnéide and K. Johnston (ed), *Female Entrepreneurship: Implications for Education, Training and Policy*, London: Routledge, 88-109.

Nordic Statistical Yearbook (2007), *Nordic Statistical Yearbook*, ed. U. Agerskov, Nord 2007: 1, Copenhagen: Statistics Denmark.

Pettersen, L. T., Alsos, G. A., Anvik, C. H., Gjertsen, A. and Ljunggren,

E. (1999), *Blir det arbeidsplasser av dette da, jenter? Evaluering av kvinnesatsingen i distriktspolitikken*, Bodø: Nordland Research Institute.

Polanyi, K. (2001), *The Great Transformation: The Political and Economic Origins of Our Time*, Boston, MA: Beacon Press.

Sandvik, H. (2005), 'Decision-making on marital property in Norway, 1500-1800', in M. Ågren and A. L. Ericsson (ed), *The Martial Economy in Scandinavia and Britain 1400-1900*, Aldershot: Ashgate.

Solbrække, K. N. (2002), 'Synlig bransje-usynlig makt: Kjønn som implisitt maktstruktur i reklamebransjen', in A. L. Ellingsæter and J. Solheim (ed), *Den usynlige hånd? Kjønnsmakt og moderne arbeidsliv*, Oslo: Gyldendal akademisk, pp. 360-390.

Solheim, J. (2002), 'Kjønn, kompetanse og hegemonisk makt', in A. L. Ellingsæter and J. Solheim (ed), *Den usynlige hånd? Kjønnsmakt og moderne arbeidsliv*, Oslo: Gyldendal akademisk, 110-140.

Solheim, J. (2007), *Kjønn og modernitet* (*Gender and Modernity*), Oslo: Pax.

Statistics Norway (2006), *Mot maktens tinder*, Oslo: Statistics Norway.

Statistics Norway (2007), http://statbank.ssb.no/statistikkbanken/Default_FR.asp?PXSid=0&nvl=true&PLanguage=0&tilside=selectvarval/define.asp&Tabellid=05188 (accessed 20 October 2008).

Statistics Norway (2008), *Personer i arbeidsstyrken, etter Kjenn. Utvalgte Land. 2006* (*Persons in Workforce, by Gender. Selected Countries. 2006*), available at: http://www.ssb.no/aarbok/2008/tab/tab-210.html (accessed 20 October 2008).

Swedberg, R. and Granovetter, M. S. (2001), *The Sociology of Economic Life*, Boulder, CO: Westview Press.

Verheul, I., Van Stel, A. and Thurik, R. (2006), 'Explaining female and male entrepreneurship at the country level', *Entrepreneurship & Regional*

Development, 18, 151-183.

Wheelock, J. (1992), 'The household in the total economy', in P. Ekins and M. Max-Neef (ed), *Real Life Economics-Understanding Wealth Creation*, New York: Routledge.

Wheelock, J. and Mariussen, Å. (ed) (1997), *Household, Work and Economic Change: A Comparative Perspective*, Boston, MA, Dordrecht and London: Kluwer Academic.

Yanagisako, S. J. (2002), *Producing Culture and Capital: Family Firms in Italy*, Princeton, NJ: Princeton University Press.

第四章

女性领导者和公司盈利能力

Annu Kotiranta，Anne Kovalainen，Petri Rouvinen

引 言

大量的统计结果都表明女性是全球许多经济体增长的重要驱动力量，尤其是在小型企业和新创企业方面（Arenius 和 Kovalainen，2006；Minniti 等，2005）。然而，女性在高级管理层中的地位却不那么令人信服（Carter 等，2003；Eurostat，2007；Kotiranta 等，2007）。在企业所有的管理层级中，女性的比例均低于男性，在公司的最高管理层中尤其如此。即使是今天，在大多数工业化国家，处于公司最高管理层和决策职位的女性人数仍然不足 10%（Eurostat，2007）。同样，根据欧盟关于女性和男性决策的数据库资料，在欧洲前 50 强的公司中，最高决策层中只有 10% 至 11% 的成员是女性，这说明朝着性别平等方向发展的速度依旧缓慢。女性是否在公司的管理高层任职及其比例问题之所以被提升到非常重要的位置，不仅因为它可以体现公司价值观，而且因为它对增进董事会多元化和公司价值十分重要（Carter 等，2003）。许多企业也开始意识到董事会标志着良好的管理模式、多样化的价值观以及企业文化内部的动态性。根据以往文献，关于公司治理方面的争议在于：性别多样性在公司的价值和盈利能力方面是否发挥某种特定的作用（Bilimoria，2006；Burke，2000），学者们通过实证研究对此进行了验证（Carter 等，2003；Smith 等，2006）。

考虑到一些文献中所述的正向关系，性别应该被纳入公司高层任命的考量，并思考它与一般公司结构的关联性，更重要的是与社会结构的关联性。在全球大型企业和跨国公司的高层职位中，女性的缺乏被视为削弱了欧洲公司在充分利用现有人力资源方面的竞争力。

作为北欧国家之一，芬兰在公共和私人场合的性别平等、女性参与职场、政治活跃度和政治代表方面，甚至在性别专门法案的制定等问题上处于欧洲和全球领先的地位。在芬兰经济和社会中，旨在推进性别平等的保障体系和其他措施（例如，性别平等立法，儿童保育支持，保障女性在劳动力市场、地方和国家政府以及政治方面的权利）已经很到位，以确保男性和女性无论是在正式场合，还是在非正式场合都能实现平等。举例来说，无论女性所处的家庭形态、家庭收入或劳动关系如何，普通日托等儿童保育方面的公共资源的可获得性是女性在劳动力市场上获得高参与率的先决条件。因此，儿童保育体系和其他可能的家庭支持系统的存在，促进了女性的就业，并且推动她们接受高等教育。然而，即使女性在劳动力市场上的参与率很高，而且事实上她们的学历水平甚至比男性还高，但在管理职位上男女两性间的性别差距依然存在。根据全球性别差距指数（Global Gender Gap index），芬兰在教育程度和健康指数上表现为男女平等，但在经济参与和机遇方面却没有显示出同样的平等性（Hausmann 等，2007），这让我们不禁要问，为什么在这些性别平等的国家，譬如芬兰，女性却没有进入企业的高层？

在芬兰的公司中，只有不到 1/10 的首席执行官（CEO）以及不到 1/4 的公司董事会成员是女性。从社会的角度来看，管理高层中需要有更多的女性，而且在高技能的女性劳动力中进行招募是可能的，但是接下来的一个问题是：公司所有者以及商业利益的代表者是否关注了女性在管理高层中的作用？本研究采用科学的研究方法试图对这个问题进行解答。

我们的研究结果表明，由女性 CEO 领导的公司比由男性 CEO 领导的相当规模的公司的平均利润率略高 1 个百分点（实际的利润率约为 10%），即使控制了规模差异和其他可能影响盈利能力的因素之后，这一结论仍然是正确的。女性董事会成员的比例也有类似的正向影响。这些发现无论是从统计和研究的角度，还是从商业的角度来看，都是有意义且重要的。

但是为什么女性领导者有助于提升公司的盈利能力呢？尽管由于数据的限制，我们无法从实证上去评价男性和女性领导者各自的优劣势，但一些学者的观点与我们的发现是一致的。简单地说，相比于男性，女性可能是更好的领导者，或者可能（甚至更有可能）是因为女性领导者经历了一个更为严格的筛选过程，因此相比于男性，她们能够组建一个更独特的从而也更具胜任力的团队。女性领导者也可能与公司整体的文化多样性、多维度以及良好的治理和管理实践更契合。

性别、董事会多元化和公司盈利能力为何重要?

European Commission (2005) 的调查发现, 2004 年, 50 家最大的上市公司的最高决策机构 (董事会) 平均只有 10% 的成员为女性, 该项对比研究涵盖了欧盟 25 国和 5 个非欧盟国家。此外, 在美国企业中, 尽管总体上女性管理者的比例很高, 但女性在董事会席位中所占的比例仍相对较低。2005 年, 在《财富》(*Fortune*) 排行榜前 500 强企业的所有董事会席位中, 女性仅占 15% (Catalyst, 2006)。Catalyst 的报告指出企业董事会性别平等的进展速度一直很缓慢 (Catalyst, 2006)。

与许多国家相比, 芬兰总体上实现了高度的性别平等, 但是在企业领导层和所有权方面仍不理想。例如, 只有不到 1/10 的公司 CEO 和董事长为女性; 不到 1/4 的公司董事会成员为女性。① 在芬兰, 大型跨国公司的相应比例甚至更低。在创业方面, 女性的参与度略高, 个体经营的公司和企业中约有 27%—30% 为女性所有。在雇佣的劳动力中有 48.3% 是女性。在政治方面, 女性于 1906 年获得投票权, 并且在同年的大选中, 女性有资格作为候选人参加选举——这在欧洲国家是首例。1907 年, 第一批女性当选进入议会。如今, 芬兰议会共

① 术语 "board" 在这里指的是董事会 (或监事会), 由监督股东利益并正式管理公司事务的一群人组成。我们并不是指执行董事会 (或管理董事会、管理委员会), 他们是负责公司日常经营管理, 将计划付诸实施, 并向董事会 (或监事会) 负责的一群人。然而, 值得注意的是, 实际领导公司的董事会 (或监事会) 的人员结构、作用以及重要性, 会因国家和公司治理体系的不同而不同。

有200名议员，其中女性82名，占41%；2009年，在20位部长中有12位是女性，占60%。

为了达到本研究的目的，我们将只关注有限责任公司的企业所有权、管理以及盈利能力。根据芬兰女性在所有企业家中所占的相对份额，我们推测这些公司中约有1/4是由女性所创办的。

芬兰有句谚语："只有男人的战争不会持久。"但是在企业领导层是否也需要更多的女性？从社会的角度来看，答案显然是肯定的。女性和男性应该享有同等的机会以获得事业上的成功，这看起来才是正确并且公平的。

另一个更有挑战性的问题是，对于企业所有者和他们的利益代表而言，是否值得去关注女性在管理高层中的作用呢？从企业社会责任的角度来看，答案也是肯定的，但这在冷冰冰的会计数据面前是否同样站得住脚呢？从平等的角度来看，答案也是肯定的。

许多政治家指出，芬兰不可能不利用女性在上市公司董事会方面的知识。Vladimír Špidla是欧盟的就业、社会事务与机会平等部门的理事长，他表示任命女性担任领导职务对企业来说是有利可图的。尽管得到了政治上的支持，但由于这个问题缺乏确凿的事实证据，学界和商界的态度都趋于保守。

我们可以在国际学术文献中搜索到几篇研究女性领导者与企业良好财务绩效关系的文章（详见后面的讨论），开展这类主题的研究并不容易，而且得出的结论往往大相径庭，样本量较小且偏态分布的数据集往往会限制研究的可信度。女性在高层行政和管理职位中的比例往往太低，以至于即使在数千家公司的样本中，也可能只有少数女性领导者。无论如何，这些文献表明女性领导者与企业良好的财务绩效之间可能存在正相关关系。

有关性别和公司绩效的已有研究：劳动等级分工、企业多样性、管理压力或者卓越的管理？

相关研究已强有力地说明公司董事会成员和管理者招募的多样性与公司运营活动的某些方面呈正相关关系，即那些招聘、发展和提拔多元化的员工（包括女性）的公司能够作出更好的决策，生产更为畅销的产品，并且能够保持一些大多同类公司所没有的关键业务优势（Bradshaw 和 Wicks，2000；Carter 等，2003；Robinson 和 Dechant，1997）。关于董事会多样性的讨论通常与董事会中外部董事相对于内部董事的人数有关，有关董事会的性别构成及其与股东价值创造（根据盈利能力来衡量）的关系的实证研究较少，缺乏足够的证据支持或反对这一正在讨论的问题，这可能是因为缺乏一般性、大型的数据库和/或鲜有基于纵向数据库的研究。

这篇简短的综述并没有涵盖在女性领导者及其公司使用的绩效指标方面的所有文献。大部分的文献聚焦于中层管理者，但他们对公司绩效的直接影响可能有限。我们对董事会的活动特别感兴趣，具体而言，我们关注的不是公司的内部董事会或执行董事会、管理委员会或类似的团体——他们常常是负责公司日常经营管理和计划实施的一组人，并对董事会（或监事会）负责；值得我们注意的是实际领导公司的董事会（或监事会）的人员结构、作用和重要性，它们因国家和公司治理体系而异，因此组织决策会以多种方式影响公司的成果。尽管我们的研究结果并非仅适用于某个特定的国家，但研究所处的国家情境对研究设计有重要作用。下面我们首先简单介绍一下芬兰劳动力市场的一些特征，然后转向讨论有关中低层管理者和公司生产力之间潜在关系的研究结果，并在文献综述的最后一部分着重探讨董事会和 CEO 与公司生产力的关系。

芬兰职场中的性别问题

随着芬兰社会的现代化及其经济和社会结构的发展，芬兰从农业社会进入后工业的服务业社会，拥有高科技通信公司（如诺基亚）以及扎根于传统行业的高科技企业（如全球化森林产品公司），芬兰女性的就业也得到了快速增长。如同发达的通信行业能映射出当今的芬兰，其强大的北欧福利国家的形象也是如此：芬兰的公众形象很大程度上源于它拥有强大且普遍的国家福利服务部门，而这些部门聘用了大量女性，这至少在一定程度上缓解了职场中盛行的强烈而显著的性别隔离现象（Kovalainen，2003：190）。1987 年，《男女平等法》开始生效。公共部门的活动（正式委员会、政治活动）于 1995 年引入了 40% 的少数性别配额制度。值得注意的是，目前正在制定的公司治理准则不包括配额制。

在芬兰的劳动力市场中，女性发挥着积极的作用。女性和男性的就业率非常接近，根据 2008 年的数据，女性的就业率为69%，男性为70%，甚至在劳动人口的失业率上，二者也非常相近。然而，男性和女性在就业上仍然是高度隔离的。从横向上看，最为明显的是就业于公共和私人部门的性别隔离。就女性而言，有58%受雇于私人部门，36%由地方政府雇用，还有6%在中央政府工作；相比而言，男性就业中有83%受雇于私人部门，10%在地方政府工作，另外7%受雇于中央政府（Kovalainen，2003：193）。纵向隔离也很明显。尽管国家在积极推进教育和政治的正式平等，以及大力支持全方位的社会福利体系等方面发挥了重要作用，但家庭政策体系并没有直接支持女性在管理层的职业生涯（Arenius 和 Kovalainen，2006；Aaltio 和 Kovalainen，2003）。一定程度上正是教育和工作生活的高度隔离，导致存在严重的纵向隔离，以至于在公司高层管理人员中，女性所占的比例不到2%—3%。

性别、中层管理岗位和公司绩效

即使有人认为传统的职业路径已经不再可行，并且需要对职业进行更好的理解（例如 Woodd，2000），组织中的职业晋升模式以及职位分层和隔离对个人和公司仍然很重要。但是，职业和性别与公司盈利能力之间在多大程度上有关以及有怎样的关系，却是一个复杂的问题，并且存在一些偶然因素。关于在美国银行业中公司员工文化的多样性（除性别外，还包括种族背景的文化多样性）和组织结构对其绩效和盈利能力影响的研究表明，雇员的性别分工与盈利能力无关（Richard 等，

2006)。根据 Richard 等(2006)的调查结果,虽然女性员工所占的比例与公司的盈利能力没有关系,但是在头重脚轻(管理人员占总员工人数的比例很高)和等级森严的组织中,仍然可以找到一种正向的关联,而在成熟且僵化的组织中,这种关系则可能是负向的。不过这项研究的结果可能只具有有限的普适性,因为受访者仅来自银行部门的 79 家公司,调查问卷的回收率为 16%(Richard 等,2006:2096)。

董事会的多样性,就其成员能代表不同的社会群体而言,已成为公司治理的一个主要问题,一些研究试图探讨董事会多样性对公司业绩的影响。争论的焦点集中在公司董事会是应该反映公司各利益相关者的诉求,还是应该符合社会大众的利益上。公司董事会的性别结构与企业绩效之间的关系可以用各种统计方法进行分析(见 Rose,2007;Terjesen 等,2009)。根据 Rose(2007)的结论,董事会的性别多样性并不影响绩效,Rose 的研究数据来自 1998—2001 年超过 100 家的上市公司,托宾 Q 是 Rose 唯一用来衡量企业在股票市场获得成功的指标(托宾 Q 是公司资产的市场价值和公司资产的重置成本之比)。然而人们对什么指标能代表公司的成功存在一些争议,因此往往会使用多项指标。把托宾 Q 作为唯一的绩效衡量指标,并没有像各种回报率指标那样被频繁地使用(Lindenberg 和 Ross,1981;Smirlock 等,1984;Wolfe 和 Sauaia,2003)。

性别、董事会成员、CEO 和公司绩效

如果性别对公司绩效有重大的影响,那可能是因为它是在

公司最高管理层进行的。尽管性别和公司盈利能力的问题很复杂，但由于 CEO 和董事会成员要发挥战略和管理作用，因此他们也被认为会直接影响公司的经营绩效。一项研究通过对 1993—2001 年间 2 500 家丹麦公司的调查，深入探讨了公司管理层性别结构与企业绩效之间的关系。Smith 等（2006）发现女性董事会成员和女性 CEO 的比例与公司的盈利能力呈正相关，特别是那些受过高等教育的女性 CEO 提高了公司的盈利水平。女性高层管理者对绩效的正向影响很大程度上取决于某个特定女性管理者的资质。根据 Smith 等（2006：570）的研究，这种积极影响很大程度上是由于女性管理者拥有最好的教育背景。关于女性董事会成员和公司绩效的关系，研究表明那些代表全体员工的女性董事会成员对公司绩效有正向影响，然而当控制了那些未被观测到的公司特定因素之后，这些影响往往就消失了。

一篇关于劳动力市场与工作组织的重要文献探讨了性别和工作这一主题，并验证了“天花板”效应的存在，提出了在公司高级管理层中女性代表不足的问题。一个关键问题是，这在多大程度上能够反映尚未观测到的与女性管理者能力相关的生产力、偏好、偏见或系统性认知偏差方面的差异。

有人认为金融市场是性别不平等根深蒂固的领域之一，它持续为市场提供一些评判公司价值的测量指标。这些指标考虑到市场参与者对男性和女性高级管理人员能力的信心（Mohan 和 Chen，2004；Wolfers，2006）。因此，为了洞察歧视、性别不平等，特别是关于女性和男性能力长期偏见的动态变化，金融数据具有潜在的研究价值。

Wolfers（2006）通过检验女性CEO所领导公司的预期收入是否被股市分析师们系统性地低估来调查针对女性CEO们可能有的歧视，但结果没有发现这种低估现象，Wolfers所使用的指标是持有该股票的预期收益和已经实现了的回报。用于该研究的Execucomp数据库追溯了1992年到2004年间的1 500家标普公司，在该时期内，从这个距今已创办15年的数据库中，只搜寻到14位女性CEO，而男性CEO有4 175位。Wolfers指出，在这一15年的数据库样本中，所有的CEO任职年限中仅有1.3%是由女性担任的。不过这项研究结果可能更多地反映了数据的不足，而不是对女性CEO盈利能力的市场低估。①

Carter等（2003）分析了女性在董事会中所占的比例与公司股票交易成功之间的关系，有趣的是他们发现董事会中女性的高占比与股票的高市值有正相关关系。然而Rose（2007）却没有发现董事会中女性的比例与股票交易成功之间有任何的

① 为了简单起见，我们并没有完整阐述以下概念的相关文献，而是在解释女性在经济活动中的地位时，仅仅指出这些概念的存在并说明它们的重要性。

玻璃天花板：当女性在组织中达到某一职位层级后，会由于性别歧视的缘故很难在组织中获得进一步的晋升机会。"玻璃"暗指组织中存在的一种非官方的、不易察觉的现象。"天花板"的寓意是指员工在组织中的晋升通道受到阻碍。玻璃天花板并不是指官方规定的歧视性做法（例如，直到最近才规定女性可以加入芬兰军队）或其他阻碍晋升的障碍（例如，缺乏必要的技能或经验）。

玻璃墙：由于性别的缘故，在组织内部，女性从一份工作或业务部门转到另一份工作或业务部门的可能性会受到限制。

玻璃门：由于性别的缘故，女性迈入组织大门的机会会小于男性。例如，在招聘阶段，与具有相似资历的男性相比，女性获得面试的机会比男性要小。

统计相关性。

最后，Krishnan 和 Park（2005）发现董事会的种族和性别差异影响了公司股票的价值，也影响了公司内部的领导、社交网络和管理方式，这些都被发现与盈利能力呈正相关。

由于所进行的分析和所使用的数据存在差异，不同文献似乎得出了关于性别平等与公司绩效关系的不同结论。因此，对先前研究结果应该谨慎地加以解释，对基于这些研究的假设也应持怀疑态度，我们总的观点是企业决策并没有遵守民主的逻辑，也并没有致力于实现性别平等的目标。有证据表明公司董事会的性别多样性有助于通过各种流程来实现更有效的公司治理，但其中一些流程没有显示出对公司绩效的直接影响（Terjesen 等，2009）。企业所有者及其利益代表理所当然地会以企业社会责任的名义关注这个问题。虽然性别平等可能会被列入企业价值中，但它最终只有与良好的财务绩效联系起来，才能确保企业所有者的利益。因此我们认为，为了作出明智的决策，分析性别平等与绩效之间的关系是非常重要的。

女性领导者的回报：数据、方法和结果

数　据

呈现在这里的研究结果是基于准确而全面的数据和适当的研究方法分析得出的，我们将以一种尽可能“客观”的方式来探讨这个研究问题。根据芬兰统计局编制的数据库，我们将调查对象锁定为 2003 年雇用了至少 10 名员工的芬兰的有限责任

公司，并从该数据中剔除所有在这段时间内没有运营的公司，最后的样本覆盖了91%的目标对象。[①] 男性CEO和女性CEO所在公司的平均规模分别为71名和56名员工。由男性主导董事会（超过半数）的公司的平均规模超过80名员工，而相应地由女性主导董事会（至少一半）的公司的平均规模低于30名员工。我们的样本是国际上使用最广泛并在国家层面上最具代表性的公司层面用于性别研究的数据。

由于我们分析的是有限责任公司的数据，因此我们不知道这些公司在企业所有权方面的起源是什么，也就是说对它是由男性还是女性所有我们不得而知。然而，我们认为从我们的数据分析也可以得出一些与女性创业有关的信息。

在样本企业中，有7.6%的企业的CEO是女性，7.1%的董事会主席是女性。董事会成员中女性的平均比例为22.3%。由于根据我们的实证分析发现董事会主席的性别差异并不显著，因此我们主要关注女性CEO以及女性在公司董事会中的比例。在本研究中，我们检验了企业盈利能力的几个指标：资产回报率（主要指标）、投资回报率和营业利润率。[②]

---

① 财务报表附注和其他信息来自Asiakastieto Ltd。我们分析中所使用的样本包含12 738家公司，涵盖了芬兰统计局所定义的调查对象的90%以上。

② 严格地说，我们的研究使用了6种测量指标，这是由于所提及的三种盈利指标都是在既定数据的基础上剔除极端值后经过调整才进行评估的。这是因为在最佳的测量指标或测量实践方面还没有达成共识。在本研究的分析中，盈利能力是指经过调整的（winsored±2.5%）资产回报率（ROA），我们认为它是最好的指标，并且这一指标所得出的结果与其他替代指标相当一致。

分析与结果：女性领导者与良好的财务绩效相关吗？

描述性统计

一项关于各自均值（无条件）的简单对比表明，由女性和男性管理的企业在若干方面有所不同。样本公司的平均利润率为 12.3%，由男性 CEO 管理的公司的平均利润率为 12.2%，由女性 CEO 管理的公司的平均利润率为 14.0%，二者之间的差异（1.8 个百分点）具有显著的统计学意义（$p<0.01$）。在董事会成员中至少有一半为女性的公司的平均利润率为 14.7%，相对于其他公司的 11.5% 而言，差异（3.1 个百分点）也具有显著的统计学意义（$p<0.01$）。当直接比较均值（无条件）时，由女性领导的公司比由男性领导的公司的利润率要高出 2—3 个百分点（从略高于 10% 到远高于 20%）。当然，这本身并不是得出结论的坚实基础，因为由男性和女性领导的公司在其他一些方面也存在差异，例如，由女性领导的公司的出口业务较少，它们很少成为商业组织的成员，而且它们的资本密集程度也比较低。我们还观测到其他许多变量在统计上有显著的差异，尽管差异程度会随着所考虑的领导力维度的不同而有所变化。此外，是否存在女性领导者会因行业、地区以及公司的规模和成立年限而不同，例如，女性领导者在教育、医疗、社会服务以及酒店和餐饮业中最为普遍，女性领导者在小型公司中也更为常见。男性和女性 CEO 领导公司的平

均规模分别为 71 名和 56 名员工。由男性主导董事会（超过半数）的公司平均规模超过 80 个员工，而相对应的是，由女性主导董事会（至少过半数）的公司的平均规模在 30 个员工以下。

模型构建

为了分离出女性领导者的影响，我们采用多元回归分析的方法对可能影响公司盈利能力的其他因素进行了控制。模型中的因变量是盈利能力，总共执行了 24 次不同的回归，其中包括 44 个或 46 个因变量。除 6 个表示盈利能力的因变量和基本的自变量以外，还包括针对女性变量的 4 个不同的替代解释变量——3 个单独的指标以及将这 3 个指标合在一起，并采用一致最小二乘法进行估计。

在所有的自变量中，最引人关注的自然是 CEO 的性别和董事会中女性的比例。文献给出了测量董事会性别平衡重要性的几项指标。其他自变量包括公司 CEO 的年龄、董事会规模、董事会成员的平均年龄、最年长董事会成员与最年轻董事会成员的年龄差距（异质性的代理变量）、CEO 是否兼任董事会主席、公司的出口业务、资本密集度、外资持股、组织关系、信用评级、审计报告（无条件批准）、杠杆率，以及公司所在的行业、所处的地理位置（总部所在的位置）、规模（依据员工人数）和成立年限。

我们的模型控制了所有以上提及的变量，换句话说，我们已经剔除了诸如行业或规模差异等因素的影响，回归分析的结果是在限定上面所有因素的条件下得出的，即我们在分析女性领导者与公司盈利能力之间的偏相关性时已经考虑了这些因素（见表 4.1）。

表 4.1　女性领导者与公司盈利能力分析

	资产回报率（ROA）	投资回报率（ROI）	销售收益率（ROS）
（1）最小二乘法分析（全数据，46 个解释变量）			
女性 CEO	1.31	4.63*	−0.92
女性董事会主席	−0.03	−0.99	7.14***
女性在董事会中的比例	2.21***	3.94*	9.39***
（2）最小二乘法分析（全数据，46 个解释变量）			
女性 CEO	1.18**	2.975***	0.07
女性董事会主席	−0.50	−1.122	−0.08
女性在董事会中的比例	1.53***	1.278	1.41***
（3）最小二乘法分析（全数据，无极端值个案，46 个解释变量）			
女性 CEO	1.27**	3.73***	−0.01
女性董事会主席	−0.64	−1.06	−0.46**
女性在董事会中的比例	1.40**	1.65	0.00
（4）对极端情况不太敏感（全数据，46 个变量）			
女性 CEO	0.77*	1.00	0.11
女性董事会主席	−0.47	−1.01	−0.45*
女性在董事会中的比例	1.57***	1.90***	0.52**

注：***代表 $p<0.001$；**代表 $p<0.01$；*代表 $p<0.05$。

讨 论

本研究的结果从实证角度支持了女性董事以及高级管理层的性别多样性与公司盈利能力呈正相关的观点，这些发现为之前关于公司盈利能力和管理层性别的研究结果提供了支撑。我们的研究表明女性领导者与企业盈利能力之间存在统计上显著的正相关关系，这对于学界和商界而言都是一个有趣且重要的发现。但遗憾的是，我们未能阐明我们的发现背后的任何因果关系。未来的研究应该注重挖掘那些包含广泛的个人和社会文化因素的数据，以便能够更好地探讨其中的关系。即便如此，我们也可以从实证研究的结果中得出一些结论。女性领导者与公司盈利能力之间存在正相关关系的可能解释可以归结为以下四种原因中的一种或几种：

① 一般来说，相比于男性，女性可能是更好的领导者（根据各自级别的高管薪酬进行调整）。

② 为了晋升到高管职位，女性可能面临更严格的选拔过程（例如，由于遭受歧视的缘故），这使她们成为更出类拔萃的群体，因此与男性高管相比，平均而言她们的胜任力更强。

③ 女性可能会谋求或者会被招募到实行性别差异化招聘政策的企业中担任管理职位，而这些企业本身就具有更强的盈利能力。

④ 女性领导者和企业盈利能力都与某些第三方因素（未被观测到的）有关。

在前两种解释中，女性通过自身的素质和行为获得更好的绩效表现；在第三种解释中，因果关系的顺序则是从企业良好的绩效再到女性领导者；在第四种解释中，是由于一些未被观测到的因素误导了研究工作。

一般来说，女性是更好的领导者吗？尽管我们的研究结果与女性比男性是更优秀的领导者的观点相一致，但实际上这一点并未得到证实。有迹象表明女性的领导风格可能更适合现代的要求，而这在一些心理学的文献中有所提及（Bilimoria，2006；Singh 和 Vinnicombe，2003；Terjesen 等，2009）。在 Smith 等（2006）的一项研究中，他们利用工具变量法探索了二者之间的因果关系，发现丹麦的女性领导者似乎更能推动公司具备更高的盈利能力，二者存在因果关系。

因为我们的数据中不包括 CEO 的薪酬信息，所以我们不能明确地研究它们的影响，然而从其他来源收集到的信息以及我们初步估算的结果表明，女性 CEO 可能的较低的薪酬待遇对所观测到的相关性只有很微小的影响。

相比于男性领导者，女性是否能够组建起一个更独特因此一般也更具胜任力的团队？如果说男性和女性的领导素质在某种程度上是相似的，并且最适合企业管理的那些人实际上是被选拔出来的，那么目前在企业管理中存在的性别不平衡表明“玻璃天花板”效应确定存在，这阻碍了女性的职位晋升。因此，由于女性经历了更严格的“筛选过程”，那些最终进入管理高层的女性的平均领导力可能会比男性更强。尽管女性的这种真实筛选与我们的研究结果是一致的，但我们也并没有证明它。

女性最终会进入盈利能力更高的公司吗? 关于女性领导者有助于提升公司盈利能力的因果关系，可能并不是对所观测到的二者相关性的最合理解释，即使它是可能的。从广义上来说，如果这种解释是正确的，那么相比于男性领导者，女性将更有可能在盈利能力更高的公司（或由于某种外部原因获得更高盈利能力的公司）谋求管理职位，或者绩效表现更好的公司会比类似但利润较低的公司更期望招募女性领导者。此外，在担任高管职位之前，由于教育资质的相似性、高管工作的压力和挑战、企业的社会化以及在进入高管职位之前较长的晋升渠道，女性和男性无法彼此区分开来，从而使女性获得这种领先优势。

是否存在对女性领导者和公司盈利能力都有影响的第三方因素? 可能存在一些与女性领导者及其公司都相关的未知因素来解释所观测到的二者的相关性。正如文献中所讨论的，女性领导者可能与企业文化的多样性和多元化有着更广泛的联系（Carter 等，2003）。事实上，我们进一步的分析（仍是初步的）表明公司董事会中均衡的性别构成可能与公司盈利能力的相关性最强。

公司的多样性和它的盈利能力之间的相关性是一个复杂的问题，似乎只有具备足够宽容度和灵活性的组织才能利用多样性所带来的竞争优势。如果一个组织是僵化的，并且不能推陈出新，那么它的绩效表现可能会更差。

女性领导者也可能与良好的公司治理和管理实践相关。女性进入公司管理高层可能表明这些组织的晋升和任命是建立在员工的能力和业绩基础上的，而不是基于传统和既定的惯例。此外，管理高层和公司董事会的构成也应该反映企业员工和客户群体在性别方面的多样性，似乎只有这样才比较符合逻辑。

来自所谓男性和女性价值观的天生差异、对于教育选择和偏好的隔离等若干因素都可能导致企业领导层的某种性别失衡，但这些应该融入当前盛行文化的发展进程中来探讨，而不应该与领导岗位上的性别差异混为一谈。

结　论

企业决策并不遵守民主的逻辑或追求性别平等的利他主义，当然，企业所有者及其利益代表会以企业社会责任的名义来关注这一问题，性别平等可能会被列入企业的价值评价体系中，但最终只有当它与良好的财务绩效联系起来时才能确保企业所有者的利益。我们的研究结果揭示了女性领导者与公司盈利能力之间的正向且显著的相关性。即使我们无法证明其因果关系，我们的发现也得出了几个重要的启示。一个公司可能可以通过识别和消除妨碍女性步入管理高层的障碍来获得超越竞争对手的竞争优势。虽然女性领导者和公司盈利能力之间平均而言存在正相关关系，但强调男性领导者应该被女性取代以提高公司盈利能力的观点则太过于草率，且是错误的结论。未来研究的重点应该放在那些普遍存在的有利于男性或阻碍女性攀上高管晋升之梯，但又往往难以察觉的过程、机制和网络上。性别中立的职业机会不仅是公平的，而且也符合公司的最佳利益。根据研究结果，如果芬兰试图提升女性在高级管理层中的比例，这些努力不应该因担心损害私人企业的盈利能力而受阻——实际上恰恰相反。

参考文献

Aaltio, I. and Kovalainen, A. (2003), 'Using gender in exploring organizations, management and change', in B. Czarniawska and G. Sevón (ed), *The Northern Lights-Organization Theory in Scandinavia*, Copenhagen: Copenhagen Business School Press, pp. 175-181.

Arenius, P. and Kovalainen, A. (2006), 'Similarities and differences across the factors associated with women's self-employment preference in the nordic countries', *International Small Business Journal*, 24 (1), 31-59.

Bilimoria, D. (2006), 'The relationship between women corporate directors and women corporate officers', *Journal of Managerial Issues*, 38 (1), 47-61.

Bradshaw, P. and Wicks, D. (2000), 'The experiences of white women on corporate boards in Canada: compliance and non-compliance to hegemonic masculinity', in R. J. Burke and M. C. Mathis (ed), *Women on Corporate Boards of Directors: International Challenges and Opportunities*, Dordrecht: Kluwer Academic, pp. 197-212.

Burke, R. J. (2000), 'Women on Canadian corporate boards of directors: still a long way to go', in R. J. Burke and M. C. Mathis (ed), *Women on Corporate Boards of Directors: International Challenges and Opportunities*, Dordrecht: Kluwer Academic, pp. 97-109.

Carter, D. A., Simkins, B. J., and Simpson, G. W. (2003), 'Corporate governance, board diversity, and firm value', *The Financial Review*, 38, 33-53.

Catalyst (2006), *2005 Catalyst Census of Women Corporate Officers and Top Earners of the Fortune 500*, New York: Catalyst.

European Commission (2005), *Report from the Commission on Equality between Women and Men, 2005*, Brussels: European Commission.

Eurostat (2007), *The Life of Men and Women in Europe: A Statistical Portrait*, Luxembourg: Office for Official Publications of the European Communities.

Hausmann, R., Tyson, L. D. and Zahidi, S. (2007), *The Global Gender Gap Report 2007*, Geneva: World Economic Forum.

Kotiranta, A., Kovalainen, A. and Rouvinen, P. (2007), 'Female leadership and firm profitability. EVA analysis', unpublished report, EVA.

Kovalainen, A. (2003), 'Case Finland', in L. Greenwood (ed). *The Greenwood Encyclopedia of Women's Issues Worldwide. Europe*, London: Greenwood Press, pp. 189-204.

Krishnan, H. A. and Park, D. (2005), 'A few good women: on top management teams', *Journal of Business Research*, 52 (12), 1712-1720.

Lindenberg, E. B. and Ross, S. A. (1981), 'Tobin's *q* ratio and industrial organization', *Journal of Business*, 15, 159-170.

Minniti, M., Arenius, P. and Langowitz, N. (2005), *2004 Global Entrepreneurship Monitor Special Topic Report: Women and Entrepreneurship*, Babson Park, MA: Centre for Women's Leadership at Babson College.

Mohan, N. and Chen, C. (2004), 'Are IPOs priced differently based on gender?', *Journal of Behavioral Finance*, 5 (1), 57-65.

Richard, O. C., Ford, D. and Ismail, K. (2006), 'Exploring the performance effects of visible attribute diversity: The moderating role of span of control and organizational life cycle', *International Journal of Human Resource Management*, 17 (12), 2091-2109.

Robinson, G. and Dechant, K. (1997), 'Building a business case for diversity', *Academy of Management Executive*, 11 (3), 21-31.

Rose, C. (2007), 'Does female board representation influence firm performance? The Danish evidence', *Corporate Governance: An International Review*, 15 (2), 404-413.

Singh, V. and Vinnicombe, S. (2003), 'The 2002 Female FTSE Index and women directors', *Women in Management Review*, 18 (7), 349-358.

Smirlock, M., Gilligan, T. and Marshall, W. (1984), 'Tobin's *q* and the structure-performance relationship', *American Economic Review*, 74, 1051-1060.

Smith, N., Smith, V. and Verner, M. (2006), 'Do women in top management affect firm performance? A panel study of 2500 Danish firms', *International Journal of Productivity and Performance Management*, 55 (7), 569-593.

Terjesen, S., Sealy, R. and Singh, V. (2009), 'Women directors on corporate boards: A review and research agenda', *Corporate Governance: An International* 17 (3), 320-337.

Wolfe, J. and Sauaia, A. C. A. (2003), 'The Tobin *q* as a company performance indicator', *Developments in Business Simulation and Experiential Learning*, 30, 155-159.

Wolfers, J. (2006), 'Diagnosing discrimination: Stock returns and CEO gender', *Journal of the European Economic Association*, 4 (2/3), 531-541.

Woodd, M. (2000), 'The psychology of career theory-a new perspective?', *Career Development International*, 5 (6), 273-278.

第五章

爱尔兰和捷克共和国女性创业的影响因素

Lorna Treanor, Colette Henry

引　言

虽然美国是许多欧洲国家的创业榜样，但在欧洲，像捷克共和国这样的欧盟加盟国则将爱尔兰等较小的欧洲国家看作欧盟成员国身份如何对国民经济产生积极影响的典范。2003 年，爱尔兰的国内生产总值（GDP）比 1973 年加入欧盟时增加了 4 倍多，且国民生产总值（GNP）较同期增长了 3 倍多（CSO，2004）。在当前的全球经济衰退之前，在“凯尔特之虎时代”（Celtic Tiger era），外商直接投资和本土新创企业增长速率不断加快，造就了高水平的就业和经济的繁荣。

然而，爱尔兰女性参与创业的行为落后于美国和其他欧盟国家。爱尔兰学者探索了社会、文化和历史因素，以此来解释爱尔兰女性创业率低于男性的原因（Henry 和 Kennedy，2003；Hisrich 和 Ó Cinnéide，1985）。尽管如此，捷克共和国等规模较小的转型经济体仍将爱尔兰视为其发挥经济潜力后可以成为的目标。

迄今为止，关于新兴经济体的创业研究仍十分有限，现有文献表明，来自西方发达经济体的研究结果在这些国家情境下可能并不适用。因此，Bruton 等（2008）认为有必要提升我们对新兴经济体创业的理解。目前，除了几个值得注意的例外，理论界特别缺乏对新兴经济环境中女性创业本质的研究（Wells 等，2003；Welter 等，2003；Zapalska，1997），这也成为本项研究的动机。

本章的目的是比较爱尔兰和捷克女性企业家在创业及企业成长方面的经历、动机、特点和影响因素。我们的探索性研究的数据来自两个女性企业家的样本，一个在爱尔兰，一个在捷克，两组女性都参加了 EQUAL① 下的欧盟倡议项目，这个项目旨在鼓励特殊人群开展创业活动，试图通过为有创业意愿的弱势群体提供创业支持来促进他们融入社会，帮助女性创业就属于这种情况。本章将借鉴与创业有关的国际文献，并与文献中所描述的女性企业家的“标准”相比较，使用实证的、高度定性的数据来探究典型或“非典型”的女性企业家是怎样的。

首先，我们提供了关于爱尔兰和捷克的经济和创业环境的综述，然后回顾了现有文献，给出详细的研究结论，最后，在新制度理论文献的背景下讨论我们的结论。

① EQUAL 是由欧洲委员会推动的一项社区倡议，并由欧洲社会基金资助（European Social Fund）。它的使命是通过消除基于性别、种族或族裔根源、宗教或信仰、残疾、年龄或性取向的歧视和排斥，促进更具包容性的工作和生活。

经济和创业环境

捷克是新兴的中东欧民主国家中最稳定、最繁荣的国家之一，这很大程度归功于其相对发达的工业化经济。当捷克在2004年加入欧盟时，其主要产业（钢铁、纺织、陶瓷和酿酒）需要投资，欧盟成员国身份也给它带来了经济发展机会，捷克2007年人均GDP的增长体现在就业增长率提高了52%，而通货膨胀率基本上保持不变，并得到了控制。

捷克的这一增长得益于其对欧盟的出口（主要是对德国的出口），以及国外和国内投资的强劲复苏。由于利率下降，以及信用卡和抵押贷款的可利用性增加，国内需求在支撑经济增长方面发挥了越来越重要的作用。随着欧盟对捷克产品的需求增加，其经常账户赤字降至GDP的3%左右。加入欧盟为捷克的结构改革提供了进一步的动力和方向，例如大型企业重组的加强、对金融行业的改善，以及对欧盟资金的有效利用等都促进了产量的增加。但向市场经济的转型毫无疑问也带来了一些经济和社会问题，尤其是对捷克的女性而言。而且据报告，目前全球经济衰退对女性的影响在所有国家都比男性更严重，这毫无疑问又增加了捷克女性所面临的困难。

相比之下，爱尔兰的经济是开放的，且主要依靠出口。20世纪90年代后半期，爱尔兰经济经历了前所未有的增长，当时预期至少在21世纪的头十年里这一增长将持续下去。爱尔兰经济高度依赖贸易，商品和服务出口的比重占到GDP的96.8%（1999年的数据）。欧盟成员国的身份和进入统一市场的机会，使爱尔兰得以实现贸易模式的多样化。尽管英国一直是爱尔兰最大的贸易伙伴，但现在几乎一半的爱尔兰商品会出口到其他欧盟成员国（Irish Government，2007）。然而，全球经济衰退对货币汇率产生了影响，如今爱尔兰商品对英国消费者的价格上涨了近 40%，抵制爱尔兰的消费者保护主义运动在英国愈演愈烈，这也加剧了爱尔兰的国家预算困境。

根据《全球创业观察报告》（Bosma 和 Harding，2006），在当前的经济衰退之前，捷克早期的创业活动胜过爱尔兰（捷克为 7.9%，爱尔兰为 7.4%），并且新兴创业活动的比率也更高（捷克为 6.4%，爱尔兰为 4.5%）。但正如人们所预料的那样，爱尔兰企业家的比率明显更高（爱尔兰为 7.8%，捷克为 5.4%）。

2008 年，爱尔兰凭借创业平均只花费 13 天、成本占国民总收入（GNI）的 0.3%的表现被评为第五大最容易创业的地方。与之形成对比的是，捷克的排名为 90，在捷克创业平均花费 17 天，而成本占国民总收入的 10.6%[①]（World Bank，2008）。

女性创业政策

直到最近，大多数欧盟国家都没有关于促进女性创业的具体政策。2000 年，欧盟在 2001—2005 年的企业和创业多年计划中，强调了将促进女性创业作为其主要行动之一（EC，2000）。

① 这一数字是在经济衰退前计算出来的，可能因经济衰退而改变。

虽然在一些国家（如爱尔兰）还没有专门针对女性创业的特定政策，但全球的经济发展组织都正在付诸行动，努力提升女性在企业中的参与度（Henry，2008）。

近年来，捷克对女性企业家的支持日益明显，来自工业贸易部的对中小型企业的资助方案对男女均适用，它们为女性企业家提供了 2 584 笔资助，占所有资助的 17.1%，这意味着一共向捷克女性企业家提供了 900 万欧元的财务援助，占财务支持总额的 5.7%。女性创业的发展在失业率高的地区受到特别关注。此外，女性企业家也在以咨询服务和教育项目为重点的中小企业咨询项目中得到了特别支持。

女性参与企业扶持方案是由社会民主党在 2004 年设立的，它的目的是通过提供咨询服务、教育活动、工作坊和会议来帮助女性处理其在行业中所面临的问题。尽管女性企业家和工业贸易部都认为该项目是成功的，但为支持女性创业，政府的这些改变损失了 150 万克朗（约 6 万欧元），结果是，目前仍没有具体的针对性支持方案或政策。

爱尔兰的历史、文化和先前的企业政策全都对女性目前的创业活动水平产生了影响。在爱尔兰社会中，女性的传统角色是家庭主妇，她们唯一的职责往往就是照顾儿童和其他家人。过去，爱尔兰是欧盟最贫穷的国家之一，通胀率高、移民率高、增长率低，失业状况令人担忧。总体来说，这里没有企业的传统或文化，而且创办本土的企业似乎只能获得有限的经济利益（Henry 和 Kennedy，2003）。此外，爱尔兰的经济政策有意将重点放在外国直接投资的领域，尤其是高科技领域。大多数与爱尔兰女性企业家有关的支持项目都是在地区而非国家层面发起的。目前，还没有由中央政府提供资助的女性创业支持计划或倡议，这就导致了一些临时的、依靠基金维持的“拼凑项目”的产生。尽管开发国家层面的女性创业项目的意愿较为明显，但明确的政策仍有待推出。即便如此，《全球创业观察报告》(Bosma 和 Harding，2006) 的数据仍然显示在爱尔兰设立新企业的女性数量开始增加。

理论基础

制度理论

制度理论被广泛用于比较新兴经济体与发达经济体之间的创业活动和经验。正式的制度包括在特定社会中存在的正式法律和条例，即制度框架的监管支柱。非正式的制度可以是规范性的，例如非正式的贸易公约和运作的标准；也可以是认知性的，即在特定文化中与行为的预期标准有关的信仰体系。任何国家创业活动的性质和比率都是由该国发挥主导影响的制度环境影响所决定的，制度的约束性在中东欧国家中尤其明显 (Ahlstrom 和 Bruton，2002；Manolova 等，2008：203；Smallbone 和 Welter，2001，2006)。

对文献的回顾可能导致我们形成以下观念，即捷克的正式制度环境可能会对创业活动形成宏观层面的障碍，因为它可能是一种“以纵向为主导、以国家为中心的制度环境……这是中央计划的产物……并通过过度的规制……渗透到商业环境中” (Manolova 和 Yan，2002：177)。与此相反，在经济衰退前，像爱尔兰这样的发达经济体不会那么官僚，这样会更有利于创业，尤其是考虑到其在世界银行的排名。

规范的内涵在捷克和爱尔兰两国的意识形态中是截然不同的，在沿袭苏式社会主义观念的捷克，个人财富创造被认为是剥削同胞的结果，而与之相反的是，爱尔兰则实行市场经济体制，认为个人财富创造是一种个人抱负的实现。在制度环境的认知维度上，捷克人先前的教育经历和工作经验都没有集中在自由市场中的企业的效益上，因此，可能会缺少创业的相关技能（Lyles 等，2004；Smallbone 和 Welter，2006）。

女性创业者的特点和动机

尽管企业家们无论是男是女都有一些共同的特征，如动力、热情、承诺、创造力、解决问题的能力和创新的才华，但女性企业家也展示出了一些使她们有别于男性的独特特征。例如，女性在技能、教育、工作经验、创业或收购途径、商业目标、问题和表现等方面与男性相比具有很大的差异，相对于她们的男性同行，会具有不同的机会并遇到不同的障碍（Carter，2000b；CEEDR，2001；Henry，2008）。

现有文献中一个特别重要的差异是关于创业动机的，虽然一些早期的文献表明女性可能不像男性那样是由利益所驱动的，但是 Carter 和 Bennett（2006）并不赞同这一观点。换句话说，女性更倾向于将创业动机描述为追求独立、自我成就感以及追求符合特定个人和家庭情况的工作与生活的平衡（Henry 和 Treanor，2007；Marlow，1997）。

与传统的就业相比，自主创业通常被女性认为是一种更为灵活的工作选择，因为它提供了更多的自由时间，也方便承担照顾孩子的责任。然而，在实践中事实并非总是这样，因为大多数企业家，无论性别，都倾向于花更多的时间把生意做好，而不是像其原来所预期的那样。此外，也有人认为女性创业是由于在职场中晋升机会受限，即所谓的“玻璃天花板”效应（Carter 等，2001）。波兰学者 Mroczkowski（1997）也曾指出，在 1995 年接受调查的女性中，有 46% 的人认为糟糕的就业机会是创业的激励因素，这一比例大约是男性的两倍（Bliss 和 Garratt，2001）。

与男性相比，大多数女性进行自主创业时拥有的管理经验较少，金融资产更少，人力资源也不足（Carter 等，2006；Deakins，1996；Storey，1994）。也有人认为女性创业者对自己的创业能力缺乏信心，这种信心的缺乏通常是因为女性在创业初期通常只有较少的资源，缺乏资源决策方面的高层管理经验，不熟悉商业用语，且被传统观念视为母亲和家庭照护者而非企业家和冒险者（Henry，2008）。

有学者指出，在新创企业中，女性往往更倾向于那些传统上提供较高女性就业率的行业，即服务业和零售业（Carter 等，2001；Schreier，1973）。一些早期的文献还指出（例如，Watkins 和 Watkins，1984），女性在选择行业时会在很大程度上考虑那些对成功阻力最小的领域，因为这些领域对市场准入的技术和财务壁垒较低。此外，文献还指出女性领导的企业倾向于成为规模较小的企业，只拥有较少的核心员工，增长潜力也小于男性领导的企业（Rosa 等，1996）。

障　碍

由 Hisrich 和 Fulop（1994）所主持的一项研究探讨了转型经济体中女性企业家所面临的特别障碍。女性企业家在创业中所遇到的三个最常见的困难分别为贷款难、担保地位薄弱以及力图满足公司对家庭生活的要求（Bliss 和 Garratt，2001：339）。相比之下，在波兰，Zapalska（1997）和 Mroczkowski（1997）则指出信息缺乏和培训机会不足是创业的障碍，并且这些因素对女性的影响可能大于男性。他们发现对"什么让女性难以创办和经营一家公司?"这一问题最常见的回答是女性需要同时应对家庭和工作（引自 Bliss 和 Garratt，2001：339）。

Bruni 等（2004）则指出女性企业家主要面临三种类型的创业障碍，包括社会文化障碍、与信息网络有关的获得援助途径的障碍，以及获得财务和投资基金的障碍。下面我们根据 Bruni 等的研究框架，对爱尔兰和捷克的女性企业家在创业初期所面临的障碍进行讨论。

女性创业的社会文化障碍

爱尔兰

历史上，爱尔兰并没有创业传统或文化（Garavan 等，1997)，女性的传统角色是家庭主妇。当欧洲大陆的女性在 20 世纪 40 年代开始进入职场时，爱尔兰的女性一直到 1973 年前仍受到立法的不利影响。1973 年，一项要求女性结婚后就必须从公务员岗位退休的"婚姻关限"条例才被废除（1956 年《公务员法》）。20 世纪 90 年代我们就发现爱尔兰女性加入劳动力大军的比例是之前 20 年的 4 倍，而且 1998 年的一项调查显示女性占劳动力总数的 38%（Fás，1998）。在这一背景下，Henry 和 Kennedy（2003）特别强调，爱尔兰没有利用女性创业的潜力这一点并不奇怪，这一领域目前仍在等待政策的引导。

捷克

在社会主义改革之后，1950 年捷克颁布了一项关于家庭的法律，该法律规定男女享有平等的权利和责任。虽然西方直到 20 世纪 70 年代才推出类似的法律，但这并不意味着在苏式社会主义国家中女性享有更大的平等。True（2003：39）认为，与通过集体劳动来解放女性的国家政策相反，社会主义制度整体上强化了女性在家庭和社会中的传统角色："结果是，在苏式社会主义制度下存在着一些比在发达资本主义国家更不明显却更严重的性别不平等现象（例如，工作时间和报酬）。"例如，20 世纪 60 年代，捷克政府的一项鼓励生育的政策一方面鼓励女性在劳动力市场发挥更大的作用，另一方面又鼓励她们生育以提高生育率。这些政策奏效了：自 1968 年的最低出生率后，出生率即稳步增长，并在 1975 年迎来了最高出生率。然而这也破坏了平等，雇主因此认为女性比男性工作效率低。

与其他转型经济体发生的女性大规模退出职场不同（Bliss 和 Garratt，2001），捷克女性在这一时期仍然留在职场上，然而她们仍然在职场中面临性别歧视。尽管捷克于 2004 年引入立法，并将其作为调和性别歧视进程的一部分，但是欧洲生活和工作条件改善基金会（EFILWC，2004）调查发现，对有关歧视法规的无视以及在执法过程中存在的困难和拖延等现象意味着性别歧视在捷克并不少见。

融资渠道

根据 Marlow 和 Patton（2005：717）的研究："企业获取合适的资金规模或资金渠道的障碍将对这些企业的绩效产生持久而消极的影响。"获得财务和投资资金对女性来说常常是一个特别大的障碍，而且研究发现新企业在创立和发展阶段资金不足往往会导致企业之后的表现也不佳（Carter 和 Marlow，2003）。尽管其他与工作和生活平衡相关的约束（例如女性获得职业晋升机会的限制、性别收入差距）仍然存在，但财务问题仍然是女性企业家面临的最大障碍之一（EC，2000）。此外，一些研究还发现女性会受到金融服务提供者的歧视（CEEDR，2001），美国的一项研究也表明女性通常会受到与性别有关的谬见或阻碍（Brush 等，2001）。另一些人则认为贷款官员在决策过程中是谨慎的，恰恰是女性申请者所面临的典型环境不利于她们（Fay 和 Williams，1993：365）。举例来说，与男性相比，人们发现女性可能只有更少的使用信用记录以向借款人证明自己的借贷信用（Shaw 等，2001）。

此外，女性在获得平等财务支持方面仍然存在问题，这些支持往往是增进企业快速成长所需要的。在发展和增加业务的关键阶段，她们也更容易遇到一些筹资方面的问题（Brush，1997），而且有一些证据表明，相比于男性，女性企业家获得银行贷款更为困难。由于女性往往难以渗透到非正式的金融人际网络中，因此她们很难获得发展资金，这也凸显出在早期阶段建立适当的商业人际网络的重要性。

在获得启动资金方面的困难，往往会导致许多女性在创业时就资源不足，而这一原始资本不足的问题会影响到她们企业的营业额和员工数量的长远增长。

方　法

样本的选择

本研究以参与过由 EQUAL 资助的扶持非传统企业家项目的女性为样本，样本选择覆盖了捷克南摩拉维亚的郊区和爱尔兰的朗福德郡。在这两个地区，由于女性经历了性别歧视并且创业活动率都相对较低，因此被她们的合作组织视为“非常规的”“弱势的”或“非典型的”企业家。我们随机抽样调查了包含在合作数据库中的女性 EQUAL 参与者样本。

本研究采用的方法包括电子问卷调查法和案例分析法，我们运用这些工具来探讨爱尔兰和捷克女性企业家的本质，并收集有关女性在初创企业中和早期创业经历的一些关键问题的数据。我们的研究包括文献中认为女性创业环境下非常重要的研究内容：女性所领导的企业的资料、她们个人的资料、她们独特的创业经历以及她们是如何为企业融资的，考虑到这些方面，我们提出了以下研究问题：

1. 爱尔兰、捷克女性企业家典型的企业和个人形象是什么？
2. 这些女性的独特创业经历是什么？它们与现有文献所描述的那些创业经历有什么不同？
3. 这些女性是如何为自己的企业融资的，以及她们在尝试进行创业融资和增加融资时的独特经历是什么？

4. 这些女性能利用的“软支持”有哪些？

本调查问卷分为四个部分，涵盖了主要的41个研究问题。这项调查于2006年中后期开展，并且在正式电子化管理之前进行了问卷设计和预测试。由于朗福德郡处于偏远的乡村，加上捷克在以电子化方式进行调查上存在潜在困难，因此，这项问卷调查也以邮寄的方式辅助进行。此外，我们还进行了6个深入的、基于面访的案例研究，其中每个调查区域内包含3个女性企业家的配对样本，这些案例为我们洞悉女性的实际创业经历提供了更多丰富的见解。

本研究共对330名女性进行了调查，获得242名女性企业家的答复，总体回收率为73%（捷克的样本回收率为80%，$n=202$；爱尔兰的样本回收率为50%，$n=40$）。但是必须指出的是，捷克南摩拉维亚地区比爱尔兰境内被调查的地区要大得多，人口也更多。根据经济合作与发展组织（OECD）的数据[①]，我们的样本估计大约相当于南摩拉维亚地区女性企业家总数的5%、朗福德地区女性企业家总数的10%。

调查结果

企业概况

在爱尔兰样本中，几乎所有的企业（95.5%）都属于服务

① 经济合作与发展组织的统计数据摘录于2008年1月25日。

业，而捷克样本中这一比例为90%，如表5.1所示，这两组样本中的企业类型都涵盖了从专业服务到个人服务，再到零售企业的范围。

有趣的是，在爱尔兰和捷克的研究中，女性企业家的主要业务类型都是零售，其次是培训和咨询。2006年《全球创业观察报告》（Bosma和Harding，2006）指出：爱尔兰女性企业家中有24%从事零售贸易、酒店和餐饮行业，在本研究中，上述行业已有的企业也呈现出相似的比例。有趣的是，捷克样本中有36%的女性企业家从事这些行业。考虑到捷克是一个收入较低的国家，其公民的可支配收入可能低于爱尔兰，而且后者还处于后“凯尔特之虎”时期，因此捷克相对于爱尔兰更高的比例可能就比较令人惊讶。然而，Bosma和Harding（2006）也指出，早期创业者从事商业服务业的可能性在爱尔兰这样的高收入国家要大于捷克这样的中等收入国家（高收入国家约为25%，中等收入国家约为9%）。但是在本研究中，捷克女性在商业服务业中的参与度明显高于这一估计值（28.5%对20%）。虽然这可以理解为爱尔兰样本的特例，但捷克样本的代表性特点表明这是一个有点令人惊讶的发现。

表5.1　企业类型

企业类型	应答率（%）：捷克样本	应答率（%）：爱尔兰样本
零售	21	17.5
培训和咨询	20	18.0
美发/美容	15	11.0

（续表）

企业类型	应答率（%）：捷克样本	应答率（%）：爱尔兰样本
食品和餐饮服务	15	6.5
制造/生产	10	4.5
健身	10	2.5
语言教学	9	—
儿童保育服务提供者	—	5.5
簿记和会计	—	5.5
其他专业服务	—	5.0
其他服务*	—	24.0

注：＊其他服务包括宠物狗美容、婚礼装饰设计、爱尔兰舞蹈教学、服装修改、物业管理、园艺中心和摄影。

在爱尔兰样本中，有近37%的受访者表示她们是其所在企业唯一的员工，而在捷克受访者中，这一比例为60%。只有很小一部分（7.9%）的爱尔兰女性企业家雇用了5名以上的员工，这与捷克的研究结果相比较少，捷克约有20%的女性企业家达到这样的雇佣水平。

捷克女性企业家的营业额水平也较低，只有20%的女性企业家的注册营业额超过5万欧元，相比之下，爱尔兰女性企业家的这一比例为43%。事实上，在捷克样本中，所占比例最大的企业主类别（26%）的营业额是小于1万欧元，爱尔兰样本中相对应的数据为10%。不过在女性企业家的发展计划方面，两国的调查结果却相当一致。在这两个样本中，大多数女性（在捷克样本中为55%，在爱尔兰样本中为58%）都表明她们没有长远的企业发展规划，这可能反映了她们的低营业额水平。在这两个样本中，那些表示其有长远发展规划的女性都只透露了她们模糊的计划，这些计划涉及增加生产线、提高销售额和利润等方面，但没有明确的目标或时间表。这两个地区企业的营业额、就业水平和发展前景似乎都与文献所描述的相符，也就是说，大多数的创业活动会选择进入门槛低、增长潜力小且拥挤的行业。

就企业所有权和收入来源而言，爱尔兰和捷克的研究结果有明显的相似之处。在这两项研究中，都有约 85% 的受访女性是其企业的唯一所有者；在参加爱尔兰和捷克研究的女性中，约 34% 的女性表示企业是她们的主要收入来源，也是其家庭的唯一收入来源。

个人概况

大部分的受访女性（捷克 40%，爱尔兰 48%）都处于 36—45 岁年龄段，只有很小一部分的女性（捷克 3.5%，爱尔兰 5.7%）年龄是在 25 岁或以下。尽管在年龄方面有相似之处，但两组样本在教育水平上存在显著差异，超过一半的爱尔兰女性企业家拥有大专、大学或研究生学历，而捷克女性企业家的这一比例仅为 37%。在爱尔兰和捷克的调查中，大多数受访女性在创业之前都有 10 年或更长的工作经验，尽管这些工作经验并非总是与她们创业所选择的行业直接相关。

《全球创业观察报告》（Bosma 和 Harding，2006）指出，高收入国家的早期创业活动率相对较低；此外，通过对比这两个国家的需求导向型创业率和机会导向型创业率，我们发现，需求导向型创业在捷克比在爱尔兰更为普遍。鉴于在经济衰退前，爱尔兰的公民可以从有偿劳动中获得更高的收入，享有长期较低的失业率，并能从国家既有的福利中获益，因此爱尔兰的设施环境不像捷克那样有利于需求导向型创业也就不足为奇了。

当被问及她们决定成为一名创业者的驱动力是需求驱动还是机会驱动时，本研究中两组样本的被调查者大都认为是市场机会驱动，超过 58% 的爱尔兰女性和 56% 的捷克女性选择这个应答项。不过，受访者也有机会以自由开放的方式回答她们创业的主要原因。尽管在前一个问题中有 56% 的捷克女性认为自己是由机会驱动的创业者，但仍有 30% 的女性在开放问题中表示对独立和/或成为自己老板的渴望是她们的主要动机。此外，有 20% 的受访者表示她们的主要动机是无法找到合适的工作或者处于失业状态，16% 的受访者表示是为了个人发展或对商业理念感兴趣，另有 6% 的受访者是为了经济报酬。这一对捷克女性创业动机更为详细的分析研究与其他学者的发现基本是一致的（Acs 等，2004；Manolova 等，2008），即长期的失业和相对较低的收入率导致发展中国家的女性主要以需求导向型创业为主，这可能也是我们的研究样本（由 EQUAL 这个特定项目所支持的女性）能够预测到的结论。

当爱尔兰女性对这个问题自由作出回应时，她们的回答就更倾向于追求基于机会识别的新企业创造（37%），其他的回答主要包括：个人发展/成就（15%），考虑到履行照护责任的灵活性（15%），独立的渴望（12%），经济回报（9%），以及失业/对就业机会的不满（9%）。

创业的经历

受访者被要求根据自己的个人经历对创业障碍清单中的各项具体障碍打分，等级从 1 到 5 不等，1 代表“非常不重要”，5 代表“非常重要”。表 5.2 列出了被调查者的创业障碍，并给出了在每组样本中被认为障碍等级为 4 或 5 的调查对象的比例。

在这两组样本中，女性提出的一个主要障碍都是融资渠道问题，家庭责任也是两组人提及率较高的问题。

表 5.2　创业启动阶段面临的障碍

障碍	受访者根据重要性评级为 4* 或更高的比例（%）（捷克样本）	受访者根据重要性评级为 4* 或更高的比例（%）（爱尔兰样本）
作为企业主的信誉	12	24
融资渠道	43	39
商业网络的获取	14	27
文化和社会态度	7	18
信心	13	31
家庭责任	23	45
工作经验和教育经验	11	28
进入壁垒	14	28
找到合适的经营场所	19	19

注：*1 代表非常不显著，5 代表非常显著。

社会文化障碍

爱尔兰

前面讨论的社会文化因素在今天的爱尔兰部分地区仍然很明显，在这项研究中我们发现，相较于捷克女性，爱尔兰女性的家庭责任对创业者来说代表着一种更大的障碍（爱尔兰为15%，捷克为6%）。爱尔兰的历史传统赋予女性照顾家庭和家人的角色，这在今天的朗福德地区似乎仍然会对女性产生强大的影响，与全国女性“待在家里”的比例（22%）相比，该地区处于就业年龄的女性中有34%被记录为“照顾家庭/家人”（Central Statistics Office，2004）。爱尔兰女性也意识到她们所面临的社会文化压力，18%的爱尔兰女性认为文化和社会态度是她们所经历的与其创业活动有关的一个重大障碍。

这些数据与“隔离”及“获取商业网络”相关的障碍结合在一起直接影响了爱尔兰女性成为企业家的潜力，这表明在爱尔兰很多的农村地区，创办并发展一个成功的企业可能比目前所认识到的要困难得多，这些发现与英国最近进行的一项分析形成了鲜明对比。在英国，《全球创业观察报告》与Prowess合作研究发现，英格兰农村女性成为企业家的可能性几乎是城市女性的两倍。有趣的是，对比爱尔兰职场的“玻璃天花板”效应，只有一小部分的爱尔兰女性将对现有就业机会的不满视为一种激励因素。

捷克

今天，在南摩拉维亚及其周边地区的许多女性都强烈地感受到女性创业的社会文化障碍，职场的性别不平等问题逐渐为社会所认识到，并获得政府层面的重视。例如，工业贸易部参加了一个由欧盟启动的法尔计划项目（Phare Project），该项目的持续时间为2003年9月至2005年7月，主题是“平等机会在商业繁荣中的作用”。该项目进行了社会学研究，试图找出企业处理性别问题的方法，对处于管理职位的捷克女性的代表性进行了探讨，并审查了公司内部促进工作与生活平衡的管理措施。该项目还成立了一家旨在为女性和男性提供平等竞争机会的公司。然而，事实是本研究中有16%的捷克女性表示是因找不到合适的工作而开始创办自己的企业，一些受访者还提到职场中的不愉快经历。这些也作为与个人价值实现有关的动机因素而被提及（9%），其中一个受访者表示性别歧视是她创业的激发因素。30%的受访者认为创业是寻求独立和自己成为老板的良好机会。在这个样本中，只有6%的女性特别指出促进平衡家庭责任的灵活性是其进行自主创业的一个激发因素。

这些发现有力地表明捷克女性所经历的社会文化障碍更多的是存在于职场和广大社会中的性别歧视问题，而不是仍然困扰着爱尔兰女性的传统家庭角色问题。然而，令人惊讶的是，只有7%的人认为文化和社会态度是女性创业的一个非常重要的障碍，这意味着仍不能低估捷克女性受其所期望的传统角色的影响，正如前面所提到的，捷克女性承担了家庭的大部分家务。在捷克社会普遍存在的性别不平等现象中，对家庭角色的预期只是其中较小的问题，获取就业机会、职业提升、获得创业资金以及严重的官僚作风等围绕着新创企业的问题在捷克显得更为严重。

融资渠道

在接受调查的爱尔兰女性中，只有 52% 的人表示她们曾寻求从当地银行贷款以获得创业资金，近 45% 的人表示她们是使用了自己的个人储蓄来创业，大约 1/3 的女性寻求过资助。然而，爱尔兰女性企业家在创业初期获得资助的实际数额是很低的，约有 1/3 的女性（回应这个问题的受访者）的资助在 2 000 到 5 000 欧元之间，另外 1/3 的女性获得资助超过 20 000 欧元。在企业的发展阶段，只有极少数（n=3）的女性设法获得了资助，而且都是非常小的金额，从 3 000 欧元资助到 15 000 欧元贷款不等。女性无法获得贷款或得到资助似乎是由于她们的业务范围不符合相关资助的规定，也就是说，没有面向本地非出口导向型服务企业的资助，或是受女性所领导的企业潜在被替代的影响。

相比之下，在捷克的调查研究中，几乎 95% 的受访女性没能获取任何一笔资助或来创立或扩大自己的企业，造成这种情况的原因似乎是女性所提供的材料不充分，或者她们没有信心去寻求必要的资金。事实上，许多女性在申请贷款之前都没有固定的收入来源，因而她们的申请受到了影响。这意味着她们的创业比预期要慢，而且企业的发展潜力从一开始就受到巨大的限制。然而有趣的是，超过一半（58%）的捷克女性认为她们在企业创立阶段没有足够的资金，而超过 80% 的爱尔兰女性则认为她们有足够的启动资金。

爱尔兰和捷克的女性企业家都表示她们曾感受到金融服务提供者的消极态度，尤其是银行，她们提到一个挑剔的资方

“没有给予任何鼓励，非常悲观，而且对她们冷嘲热讽”（爱尔兰的样本）。进一步事实证明，当资金申请被拒绝时，大多数女性没有被给予重新提交申请的机会（75%的捷克女性和100%的爱尔兰女性）。事实上，在爱尔兰的调查中，少数女性（$n=6$）指出了她们今后不会再向特定的组织寻求支持，其中包括银行、政府部门和县级企业委员会（County Enterprise Board）。在捷克的调查中，有30名女性受访者指出了她们不愿意接触的特定组织，其中包括银行、私人资本提供者、其所属的就业办公室以及商会。

女性受访者所认定的资金缺口问题，与资助申请流程所耗费的时间、收到款项的时间延误、申请资助需要过多的文书资料以及过度强调担保物（爱尔兰样本）有关。融资渠道、银行的消极态度以及总体上缺乏信息和支持被认为是捷克样本中造成资金缺口的关键因素。在这两组样本中，能明显感到目前对女性企业家的创业支持完全不够，特别是在资金方面。

软支持

我们也搜索了关于女性在自主创业准备阶段所接受的商业培训类型方面的信息，相比于上述两组样本间所表现出的较强的相似之处，在这一问题上，一些突出的反差就变得明显起来。

在捷克的样本中，尽管接触过一系列的支持组织，但是近3/4的受访女性没有参加过任何专业的商业培训，也没有接受过任何形式的创业支持，她们在企业创立的关键阶段缺乏支持被视为一种明显的劣势。

相比之下，爱尔兰样本中几乎有一半的女性参加了某种形式的创业培训项目，并接触过一些支持组织。尽管由于女性所领导的企业的性质，县级企业委员会并非总能为其提供财务支持，但大部分女性仍然认为它是“极有帮助的”。

讨论与结论

本章的目的是比较和对比爱尔兰与捷克女性企业家有关创业和企业发展的动机、特点、经历及影响因素。虽然我们的研究揭示了两组样本之间关于企业和个人资料的明显差异，但爱尔兰和捷克女性企业家似乎也经历了全球女性在寻求创立和发展企业时所遇到的同样类型的困难，即正如现有文献所讨论的，女性在获取资金支持方面存在困难，并且会受到一系列社会文化的限制。

女性所领导的企业的概况和个人概况的相似之处主要在于：所经营的行业（主要是服务业，特别是零售业），缺乏发展计划（也缺乏具体目标），公司的所有权结构（大部分女性是其企业的唯一所有者，这是她们第一次创业，也是她们的主要收入来源），她们的工作经验水平（大多数人在创业之前拥有 10 年以上的工作经验），以及她们的年龄（主要是 36—45 岁）。

爱尔兰和捷克样本的主要差异在于：员工人数（相比于爱尔兰，更多的捷克女性是她们企业的唯一员工，而且员工人数超过 5 人的捷克女性企业家的比例几乎是爱尔兰女性企业家的 3 倍），营业额水平（许多爱尔兰女性企业家拥有 50 000 欧元或更多的营业额，是捷克女性企业家的 2 倍），以及学历（相当少的捷克女性企业家取得专科或更高的学历）。

我们的研究结果似乎也支持了最近的文献，它们从制度理论的视角对西方和新兴经济体进行了研究和对比（Baughn 等，2006；Spencer 和 Gómez，2004；Welter 和 Smallbone，2003）。根据文献资料，社会的制度框架主要包括基本的政治、社会和经济激励制度，从而限制了个人和组织所能利用的战略选择的范围（DiMaggio 和 Powell，1983）。鉴于许多中东欧国家因没有引入正式制度来支持其向自由市场经济的转型而受到批评（Ireland 等，2008；True，2003），捷克实施了一项由世界银行和国际货币基金组织大力支持的宏观经济改革方案，他们还出台了一项新的劳动力市场政策，通过激励女性和年老员工离职来减少劳动人口（True，2003）。

尽管捷克于 2004 年加入了欧盟，但其在与西欧发达市场经济国家协调制度环境的管制层面，如法律、规则和做法等方面，仍有巨大的进步空间。我们的研究结果表明，捷克的管制只为捷克女性创造了需求驱动型、低成长潜力的创业。

在这种情况下，捷克女性缺少正式的制度支持（或被排除在外）是一个令人关切的问题。现在的捷克女性创业者似乎面临极大的制度障碍，特别是经济、法律和官僚政治方面的障碍，这些阻碍了她们获取资金和创办企业。然而，捷克女性可能较少意识到影响其创业活动的非正式制度方面的障碍，尤其是认知、社会准则和角色期望方面。捷克职场中普遍存在性别不平等和针对女性的歧视，再加上女性所承担的家务劳动和家庭责任，这意味着捷克女性也面临爱尔兰样本中女性所抱怨的非正式制度的障碍；不同之处在于，相较于正式制度障碍的规模和重要性，捷克女性对这些问题的认识不足。在调查结果中，出乎意料又有几分让人惊讶的是，尽管经历着这些更大的制度障碍，捷克的女性企业家比爱尔兰女性企业家更有可能雇用 5 名或更多的员工。

与此相反，尽管缺乏正式的政府驱动的女性创业政策，爱尔兰女性却享有更多支持性和鼓励性的制度环境，从县级企业委员会和相对非官僚僵化的创业启动程序中，她们可以得到创业培训以及广泛的资金支持。爱尔兰女性企业家所经历的主要非正式制度障碍是源自女性在社会和家庭中所扮演传统角色的认知观念和社会准则。

至于捷克，正式的制度障碍加剧了捷克女性企业家所经历的困难，且这一看法正在得到更广泛的认同。即便如此，从爱尔兰的研究中发现的一个有趣现象是，虽然它在加入欧盟之后取得了重大的经济进步，但这并没有创造出一个消除了性别不平等的社会；相反，它使得女性创业的可能性减少了，因为它消除了女性需求导向型的创业动机，社会仍旧期望女性在从事一些有偿劳动（受雇于人或自主创业）的基础上，继续扮演长期以来的传统角色。

虽然本研究有自身的局限性，并且只反映了研究时的制度环境，我们也充分认识到自身的研究和所提到的文献只涉及全球衰退前的时期，话虽如此，它确实为决策者提供了一些建议。在捷克和爱尔兰，政策制定者需要设计企业和创业政策，明确承认女性企业家在国家和欧洲经济体中所作出的贡献，并在全国促进女性创业。为了使这些政策有效，他们必须认识到与性别有关的障碍的存在，并且认识到正式和非正式制度环境的影响。

参考文献

Acs, Z. J., Arenius, P., Hay, M. and Minniti, M. (2004), *Global Entrepreneurship Monitor: 2004 Executive Report*, Babson Park, MA: Babson College and London: London Business School.

Ahlstrom, D. and Bruton, G. D. (2002), 'An institutional perspective on the role of culture in shaping strategic actions by technology-focused entrepreneurial firms in China', *Entrepreneurship Theory and Practice*, 26 (4), 53-70.

Baughn, C., Bee-Leng, C. and Neupert, K. E. (2006), 'The normative context for women's participation in entrepreneurship: A multicountry study', *Entrepreneurship Theory and Practice*, 30 (5), 687-708.

Bliss, R. and Garratt, N. (2001), 'Supporting women entrepreneurs in transitioning economies', *Journal of Small Business Management*, 39 (4), 336-344.

Bosma, N. and Harding, R. (2006), *Global Entrepreneurship Monitor-2006-Global Report*, Wellesley, MA: Babson College and London Business School.

Bruni, A., Gherardi, S. and Poggio, B. (2004), 'Entrepreneur-mentality, gender and the study of women entrepreneurs', *Organizational Change Management*, 17 (3), 256-268.

Brush, C. (1997), 'Women owned businesses: obstacles and opportunities', *Journal of Developmental Entrepreneurship*, 2 (1), 1-25.

Brush, C., Carter, N., Gatewood, E., Green, P. and Hart, M. (2001),

The Diana Project, Women Business Owners and Equity Capital: The Myths Dispelled, Insight Report, Kansas City, MO: Kauffman Center for Entrepreneurial Leadership.

Bruton, G., Ahlstrom, D. and Obloj, K. (2008), 'Entrepreneurship in emerging economies: Where are we today and where should the research go in future', *Entrepreneurship Theory and Practice*, 32 (1), 1-14.

Carter, N. M., Henry, C., Ó Cinnéide, B. and Johnson, K. (2006), *Female Entrepreneurship: Implications for Education, Training & Policy*, London: Routledge.

Carter, S. (2000a), 'Gender and enterprise', in S. Carter, and D. Jones-Evans (ed), *Enterprise and Small Business: Principles, Practice and Policy*, London: Prentice Hall.

Carter, S. (2000b), 'Improving the numbers and performance of women-owned businesses: Some implications for training and advisory services', *Journal of Education and Training*, 42 (4/5), 326-334.

Carter, S. and Bennett, D. (2006), 'Gender and entrepreneurship', in S. Carter and D. Jones-Evans (ed), *Enterprise and Small Business Principles, Practice and Policy*, 2nd edn, London: Prentice Hall.

Carter, S. and Marlow, S. (2003), 'Professional attainment as a challenge to gender disadvantage in entrepreneurship', paper presented at the 48th International Small Business Conference, June, Belfast.

Carter, S., Anderson, S. and Shaw, E. (2001), 'Women's business ownership: a review of the academic, popular and internet literature', report to the Small Business Service, RR002/01.

Central Statistics Office (CSO) (2004), 'Ireland and the EU 1973-2003: Economic and social change', available at: http://eumatters.ie/getmedia/a6fbe03e-al68-4ac7-a6f9-f0903845761f/CSO-Ireland-and-EU-Doc.aspx

Centre for Enterprise and Economic Development Research (CEEDR)

(2001), 'Young, women, ethnic minority and co-entrepreneurs-final report', Middlesex University Business School.

Deakins, D. (1996), *Entrepreneurship and Small Firms*, London: McGraw-Hill.

DiMaggio, P. J. and Powell, W. (1983), 'The iron cage revisited: Institutional isomorphism and collective rationality in organizational fields', *American Sociological Review*, 48 (2), 147-160.

European Commission (EC) (2000), Staff working document, 'Benchmarking enterprise policy, first results from the scoreboard', Brussels.

European Commission (EC) (2004), 'Third report on economic and social cohesion', February, 155.

European Foundation for the Improvement of Living and Working Conditions (EFILWC) (2004), *Quality of Life in Europe: First European Quality of Life Survey 2003*, Luxembourg: Office for Official Publications of the European Communities.

Fás (1998), *Women in the Irish Labour Force*, Dublin: Department of Enterprise and Employment.

Fay, M. and Williams, L. (1993), 'Gender bias and the availability of business loans', *Journal of Business Venturing*, 8 (4), 363-376.

Garavan, T., Ó Cinneide, B. and Fleming, P. (1997), *Enterprise and Business Start-Ups in Ireland, Volume 1: An Overview*, Dublin: Oak Tree Press.

Henry, C. (2008), 'Women entrepreneurs', in C. Wankel (ed), *Handbook of 21st Century Management*, Thousand Oaks, CA: Sage Publications.

Henry, C. and Kennedy, S. (2003), 'In search of a new Celtic Tiger-female entrepreneurship in Ireland', in J. Butler (ed), *New Perspectives on Women Entrepreneurs*, vol. 3, Greenwich, CT: Information Age Publishing, pp. 203-224.

Henry, C. and Treanor, L. (2007), 'A business-growth training programme for women entrepreneurs', report to the Gender Equality Unit of the Department of Justice, Equality and Law Reform, Ireland.

Hisrich, R. D and Fulop, G. (1994), 'The role of women in Hungary's transition economy', *International Studies of Management and Organisation*, 24 (4), 100-118.

Hisrich, R. D. and Ó Cinnéide, B. (1985), 'The Irish entrepreneur: Characteristics, problems and future success', working paper, University of Tulsa.

Ireland, R. D., Tihanyi, L. and Webb, J. (2008), 'A tale of two politico-economic systems: Implications for entrepreneurship in Central and Eastern Europe', *Entrepreneurship Theory and Practice*, 32 (1), 107-130.

Irish Government (2007), Irish Government website, http://www.gov.ie

Lyles, M. A., Saxton, T. and Watson, K. (2004), 'Venture survival in a transitional economy', *Journal of Management*, 30 (3), 351-375.

Manolova, T. S., Eunni, R. V. and Gyoshev, B. S. (2008), 'Institutional environments for entrepreneurship: Evidence from emerging economics in Eastern Europe', *Entrepreneurship Theory and Practice*, 32 (1), 203-218.

Manolova, T. S. and Yan, A. (2002), 'Institutional constraints and entrepreneurial responses in a transforming economy: the case of Bulgaria', *International Small Business Journal*, 20 (2), 163-184.

Marlow, S. (1997), 'Self-employed women—new opportunities, old challenges?', *Entrepreneurship and Regional Development*, 9, 199-210.

Marlow, S. and Patton, D. (2005), 'All credit to men? Entrepreneurship, finance and gender', *Entrepreneurship Theory and Practice*, 29 (6), 717-735.

Mroczkowski, T. (1997), 'Women as employees and entrepreneurs in the

Polish transformation', *Industrial Relations Journal*, 28 (2), 83-91.

Rosa, P., Carter, S. and Hamilton, D. (1996), 'Gender as a determinant of small business performance: Insights from a British study', *Small Business Economics*, 8, 463-478.

Schreier, J. (1973), *The Female Entrepreneur: A Pilot Study*, Milwaukee, WI: Center for Venture Management.

Shaw, E., Carter, S. and Brierton, J. (2001), *Unequal Entrepreneurs: Why Female Enterprise is an Uphill Business*, London: The Industrial Society.

Smallbone, D. and Welter, F. (2001), 'The distinctiveness of entrepreneurship in transition economies', *Small Business Economics*, 16 (4), 249-262.

Smallbone, D. and Welter, F. (2006), 'Conceptualising entrepreneurship in a transition context', *International Journal of Entrepreneurship and Small Business*, 3 (2), 190-206.

Spencer, J. W. and Gómez, C. (2004), 'The relationship among national institutional structures, economic factors, and domestic entrepreneurial activity: A multi-country study', *Journal of Business Research*, 57 (10), 1098-1107.

Storey, D. J. (1994), *Understanding the Small Business Sector*, London: Routledge.

True, J. (2003), *Gender, Globalisation and Post-socialism: The Czech Republic after Communism*, New York: Columbia University Press.

Watkins, J. and Watkins, D. (1984), 'The female entrepreneur: Background and determinants of business choice-some British data', *International Small Business Journal*, 2 (4), 21-31.

Wells, B., Pfantz, T. and Bryne, J. (2003), 'Russian women business owners: Evidence of entrepreneurship in a transition economy', *Journal of Developmental Entrepreneurship*, 8 (1), 59-71.

Welter, F. and Smallbone, D. (2003), 'Entrepreneurship and enterprise strategies in transition economies: An institutional perspective', in D. Kirby and A. Watson (ed), *Small Firms and Economic Development in Developed and Transition Economies*, Aldershot: Ashgate.

Welter, F., Smallbone, D., Aculai, E., Isakova, N. and Schakirova, N. (2003), 'Female entrepreneurship in post-Soviet countries', in J. Butler (ed), *New Perspectives on Women Entrepreneurs*, Greenwich, CT: Information Age Publishing, pp. 243-269.

World Bank (2008), 'Doing business' report, Washington DC, June.

Zapalska, A. (1997), 'A profile of woman entrepreneurs and enterprises in Poland', *Journal of Small Business Management*, 35 (4), 76-83.

第六章

转型背景下女性创业的嵌入性

Friederike Welter, David Smallbone

引　言

越来越多从事创业方向研究的学者提出经济行为只有在置于社会关系的情境下才能得到更好的理解（例如，Davidsson, 2003；Katz 和 Steyaert，2004）。本章以转型经济中的女性企业家为研究对象，从制度理论的视角出发，探讨不同层次的嵌入性以及社会变迁可能带来的影响。在苏联时期，女性经历了不同的体制“情形”（Ashwin, 2000；Kandiyoti 和 Azimova，2004；Kiblitskaya，2000；Zhurzhenko，2001），一旦转型开始，就会对她们从事创业活动的机会产生影响，这既包括苏维埃政府宣扬性别平等的理念，并鼓励女性进入劳动力市场，也包括“职场妈妈”的苏联模式，但这不仅造成了女性持续的双重负担，也引发了“父权制的复兴”（Zhurzhenko，1999：246），并且这种现象在欧洲和中亚国家开始转型后也同样出现过。在中亚国家出现这种现象并不令人感到诧异，因为中亚社会所倡导的父权家庭关系的文化价值观在整个苏联时期都得以延续。然而，欧洲国家，譬如白罗斯、乌克兰和摩尔多瓦也有类似的趋势，这反映了“公众普遍认为的商业由男性主宰”的观点（Zhurzhenko，1999：246）。

对于（女性）创业，不同的制度环境既可能是一项优势，也可能是一项劣势，因此，在转型背景下对女性创业进行制度分析需要将苏联政府及苏联之前的遗产所支持的性别的作用考虑进来。本章首先将女性创业的制度嵌入性的不同层次进行概念化，特别强调将其与苏联和苏联解体后的经历联系起来。其次介绍一些背景信息，主要是在白罗斯、摩尔多瓦、乌克兰和乌兹别克斯坦进行的实证研究，并在此基础上，探讨女性企业家在转型背景下所具有的嵌入性。最后总结这些发现对创业理论和研究的启示。

女性创业的嵌入性

制度理论提出了经济行为发生的不同层次的嵌入性，包括政治嵌入性，即强调经济行为的来源和手段（North，1990；Zukin 和 DiMaggio，1990）；文化嵌入性，即一个社会的集体认识，并且该集体意识形成了经济行为的基础（Denzau 和 North，1994；North，1990；Zukin 和 DiMaggio，1990）；社会嵌入性，这反映在人际关系网络中（Granovetter，1985，2005）；认知嵌入性，即“心理过程的调节模式限制了经济推理的实践”（Zukin 和 DiMaggio，1990：15－16；Denzau 和 North，1994）。

混合嵌入性这一概念是在成熟市场经济背景下，通过对少数群体创业的分析发展起来的（Kloosterman 等，1999），它包含的特征使其能够成为分析处于转型经济中的女性企业家的一个总的概念性框架，因为这一概念包含了社会、经济和政治体制背景以及结构和机构之间的相互作用。机会是混合嵌入性中的关键因素，商业机会被认为同时受到市场趋势和现有条件的深刻影响，它们本身又嵌入一个更广泛的制度框架下。关于是否经商的决策会受到更多可选择的谋生方式的影响。不同于仅关注机构或文化习俗的作用，混合嵌入的视角认识到人类机构是根植于政治体制环境的。同样，由于社会、经济和体制等对不同性别的影响在本质上是有差异的，混合嵌入的视角似乎是一种分析社会经济体制等各方面对女性企业家影响的潜在有效的参考框架，此外，它强调结构和机构的相互作用，以及更广泛的体制背景，这使其在转型环境中显得尤为适用。从理论上看，自 1990 年以来，这些国家的女性企业家群体的发展，一方面处于社会文化框架转变的十字路口，另一方面处在政治进程和体制框架的变革之中。

女性创业的政治和文化嵌入性

政治嵌入性是指个人行为的政治和经济边界，在这里个人行为特指创业。特别针对性别的正式法典包括：确保男女享有同等机会的总体法规；保障男女就业机会均等的劳动力市场规则；家庭政策，如具体的税收法规和整体的儿童保育基础设施；以及允许女性拥有土地的所有权。

苏联在政治上正式推进了两性平等，家庭政策鼓励女性进入劳动力市场，同时也支持她们担当母亲的角色，即保证产假。许多女性接受过高等教育，这为社会提供了相当数量的专业人员和科学工作者。苏联有90%的适龄女性已经就业或接受教育，劳动力参与率位居世界前列（Kuehnast 和 Nechemias，2004）。然而，女性从未在苏联经济中取得领导地位，只有不到6%的苏联管理者是女性。此外，在关键决策机构中，几乎看不到苏联女性的身影，很少有女性能够获得具有“摆设”作用以外的高级职位（Kuehnast 和 Nechemias，2004：4）。在转型时期，制度变迁会降低或消除市场准入和市场退出的门槛，因此为企业家提供了机会，这包括在转型过程的一开始就引入私有财产权，从而在一般意义上提升企业家（无论是男性还是女性）的创业精神。但是，对女性而言，制度变迁也会产生消极的影响，例如，随着家庭政策的改变以及对国营企业附属幼儿园补贴的减少，公共保育设施可能变得不足。

制度，特别是诸如价值观和社会规范等非正式的规范，是存在路径依赖的，并随着时间的推移而缓慢变化。制度涉及文化、空间以及政治的影响，因此它与女性企业家的关系尤为密切（Anderson，2000）。苏联的意识形态促进了女性的广泛解放，这对女性的（职场）生活有积极的影响，中亚的苏联共和国更是如此。尽管如此，苏联社会中新兴的“职场妈妈”角色模型仍然要求女性承担双重责任：女性既是成功的职员又是优秀的母亲。在中亚的苏联，这种理念持续受到传统价值观的强化。在转型期内，大多数社会将苏联女性的职员（以及母亲）形象转变为一种更传统的角色，即女性应该待在家里与家人在一起，因此，随之而来的是将母亲身份重新界定为一种私人责任（Ashwin，2000：2）。Zhurzenko（2004：28）认为在苏联社会的现代化进程中涌现出“新家庭主义”思潮是无法避免的："人们在探讨现代化进程的新模式和新方法的过程中总伴随着对传统家庭模式的眷恋。"为了合法化，政府也将苏联体制重新改造为"传统"的模式，这进一步限制了女性活动的范围（Jones Luong，2004）。

这些社会变化对女性创业的性质和范围以及她们在发展事业中所采取的战略都会有影响。Mirchandani（1999）注意到企业的位置会对其生存和发展产生影响，譬如，以家庭为基础的创业活动在获得客户和债权人的认可方面存在困难，因为这样的创业活动常常被视为增长潜力有限的"休闲活动"。此外，Mirchandani还指出行业的性别效应往往与女性企业家的社会-空间嵌入性如影随形，这主要是由于女性偏好那些在家里就能工作的行业（或只是无奈之举）。因此，对女性而言，性别可能会限制她们获得创业所需的资源，并限制其事业发展的可能性。

女性创业的社会嵌入性

在这种背景下，社会交往和家庭资源变得很重要。研究表明，社会关系网络通常是开展创业活动的一项重要资源（例如，Brüderl和Preisendörfer，1998；Dubini和Aldrich，1991；Liao和Welsch，2005），对于女性企业家更是如此（例如，Aldrich，1989；Allen，2000；Caputo和Dolinsky，1998），并且对于那些处于充满竞争和动荡的环境，譬如苏联国家（Manolova和Yan，2002；Smallbone和Welter，2001）的女性企业家而言尤为突出。在动荡的环境中，社会关系网络可以弥补制度环境的缺陷。此外，从苏联时期传承下来的网络关系是开展创业活动以及推进随后企业增长至关重要的资源，更为重要的是，由于社会网络强调机会是由社会创造和建构的(Fletcher，2006)，因此，它对于机会的识别和开发具有重要的意义（de Koning，2003；Jack 和 Anderson，2002）。

然而，由于苏联时期几乎没有女性能够谋求到高层职位，因此，她们除了在日常生活中通过排队购买短缺产品以及在以货易货等情况下建立社交网络，其他试图在职位之外构建社交网络的概率都很渺茫。因此，一旦进行转型，女性除了能够在小规模的私人零售贸易和服务业等行业改革的契机中寻找创业机会，很少能够在国有企业出售或私有化的转型中获益。此外，她们几乎没有机会参与市场现有企业搭建的“已有的”互惠网络，这就迫使一些女性企业家通过贿赂来获取地方政府的准入（Humphrey，2002）。

资源获取和商业机会识别的其他途径与家户或家庭环境相关，对此，Aldrich 和 Cliff（2003）从创业活动的家庭嵌入性视角出发，展示了更广泛的家庭如何影响机会的出现和认可、建立新企业的决策以及获得资源的途径（参见 Jennings 和 McDougall，2007）。Oughton 和 Wheelock（1996）也强调家庭嵌入性的观点，并指出在微型企业中，无论消费还是劳动供给都是以家庭为单位进行决策的，因此，最适当的调查单位是家庭而非个人。这强调了需要认识到社会环境以及不同家庭成员在微型企业中的贡献。女性在企业中所发挥的作用往往超出被正式承认的所有权，包括共同所有权。在转型背景下，一些研究者将注意力集中到家庭参与的“多元经济”上（Pavlovskaya，2004；Smith，2002)，这有利于企业获得资源，并对其随后的商业发展产生影响。所有这些都会对女性创业产生影响，因为它强调了家庭背景下男性和女性的共同作用，并且强调了获取资源途径的重要性，这可能对女性的创业活动产生影响。

女性创业的认知嵌入性

认知嵌入性，正如 Zukin 和 DiMaggio（1990）所说，是指人类行动中的有限理性会限制人类的经济行为。Dequech（2003）则认为制度具有附加的认知功能，即制度能够提供关于其他个体行为的信息会对个体的行为及其感知和处理信息的方式产生影响。此外，认知嵌入性和文化嵌入性是紧密相连的，因为认知结构也是文化习得的，是通过社会互动产生的（Dequech，2003）。因此，在女性企业家方面，可以认为认知嵌入性影响着她们所利用的策略以及她们在进入和发展企业时所采取的行动。

基于制度理论，Oliver（1991）提出了在面对制度和制度变革时的策略反应类型，即默许、妥协、回避、抵触和控制。默许和妥协策略表明企业家对制度框架的改变有所认知，并相应地调整他们的行为；回避、抵触和控制策略构成了制度反应的另一端。Peng（2000）聚焦于转型背景，通过对 Oliver 的框架元素进行整合，提出了新创小型企业在转型背景下采用的三种独特战略类型，分别是前瞻性战略、网络化战略和边界模糊化战略。其中，前瞻性赋予了企业如下的特征：在持续变化的市场环境中运作，注重创新和变革，并由灵活的组织结构组成。前瞻性战略描绘出一幅相当理想化的图景，但考虑到转型经济中大多数企业家的工作环境，这时网络化战略在促进经济变革时就具有特别重要的意义。边界模糊化战略类似于 Oliver

的回避和抵触模式，企业家的行为可能既有合法的方面，也有非法的方面，这主要是由于制度框架的缺陷使得企业家很难完全在法律允许的范围内行事。然而，以上两位学者均忽视了女性独特的制度嵌入性对其创业行为的影响。

正如 Bruno（1997）所述，就俄罗斯的女性企业家而言，由于她们在苏联时期积累了组织日常生活和家庭消费方面的经验，即通过一个复杂的物物交换以及非正式知识和信息网络的培育来管理短缺，因此她们在转型期间形成了独特的行为模式。虽然从某个层面来看，这些网络可能成为支持女性企业家创业活动的潜在资产，但在另一个层面上，尤其是与那些拥有更高水平网络的男性相比，她们常常处于劣势。在苏维埃后期，家庭供应者的角色可以为女性实际参与消费品的地下供应和非正式贸易提供掩护（Heyat，2002：23）。尽管这种经历可能使女性企业家在转型期（过度）依赖回避和抵触策略，但也使她们获得了直接的创业经验。

由于个体行为将受制于关于性别角色的社会理想，因此文化和认知的嵌入性是紧密联系的，这会规范女性创业的性质和范围，因为性别角色包含了有关女性“典型”和“期望”行为的信息，以及企业家行为的信息（Ogbor，2000：621）。随着传统性别角色的回归，后苏维埃时代的社会关系也重新确立了公共和私人生活中“男性监护的概念”（Akiner，1997：285），这一趋势对女性创业具有巨大的潜在影响。例如，研究表明，在独联体国家中，如果女性企业家想要进行创业，那么她们更倾向于将其丈夫/朋友或父亲作为合作伙伴或监护人，相比之下，中欧国家的女性更容易依靠自己独立创业（Roberts 和

Tholen，1999）。在后苏维埃时代，商业通常被视为男性主导的领域，需要所谓的男性特质，譬如拥有力量和自信，因此，在这种环境下，女性创业就意味着打破了“行为的准则”（Berg，1997：265）。有趣的是，女性创业者利用男性主导的形象为她们的创业活动构建了一种另类的意识形态，强调她们在从事商业活动时所具有的“天生”的女性气质，并将其转变为工作活动背后的核心原则（Bruno，1997：63–64）。

经验证据

这部分将对女性创业的制度环境的一些方面进行实证调查。经验数据主要来自两个国际研究项目（由独联体国家联合促进科学家合作的国际协会资助，项目号为 00–0843 和 04–79–6991）。本章主要就这些项目中的案例研究部分进行论述，所有的访谈报告都会通过计算机程序进行分析，该程序是专门为定性数据设计的，能够对数据模式进行系统研究。

样本的描述性统计

第一个项目（INTAS 00–0843）主要研究摩尔多瓦、乌克兰和乌兹别克斯坦三个国家的女性创业。第一阶段的问卷调查于 2002 年展开，调查了每一个国家的数据。其中，在乌克兰共调查了 297 名女性和 81 名男性，其中男性企业家作为控制组；在乌兹别克斯坦，样本共包括 200 名女性和 60 名男性；在摩尔多瓦，女性和男性数量分别是 218 和 63。第二阶段的研究于 2003 年春季展开，研究者针对每个国家多达 30 名女性企业家和5名男性企业家进行案例研究，受访者从第一阶段的调查样本中选出，并尽可能代表不同的企业年限、规模和行业，大致与问卷调查的比例保持一致。这些样本来源在核心和外围区域之间近似于均匀分布。然而，问卷调查和案例研究的样本都主要是较为年长的企业家，这可能是受到用于识别企业家的数据库的影响，但也反映出年轻企业家普遍较少的现实。受访的女性企业家大多介于30至49岁之间，且已婚。尽管青年失业率很高，但很少有女性企业家年龄在30岁以下。在乌兹别克斯坦，这似乎反映了传统的角色模式，即赋予年轻女性更多的家庭责任。乌兹别克斯坦只有6%的女性企业家年龄在30岁以下，而男性的这一比例是20%。

第二个项目（INTAS 04-79-6991）探讨了白罗斯、摩尔多瓦、乌克兰的家庭、企业和机构在跨国创业活动中所起到的作用。研究者们于2006年在白罗斯和乌克兰分别选取了3个地区、在摩尔多瓦选取了2个地区进行案例研究，每个地区各选取了20个企业、10个家庭和10个机构。访谈通过半结构化的方式进行，使用了主题指南。研究人员通过观察边境两侧市场或边境口岸火车站的小额交易活动，随机确定了家庭受访者。由于没有全面的数据库能够识别出所有跨国界合作的企业，因此研究者在商会和商业支持机构的协助下确定了跨国界合作企业的名单，并尽量选取不同规模、行业和成立年限的代表性企业。

经济、社会与女性创业：探索政治和文化嵌入性

我们的研究证实了转型期间的女性创业存在政治和文化嵌

入性，积极的方面是政治和经济变革为女性创业创造了新机会，而消极的方面是苏联的遗留问题和对文化传统的回归阻碍了女性创业或寻求事业的发展。在所有被调查的国家中，制度变革都开始允许私有化的存在，有时甚至会为企业家创造机会。一些受访女性企业家提出她们已经从私有化中获益，譬如，她们可以将自己的工作场所私有化、购买机器和/或租赁房屋。例如，摩尔多瓦的一位女性租用了她以前雇主（该雇主曾经经营一家制造电视机的国有企业）的设备和房屋；另一名摩尔多瓦女性企业家将她以前的工作场所——餐馆——私有化；乌兹别克斯坦塔什干的一名企业家，与同事共同将一家大型零售商店私有化；还有一名乌兹别克斯坦的企业家，她曾在一家国营光学公司担任经理，后来将这家公司私有化。在以上案例中，这些女性企业家在其行业中都拥有丰富的专业关系，她们可以通过使用这些网络获取国家资源。

经济的影响，特别是对增加收入的需求，是受访女性进行创业的主要驱动力之一，同时也影响着她们对创业活动的选择以及她们所创办企业的发展潜力。伴随着私有化的进程，许多女性在（国营）企业中失去了工作，这迫使她们寻找新的赚钱机会，她们在创建自己企业的过程中发现了这些机会。此外，一些年长的和退休的女性企业家经常提到她们希望能够提高退休金。一些女性在她们的丈夫或父亲去世后接管了企业，在这种情况下，创业者的行为往往局限于低利润的业务活动，部分或完全以非正式的方式运营，企业很少有发展壮大的可能。然而，即使在这些案例中，女性也能在识别为她们自己及其家庭提供收入的可能性上表现出企业家的品质。与此同时，几乎没有女性仅仅是为了赚取额外的收入而进行创业的，这对那些配偶提供主要家庭收入的女性来说是较为普遍的，而年轻女性则经常将固定工作与创业活动相结合。

许多女性还提到对以前工作的不满也是她们进行创业的一个诱因。一位28岁的来自摩尔多瓦的女性企业家和她的丈夫在2000年创办了一家生产缝制玩具的公司，他们在2003年接受采访时表示公司已经雇用了12名工人。

访谈中反复出现的一个主题是如何把赚取收入的需求与女性发展自己事业的雄心联系起来。根据2001年对摩尔多瓦、乌克兰以及乌兹别克斯坦女性企业家的调查，当受访者被问及她们在过去12个月的商业目标时，超过一半的人表示，业务增长是她们最重要的目标，而生存的目标排在第二位（22%），接下来是增加利润的目标。这表明在转型期，商业目标是由业务增长、维持生存和增加家庭收入相互交织在一起的，反映了创业活动与社会环境之间特定的相互作用。这一点可以从摩尔多瓦这个欧洲最贫穷的国家得到进一步的例证，在那里，业务增长是确保企业生存的重要条件，进而有助于维持家庭的生计，一个典型的说法就是："我从一开始就希望自己的企业有所增长，因为我需要赚钱来维持我家人的生活。"

政治和法律框架的制度缺陷也对企业发展产生了影响。法律法规的漏洞通常会限制女性所领导的企业在财务上的可持续性。许多受访者提到，为顺利获得执照和登记注册，需要给消防检查部门和当地行政机构"交钱"，同时以防有跨境交易的需要，还得对海关和边境检查机构进行"打点"。专栏6.1的例子说明了这些对企业发展的巨大影响，同时也展示了尽管面对困难，女性企业家仍表现出的坚忍不拔的精神。虽然这些贿赂不是特别针对女性企业家的，但有证据表明女性对行贿的反应不同于男性。在某些情况下，女性可以通过家庭关系网来规避行贿，而在其他情况下，她们会利用自己的性别来让要求她们行贿的男性官员难堪，以达到拒绝行贿的目的。

专栏 6.1　制度的“漏洞”和企业发展

这位摩尔多瓦企业家在中部地区的斯特拉森和摩尔多瓦的首府基希讷乌之间建立了一条小巴路线，她讲述了自己在创业方面遇到的困难：她花了两个多月的时间注册并获得执照，在她提交每一份文件时，办事员都要求她付款或赠送礼物，有时每份文件都要支付固定的金额。项目一旦启动并运行，她就需要继续贿赂警察、国家交通监察局，并为“保护伞”买单，这是一个类似黑手党的组织，为她的生意提供保护。在接受访谈的前一天，她的司机曾四次被拦下，并向国家交通监察局的四名官员支付了“罚款”。

文化对女性创业的影响在社会层面不那么显而易见，但在家庭层面却比较重要，它提醒人们注意文化、社会和认知嵌入性之间的密切联系。从摩尔多瓦的经验证据所显示的文化模式来看，许多女性显然已经被社会上的“典型刻板印象”禁锢了，即认为自己应该是害羞或优柔寡断的，而她们在一开始创业时就认定这种特质是一种障碍。与此同时，我们的案例研究也表明女性企业家在创业后的学习经历会激励她们变得更加自信，随着时间的推移，她们对自己事业的抱负也与日俱增。

在乌兹别克斯坦，特定的地方环境在扶持（或限制）女性企业家方面起着额外的作用，这与苏联解体后传统观念和伊斯兰价值观的复兴有关。这些例子中既有来自地方管理委员会的支持，譬如马哈拉代表协助女性企业家进行注册登记；也有来自对邻近地区的嫉妒所产生的负面反应："她们不把女孩送到我的缝纫学校，而是把她们带到另一个学区。"一些女性企业家也通过培训当地的女孩以及开展业务等来支持她们所在社区的发展，以满足当地的需要或解决当地所存在的问题（例如，为瘫痪的孩子提供幼儿园），或为当地社区成员提供优惠价格的产品。这两种情况都表明这些女性企业家已经能够超越自己的业务范围，认识到并承担起社会责任，同时也促进了当地社区的制度变革。尽管在白罗斯、摩尔多瓦和乌克兰许多由女性所拥有的企业中，还是家庭和家人利益最大，其次才是当地社区的利益，但是女性企业家的社会责任感还是表现得很明显。在这些案例中，互惠准则使女性企业家能够在社区一级获得社会资本，从而说明女性企业家在地方一级的社会嵌入性。

从家庭视角看待女性创业：探讨社会嵌入性

这两个项目的经验数据表明需要从家户和家庭的视角来阐释女性的创业活动，在转型条件下更是如此（参见 Pavlovskaya，2004）。来自女性创业研究项目的调查数据说明，目前家庭及配偶对企业家（不论是男性企业家还是女性企业家）所提供的最常见的援助是非物质援助，譬如建议和情感支持等，其次才是对创业活动本身的劳动投入（见表6.1）。案例研究提供了更深入的发现：有时家庭成员会先于创业者发现商业机会，并给出建议和意见。譬如摩尔多瓦的一名女性企业家的案例就是这种情况，她的丈夫建议她从事商品贸易，并且帮她准备了所有的文件，甚至在她第一次去波兰出差的时候陪着她，以帮助她建立起合作关系。我们的案例研究结论也证明了家庭援助在企业家应对制度变迁方面的重要性。例如，乌克兰曾经历苏联解体的制度变迁，随后导致国营托儿所破产，此时，对于一些家里有年幼孩子的女性来说，如果不能获得家庭成员的外部支持，那么她们很可能无法将抚养孩子与创业活动兼顾起来。

表6.1　乌克兰、乌兹别克斯坦和摩尔多瓦的企业家所获得的来自家庭和配偶的支持

支持的类型	女性企业家		男性企业家	
	家庭	配偶	家庭	配偶
资金投入	16.6%	33.4%	3.8%	8.3%
劳动投入	25.5%	39.1%	20.2%	28.9%
提供建议	21.5%	65.9%	25.7%	62.8%
情感支持	25.2%	66.9%	31.1%	77.8%
其他方式	0.5%	3.2%	4.9%	2.8%
无	10.8%	14.2%	14.2%	14.4%
受访者数量	651	532	183	180

注：表格总结了以下两个问题的答案：你的家庭（配偶）支持你创业吗？如果支持，是如何支持的？每个被调查者能够列出多达三种类型的支持。

资料来源：作者自己在本研究中的调查数据。

我们所研究的男性企业家和女性企业家之间的一个显著区别在于资金来源的不同，女性比男性更倾向于通过家庭，尤其是通过配偶来获得经济援助（见表 6.1）。而当涉及特定的商业活动，比如贸易、微型创业活动时，如果配偶不希望他们的妻子参与和商业相关的活动，那么女性在寻求资金支持时得到的往往是否定的回应。

在所研究的四个国家中，一些案例表明家庭参与会促进家庭企业的创建（专栏 6.2，案例 A），女性有时会成为企业创立的推动者（专栏 6.2，案例 B）。在一些案例中，家庭的援助可以推进跨境贸易，尽管这并不局限于女性企业家，譬如跨界往返贸易就是这种情况（专栏 6.2，案例 C）。

专栏 6.2　家庭参与女性创业的案例

家族企业

例 A　乌克兰的一家制造塑料包装袋的公司于 1999 年成立，目前共有 48 名员工，这在该国已经是相当大的规模。这家公司的所有者是一位 50 多岁的女性，她曾在一家针织厂做过 20 年的“熟练工人”，随后在市场上做了 9 年的零售生意。她主要负责财务管理，据她所说，她还负责企业的所有重要决策，而她的丈夫和小儿子负责生产和设备，大儿子则管理材料的进口，并处理海关事务。

例 B　一位乌兹别克斯坦的女性企业家自 2001 年起在农村地区恰尔塔克经营一家私人药店。她今年 56 岁，曾经在产科病房做了35年的助产士，她的丈夫是一名药剂师。由于需要钱来养活5个孩子和15个孙辈，因此她花了很长时间说服丈夫创办他自己的企业。

例C 跨境家庭企业的一个典型案例 受访者是一位现年65岁的女性企业家，她来自白罗斯的维特伯斯克，该地与立陶宛、拉脱维亚和俄罗斯接壤。她妹妹在立陶宛的维尔纽斯结婚并定居，而她本人则和女儿住在与立陶宛接壤的白罗斯边境。她之所以从事药品和服装行业，主要是由于她的女儿在格罗夫纳地区（离立陶宛的维尔纽斯很近）的一家化学品公司工作，她的女儿可以从俄罗斯、乌克兰和白罗斯获得廉价的传统药物，这些药物在立陶宛的老年人中很受欢迎，但在大多数情况下进口却是不合法的。这位女性企业家会定期去立陶宛探亲，在前往的途中，她会先去探望女儿，并且在女儿的帮助下用医药进口证书购买一批药品。一旦到达维尔纽斯，她妹妹就会通过她们都认识的退休人员销售药品。偶尔，当她的个人网络无法售出她带来的所有药品时，她不得不把剩下的药品拿到维尔纽斯市场上出售。在返回白罗斯的时候，她会在维尔纽斯的二手商店购买一些衣服带走以便回来之后销售，由于她侄子的女朋友在其中一家商店工作，因而给她带来了便利。

家庭也可以通过提供人脉的方式间接地促进创业活动，这是在采访中经常被提及的一种方式，如“我丈夫用他的人脉来帮助我”“我父亲认识某个人”，以及“我丈夫确切地知道该去哪里，该去找谁”，这都是典型的说法，这样的说法表明其他家庭成员可以如何通过提供所需要的投入来帮助女性创业者克服其在社交网络方面的欠缺，这也凸显了（广义定义的）家庭环境对创业活动潜在的重要性。

当然还必须认识到家庭也可能会阻碍企业的发展，这表明家庭嵌入性可能对女性创业既有积极的影响，也有消极的影响。在女性不得不应对家庭或家人环境时更是如此，传统的性别角色分工、对潜在创业活动的主导态度以及创业的意义，都会对她们的创业行为产生影响。

女性创业行为：应对规范还是打破规范?

本节通过对女性企业家如何应对制度规范的研究来探讨她们的认知嵌入性，并验证 Berg 于 1997 年提出的假设，即创业可能会促使（或迫使）女性打破调节其行为的规范。这些证据佐证了女性企业家对待社会规范的两种截然不同的行为模式，这些行为模式可以被视为认知嵌入性的不同形式：第一种模式是指女性打破传统社会规范所赋予她们的性别角色，它或与她们所选择的行业有关，或与她们作为家庭主妇的角色有关；第二种模式指后苏联社会占主导地位的与创业规范有关的女性行为，在后苏联社会，女性将反抗和服从行为结合起来。在女性自愿违背传统性别角色和价值观的情况下，教育水平和以往的工作经验可能是重要的。在这两个项目中接受访问的大多数女性（和男性）都拥有大学水平的教育，接下来常见的是只接受过中等职业教育。虽然这反映了受过教育的人在转型经济中找到满意谋生方式的机会较少，但这也有可能帮助她们看到超越公认的社会性别角色的新的可能性。

认知嵌入性的第一种模式的例子之一，即打破常规女性企业家涉及的商业活动行业（见专栏 6.3）。一些女性在建筑和制造业拥有并经营企业，这些行业在西方仍被视为“非传统女性行业”。这种模式是苏联支持女性参与非歧视性职场的结果，尽管社会转型已经改变了这种状况。

专栏 6.3　逃离传统性别规范

行业规范　这位乌克兰女性企业家描述了她在开始自己的建筑企业时，她的许多男性竞争对手是如何等着看她的笑话的。即使她在采访时已拥有一个雇用了 25 名员工的企业，她还是抱怨男人不把建筑行业中的女人当回事儿。

家庭角色　这位年轻的乌克兰女性刚开始从事裁缝工作，最初她是在家工作，因为她不喜欢那份在一家国有公司处理类似业务的工作。她的丈夫对她因为生意而将家里搞得一团糟感到恼火，也抱怨她的顾客进进出出，结果他强迫她租借经营场所，同时继续对她的工作表示不满，希望她能留在家中并照顾他们的孩子。

另一个例子是一名住在乌兹别克斯坦农村的年轻女子，她在父亲去世后不得不开始从事商业活动，她的父亲曾是这个家庭唯一的经济来源。她从事了传统的女性工作，即金绣和缝纫，因为这是她可利用的为数不多的职业培训机会之一。与她相似，她的三个姐妹中有两个从事了以家庭为基础的传统商业活动——地毯织造和烹饪，她们三个人都参与了培训失业女孩的活动。

反抗规范在家庭环境中增加了一个额外的维度，因为创业显然有助于重新定义传统的性别角色，尽管后苏联时代的女性有回归传统角色的趋势。有一种模式与夫妻间家庭责任的分配有关，在成功的女性企业家或男性从工作中获得的收入相对较少的家庭中，由男性承担家庭责任，这使得被调查者可以从事她们的创业活动，同时也表明了家庭的积极支持态度，但情况并不总是这样。

在这方面，案例研究表明女性企业家正在打破家庭常规，这对社会变革具有潜在的重大影响。在一些案例中，女性不顾家人的反对，坚持通过她们的创业活动从配偶和/或家庭中获得更多的独立性。有时，女性由于父亲或丈夫的去世而不得不违背传统的性别角色。然而，正如来自乌兹别克斯坦农村的例子所示，在这种情况下，女性往往被限制在增长潜力较小的、以家庭为基础的传统商业活动中（Welter 和 Smallbone，2008）。

认知嵌入性的第二种模式与转型背景下关于创业和价值观的惯常态度有关。我们的证据表明不服从和服从的行为有时是可以并行不悖的，在这种背景下，打破常规是指克服苏联国家对创业活动的历史态度。先前的研究表明，一些企业家，尤其是那些市场商贩和从事简单创业活动的人会认为他们所进行的商业活动是可耻的，特别是当这些人曾在苏联时期担任过重要公职时（Kaneff，2002）。在我们的实证研究中被访者也表现出类似的感觉，特别是对于那些在国有企业有较长时间管理经验的年长女性来说，若她们在接受采访时正从事市场贸易或往来贸易，那么她们会对其当前所从事的创业活动感到羞愧，这可能部分是由于她们失去了职业身份，也可能是由于她们被迫从事低增长和一定程度上非法的活动。

女性同样抗拒将她们固化为所谓的“女性（阴柔）”角色的文化规范，她们认为这是创业过程中的阻碍。在那些女性企业家讲述自己的学习经历及不断增长的自信的案例中，这是显而易见的。但同样明确的是，一些女性为了克服她们在企业发展中所遇到的困难，宁愿“扮演”刻板的性别角色。我们的研究表明女性企业家会运用不同的“策略”，在一些案例中，部分女性似乎接受了社会对女性企业家的态度，她们称大企业是男性的，小企业才是女性的，尽管这可能仅仅是因为只有这样做才能在男性主导的商业世界中获得认可。一些女性提到了男性企业家的优势，因为“有时他们更容易通过一起喝酒或者去桑拿房来解决问题”，这是帮助他们建立信任和社交网络的活动。其他女性则认为，需要适应扮演男性创业行为的角色，正如一位乌克兰企业家所言：“我有时会忘记自己是女性。”同样，一位在乌兹别克斯坦拥有批发业务的俄罗斯女性企业家觉得她失去了女性气质，就连她的生意伙伴提到她时也说她“像男人一样思考”。对她来说，成为一名成功的女商人导致了家庭的冲突，因为她的丈夫（一位乌兹别克穆斯林）经常指责她不照顾家庭。这也说明了女性企业家自己是如何看待女性创业以及男性创业的，后者往往被视为一种规范（Bruni 等，2004），这可能会鼓励一些女性强调她们与男性的相似之处，从而在经商时隐瞒自己的性别（Lewis，2006）。

另一些人则以她们“局外人”的身份而感到自豪，正如一位乌克兰女性企业家所言：“如果有些人不喜欢女性企业家，那就让他们不喜欢吧。我们不关心。但女性企业家确实存在，你必须接受这一事实。”就这一点而言，正如 Bruno（1997）对俄罗斯女商人所描述的，女性正积极反抗男性的创业规范。例如，我们的几位受访者生动地描述了她们是如何利用自己作为一个女性的身份来应对管理机关的。一个从事女性服装进口和零售的乌克兰商人解释道：“税务稽查员将我视为一个软弱的女人，怜悯我。他没有索贿，有时甚至将对我错误的惩罚限定在了最低标准。”同样，一位乌兹别克斯坦女性企业家描述了她在男性主导领域（即商业领域）中，如何利用她作为软弱且没有经验的女性的形象来让税务稽查大队减轻她的纳税义务。

在这方面，一些女性企业家在贿赂和赠送礼物之间做了一种有趣的区分，她们认为尽管以现金的形式提供贿赂对她们来说是不可接受的，但赠送礼物是商业行为中可接受和容忍的部分。礼物可以包括鲜花或酒，也可以是其企业所提供的服务和材料。在这些情况下，女性会遵守苏联社会的价值观，她们认为通过礼物来构建互助的社交网络十分重要。相比之下，行贿需要走出她们的圈子，而进入“一个自私的、货币化的世界”（Humphrey，2002：138）。从制度理论的视角来看，由于女性依然依赖于由苏联时期（Rehn 和 Taalas，2004）持续到转型时期（Ledeneva，1998，2006）的以信任为基础的互助式社交网络，因此这种行为是一种路径依赖的重要信号。与此同时，许多人不适应新兴市场经济体的规范和价值观，这种规范和价值观要求她们以非女性化的方式行事。通过这种区分，她们也定义了自己作为女商人的一部分特性，这使人们注意到个人行为、整体体制环境和女性企业家本质特征之间的复杂关系。通过上述女性企业家的例证，我们发现这种区分对于她们适应社会和家庭的规范同样具有潜在的重要作用。

结论和启示

本章旨在通过对白罗斯、摩尔多瓦、乌克兰和乌兹别克斯坦的女性创业嵌入性的本质特征进行研究，为我们理解转型期早期的女性创业提供帮助。实证表明女性企业家对社会变革作出了贡献，并通过为其他女性（以及男性）提供工作机会，减轻了转型的一些负面影响。更重要的是，她们提供了积极榜样，并增加了更多的（女性）个人创业的正面形象，这在那些传统价值观念复苏从而限制了女性创业的苏联解体后社会显得更为重要。

经验证据表明由于女性创业高度依赖于它发生的特定环境，因此我们有必要对嵌入性和环境背景的不同层面进行分析，这包括整个政治和文化背景，还包括家庭和日常环境，以及女性企业家如何应付和处理这些情况。因此，我们认为本章所用的制度框架由于包含了不同层次的背景，所以是一种分析女性创业嵌入性的适当方法，特别是在结合了（女性）企业家的适应性和学习行为的个人视角时。

转型背景为混合嵌入性的概念提供了额外的维度，而其中路径依赖性是最为突出的具有促进或约束作用的因素之一。虽然政治和经济制度变迁促进了男性和女性创业，但是女性还是要面临更多的与文化嵌入性有关的挑战，这反映在苏联解体后的社会对女性创业的态度以及许多独联体国家父权的复兴，这方面的转变迫使女性回归家庭主妇的传统角色，并且退回到家庭的私人领域。尽管如此，有证据表明女性企业家已经开始打破传统性别角色和典型行为类型的束缚。在成熟的市场经济体中，例如在英国，年轻穆斯林女性参与创业的案例被广泛进行对照，创业被视为一种女性自我肯定的手段而不是简单地接受传统的性别角色。因此，女性创业可能促进制度的变化，特别是在社会规范和价值观方面，而女性创业的兴起也依赖于制度的改变。

尽管苏联解体后社会对职场女性的态度是矛盾的，但转型也促成了这些国家中女性企业家的出现。女性创业在这些社会的现代化进程中以及促进公众改变对女性的态度方面已经并将继续发挥重要作用，且带来与女性企业家的经济潜力有关的潜在效益。帮助更多的女性创业并支持现有公司的发展，可以促进形成一个更有竞争力的经济并促进经济增长、减少社会排斥。然而，也有必要避免转型国家对女性企业家印象的刻板化，例如将所有女性企业家都描述为“需求驱动”。面对体制的瓦解，尽管大多数女性企业家可能需要在起步阶段提高家庭收入，但这并不一定会决定她们未来的发展道路或成为她们企业的发展目标。随着外部环境的变化以及个人在信心、抱负和能力上的增长，女性企业家的发展目标可能更多地与“机会识别”以及她们推动企业增长的雄心有关，这就使得需求最终只是她们机会的源泉之一。

参考文献

Akiner, S. (1997), 'Between tradition and modernity: The dilemma facing contemporary Central Asian women', in M Buckley (ed), *Post-Soviet Women: From the Baltic to Central Asia*, Cambridge: Cambridge University Press, pp. 261-304.

Aldrich, H. (1989), 'Networking among women entrepreneurs', in O. Hagan, C. Rivchun and D. L. Sexton (ed), *Women-Owned Businesses*, New York: Praeger, pp. 103-132.

Aldrich, H. and Cliff, J. (2003), 'The pervasive effects of family on entrepreneurship: Toward a family embeddedness perspective', *Journal of Business Venturing*, 18, 573-596.

Allen, W. D. (2000), 'Social networks and self-employment', *Journal of Socio-Economics*, 29, 487-501.

Anderson, A. (2000), 'Paradox in the periphery: An entrepreneurial reconstruction?', *Entrepreneurship & Regional Development*, 12, 91-109.

Ashwin, S. (2000), 'Introduction: Gender, state and society in Soviet and post-Soviet Russia', in S. Ashwin (ed), *Gender, State and Society in Soviet and Post-Soviet Russia*, London: Routledge, 1-29.

Berg, N. G. (1997), 'Gender, place and entrepreneurship', *Entrepreneurship & Regional Development*, 9 (3), 259-268.

Brüderl, J. and Preisendörfer, P. (1998), 'Network support and the success of newly founded businesses', *Small Business Economics*, 10, 213-225.

Bruni, A., Gherardi, S. and Poggio, B. (2004), 'Doing gender, doing entrepreneurship: An ethnographic account of intertwined practices', *Gender, Work and Organization*, 11 (4), 406-429.

Bruno, M. (1997), 'Women and the culture of entrepreneurship', in M.

Buckley (ed), *Post-Soviet Women: From Baltic to Central Asia*, Cambridge: Cambridge University Press, 56-74.

Caputo R. K. and Dolinsky, A. (1998), 'Women's choice to pursue self-employment: The role of financial and human capital of household members', *Journal of Small Business Management*, 36 (3), 8-17.

Davidsson, P. (2003), 'The domain of entrepreneurship research: Some suggestions', in J. Katz and D. Shepherd (ed), *Cognitive Approaches to Entrepreneurship Research*, vol. 6 of *Advances in Entrepreneurship, Firm Emergence and Growth*, Amsterdam: Elsevier/JAI Press, 315-372.

De Koning, A. (2003), 'Opportunity development: A socio-cognitive perspective', in J. Katz and D. Shepherd (ed), *Cognitive Approaches to Entrepreneurship Research*, vol. 6 of *Advances in Entrepreneurship, Firm Emergence and Growth*, Amsterdam: Elsevier/JAI Press, 265-314.

Denzau, A. T. and North, D. C. (1994), 'Shared mental models: Ideologies and institutions', *Kyklos*, 47 (1), 3-31.

Dequech, D. (2003), 'Cognitive and cultural embeddedness: combining institutional economics and economic sociology', *Journal of Economic Issues*, 37 (2), 461-469.

Dubini, P. and Aldrich, H. (1991), 'Personal and extended networks are central to the entrepreneurial process', *Journal of Business Venturing*, 6, 305-313.

Fletcher, D. (2006), 'Entrepreneurial processes and the social construction of opportunity', *Entrepreneurship & Regional Development*, 18 (5), 421-440.

Granovetter, M. (1985), 'Economic action and social structure: The problem of embeddedness', *American Journal of Sociology*, 91, 481-510.

Granovetter, M. (2005), 'The impact of social structure on economic outcomes', *Journal of Economic Perspectives*, 19 (1), 33-50.

Hey at, F. (2002), 'Women and the culture of entrepreneurship in Soviet and post-Soviet Azerbaijan', in R. Mandel and C. Humphrey (ed), *Markets and Moralities: Ethnographies of Postsocialism*, Oxford and New York: Berg, 19-31.

Humphrey, C. (2002), *The Unmaking of Soviet Life: Everyday Economies after Socialism*, Ithaca, NY, and London: Cornell University Press.

Jack, S. and Anderson, A. (2002), 'The effects of embeddedness on the entrepreneurial process', *Journal of Business Venturing*, 17, 467-487.

Jennings, J. and McDougall, M. S. (2007), 'Work-family interface experiences and coping strategies: Implications for entrepreneurship research and practice', *Academy of Management Review*, 32 (3), 747-760.

Jones Luong, P. (2004), 'Politics in the periphery: Competing views of Central Asian states and societies', in P. Jones Luong (ed), *The Transformation of Central Asia: States and Societies from Sonet Rule to Independence*, Ithaca, NY, and London: Cornell Press, 1-26.

Kamp, M. (2004), 'Between women and the state: Mahalla committees and social welfare in Uzbekistan', in P. Jones Luong (ed), *The Transformation of Central Asia: States and Societies from Soviet Rule to Independence*, Ithaca, NY, and London: Cornell Press, 29-58.

Kandiyoti, D. and Azimova, N. (2004), 'The communal and the sacred: Women's worlds of ritual in Uzbekistan', *Journal of Royal Anthropological Institute*, New Series, 10, 327-349.

Kaneff, D. (2002), 'The shame and pride of market activity: Morality, identity and trading in post Socialist rural Bulgaria', in R. Mandel, and C. Humphrey (ed), *Markets and Moralities: Ethnographies of Postsocialism*, Oxford and New York: Berg, 33-51.

Katz, J. and Steyaert, C. (2004), 'Entrepreneurship in society: Exploring and theorizing new forms and practices of entrepreneurship', special issue of *Entrepreneurship & Regional Development*, 16 (3), 179-250.

Kiblitskaya, M. (2000), 'Russia's female breadwinners: The changing subjective experience', in S. Ashwin (ed), *Gender, State and Society in Soviet and Post-Soviet Russia*, London: Routledge, 55-70.

Kloosterman, R., van der Leun, J. and Rath, J. (1999), 'Mixed embeddedness: (Tn) Formal economic activities and immigrant businesses in the Netherlands', *International Journal of Urban and Regional Research*, 23 (2), 253-277.

Kuehnast, K. and Nechemias, C. (2004), 'Introduction: Women navigating change in post-Soviet currents', in K. Kuehnast and C. Nechemias (ed), *Post-Soviet Women Encountering Transition: Nation Building, Economic Survival and Civic Activism*, Washington, DC: Johns Hopkins University Press, 1-20.

Ledeneva, A. V. (1998), *Russia's Economy of Favours: Blat, Networking and Informal Exchange*, Cambridge: Cambridge University Press.

Ledeneva, A. V. (2006), *How Russia Really Works: The Informal Practices that Shaped Post-Soviet Politics and Business*, New York: Cornell University Press.

Lewis, P. (2006), 'The quest for invisibility: Female entrepreneurs and the masculine norm of entrepreneurship', *Gender, Work and Organization*, 13 (5), 453-469.

Liao, J. and Welsch, H. (2005), 'Roles of social capital in venture creation: Key dimensions and research implications', *Journal of Small Business Management*, 43 (4), 345-362.

Manolova, T. and Yan, A. (2002), 'Institutional constraints and entrepreneurial responses in a transforming economy', *International Small Business Journal*, 20, 163-184.

Mirchandani, K. (1999), 'Feminist insight on gendered work: New directions in research on women and entrepreneurship', *Gender, Work and Organization*, 6 (4), 224-235.

North, D. C. (1990) *Institutions, Institutional Change and Economic Performance*, Cambridge: Cambridge University Press.

Ogbor, J. O. (2000), 'Mythicizing and reification in entrepreneurial discourse: Ideology-critique of entrepreneurial studies', *Journal of Management Studies*, 37 (5), 605-636.

Oliver, C. (1991), 'Strategic responses to institutional processes', *Academy of Management Review*, 16 (1), 145-179.

Oughton, E. and Wheelock, J. (1996), 'The household as a focus for research', *Journal of Economic Issues*, 30, 143-159.

Pavlovskaya, M. (2004), 'Other transitions: Multiple economies of Moscow households in the 1990s', *Annals of the Association of American Geographers*, 94 (2), 329-351.

Peng, M. (2000), *Business Strategies in Transition Economies*, Thousand Oaks, CA, London and New Delhi: Sage.

Rehn, A. and Taalas, S. (2004), ' "Znakomstva i svyazi" (acquaintances and connections) -blat, the Soviet Union and mundane entrepreneurship', *Entrepreneurship & Regional Development*, 16 (3), 235-250.

Roberts, K. and Tholen, J. (1999), 'Junge Unternehmer in den neuen Marktgesellschaften Mittel-und Osteuropas', in D. Bögenhold (ed), *Unternehmensgründungen und Dezentralität-Eine Renaissance der beruflichen Selbständigkeit?* Opladen: Westdeutscher Verlag, 257-278.

Smallbone, D. and Welter, F. (2001), 'The distinctiveness of entrepreneurship in transition economies', *Small Business Economics*, 16 (4), 249-262.

Smith, A. (2002), 'Culture/economy and spaces of economic practice: Positioning households in post-communism', *Transactions of the Institute of*

British Geographer, New Series 27, 232-250.

Welter, F. and Smallbone, D. (2008), 'Women's entrepreneurship from an institutional perspective: The case of Uzbekistan', *International Entrepreneurship and Management Journal*, 4, 505-520.

Werner, C. (2004), 'Women, marriage, and the nation-state: The rise of nonconsensual bride kidnapping in post-Soviet Kazakhstan', in P. Jones Luong (ed), *The Transformation of Central Asia: States and Societies from Soviet Rule to Independence*, Ithaca, NY, and London: Cornell Press, 59-89.

Zhurzhenko, T. (1999), 'Gender and identity formation in post-Socialist Ukraine: the case of women in the shuttle business', in R. Bridgman, S. Cole and H. Howard-Bobiwash (ed), *Feminist Fields: Ethnographic Insights*, Ontario: Broadview Press, 243-263.

Zhurzhenko, T. (2001), 'Free market ideology and new women's identities in postsocialist Ukraine', *The European Journal of Womens Studies*, 8 (1), 29-49.

Zhurzhenko, T. (2004), 'Strong women, weak state: Family politics and nation building in post-Soviet Ukraine', in K. Kuehnast and C. Nechemias (ed), *Post-Soviet Women Encountering Transition: Nation Building, Economic Survival and Civic Activism*, Washington, DC: Johns Hopkins University Press, 23-43.

Zukin, S. and DiMaggio, P. (1990), 'Introduction', in S. Zukin and P. DiMaggio (ed), *Structures of Capital: The Social Organization of the Economy*, Cambridge: Cambridge University Press, 1-36.

第七章

女性之间的授权：约旦的女性企业家和家庭生产者

Haya Al-Dajani, Sara Carter

引　言

尽管中东阿拉伯地区的男女社会地位不平等问题已有广泛的记录（Moghadam，2004），但男女在参与经济活动中的不平等及相关后果却没有得到重视（Al-Dajani，2010；Metcalfe，2007），这在一定程度上是由于缺乏有关女性参与经济活动的可用数据，尽管各大国际机构已作出了一系列努力来解决这一问题（CAWTAR，2007；UNDP，2006；World Bank，2007）。根据联合国发布的数据，女性对经济活动的参与在中东阿拉伯地区越来越重要，在 1990 年至 2003 年间，该地区女性的经济活动参与度上升了 19%，而同时期全球平均仅上升了 3%（UNDP，2006）。但是阿拉伯地区女性的经济活动参与度仍然处于世界最低水平（UNDP，2006）。2005 年，在这一地区平均仅有 33.3% 的 15 岁以上女性被认为参与了经济活动，而世界平均水平为 55.6%，而且阿拉伯地区女性经济活动参与度与男性经济活动参与度的比值也处于世界最低水平（UNDP，2006）。

尽管在过去 15 年里中东地区女性经济活动参与度的提升

令人欣慰，并且她们所取得的成就对改变地区的政治经济和社会人口结构有很大的帮助，然而巨大的挑战仍然存在。例如，尽管这一地区女性在家工作的情况已经有了很好的发展势头，但这在很大程度上仍被忽视（Tomei，2000）。就这一点而言，约旦女性个体生产者——她们通常在家从事传统的刺绣工作——仍然不为人们所注意。这种情况与其他地区的发展中国家类似（Maskiell，2004；Wilkinson Weber，2004），这可能是由于人们对什么是在家工作（home-based work）缺乏理解从而造成了一些混淆（Al-Dajani，2010）。人们所理解的在家工作的独特性在于其流动性、灵活性以及对经济形势和趋势的积极反应方面（Tomei，2000），然而，人们对于在家工作是加剧还是减轻了女性贫困仍是有争议的。

贫困风险理论（Chen 等，2005）认为从事正规雇佣工作的个人贫困风险最低，而干外包活儿的员工贫困风险最高。根据这一理论，在非正规工作部门中从事在家工作的女性面临严重的贫困危机。尽管对于从事这类工作的女性数量的区域数据十分稀缺，UNIFEM（2004）的一项调查仍表明，大多数就业女性的工作按照 Chen 等（2005）所定义的类别可以被归属为“非正式自主创业：自负盈亏”与“非正式雇佣工作和家务劳动”。国际机构解释道，由于武装冲突导致区域内部人口迁移和单身女性户主家庭的出现，并伴随着不断上升的失业率，以及燃料、水、电、住房和主食等基本生活必需品价格的飙升，导致了在家工作的女性个体生产者人数上升（Fanek，2005；UNIFEM，2004）。

尽管在家工作的女性个体生产者数量有所增加，但很少有研究探索她们的特殊经历。事实上，女权主义领域的文献认为研究人员和政策制定者都忽视了女性在家庭中的经历（Walker和Webster，2004），这就导致了某些研究者所称的对女性及其工作的忽视（Mosedale，2005；WIEGO，2003）和这样一种观念，即解释女性工作的相关理论往往局限于用男性的经验和视角来解释女性日常生活这一框架（Snyder，1995）。为了回应这些问题，有研究者呼吁仅从关注女性在家中的经历出发，以女性的角度进行研究（Chen 等，2005；Greer 和 Greene，2003；ILO，2002；Walker 和 Webster，2004）。

在发达国家中，女性所拥有的中小型企业的数量有所增长，同时对这一现象的研究也有所增加（Cater 和 Shaw，2006；Chen 等，2005）。尽管人们广泛承认女性所拥有的中小型企业对当地经济作出了重大贡献（Allen 等，2007），但到目前为止，她们作为女性授权和发展潜在催化剂的作用还没有被研究人员、国际捐助者或政策制定者认可（Heyzer，2006）。当然，在发展中国家，女性所拥有的中小型企业及其与女性家庭生产者之间的相互关系仍然是被忽视的（Premchander，2003）。Cohen 和 Musson（2000）认为从基层开始研究女性所拥有的中小型企业的运作方式至关重要，而非从政策制定者的角度来看待这一问题，这一观点也得到 Kantor（2005）和 Chen 等（2005）等研究者的支持。

为了加强基层的视角并坚持女权主义的研究方法原则，研究必须将授权作为重点。根据 20 世纪 90 年代初的定义（Wallerstein，1992），授权主要涉及的是受压迫者获得被认可并被视为一个独立实体的权力（McNay，2000）。Al-Dajani

（2007：20）将女性授权定义为“持续不断地增强掌控选择、决策和行动能力的过程”。这一定义重申了个人在促进其团体积极变化和进步中的重要角色（Mosedale，2005），并且这一定义主要是基于 Longwe 和 Clarke（1994）的权威授权周期理论（见图 7.1）。这个周期包含 5 个渐进的阶段：福利、获取、意识觉醒、参与和控制。这种周期理论认为，在福利水平上，女性和男性的资源得不到同等的承认和满足；在获取水平上，女性需要认识到这种不平等，并通过采取行动来获取资源以对抗这种不平等；在意识觉醒水平上，也就是本章所述的“具体化”，女性认识到她们在获取资源方面的不平等及其普遍的从属地位是社会所构建的理念和现象；因此，在参与水平上，女性采取行动并参与其家庭、社区和社会的决策过程；最后，在控制水平上，女性增加参与是为了进一步加强对资源获取和利益分配的控制。这种控制增加了女性在其家庭、社区以及更大范围的社会中的权力和自尊。被授权的个人将会在自信、主见、动力、雄心和坚韧的意志方面有所提升，以确保她们在福利需求和资源获取方面获得认可和满足。

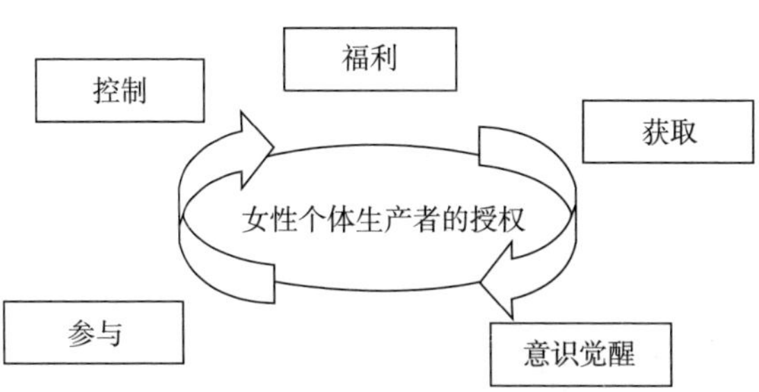

图 7.1　女性授权周期

资料来源：Longwe 和 Clarke（1994：178）。

这个周期展示了女性授权的过程，即增长和发展的模式是连续的（Mosedale，2005），并且说明女性授权不仅是实现控制，而且是超越并使用这种控制来增加福利和获取资源。

本章的研究以约旦在家工作的女性刺绣工为例。传统上，刺绣作为一种阿拉伯世界的手工艺产业必然是与女性角色联系在一起的。女性在家中从事这种手工艺，并通过女性企业家所拥有的小型零售商店出售她们的作品（UNIFEM，2004）。在家工作的女性刺绣工和女性所拥有的中小型企业之间的这种相互关系也是除刺绣以外的其他女性家庭手工艺者与其各自的生意伙伴之间进行交换的一种典型关系。尽管在家工作的女性刺绣工和男性所拥有的中小型企业之间也存在这种相互关系，但为了确保本研究更集中于对女性的关注，对男性的关注被排除在研究之外。

在很大程度上，政策制定者已经接受了这样一种观点，即如果希望向高度贫困的女性授权，那么最好通过女性领导的非营利慈善组织来实现，然而本研究挑战了这种假设。通过关注两组女性企业家，即在家工作的个体生产者和委托刺绣工作的女性企业家，以及这二者之间的相互关系，本研究打破了人们对这一地区女性创业经验的传统认知。

研究方法

Adrienne Rich 说过：“当那些有权去命名并建构社会现实的人选择不去看你或听你说话的时候……这是一个精神不平衡的时刻，就像你看向镜子却什么也看不见一样”（Rich，1980：

640）。为了研究这个问题，女权主义学者们采用了其他的社会调查方法。由于本研究所关注的是女性在其私人（在家工作的女性生产者）和公众（女性所拥有的中小型企业）领域的经历，所以采用女权主义的研究方法是最为合适的。女权主义研究方法的五个主要原则是：将性别作为所有社会生活的基本组成部分持续关注；唤醒意识；挑战社会研究中的客观性规范；认识到对所研究女性的剥削；通过研究强调女性的授权。由于授权被定义为一个过程而不是一个目标，而纵向的研究方法最适合去探索这种现象，因此，本研究采用了女权主义纵向研究方法。

在预实验阶段之后，本次纵向研究在约旦安曼市进行了三个阶段的数据收集工作，采取的方式为半结构式的个人深度访谈。这种方式主要有三个优点：第一，女性授权是一个持续的过程，因此采用纵向的方法是最为恰当的；第二，定性的研究方法非常适合探索性研究（Miles 和 Huberman，1994）；第三，阿拉伯文化不仅具有隐私性，而且是口头化的，相比于完成一份调查问卷，当地人更喜欢采用交谈的方式（Jabre 等，1997），因此，在数据收集的所有三个阶段都进行半结构式访谈是一种符合实际的选择，之前在对不同文化背景下女性授权相关问题的研究中采取半结构式访谈已经十分成功（例如 Jabre 等，1997）。

本研究采用了理论驱动的多案例抽样框架，因为我们对研究对象的选择是“由一个概念化的问题驱动的，而不是出于对样本代表性的考虑”（Miles 和 Huberman，1994：29）。因此，本研究主要关注的问题是对个人授权过程的理解，而非关注授权是否普遍化的问题。该样本由4名女性企业家和20名女性家庭生产者所组成，每一个女性企业家所拥有的中小型企业都由上述20名女性家庭生产者中的5名作为供应商。

女性企业家

为了确保样本之间的可比性，我们挑选4名女性企业家作为样本，选取的标准是：她们拥有并管理着分包给女性家庭生产者的企业。此外，每一家企业都集中于出售传统的巴勒斯坦刺绣品，分包的女性家庭生产者都来自安曼市东部郊区，并且已经至少经营3年。每一家企业都是在约旦的安曼设立并经营的，尽管这并不排除它有国外的商业伙伴或代理商。分包的女性家庭刺绣工从女性所拥有的中小型企业那里得到所需的材料，但在家里进行所有必要的工作。

这4名女性企业家是在安曼专门从事巴勒斯坦式刺绣工作且拥有中小型企业的女性的典型代表，表7.1强调了一些与这几位女性企业家有关的指标。企业1成立于1977年，代表该市场中的一个专营领域，在那里刺绣服装被认为是设计师的艺术作品，由于其位置一直是业主家的一楼，因此是十分便利的。企业2成立于1975年，是安曼传统刺绣行业中的典型代表，其客户主要是游客和富有的约旦人。成立于1994年的企业3和成立于1993年企业4，都是由最开始参加培训并在当地女性领导的非营利组织中担任项目经理的女性企业家所拥有和经营管理的，这两家公司都开在自己家中，并为酒店、餐馆和国家航空公司等批发客户提供服务。这两家公司都是约旦及更广泛的中东地区竞争激烈的传统刺绣批发市场中的典型代表，不过它们也都在家中为个人客户设立了展示厅。他们的客户包括安曼的中产阶级和富裕阶层、约旦侨民以及旅居安曼的外国居民。表 7.1 显示企业 1、3、4 分包了 6 到 15 名女性家庭刺绣工，而企业 2 则分包了 60 名女性家庭刺绣工，这说明了女性企业家在提高女性家庭生产者认知度方面所具有的潜在外联能力，而这一群体往往为中东地区的政策制定者所忽视。

表 7.1　女性企业家的特征

中小企业	建立年份	所有者/管理者	年龄	教育水平	家庭刺绣工总人数
企业 1	1977	企业 1 的管理者	47	大学	6
企业 2	1975	企业 2 的管理者	68	大学	60
企业 3	1994	企业 3 的管理者	33	大学	15
企业 4	1993	企业 4 的管理者	39	大学	10

家庭生产者

为了确保家庭生产者的样本具有可比性，本研究在确定参与这项研究的 20 名女性家庭生产者的标准时是比较严格的。第一，生产者必须是巴勒斯坦出身的刺绣工并拥有“1967 难民”的身份，这种身份给她们带来了这一群体所特有的特权和艰难困苦。第二，这些居住在东安曼地区的女性家庭刺绣工主要是原巴勒斯坦难民，她们移居至此，构成了所抽取的女性刺绣工样本来源的总体。第三，女性家庭刺绣工必须是年龄在16岁到60岁之间的已婚女性。[①] 这样才能从性别的角度对授权过程进行检验，因为大多数参与者都可能有需要抚养的子女和仍在从事经济活动的丈夫，因此，她们可能承担工作和家庭的双重负担。第四，女性家庭刺绣工为其中一家参与研究的企业供货，制定这一标准的目的是研究女性生产者与其各自的组织管理人员之间的关系。第五，家庭女性刺绣工在家中进行有偿工作，这仍然是发展中国家女性刺绣生产的典型做法，因为现有的文化规范使女性不能参加超出其家庭以外的有偿工作。

尽管在家工作的优点和缺点仍在争论中，但发展中国家的女性还是倾向于选择这种工作方式而不是在家庭以外的地方从事全职工作（Tomei，2000）。表7.2突出了一些关于参与研究的女性家庭刺绣工的指标，其中包括她们的平均年龄（35岁）和受教育水平。每个参与者平均有4个孩子，这反映了整个中东地区的平均家庭规模（UNDP，2006），同时，没有参与者处于离婚状态，这表明这个地区记录的离婚率非常低（UNDP，2004）。从企业的角度来看，大多数参与者都与多家客户打交道，她们从事家庭刺绣生产平均有17.4年。她们与现有企业分包合约的时间平均为8.6年，说明了中小企业所有者与女性家庭生产者之间的忠诚和长期承诺的程度。当一个家庭生产者对应一个承包商时其平均月收入为154.6美元，但由于表7.2中并没有显示家庭生产者从其他客户那里获得的收入，

① 虽然有16岁以下的女孩在家工作（特别是在学校假期期间），但她们被排除在研究之外，因为她们的就业和婚姻在约旦被认为是非法的（UNIFEM，2004）。

因此无法推断拥有多名客户的家庭生产者的收入情况。

表 7.2　女性家庭生产者的指标

中小企业	年龄	教育水平	小孩数量	月均收入（美元）	作为家庭刺绣工年数	分包业务年数	多个客户
企业 1.1	47	小学	5	420	30	25	否
企业 1.2	26	中学	3	112	6	4	否
企业 1.3	31	中学	4	182	10	10	否
企业 1.4	28	中学	4	266	7	2	否
企业 1.5	29	中学	3	350	11	8	否
企业 2.1	45	中学	3	140	25	15	是
企业 2.2	41	大学	4	182	23	15	否
企业 2.3	49	中学	5	154	30	10	是
企业 2.4	37	中学	3	175	20	12	是
企业 2.5	36	中学	3	227	18	16	是
企业 3.1	43	小学	1	112	27	6	否
企业 3.2	48	小学	6	98	32	6	否
企业 3.3	47	小学	5	92	32	6	是
企业 3.4	28	小学	6	87	14	6	是
企业 3.5	24	小学	3	88	10	6	是
企业 4.1	27	中学	4	73	6	5	是
企业 4.2	39	小学	6	102	18	7	是
企业 4.3	38	小学	5	98	18	7	是
企业 4.4	23	中学	2	56	4	2	是
企业 4.5	25	中学	3	78	7	4	是
均值	35.5	中学	4	154.6	17.4	8.6	是

样本被分为4个具有可比性的案例（Miles和Huberman，1994），每个案例都由一个女性所拥有的中小企业及其各自的家庭刺绣工所组成。本研究将利用4个可比较案例来进行跨案例分析（Abbott，1992；Ragin，1987），从而探索女性授权过程和最佳实践。在这种分析方法下，我们采用了变量导向分析。从4个比较案例的数据中我们确定了授权过程的类别，它们分别是中小企业管理方法、认识及具体化方案、报酬和福利、市场准入以及创意控制。为了分析每个授权过程的优点和缺点，Miles和Huberman（1994）开发了一个对照表，每个案例中的参与者对6个授权过程类别进行高、低或负授权的评级。为了确定女性授权的最佳实践，内容分析摘要表（Miles和Huberman，1994）被用于探索女性授权的6种结果受到6类女性授权过程的影响的程度。根据Al-Dajani（2007）的研究，女性授权的6种结果分别是责任与义务、做决定与做选择、领导力、减轻贫困、自我认同和经济独立。此外，一份对照表概括了4个比较案例6种授权过程对授权的结果产生积极或消极影响的不同程度。

研究区域

本研究是在约旦的安曼市进行的，在这里，巴勒斯坦女性难民的情况也反映了其他阿拉伯国家的情况（UNIFEM，2004）。与其他发展中国家一样，约旦已根据国际货币基金组织的要求，实施了结构调整方案以适应新的政策议程（The New Policy Agenda）（Fanek，2005），这些方案直接对每一个国家中最贫穷的社区带来影响（Moghadam，1998）。与中东其他地区一样，约旦的非正式工作部门中在家进行的工作往往与低生产效率的活动相关，主要由过度剥削和贫穷背景下的无组织的劳动组成（Chen 等，2005）。在这里，女性由于经济需要、家庭需求以及缺乏正规部门就业所需的教育和培训而选择在家工作，工作所需的技能通过非正式教育或者由母亲传给女儿的方式获得。然而，在家工作正日益被阿拉伯中东地区的中产阶级追捧，并且正不断吸收具有相当议价能力的合格劳动力（Tomei，2000）。Al-Dajani（2007）发现在安曼的正式和非正式工作部门中，大多数在家工作的人都是女性，通常还需要由其他女性家庭成员或朋友协作。正式的工作部门中，出于独立性、家庭需求、社会压力和雇佣工作中的性别歧视等原因，一些专业且具备资格的女性转向了以家庭为基础的企业。

授权过程和最佳实践

从事刺绣产品的生产在家庭刺绣工所在的社区颇受欢迎，传统刺绣让巴勒斯坦人引以为豪，是她们对自我身份的一种认同，同时也被大多数参与者认为是一种授权的方式，特别是因为该工作可以在家完成。对于大多数生产者来说，在家工作是她们唯一的就业方式，从而也是其唯一的收入来源。

非正式工作部门中的在家工作已成为发展中国家女性群体中的一个重要趋势（ILO，2002a），尽管政策制定者往往忽视其规模的扩大和工作条件，从而对此缺乏关注和监管（ILO，2002b）。然而随着在家工作的趋势在正式工作部门中大幅增加，这将不再可能。例如，所有参与本研究的女性企业家都是在正式工作部门中经营以家庭为基础的企业，这些企业都在约旦贸易和工业部进行了登记。她们在经营上的成功很大程度上取决于其所处的社会政治环境以及在家中提供产品的刺绣工。企业所有者/管理者与家庭刺绣工之间的这种相互依赖形成了一种被认为是高度授权的独特的关系。

在本研究中，我们发现了女性所拥有的中小企业所采用的五种授权过程，我们从家庭生产者的角度对这五个过程按重要性进行排序（从最重要的到最不重要的），并说明它们在多大程度上可以被视为“最佳实践”：市场准入；对产品的创意控制；女性对其中小企业的管理方法；报酬和福利；认知及具体化方案。

市场准入

市场准入指的是家庭生产者被她们的客户（女性中小企业所有者）控制的程度，以及生产者是否能够直接接触其所供应的女性所拥有的中小企业以外的客户，拥有这样的进入权被家庭刺绣工认为是最具授权意味的过程。有趣的是，只有一名女性中小企业管理者（企业 1）控制了家庭刺绣工服务客户的数量，也就是控制了她们的市场准入。这种自由化的做法也许是由于女性企业家本身往往也是在正式工作部门中经营家庭企业，这一特点为女性中小企业所有者提供了对现有市场及其运作环境的一种现实的认识。她们意识到将刺绣分包给家庭刺绣工是不规律的和季节性的，收入是不一定的，市场准入有助于解决这一问题，因为家庭刺绣工可以获得额外的分包工作。

另一方面，那些仅供应一家中小企业的家庭刺绣工认为市场准入对女性授权有负面影响。然而，随着该地区内部持续地发展和变化，在第三阶段的数据收集过程中，市场准入已经被大多数参与者认为是必要的，在这一阶段，参与者报告了越来越多的家庭刺绣工转而选择相较于分包的家庭刺绣工作更具财务安全的家庭以外的全职工作。

考虑到最佳实践，市场准入在很大程度上被参与者认为是积极影响所有 6 种授权结果的过程，因此市场准入被认为是女性授权的最佳实践。

创意控制

虽然大部分家庭刺绣工和所有中小企业的所有者/管理者都认同为家庭刺绣工提供“创意控制”是一种有效的授权过程，但中小企业的所有者/管理者没有采取任何行动来突出这一点。从家庭刺绣工的角度来看，限制她们对刺绣作品的控制削弱了她们的创造力、活力和兴趣。此外，中小企业的所有者/管理者表示对生产者进行创意控制有助于达成生产的一致性、质量的标准化以及秩序的稳定。但对创意手艺的这种有限控制导致了家庭刺绣工们的沮丧情绪，她们认为对自己创作产出的控制将会给她们带来很大的授权，而遵守规定和指示则会让人产生一种冷漠的感觉。大多数参与者认为创意控制是一种非常好的实践，她们认为它正向地影响了女性授权的所有结果，但是大多数参与访问的所有者/管理者既不实践也不鼓励。

女性企业家的管理方法

女性企业家所采取的管理方法被大多数家庭刺绣工视为一种授权，她们认为在女性所拥有的中小企业中所采取的管理方法的特点是尊重和赞赏，而不是剥削。家庭刺绣工通常会将所有者/管理者视为榜样，并在与刺绣无关的日常生活中寻求她们的建议和指导。作为一种最佳实践，中小企业的管理方法通常被认为对除自我认同外的所有授权结果都作出积极贡献，只有企业 1 和企业 3 的家庭刺绣工认为中小企业的管理方法对她们的自我认同也有积极的影响。企业 1 中的家庭刺绣工没有与多家客户形成合作关系，而在企业 3 中，家庭刺绣工从一开始就参与了企业的建立，并形成了一种对企业的共同所有权意识。企业 3 所分包的大部分家庭刺绣工都能直接接触到企业的买家与客户。

报酬和福利

工资和奖金等经济报酬被认为是权力赋予，因为它们有助于减轻家庭的财务负担。报酬和福利主要是财务性回报，不包括一些特定的服务，除了企业 1 的分包合同中包含交通和膳食补贴。家庭刺绣工经常把她们的报酬和福利与那些向女性领导的非营利组织供货的同伴们进行比较，这些女性领导的非营利组织为当地提供服务，包括托儿所、认知提升项目和医疗设施。然而，她们普遍认同女性所拥有的中小企业提供的物质回报要比女性所领导的非营利组织高得多，而且与后者的关系具有以下几个特点：长期的保障，同时提供一定的灵活性、社交关系和有可能带来额外收入的市场准入。此外，企业 1 和企业 2 还在高峰时期为家庭刺绣工提供额外津贴。所有的中小企业所有者/管理者都在斋月（伊斯兰斋月）期间为各自的家庭刺绣工提供了额外的财务津贴。不同种类的报酬和福利也被认为是对所有 6 种授权结果都有正向的影响，因此报酬和福利也被认为是对女性授权的最佳实践之一。

认知及具体化方案

人们认为透过女性所拥有的中小企业为家庭刺绣工提供认识及具体化方案可以为她们授权，尤其是对于年龄超过 40 岁和只受过小学教育的家庭刺绣工而言。然而，只有企业 3 和企业 4 提供了这样的计划，而这有可能是由于这两位企业家之前有在非营利部门工作的经验。例如，企业 3 的女性企业家引入了一种新的方法，她将家庭刺绣工、客户和管理者召集到一起，让她们自愿参加每个月举行的展示。她收集了一系列客户和家庭刺绣工感兴趣的话题，安排每个月一次的咖啡晨会，并由专业人士来分析这些话题，大部分家庭刺绣工和客户都定期参加。家庭刺绣工出席晨会的动机主要有两个：一是满足社交需求，因为她们在这里可以自由地会见客户；二是出于个人空间，因为她们在这里可以不依靠丈夫和孩子，独自离开所在社区。而对于客户来说，她们参与的动机是在活动中购买商品会有15%的折扣，另外也是为了满足聚会的社交需求。从最佳实践的角度来看，来自企业3和企业4的家庭刺绣工普遍感觉认知及具体化方案会对自我认同、做决定及做选择、责任和义务等授权结果有正向影响。然而，认知及具体化方案也被认为会对领导力、减轻贫困以及经济独立有负面影响。

授权框架应用

本研究所得出的女性授权的最佳做法，考虑到了五阶段授权周期的实践过程，从而改进了现有的授权框架，如Longwe和Clarke（1994）的授权周期模型。尽管Longwe和Clarke（1994）的模型定义了授权周期的各个阶段，但它并没有讨论如何在现实中进行实践，本研究中概述的最佳实践表明女性企业家通过这些做法为家庭女性生产者的授权作出了贡献。例如在表7.3中，家庭生产者认为最重要的市场准入可以影响到Longwe和Clarke（1994）的授权周期模型中的“获取”和“参与”阶段，并且市场准入所带来的社交网络为满足其他福利需求创造了途径。同样，女性进入市场使她们能持续参与社区活动，从而提高她们对社会政治和经济环境的认识。另一个最佳实践是对创意的控制，这将影响Longwe和Clarke（1994）的授权周期模型中的意识觉醒和控制阶段。家庭生产者意识到她们的创意受到限制，这是一个很重要的问题，反映了她们被控制的感受，这种控制感可以超越日常生活的其他方面。管理方法的最佳实践可能会对获取、意识觉醒和参与阶段产生影响，其影响体现在为家庭生产者提供市场准入和一些在当地社区中无法获得的机会，以及更多地参与到日益扩大的社会化和专业化的社交网络中。在福利阶段，报酬和福利也可能影响到获取、参与和控制阶段（Longwe 和 Clarke，1994）。最后，在认识及具体化方案上的实践使家庭生产者增长了知识，增加了对以前不能利用的服务的接触途径，并加强了对家庭环境以外的地方社区的参与。总的说来，这种方法识别出了通过雇主、承包商和在当地社区内运作的其他社会组织所提供的支持机制能够实现集体授权的程度。

表 7.3 最佳实践与 Longwe 和 Clarke（1994）的授权周期模型

授权周期的阶段	福利	获取	意识觉醒	参与	控制
最佳实践	报酬和福利	市场准入	创意控制	市场准入	创意控制
		管理方法	管理方法	管理方法	报酬和福利
		报酬和福利	意识和启蒙	报酬和福利	
		意识和启蒙		意识和启蒙	

结　论

本章确定了女性企业家增强女性家庭生产者权益的过程，并考虑了增强女性权益的最佳实践。由于家庭生产在中东女性中重新受到欢迎，加上最近在该区域内出现的性别隔离的市场现象，研究人员和政策制定者需要重视它在非正式工作部门之外的经济意义及其对女性授权的直接影响。

本章所谈论的经验展现了女性所拥有的中小企业对家庭生产者的授权起到的作用。在中东地区，在为家庭生产者提供市场准入、大幅高于其他行业的财务回报和福利、榜样作用、超越本地社区的独立性和流动性方面，女性企业家都展现出了比非营利组织、援助机构和当地的政策决策者对女性家庭生产者更深的理解。然而，她们的行动挑战了国际捐助者和地方政策制定者的发展议程，他们希望看到更多的女性在家庭之外就业（ILO，2005）。

虽然家庭刺绣工由于机会、资源和支持等方面的限制，可能永远无法在正式工作部门中取得进展，但她们在非正式工作部门中的工作是有秩序和受控制的。家庭刺绣工的社交网络已经建立并且运作良好，在必要的时候，她们会分享客户和工作量，互相帮助，比如照顾孩子，还会一起游说去影响工资。在这些社区中，女性组织是必要的，因为男性平均每天工作 12 个小时（包括非正式工作部门）。这些例子表明了家庭刺绣工在当地社区中活跃参与的程度，以及她们可以在这些社区中获得影响力的程度。

由于家庭生产在中东女性中重新受到欢迎，研究人员和政策制定者需要重视它在非正式工作部门之外对当地和国家经济的意义及其对女性授权的直接影响，特别是鉴于最近在该区域内出现了性别隔离的市场现象。在中东地区，女性家庭生产者与女性企业家之间的关系就是一个性别隔离市场的例子，以家庭为基础的生产者和小企业构成的整个网络完全由女性经营。

在阿拉伯中东地区经常出现性别隔离的社区内，女性企业家们正在蓬勃发展，女性美发师、摄影师、餐饮服务商、音乐家和演艺人员只为女性提供服务的现象越来越普遍。同样，女性专用诊所、健身房、水疗中心和游泳池也被证明是在整个地区都很成功的企业。女子学院和大学也是如此，数十年来，性别隔离的学校一直是这个地区的特色。此外，女性专用医院、银行分支机构（例如，花旗银行的子公司沙美银行、汇丰银行的子公司沙地英国银行）、购物中心和餐馆都在增加，尤其是在沙特阿拉伯和沙迦（Al-Dajani，2007）。所有这些企业都只雇用女性且只为女性服务，但这一趋势是否确实导致了阿拉伯中东地区女性经济参与程度提升 19%（UNDP，2006）还有待确定。虽然人们一致认为性别隔离可能是男女在其技能或偏好的基础上自由作出选择的结果，但也可能是由于机会受到限制（World Bank，2004）。许多国际机构都认为性别隔离在经济上是低效的，会导致女性的低劳动参与率（ILO，2005），并且人为限制了可用人才的数量。Chang（2000）声称基于性别的职业隔离使收入存在性别差距，限制了女性就业和职业发展的机会，降低了女性在工作中获得自主权的可能性。然而，本研究的结果表明职业性别隔离可能无意中导致赋予女性权力。

最后，关于女性创业和经营企业经历的研究表明，尽管她们的动机与男性企业家非常相似，但她们所面临的许多障碍和约束都是与性别相关的（Carter，2000）。Lerner 等（1997）声称社会文化差异对女性企业家的影响超过了这种相似性，他们认为这些差异在解释女性所拥有企业的业绩的理论中没有被考虑进来。“现有理论在非经合组织国家范围内发挥的作用越来越重要，因为这些国家的女性在世界范围内激进的地缘政治和经济变化的影响下，在企业创造和经济发展中发挥了更大的作用”（Lerner 等，1997：315）。在这方面，进一步研究阿拉伯中东地区女性拥有的企业的经验将有助于确认文献中的差距。

未来的研究

我们在这里提出一些未来的研究方向。首先，现有的理论框架并没有包含为女性授权经历的全部，也不适用于流离失所或流亡的经历，尽管这是发展中国家女性的普遍经历。而且目前的框架并没有关注女性在建立和经营家庭企业方面授权的潜力。未来的理论研究方向可以将诸如流离失所的、流亡的企业家和以家庭为基础的企业等主题纳入女性授权的框架。

在讨论巴勒斯坦女性企业家方面，自 1948 年以来，在中东其他城市流离失所的巴勒斯坦人继续面临与安曼类似的情况。在这些流离失所的人口中，有相当一部分人严重依赖于非正式工作部门的收入。在这些社区中，社交网络是一种主要的生存工具，特别是由于女性家庭生产者从事各种各样的经济活动，包括餐饮和缝纫。对此，我们还可以进一步分析非正式网络和组织对家庭生产者授权的影响，这样的分析有助于找到这些社区的创业的潜在前景和战略。到目前为止，还没有针对来自这些社区的女性企业家的研究。未来的研究可以应用于各个行业领域，以了解流亡的巴勒斯坦女性的创业经验，从而弥补我们对其对东道国经济贡献的理解上的不足。更进一步的，今后的研究还可扩展到在阿拉伯中东地区或其他地区开展工作的伊拉克和黎巴嫩流亡女性企业家。对阿拉伯女性企业家在本社区以外经营活动的详细描述可能对阿拉伯中东区域产生重大的政策影响。

在授权过程方面，产品创意控制和市场准入被家庭刺绣工认为是高度授权的，这为我们提供了未来的研究方向，具有重要的理论和实践意义，尤其是考虑到女性企业家并不鼓励创意控制，同时那些女性家庭企业所处的保守社区往往也不推崇市场准入。探索创意控制和市场准入对不同行业中女性经营家庭企业的影响，将有助于我们理解巴勒斯坦流亡社区中女性的社会角色在多大程度上反映了该地区其他的阿拉伯女性创业活动。

这些潜在的研究方向具有直接的现实意义，因为它们是基于女性授权、政策含义和社会-政治认同的理论发展而提出的。尽管政策制定者知道女性企业家正在中东迅速扩张，但家庭企业的作用仍然被忽略和忽视。为了理解中东地区的女性创业，对这一领域的进一步研究至关重要。

参考文献

Abbott, A. (1992), 'What do cases do? Some notes on activity in sociological analysis', in C. Ragin and H. Becker (ed), *What Is a Case? Exploring the Foundations of Social Inquiry*, New York: Cambridge University Press.

Al-Dajani, H. (2007), 'Women's empowerment: A comparison between non-profit and for-profit approaches in empowering home based women producers', unpublished PhD Thesis, University of Strathclyde.

Al-Dajani, H. (2010), 'Diversity and inequality among women in employment in the Arab Middle East region: A new research agenda', in M. Özbilgin and J. Syed (ed), *Managing Gender Diversity in Asia*, Cheltenham UK and Northampton, MA, USA: Edward Elgar, Chapter 2.

Allen, E., Elam, A., Langowitz, N. and Dean, M. (2007), *Global Entrepreneurship Monitor: 2007 Report on Women and Entrepreneurship*, Wellesley, MA: Babson College.

Carter, S. (2000), 'Gender and enterprise', in S. Carter and D., Evans-Jones (ed), *Enterprise and Small Business: Principles, Practice and Policy*, London: Prentice Hall.

Carter, S. and Shaw, E. (2006), 'Women's business ownership: Recent research and policy developments', DTI Small Business Service Research Report, November.

Centre of Arab Women for Training and Research (CAWTAR) (2007), *Women Entrepreneurs in the Middle East and North Africa: Characteristics, Contributions and Challenges*, Tunis: The Centre of Arab Women for Training and Research.

Chang, M. L. (2000), 'The evolution of sex segregation regimes', *American Journal of Sociology*, 105 (6), 1658-1701.

Chen, M., Lund, F., Heintz, J., Jhabvala, R. and Bonner, C. (2005), *Progress of the World's Women 2005: Women, Work and Poverty*, New York: UNIFEM.

Cohen, L. and Musson, G. (2000), 'Entrepreneurial identities: Reflections from two case studies', *Organization*, 7 (1), 31-49.

Fanek, F. (2005), *How Jordan Earned Foreign Aid*, Amman: Jordan Times.

Greer, M. J. and Greene, P. G. (2003), 'Teminist theory and the study of entrepreneurship', in J. Butler (ed), *New Perspectives on Women Entrepreneurs*, Greenwich, CT: Information Age Publishing.

Heyzer, N. (2006), *Poverty and Women's Work in the Informal Economy*, Washington, DC: World Bank.

International Labour Office (ILO) (2002a), *Women and Men in the Informal Economy: A Statistical Picture*, Geneva: ILO.

International Labour Office (ILO) (2002b), *On Measuring Place of Work*, Geneva: ILO.

International Labour Office (ILO) (2005), *Discrimination at Work in the Middle East and North Africa*, Geneva: International Labour Office.

Jabre, B., Underwood, C. and Goodsmith, L. (1997), *Arab Women Speak Out: Profiles of Self-Empowerment*, Baltimore, MA: Johns Hopkins Centre for Communication Programs.

Kantor, P. (2005), 'Determinants of women's microenterprise success in Ahmedabad, India: empowerment and economics', *Feminist Economics*, 11 (3), 63-83.

Lerner, M., Brush, C. and Hisrich, R. (1997), 'Israeli women entrepreneurs: An examination of factors affecting performance', *Journal of Business Venturing*, 12 (4), 315-339.

Longwe, S. and Clarke, R. (1994), 'Women in development, culture and youth', workshop preparatory readings, 1-3, April-December, Lusaka, Longwe Clarke Associates.

Maskiell, M. (2004), 'Embroidering the past: Phulkari textiles and gendered work as tradition and heritage', in S. Mann's (ed), *Women and Gender Relations: Perspectives on Asia*, Ann Arbor, MI: Association for Asian Studies.

McNay, L. (2000), *Gender and Agency; Reconfiguring the Subject in Feminism and Social Theory*, Cambridge: Polity Press.

Metcalfe, B. D. (2007), 'Gender and human resource management in the Middle East', *International Journal of Human Resource Management*, 18 (1), 54-75.

Miles, M. B. and Huberman A. M. (1994), *Qualitative Data Analysis*, London: Sage.

Moghadam, V. (1998), *Women, Work and Economic Reform in the Middle East and North Africa*, London: Lynne Rienner.

Moghadam, V. (2004), 'Towards gender equality in the Arab Middle East region: Islam, culture and feminist activism', United Nations Development Programme, Human Development Report Office.

Mosedale, S. (2005), 'Assessing women's empowerment: towards a conceptual framework', *Journal of International Development*, 17 (2), 243-257.

Premchander, S. (2003), 'NGOs and local MFIs-how to increase poverty reduction through women's small and micro-enterprise', *Small Business Futures*, 35 (4), 297-421.

Ragin, C. (1987), *The Comparative Method: Moving Beyond Qualitative and Quantitative Strategies*, Berkeley, CA: University of California Press.

Rich, A. (1980), 'Compulsory heterosexuality and lesbian existence', *Signs: Journal of Women in Culture and Society*, 5 (4), 631-660.

Snyder, M. (1995), *Transforming Development: Women, Poverty and Politics*, London: Intermediate Technology Publications.

Tomei, M. (2000), *Home Work in Selected Latin American Countries: A Comparative View*, Geneva: IFP/SED-Job Creation and Enterprise Department, ILO.

United Nations Development Programme (UNDP) (2006), *Arab Human Development Report*, New York: United Nations.

United Nations Development Fund for Women (UNIFEM) (2004), *Progress of Arab Women 2004*, Amman: UNIFEM.

Walker, E. and Webster, B. (2004), 'Gender issues in home-based businesses', *Women in Management Review*, 19 (8), 404-412.

Wallerstein, N. (1992), 'Powerlessness, empowerment, and health: Implications for health promotion programs', *American Journal of Health Promo-*

tion, 6, 197-205.

Wilkinson-Weber, C. (2004), 'Women, work and the imagination of craft in South Asia', *Contemporary South Asia*, 13 (3), 287-307.

Women in Informal Employment Globalizing and Organizing (WIEGO) (2003), 'The informal economy', available at: www.wiego.org/main/factl.shtml (accessed 6 April 2010).

World Bank (2004), *Gender and Development in the Middle East and North Africa: Women in the Public Sphere*, Washington, DC: World Bank.

World Bank (2007), *Environment for Women's Entrepreneurship in the Middle East and North Africa Region*, Washington, DC: World Bank Group.

第八章

探索女性创业的异质性：欧洲和美国家庭结构与家庭政策的影响

Vartuhí Tonoyan，Michelle Budig，Robert Strohmeyer

引　言

最近的研究表明，就职业特征而言，自主创业的女性和男性都代表了一个异质的群体。例如，在美国和南欧，大多数自主创业的女性是服务部门的非熟练工人（Arum，1997；Arum 和 Müller，2004；Budig，2006；McManus，2001）。相比之下，专业人士（女性和男性）和高报酬的自主创业（例如律师、医生、建筑师和工程师）在保守和高度监管的社团主义制福利西欧国家（如德国、奥地利和荷兰）中所占比例最高（Arum 和 Müller，2004；Lohmann，2004）。然而，在研究个体因素对女性决定是否创业的影响时，前人的研究并没有系统地考虑女性自主创业者的异质性。相反，实证研究通常将所有类型的女性自主创业者都放在一起，而没有考虑自主创业是在专业领域还是在非专业/低技能领域。

在此背景下，我们的研究有三个新的贡献。首先，我们探索了预测女性创业的决定因素是否会因她们所进入的职业领域不同而有所不同。我们将创业分解为专业性（高技能的）和非专业性（低技能的和无技能需求的）职业领域。其次，我们重点了解家庭结构（母亲和伴侣的就职状态；参见 Budig，2006）是否会对自主创业女性的资质条件形成差别性的影响。最后，我们分析了 23 个国家不同形式创业的路径，以了解国家特定的制度环境对女性进行高技能的创业和进行低技能的创业的影响。我们特别想研究家庭政策（如公共资助的儿童保育政策、产假长度）如何影响自主创业女性的职业特征。

接下来我们将在理论论证的基础上提出假设，之后对来源于欧洲和美国的数据以及变量、方法和研究发现进行介绍，最后我们将讨论我们的研究结果和存在的局限，并对未来的研究和公共政策提供一些启示。

理论背景和假设

在美国，非专业性工作（与专业性工作相比）更有可能缺乏由雇主赞助的托儿服务、支付太低的工资以至于无法为私人托儿提供资金，以及需要被严格监督并执行不太灵活的时间表。最近的研究表明工资和职业地位较低的工人不太可能获取家庭友好福利（Budig，2006）。此外，从事非专业性工作的女性不太可能控制其工作的节奏和时间，而这些因素与减少工作和家庭冲突有正相关关系（Thomas 和 Ganster，1995）。考虑到这一点，自主创业可能会给从事非专业性工作的工薪阶层女性带来更多的自主权和更大的灵活性以调整工作的时间和地点，过去的研究在一定程度上证实了这一论点（Presser，1995）。有鉴于此，我们认为承担儿童保育责任的母亲身份意味着女性更可能参与非专业性自主创业，而不是专业性自主创业。

然而，自主创业的女性通常是低收入的，并且不能享有带薪休假（Carr，1996），因此，自主创业的女性可能需要其丈夫的收入来提供经济上的安全缓冲。如果是这样的话，结婚或同居会对女性进行自主创业产生积极的影响，而对于从事低薪的非专业性工作的自主创业女性来说，这种影响效果应该更强。另外，如果女性有可能加入其伴侣的生意，那么婚姻/同居也可能会对女性的自主创业产生积极影响。最近的一项研究发现，拥有一个自主创业的丈夫会极大地增加女性参与自主创业的可能性（参见 Arum 和 Müller，2004；Budig，2006；Firkin 等，2003；Greene，2000；Taniguchi，2002）。一位女性似乎更有可能加入她丈夫自主创业的活动并支持丈夫的事业，而不是她自己的。因此，我们认为拥有一个自主创业的配偶将会极大地影响到非专业性自主创业的可能性。然而，并不是所有的女性都是为了平衡工作和家庭需求而选择自主创业的，单身和无子女的女性可能并不面临工作和家庭冲突，但仍然会有一些女性通过自主创业来赚更多的钱、发展和提升其职业和/或社会-经济地位（Budig，2006）。由于专业性工作往往具有良好的工作特征，所以在雇佣工作和自主创业专业性工作之间选择的话，工人可能更多地受到自主创业专业性工作吸引力的“拉”，而不是由于雇佣工作专业性工作缺乏吸引力的“推”。在成为专业性自主创业者之前，第二组工人应该更有可能成为专业人员而不是非专业人员，她们应该更有可能是从雇佣工作而非离开劳动力市场后向自主创业转变（Budig，2006）。从这些论证中，我们得出了前两个假设：

假设 1a：母亲角色会积极影响女性进入非专业性自主创业（而不是专业性自主创业）以将其作为照顾孩子和工作的解决方案。

假设 1b：伴侣的就职状态（例如，自主创业）是女性进行非专业性自主创业（而不是专业性自主创业）的预测指标。

女性创业的制度环境

关于影响女性自主创业率和职业特征因素的国际性差异还鲜为人知。过去对女性自主创业的研究主要集中于心理特征（例如，风险偏好、对失败的恐惧）（Koellinger 等，2007；Langowitz 和 Minniti，2007；Minniti 和 Nardone，2007；Wagner，2007）和资源（例如人力资本、金融资本和社会资本）（Verheul 和 Thurik，2001）上的差异，然而，各国不同的自主创业率表明国家层面的因素，例如制度环境和政策可能起着重要的作用。

虽然最近的一些研究考虑了自主创业的制度嵌入性（参见 Bjornskov 和 Foss，2008；Carree 等，2002；Nyström，2008；Wennekers 等，2002)，但大多数先前的研究没有分析国家特定制度与女性创业之间的联系。有证据表明美国女性寻求通过自主创业来平衡家庭与工作职责（Brush，1992；Budig，2006)，女性的自主创业率和职业特征的跨国差异可能与福利国家试图调和无偿看护责任和有偿工作的政策有关。

我们认为支持女性就业和儿童保育的相关政策可能会影响

女性参与自主创业，尤其是在非专业性工作的领域，因此子女对女性参与非专业性自主创业的影响将因不同国家针对女性协调家庭和工作职责相应的制度而有所不同。福利国家在对影响女性参与劳动力市场的公共支持的措施方面（例如，育儿保险、生育津贴、自愿家庭休假、灵活的工作时间安排和社会税收政策）有所不同（Gorniclk 等，1997；Korpi，2000；OECD，2001：129-66；Sainsbury，1994b）。例如，像美国或英国这样的自由主义和放任主义的福利国家，坚持以个人解决方案为导向的政策，公共参与家庭政策的程度很低。与其他类型的福利制度相比，美国、英国的儿童保育设施是在私人基础上提供的，并没有公共政策为儿童保育设施和/或其他家庭支持服务提供资助（Gustafsson 和 Wetzels，1997）。此外，育婴假期很短，并且收入补偿也很低（Esping -Andersen，1990；Gustafsson 和 Wetzels，1997）。这一系列政策与德国、荷兰和奥地利等保守福利国家的制度明显不同，后者仍支持传统的男性养家模式。在该种体制下，优先考虑一般性家庭支持，以减少照顾家庭的费用，例如，儿童现金津贴、针对未成年子女的家庭税收优惠，以及针对在家照顾孩子的母亲的税收优惠。公共日托服务主要面向 3 岁以上的儿童，而非 3 岁以下的儿童。在这些国家，全职儿童保育工作相当有限，例如，在德国，只有 9% 的幼儿园适龄儿童会在全日制机构里（Gustafsson 和 Wetzels，1997；Lohmann 和 Luber，2004；OECD，2001）。一般来说，这些国家具有传统的劳动分工特点，即男性负责赚钱养家，女性负责照顾孩子。女性（尤其是年轻的母亲）在进入劳动力市场方面受到限制，导致女性兼职就业率较高。

尽管欧洲大陆的几个国家有相似之处，即都遵循所谓的“保守主义/社团主义”的福利国家模式，但它们在影响女性家庭与有偿工作关系方面的具体政策措施上存在明显的差异。例如，尽管比利时、法国和意大利被认为是保守的福利国家，但它们的政策积极支持女性就业（Lohmann，2004）。此外，在 14 个参与调查的福利国家中，法国在对待拥有 6 岁以下儿童的母亲和拥有 3 岁至学龄儿童的母亲的政策方面是最佳执行者，这反映出法国对全球普遍认可的儿童从 3 岁开始入学做法的坚定承诺，而且法国在为婴儿提供支持的政策方面得分也很高（Gornick 等，1997；Lohmann 和 Luber，2004）。此外，比利时也同样拥有类似的高度发达的打包政策来支持拥有 6 岁以下儿童的母亲就业，以下事实可以作为例证，即在比利时和法国，95% 的儿童在公立托儿所或幼儿园，而相比之下，调查样本中排名最底端的美国和英国，分别只有 14% 和 38% 的儿童在公立儿童保育机构。同样，尽管意大利对有婴儿的母亲仅提供了适度的支持，但其在支持拥有 6 岁以下儿童的母亲就业政策方面得分良好，它也提供了慷慨的生育政策并为 3 岁以上的儿童提供了广泛的学前教育（Gornick 等，1997；OECD，2001）。

基于前面的讨论，我们认为不同的福利制度会影响女性家庭和工作职责的兼容性，因此儿童对进行（非专业性）自主创业的影响将有所不同。于是我们提出以下假设：

假设 2a：在如英国和美国等的自由福利国家中，儿童会正向地影响资质较低的女性采取自主创业的决定。此外，与西方工业化社会其他任何类型的福利制度相比，儿童与非专业性自主创业者之间的联系在英国和美国应该是最强的。

假设 2b：在除法国、比利时和意大利之外的大多数西欧保守社团主义的福利国家中，儿童会正向地影响资质较低的女性采取自主创业的决定。由于这些国家为母亲提供了长期广泛的福利，资质较低的女性将不会被迫采取自主创业的方式来协调家庭和工作职责。

除了这些对国家差异的普遍预测，我们还考虑具体政策是否与自主创业相关。根据前人的研究（Gornick 等，1997；Korpi，2000；Misra 等，2007；OECD，2001；Sainsbury，1994a），会影响到母亲兼顾家庭和工作职责的政策可分为三大类，即：①支持女性在分娩前后工作连续性的劳动力政策（“休假政策”）；②增加非母亲育儿方面服务的供应或降低其成本的政策（“儿童保育”）；③公立学校提供与家长工作相兼容的时间安排的政策（“学校安排”）。接下来，我们将针对这些政策对女性进行自主创业的决定以及她们对专业性工作或非专业性工作选择的影响方式提出假设。

休假政策——带薪产假

关于产假对女性参与劳动力市场影响的理论预测是矛盾的，一方面，允许女性重新回到相同工作岗位的产假将会增加她们对有偿工作的依赖，由于雇佣工作更具吸引力，因此这将会减少女性自主创业，尤其是非专业性自主创业的可能性；另一方面，允许长时间休假的政策可能会减少某些提升职业生涯的机会（例如，培训和晋升的机会，这些机会往往要求在工作中保持连续性），或者导致人力资本贬值。在这一问题方面稀少的经验证据之间也是有争议的（文献参见 Gornick 等，

1997；Korpi，2000）。

鉴于从事非专业性工作的女性在平衡家庭和工作方面拥有较少的资源，我们认为产假政策对非专业性自主创业的影响比专业性自主创业更大。具体地说，我们认为产假的缺失将会促使女性放弃雇佣工作，转而进行非专业性自主创业。然而，考虑到女性在专业性工作中将获得更高的报酬和潜在的就业福利，我们不认为在没有产假规定的国家中，儿童对自主创业会有同样的正向影响。同时，那些过长的产假会让女性对于雇主的依赖减少，从而同时增加女性的非专业性和专业性自主创业，因为女性将这些创业活动看作在因延长了育儿假而被排除在劳动力市场之外的备选方案，因此我们推断，影响带薪产假长度的不同国家的政策将对女性的非专业性自主创业产生正向影响。

假设 3：长时间的产假会在总体上增加女性自主创业的份额，尤其是女性在非专业性自主创业中的份额。此外，高工资补贴将增加女性对雇佣工作的依赖，降低自主创业的必要性，特别是对具有较低技能的女性来说。

假设 4：国家特定的产假工资补贴越高，相对于雇佣工作而言，成为自主创业者的机会成本就越高，因此女性在整体的专业性和非专业性自主创业方面的比例会降低。

公立学校的时间安排

从劳动力供给的角度来看，学校的时间安排很有可能影响到母亲的就业决定，因为公立学校会为学龄儿童的母亲提供托儿服务。公立学校时间安排的改善意味着可以使孩子们每年有更多的星期、每天有更多的小时待在公立学校内，同时也可以更符合典型的工作时间安排（Gornick 等，1997；Korpi，2000；OECD，2001）。因此，女性儿童保育工作的改善将使产妇的劳动供给增加。

然而，公立学校的时间安排和女性自主创业（以及从事专业性工作还是非专业性工作）之间是否有联系呢？假设低技能水平的女性选择非专业性自主创业主要是因为她们要自己照顾孩子，那么我们可以提出这样的假设：儿童较长的在校时间会降低低技能水平女性自主创业的可能性，因为这会降低她们照顾孩子的需求。这个论证引出了以下假设：

假设 5：儿童每周在校上课的时间越长，女性在非专业性自主创业中的比例越低。

数据、变量和方法

本研究采用了欧洲劳动力调查（European Labor Force Survey，ELFS，2004－05）和美国国家青年纵向调查（National Longitudinal Survey of Youth，NLSY）的数据。2014 年 ELFS 的调查涵盖 22 个西欧和东欧国家的 14 645 名女性创始人和 657 909 名女性雇员（对应类别）。NLSY 是一个多阶段分层的国家概率样本，包括从 1979 年到 1998 年每年接受调查的 6 283 名女性受访者，其中有 1 377 人在这 21 年间成为自主创业者。NLSY 对不同人群（即包括少数族裔群体）进行了重采样，描述性分析使用样本权重，但由于历史事件数据的拼写结构，样本权重不用于回归。在这两个数据来源中，我们对年龄在 22 岁到 44 岁之间的女性受访者进行了分析。

因变量

对于 ELFS 数据，我们使用国际标准职业分类（ISCO－88）来获取因变量，该因变量测量女性进行专业的自主创业还是无技能/低技能的自主创业。专业性和非专业性自主创业的区别大致类似于折叠式 EGP（Erikson、Goldthorpe 和 Portocarero）阶层分类框架（Erikson 和 Goldthorpe，1992）。类别Ⅰ（描述“专业的自主创业”）包括专业性、半专业性和高级管理职位（相当于 EGP 的Ⅰ和Ⅱ）。类别Ⅱ（描述“低技能的自主创业”）包含了拥有传统技术的中产阶级的自主创业（包括店主和餐馆老板，主要属于 EGP 的Ⅱ、Ⅴ和Ⅵ）以及非技术性的自主创业（EGP 的 Ⅱ和Ⅶ）。对于 NLSY 的数据，如果受访者对于调查问题“你在这份工作中是自主创业的吗?”的回答是肯定的，那么我们就将其定义为自主创业者。我们的分析根据专业性质和管理性质职业的三位数人口普查准则，将自主创业分为两类，专业性质和管理性质的职业（编码 1—199）被归类为“专业性工作”，而所有其他职业都被归类为“非专业性工作”。

我们使用离散时间历史事件模型——Cox 比例风险回归模型——来分析美国 NLSY 数据的自主创业率，只有首次转变为自主创业才被计入模型中。竞争风险模型采用多项式逻辑回归模型的形式，并有三个相互矛盾的结果（详见 Allison，1984）。竞争风险模型预测自主创业在专业性工作和非专业性工作之间的对比情况。事件历史分析使我们能够处理样本选择性、非随机排序、审查、时变解释变量和未观察到的异质性等普遍问题(Wooldridge，2002)。Cox 比例风险模型是为了解释经历同一个事件时，为什么有些人的风险比其他人更大，并估计随时间变化的协变量（比如婚姻状况和母亲身份）对发生事件的风险（例如选择自主创业）的影响。

如果我们没有考虑到女性企业家并不是随机抽样的个人，那么一个关于女性选择专业性自主创业还是非专业性自主创业的基于一系列协变量的简单回归模型可能会产生误导的参数估计，因为这些女性最初就具有促使其进入劳动力市场的某些特点。忽略“样本选择偏差”将导致我们高估预测值(Heckman，1979)。为了对样本选择偏差进行校正，我们在 ELFS 样本中使用了 Heckman probit 模型和一个样本选择方程。Heckman 校正是两阶段结构：在第一阶段，选择方程被用作预测样本中女性参与劳动力市场的基础，在选择方程中，我们引入了一个影响选择方程的“额外的”外生变量，即预测女性是否会参与劳动力市场，但它不会影响到决定女性选择专业性自主创业还是非专业性自主创业的主方程；在第二阶段，转换后的预测作为附加变量包含在主方程模型中。有关技术细节，请参见 Greene (2003)。

自变量

我们协调了 NLSY 和 ELFS 中所有可以被一致测量的可用变量。ELFS 数据中的变量是在观察年测量的。在 NLSY 的数据中，从未成为自主创业者的受访者被视为被审查过的观察对象。在这里，随时间变化的家庭特征包括婚姻/同居状态、伴侣的自主创业状况和孩子的数量（对孩子的年龄进行分类）。没有伴侣的女性（未婚或无同居伴侣）和那些拥有处于失业或退休状态的伴侣的女性，是“伴侣状态”变量中的参考类别。我们包含两个代表伴侣状态的虚拟变量。如果该女性有一个自主创业的伴侣，那么“伴侣自主创业虚拟变量”的编码为1。如果该女性的伴侣处于雇佣工作的状态中，则“伴侣雇佣虚拟变量”的编码为1。参考类别定义为没有伴侣或有处于失业状态的伴侣。我们使用三个分类变量来衡量0—4岁儿童的数量（学龄前儿童）、5—9岁儿童的数量以及10—18岁儿童的数量。

衡量人力资本随时间变化的变量包括教育、年龄（代表经验）和自主创业前的就业状况。在我们的分析中，考虑到各国受教育程度的标准不一致，我们只能用一个代表高等教育的虚拟变量来描述高等教育（大专教育）和低学历教育。我们使用四种年龄类别，包括三个虚拟变量，来表明受访者的年龄：30—34岁、35—40岁、40—45岁（参考类别为18—29岁）。此外，我们还通过使用一个虚拟变量来对成为自主创业者前的就业状态进行控制，即如果被调查者在自主创业前未被雇佣，那么该虚拟变量为“1”。随时间变化的人口统计特征包括了被调查者的居住地是农村、郊区还是城市（居住地为农村作为参照类别）。我们将这些测量考虑进来是因为在人口密度较高的地区进行自主创业的机会可能更大。

此外，我们在家庭政策指标方面运用了宏观层面的数据，围绕休假政策、幼儿教育和照顾以及22个国家的学校时间安排，这些数据由Misra等（2007）提供。

发现

在1992年到2004年间，女性专业性自主创业的比例在大多数西欧国家（德国、瑞典、荷兰、比利时、英国、意大利、法国、奥地利、希腊、葡萄牙和西班牙）都有所上升。然而，在女性专业性自主创业增长的范围上，各国之间存在差异。在总体水平上，有明确的迹象表明国家制度对女性专业性自主创业的比例有影响，更确切地说，在中东欧（波兰、斯洛文尼亚、斯洛伐克、爱沙尼亚、匈牙利和立陶宛）女性从事低技能水平工作的概率是最高的。相比之下，在比利时、荷兰、卢森堡、德国、奥地利和法国，女性专业性自主创业的比例与高度规范的劳动力市场类型是正相关的。在美国，自主创业女性的比例在专业性和非专业性自主创业中都有所提升，然而，非专业性自主创业的提升要大得多。

人口统计特征显示在所有国家中，自主创业的女性比在职女性都要年轻（平均而言，专业性自主创业者是最年轻的），受教育程度更高（同样，专业性自主创业者的平均受教育程度最高）。在家庭结构方面，我们发现自主创业者之间存在巨大的异质性，并且成为母亲的女性非专业性自主创业者和有着同样是自主创业伴侣的女性自主创业者数量有时是不成比例的。与非专业性自主创业女性有孩子的比例相比（43%），大多数专业性自主创业女性都没有孩子（59%）。此外，相较于非专业性自主创业女性（39.4%），专业性自主创业女性没有伴侣的情况更多（50.5%）。相比之下，夫妻创业者（即由夫妻共同创立的企业）在非专业女性创业者（21%）中比在专业女性创业者（15．8%）中更为普遍。

总体而言，在几乎所有被调查的国家中，非专业性自主创业女性比专业性自主创业女性更强烈地嵌入家庭环境中。[①] 但是，专业性/非专业性自主创业与女性个人特征之间的二元关联是否能够在多变量估计中重现呢？

首先，在专业性和非专业性工作方面，家庭组成对女性自主创业的影响有很大的不同。一方面，照顾儿童（0—4 岁和 5—9 岁）的责任对女性从事非专业性工作的决定产生正向影响，并在大多数所分析的国家中是显著的（奥地利、德国、爱尔兰、荷兰、卢森堡、希腊、葡萄牙、西班牙、匈牙利、波兰、捷克共和国），这有力地支持了假设 1a 和 2b，即在西欧的社团主义和保守主义福利国家中，母亲身份是女性参与非专业性自主创业的一个强有力的预测因素。此外，在美国和英国这样缺少儿童保育基础设施的自由福利国家中，有孩子与母亲参与非专业性自主创业活动具有强烈的正相关关系，因此，来自英国和美国的证据有力地证实了假设 2a。此外，观察未成年子女（0—4 岁和 5—9 岁）影响女性的非专业性自主创业的回归系数，我们发现，英国和美国的回归系数远比其他西欧福利国家（例如奥地利和德国）相应的系数要大。相反，在法国、比利时和意大利，孩子不会影响母亲参与非专业性自主创业，这支持了假设 2b，即由于国家为母亲调和家庭和工作的职责而提供延长的福利，法国、比利时和意大利的低技能水平女性不会为了更好地使家庭和工作的职责融合而被迫去参与自主创业活动。

① 如有需要，可索取相应的表格以便审阅参考。

表 8.1 参与专业性或非专业性领域自主创业的决定因素（Heckman Probit Vegrossion）

	模型 1 非专业性	模型 2 专业性	模型 1 非专业性	模型 2 专业性	模型 1 非专业性	模型 2 专业性	模型 1 非专业性	模型 2 专业性
	奥地利		比利时		德国		法国	
儿童								
0—4 岁	0.198**	0.277**	0.048	−0.11	0.054	0.062	0.055	−0.042
	(0.068)	(0.077)	(0.071)	(0.072)	(0.051)	(0.073)	(0.053)	(0.059)
5—9 岁	0.158**	0.174**	0.146	−0.282**	0.115**	−0.049	0.069	−0.073
	(0.052)	(0.056)	(0.075)	(0.104)	(0.033)	(0.043)	(0.046)	(0.061)
10—18 岁	0.149**	−0.176**	−0.062	−0.122	−0.018	−0.324**	0.027	−0.358**
	(0.047)	(0.065)	(0.077)	(0.088)	(0.032)	(0.047)	(0.046)	(0.077)
伴侣								
自主创业	0.240**	0.165*	0.319**	0.155	0.207**	0.097	0.473**	0.256**
	(0.054)	(0.065)	(0.075)	(0.088)	(0.049)	(0.065)	(0.044)	(0.063)
受雇他人	−0.033	0.004	−0.140*	−0.207**	−0.175**	−0.142**	−0.226**	−0.120**
	(0.041)	(0.049)	(0.057)	(0.064)	(0.03)	(0.038)	(0.034)	(0.042)

（续表）

	模型 1 非专业性	模型 2 专业性	模型 1 非专业性	模型 2 专业性	模型 1 非专业性	模型 2 专业性	模型 1 非专业性	模型 2 专业性
	爱尔兰		卢森堡		荷兰		塞浦路斯	
儿童								
0—4 岁	0. 056	0. 018	−0. 156	−0. 262	0. 013	0. 126*	0. 061	−0. 276
	(0. 055)	(0. 075)	(0. 107)	(0. 152)	(0. 038)	(0. 057)	(0. 083)	(0. 214)
5—9 岁	0. 151**	−0. 153*	−0. 083	−0. 404*	0. 122**	0. 049	−0. 141	−0. 269
	(0. 046)	(0. 067)	(0. 102)	(0. 166)	(0. 039)	(0. 06)	(0. 104)	(0. 187)
10—18 岁	0. 03	−0. 127*	−0. 015	−4. 964	0. 071	−0. 113	−0. 194*	−0. 564**
	(0. 047)	(0. 065)	(0. 106)	(4191. 535)	(0. 041)	(0. 073)	(0. 094)	(0. 211)
伴侣								
自主创业	0. 491**	0. 390**	1. 152**	0. 440**	0. 600**	0. 193**	0. 099	0. 058
	(0. 043)	(0. 056)	(0. 111)	(0. 155)	(0. 036)	(0. 057)	(0. 099)	(0. 167)
受雇他人	0. 079*	0. 148**	0. 173	0. 051	−0. 154**	−0. 216**	0. 143	−0. 184
	(0. 038)	(0. 047)	(0. 094)	(0. 108)	(0. 032)	(0. 045)	(0. 074)	(0. 139)

（续表）

	模型 1 非专业性	模型 2 专业性	模型 1 非专业性	模型 2 专业性	模型 1 非专业性	模型 2 专业性	模型 1 非专业性	模型 2 专业性
	希腊		意大利		葡萄牙		西班牙	
儿童								
0—4 岁	0.023	−0.009	−0.050*	−0.041	0.122**	−0.156	0.03	0.217**
	(0.038)	(0.069)	(0.021)	(0.033)	(0.039)	(0.086)	(0.023)	(0.038)
5—9 岁	0.111**	−0.172*	0.014	−0.097*	0.107**	−0.144	0.137**	0.096*
	(0.039)	(0.076)	(0.023)	(0.039)	(0.041)	(0.092)	(0.023)	(0.041)
10—18 岁	0.175**	−0.1	0.062**	−0.128**	−0.031	−0.058	0.149**	0.014
	(0.032)	(0.068)	(0.019)	(0.034)	(0.04)	(0.07)	(0.02)	(0.034)
伴侣								
自主创业	−0.05	0.312**	0.116**	0.125**	0.339**	0.269**	0.405**	0.212**
	(0.034)	(0.059)	(0.022)	(0.034)	(0.04)	(0.089)	(0.027)	(0.038)
受雇他人	−0.284**	0.1	−0.146**	−0.05	−0.073*	−0.003	−0.112**	−0.071*
	(0.032)	(0.063)	(0.018)	(0.029)	(0.032)	(0.065)	(0.018)	(0.035)

（续表）

	模型 1 非专业性	模型 2 专业性	模型 1 非专业性	模型 2 专业性	模型 1 非专业性	模型 2 专业性	模型 1 非专业性	模型 2 专业性
	捷克共和国		爱沙尼亚		匈牙利		拉脱维亚	
儿童								
0—4 岁	0. 421 **	0. 784 **	0. 148	1. 137 **	0. 546 **	0. 847 **	−0. 051	0. 164
	（0. 121）	（0. 209）	（0. 439）	（0. 074）	（0. 072）	（0. 112）	（0. 136）	（0. 211）
5—9 岁	0. 164 **	−0. 044	0. 216	0. 018	0. 116 **	−0. 137	0. 116	−0. 104
	（0. 042）	（0. 068）	（0. 148）	（0. 049）	（0. 04）	（0. 072）	（0. 125）	（0. 207）
10—18 岁	−0. 031	−0. 268 **	0. 226	0. 013	0. 078 *	−0. 1	0. 067	−0. 743 **
	（0. 04）	（0. 07）	（0. 138）	（0. 074）	（0. 037）	（0. 058）	（0. 118）	（0. 264）
伴侣								
自主创业	0. 322 **	0. 205 **	−0. 137	−0. 114	0. 333 **	0. 187 **	0. 713 **	0. 602 **
	（0. 039）	（0. 068）	（0. 195）	（0. 099）	（0. 042）	（0. 058）	（0. 113）	（0. 18）
受雇他人	−0. 161 **	−0. 041	−0. 011	−0. 114	−0. 098 **	−0. 245 **	0. 101	−0. 385 *
	（0. 033）	（0. 054）	（0. 1）	（0. 068）	（0. 031）	（0. 057）	（0. 084）	（0. 182）

（续表）

	模型 1 非专业性	模型 2 专业性	模型 1 非专业性	模型 2 专业性	模型 1 非专业性	模型 2 专业性	模型 1 非专业性	模型 2 专业性
	立陶宛		波兰		斯洛文尼亚		斯洛伐克共和国	
儿童								
0—4 岁	0.152	0.824**	0.310**	−0.018	0.148	0.275**	−0.036	1.091**
	(0.312)	(0.04)	(0.071)	(0.161)	(0.094)	(0.059)	(0.128)	(0.044)
5—9 岁	0.14	0.011	0.216**	−0.056	−0.163	0.043	0.082	0.017
	(0.11)	(0.012)	(0.05)	(0.109)	(0.12)	(0.062)	(0.065)	(0.025)
10—18 岁	0.068	−0.018	0.067	−0.342**	0.131	0.015	0.051	−0.024
	(0.096)	(0.009)	(0.048)	(0.12)	(0.083)	(0.057)	(0.059)	(0.026)
伴侣								
自主创业	0.028	0.036	0.425**	0.330**	0.067	−0.867	0.528**	0.172**
	(0.145)	(0.023)	(0.049)	(0.109)	(0.123)	(32.955)	(0.066)	(0.042)
受雇他人	−0.15	−0.007	−0.125**	−0.068	−0.118	−0.084*	0.170**	0.070**
	(0.089)	(0.021)	(0.04)	(0.088)	(0.079)	(0.042)	(0.053)	(0.025)

（续表）

	模型 1 非专业性	模型 2 专业性	模型 1 非专业性	模型 2 专业性	模型 1 非专业性	模型 2 专业性	模型 1 非专业性	模型 2 专业性
	英国		美国					
儿童								
0—4 岁	0.344**	0.158	0.315**	0.059				
	(0.047)	(0.088)	(0.067)	(0.184)				
5—9 岁	0.125**	−0.199**	0.419**	0.148				
	(0.038)	(0.059)	(0.087)	(0.251)				
10—18 岁	−0.105*	−0.289**	0.420**	−0.502				
	(0.041)	(0.062)	(0.129)	(0.48)				
伴侣								
自主创业	0.340**	0.275**	1.385**	0.742*				
	(0.039)	(0.058)	(0.109)	(0.304)				
受雇他人	−0.075**	−0.062	0.550**	0.152				
	(0.029)	(0.041)	(0.061)	(0.169)				

注： $**p<0.01$，$*p<0.5$，双尾检验，Heckman 选择校正中的虚拟变量为婚姻状况、年龄段、4 岁以下的儿童和国籍。所有模型都包括了控制变量（年龄和受教育程度）。

资料来源： European Labor Force（ELFS， 2004-2005）， 作者自己的计算。

进一步而言，在大多数西欧国家、美国和一些东欧国家（拉脱维亚、波兰和斯洛文尼亚）中，孩子既对女性是否参与专业性自主创业没有什么作用，也对女性的专业性自主创业没有什么强烈的负向影响。

这说明平衡家庭和工作职责并不是高资质女性参与自主创业活动的动力，这一清晰的证据有力地支持了假设 1a。在西方工业化国家中，奥地利、荷兰和西班牙不同于这种模式，在这些国家中，有孩子（0—4 岁）的女性极有可能成为专业性自主创业者，而这一模式在捷克共和国、爱沙尼亚、匈牙利、立陶宛、斯洛文尼亚和斯洛伐克共和国等大多数东欧后社会主义国家也是惊人的相似。

除此之外，在欧洲，拥有自主创业的伴侣对女性创业者进入非专业性行业的决定有高度显著的正向影响（但对比利时来说仅具有约 10% 的影响），在所调查的 22 个不同制度国家中，这一发现在 18 个国家中是非常稳定的，这为假设 lb 提供了明确的支持。但是，在大多数国家，配偶的自主创业活动也对女性的专业性自主创业可能性有显著的正向影响，这也支持了“自主创业往往成双成对”的观点（Arum 和 Müller，2004：446）。事实上，配偶自主创业对女性专业性自主创业的影响和对女性非专业性自主创业的影响的跨国差异在很大程度上是相类似的，这与假设 lb 相矛盾。总的来说，对于参与调查的 22 个国家中的 17 个欧洲国家和美国，配偶自主创业是对女性参与专业性自主创业活动强有力的正向预测指标（在 1% 的置信水平上），然而，配偶自主创业活动与女性非专业性和专业性自主创业之间的正向关系背后的机制可能是不同的。低资质的女性可能是以加入其丈夫的自主创业活动、支持其丈夫事业的形式，参与到非专业性自主创业活动中（Budig，2006；Firkin 等，2003），家庭经营的手工艺、零售、餐饮和住宿生意就是这类例子。正如之前的研究所指出的，男性自主创业者的配偶通常扮演诸如会计、管理、接电话等辅助性的工作角色（Firkin 等，2003）。另一方面，配偶自主创业与高资质女性自主创业选择之间的正相关关系表明，一般来说，婚姻是一种有价值的资产（Becker，1965），它为自主创业提供了合适的背景。总的来说，一对已婚夫妇可以为创办自己的企业投入更多的资源（金融资本、自主创业相关的知识和技能、社交网络，等等）以及情感支持（Brüderl 和 Preisendörfer，1998）。在进行自主创业的丈夫的支持下，已婚女性更愿意承担风险。最后，进行自主创业的丈夫也可以作为“榜样”（Bandura，1977），支持妻子对参与自主创业可行性的感知（“如果他能做到，那么我也可以”）（Tonoyan 等，2005）。事实上，在美国，有一个自主创业的伴侣会显著增加女性参与非专业性自主创业的可能性，更确切地说是 4 倍，然而，它对女性参与专业性自主创业可能性的影响要小得多。

另一方面，我们观察到在几乎所有被调查的欧洲国家中，配偶参与依赖性就业与女性参与专业性和非专业性自主创业之间存在强烈的负相关关系。换句话说，相比于那些没有伴侣/丈夫或者是和失业的伴侣/丈夫一起生活的女性，那些有从事雇佣工作丈夫的女性参与自主创业（包括专业性和非专业性）的可能性相当小。

接下来我们将进行一系列相关性分析，以对家庭政策指标和女性自主创业的总体比例进行相关性分析，包括专业性自主创业和非专业性自主创业，这一系列分析有助于我们理解工作-家庭政策对女性参与创业的影响。

首先，我们观察到带薪产假与女性非专业性自主创业之间存在正相关关系（Pearson 相关系数为 0.40），这意味着带薪产假的时间越长，女性脱产的时间越长。在某种程度上，女性参与非专业性自主创业是其劳动力市场特征不佳的结果，直观上来说，较长时间的脱产增加了低资质女性自主创业的可能性，这支持了假设 3。然而，带薪产假与女性专业性自主创业之间几乎没有相关性。其次，尽管相关系数不高，分别为-0.22 和 0.29，但我们注意到产假工资补助与女性专业性和非专业性自主创业之间存在负相关关系，这一结论对两种类型的女性创业者都适用，并支持了假设 4。

此外，我们注意到 0—4 岁孩子参与公立儿童保育机构的比例和女性非专业性自主创业的比例之间存在负向关系，这就支持了假设 5，即国家层面的公共部门提供的托儿服务越少，则参与非专业性自主创业的女性比例越高。这可能是由两个因素造成的：第一，这些国家对私人托儿服务的需求可能为女性提供儿童保育和其他非专业性领域家政服务的创业创造了机会；第二，当不再为平衡工作和家庭责任而照顾孩子时，女性有必要从非专业性工作转向自主创业。

与此同时，0—2 岁孩子在公立育儿机构中的比例和女性专业性自主创业的比例几乎没有关系。3—6 岁孩子的比例和女性专业性自主创业比例之间的正向关系并不成立，因此这些结果有力地支持了假设 5。

最后，我们观察到每周上课时间与非专业性自主创业女性比例之间存在负相关关系（相关系数为−0.22），以及每周上课时间与专业性自主创业女性比例之间存在正相关关系（相关系数为0.24），尽管前面的发现支持假设6，但我们对于后者不能给出任何理论上的证明。

表8.2　欧洲22个国家家庭政策指标与女性创业率的相关性

	女性非专业性自主创业的比例	女性专业性自主创业的比例	女性自主创业的比例（总）	国家数量
A：休假政策				
1. 产假周数	0.40	−0.09	0.28	22
2. 产假工资补助	−0.22	−0.29	−0.26	22
B：儿童教育与看护				
3. 0—2岁儿童在公立儿童保育机构中的比例	−0.28	0.08	−0.20	20
4. 3—6岁儿童在公立儿童保育机构中的比例	0.10	0.38	0.20	19
C：学校时间安排				
5. 每周上学时间	−0.22	0.24	−0.11	18

资料来源：Misra等（2007）。

总结和讨论

本研究在前人研究的基础上作出了一些贡献。首先，我们在23个欧洲国家和美国之间的跨国比较中，展示了女性自主创业显著的异质性。其次，我们强调了在参与低技能水平和高技能水平专业领域的自主创业中存在个体因素的差异。最后，我们考察了特定国家的制度对女性在自主创业中从事低技能和高技能职业的影响，揭示了规范女性兼顾家庭和工作的福利国家政策与参与（非专业性）自主创业之间的联系。

自主创业的女性代表着一个具有高度多样性的群体，在低技能水平的职业领域中，工作的女性为了调和育儿和工作的责任而参与自主创业（我们称她们为“家庭导向”的自主创业女性）。研究表明母亲身份是低资质女性自主创业的一个强有力的预测指标——这一结果在几乎所有被调查的国家中都是惊人的相似。对于一个资质甚高但较少有“家庭牵绊”的女性来说，进入专业性领域进行自主创业是一种工作方案，但她们并不是为了调和家庭和工作职责而被迫进行自主创业，相反，她们被收入和职业发展的前景吸引，因此就逐渐变得与自主创业的男性相似（Budig，2006）。

与母亲身份这一仅仅对女性参与非专业性自主创业具有预测效应的因素相比，配偶的自主创业与女性参与专业性和非专业性自主创业都具有较强的正相关性。换句话说，女性参与低技能水平和高技能水平的创业扎根于婚姻关系，从而支持了“自主创业往往成双成对”的论点（Arum 和 Müller，2004：446）。然而，支撑配偶自主创业与女性进行非专业性和专业性自主创业之间正向关系的背后机制有可能是不一样的。例如，低资质女性可以参与到丈夫的自主创业活动中来支持丈夫的工作和事业，这在典型的家庭经营企业，如手工艺、零售、餐饮和住宿行业等低技能水平的自主创业中是十分普遍的

（参见 Aldrich 和 Cliff，2003；Firkin 等，2003）。此外，她们还可能利用与丈夫之间的强联系来弥补财务和人力资本的短板（Brüderl 和 Preisendörfer，1998）。相反，配偶自主创业对女性进入高技能水平领域的自主创业的正向影响可能有其他内在的机制，例如，自主创业的丈夫可以成为具备高技能水平女性的“榜样”。

此外，我们的研究结果表明福利国家之间的制度差异导致了女性自主创业就职状态的跨国差异，这对于最近关于女性创业活动的研究是一个补充，这些研究建议在分析企业家所处的制度环境时，要注意女性企业家之间的异质性问题（De Bruin 等，2007；Jennings 和 McDougald，2007）。一般情况下，在女性创业水平越高的国家，女性进行专业性自主创业的水平越低，相反，在高制度化和保守的西欧社会福利国家中，女性专业性自主创业的比例最高。

此外，规定女性兼顾家庭和工作责任的福利国家制度减轻了女性以母亲身份进入企业的影响。例如，在英国和美国这样的自由福利国家中，帮助女性调和工作和家庭职责的公立机构大量缺失，母亲身份对女性参与非专业性自主创业的影响是最大的。总的来说，支持母亲就业的公立机构和制度越缺失（例如，薄弱的公立育儿机构，不支持母亲全职就业的学校时间安排），这个国家的女性非专业性自主创业者的比例就越高。另外，带薪产假较长的国家，也意味着女性有较长时间脱离工作，女性非专业性自主创业者似乎占据更高的比例。最后，产假工资补助较高的国家（即成为自主创业者有较高的机会成本）降低了女性专业性和非专业性自主创业的比例。

公共政策与研究的警告和启示

我们从上述分析中可以得到一系列对未来研究的启示。首先，我们已经发现一些但并非所有的中东欧后社会主义国家都很像西欧社团主义福利国家，我们认为未来需要对中东欧国家的政策制度环境在女性创业方面的作用进行研究，尽管最近有研究对这一主题有所贡献（参见例如 Welter 等，2006），然而关于这一主题的研究还处于起步阶段（De Bruin 等，2007）。

我们研究的一个局限性是采用了不同来源的数据和不同的方法，即对美国的样本采用的是面板数据和生存分析法，而对欧洲的样本采用的是横截面数据和 Heckman 修正模型。虽然这两个样本中最重要的结果都可以得到证实，但对于欧洲样本来说，同样采用面板数据来解释未观察到的异质性可能会有所裨益。

此外，研究特定国家的非正式制度，即传统、习俗、社会规范、“共有的心智模式”、不成文的行为准则、意识形态和模范（Baumol，1990；Denzau 和 North，1994；North，1990），以及女性创业活动发生的环境因素中的文化方面（而不仅仅是只关注正式的政策和经济规章制度）也是有益的。如果社会普遍通过与家庭责任相联系的角色来定义女性（例如参见 Welter，2006，德国的案例），那么这个社会将设计正式的规章制度来为女性提供激励，让她们留在家里照顾自己的孩子（Pfau-Effinger，2004），从而影响到女性自主创业的职业领域。

大量研究和政策议程也可以专注于分析专业性和非专业性

自主创业所带来的工作条件和结果（例如，收入和工作稳定性）。假如高技能和高报酬的自主创业提供了更高的回报，并有更大的生存和成长机会（如 Budig，2006，美国的案例），那么创造更有利于女性参与专业性自主创业的制度环境可能会更有价值。

参考文献

Aldrich, H. E. and Cliff, J. (2003), 'The pervasive effects of family on entrepreneurship: Towards a family embeddedness perspective', *Journal of Business Venturing*, 18, 573-596.

Allison, P. (1984), *Event History Analysis*, Newbury Park, CA: Sage.

Arum, R. (1997), 'Trends in male and female self-employment: Growth in a new middle class or increasing marginalization of the labor force?', *Research in Stratification and Mobility*, 15, 209-238.

Arum, R. and Müller, W. (2004), *The Reemergence of Self-Employment. A Comparative Study of Self-Employment Dynamics and Social Inequality*, Princeton, NJ and Oxford: Princeton University Press.

Bandura, A. (1977), *Social Learning Theory*, Englewood Cliffs, NJ: Prentice Hall.

Baumol, W. J. (1990), 'Entrepreneurship: Productive, unproductive, and destructive', *Journal of Political Economy*, 98 (5), 893-921.

Becker, G. S. (1965), 'A theory of the allocation of time', *Economic Journal*, 75, 493-517.

Bjornskov, C and Foss, N. J. (2008), 'Economic freedom and entrepreneurial activity: Some cross-country evidence', *Public Choice*, 134 (3/4), 307-328.

Brüderl, J. and Preisendörfer, P. (1998), 'Network support and the success of newly founded businesses', *Small Business Economics*, 10 (3), 213-225.

Brush, C. (1992), 'Research on women business owners: Past trends, a new perspective and future directions', *Entrepreneurship Theory and Practice*, 16 (4), 5-30.

Budig, M. J. (2006), 'Intersections on the road to self-employment: Gender, family, and occupational class', *Social Forces*, 84 (4), 2223-2239.

Carr, D. (1996), 'Two paths to self-employment? Women's and men's self-employment in the United States', *Work and Occupations*, 23, 26-53.

Carree, M., van Stel, A., Thurik, R. and Wennekers, S. (2002), 'Economic development and business ownership: An analysis using data of 23 OECD countries in the period 1976-1996', *Small Business Economics*, 19, 271-290.

De Bruin, A., Brush, C. and Welter, F. (2007), 'Advancing a framework for coherent research on women's entrepreneurship', *Entrepreneurship: Theory and Practice*, 5, 323-339.

Denzau, A. T. and North, D. C. (1994), 'Shared mental models: Ideologies and institutions', *Kyklos*, 47 (1), 3-31.

ELFS (2004-05), 'EUROSTAT LFS Users Guide: Labor Force Survey: Anonymized data sets', European Commission EUROSTAT.

Erikson, R. and J. H. Goldthorpe (1972), *The Constant Flux*, Oxford: Clarendon.

Esping-Anderson, G. (1990), *The Three Worlds of Welfare Capitalism*, Cambridge: Polity Press.

Firkin, P., Dupuis, A. and De Bruin, A. (2003), 'Familial entrepreneurship', in P. Spoonley, A. Dupuis, and A. De Bruin (ed), *Work and Working in 21st Century New Zealand*, Palmerston North, New Zealand: Dunmore Press, 154-179.

Gornick, J. C., Meyers, M. K. and Ross, K. E. (1997), 'Supporting the employment of mothers: Policy variation across fourteen welfare states', *Journal of European Social Policy*, 7 (1), 45-70.

Greene, P. (2000), 'Self-employment as an economic behavior: An analysis of self- employed women's human and social capital', *National Journal of Sociology*, 12, 1-55.

Greene, W. H. (2003), *Econometric Analysis*, Englewood Cliffs, NJ: Prentice Hall.

Gustafsson, S. and Wetzels, C. (1997), 'Family policies and women's labor force transitions in connection with childbirth', *Vierteljahreshefte zur Wirtschaftsforschung*, 3 (4), 118-124.

Heckman, J. (1979), 'Sample selection bias as a specification error', *Econometrica*, 47, 153-161.

Jennings, J. E. and McDougald, M. S. (2007), 'Work-family interface experiences and coping strategies: Implications for entrepreneurship research and practice', *Academy of Management Review*, 32, 747-760.

Koellinger, P., Minniti, M. and Schade, C. (2007), 'I think I can, I think I can-overconfidence and entrepreneurial behavior', *Journal of Economic Psychology*, 28 (4), 502-507.

Korpi, W. (2000), 'Faces of inequality: Gender, class, and patterns of inequalities in different types of welfare states', *Social Politics*, 1 (2), 127-191.

Langowitz, N. and Minniti, M. (2007), 'The entrepreneurial propensity of women', *Entrepreneurship Theory and Practice*, 31 (3), 341-364.

Lohmann, H. (2004), 'Berufliche Selbständigkeit von Frauen und Männern im internationalen Vergleich-welche Rolle spielt die Vereinbarkeit von Familie und Erwerbstätigkeit', in G. Schmid. M. Gangl and P. Kupka (ed), *Arbeitsmarktpolitik und Struktarwandel: Empirische Analysen*, BeitrAB 286, Nuremberg: Institute für Arbeitsmarkt- und Berufsforschung, 205-226.

Lohmann, H. and Luber, S. (2004), 'Trends in self-employment in Germany: Different types, different developments', in R. Arum and W. Müller (ed), *The Re- Emergence of Self-Employment Dynamics and Social Inequality*, Princeton, NJ: University Press, pp. 36-75.

McManus, P. (2001), 'Women's participation in self-employment in Western industrialized societies', *International Journal of Sociology*, 31, 10-91.

Minniti, M. and Nardone, C. (2007), 'Being in someone else's shoes: The role of gender in nascent entrepreneurship', *Small Business Economics*, 28, 223-238.

Misra, J., Moller, S. and Budig, M. J. (2007), 'Work-family policies and poverty for partnered and single women in Europe and North America', *Gender and Society*, 21 (6), 804-827.

North, D. C. (1990), *Institutions, Institutional Change and Economic Performance*, Cambridge: Cambridge University Press.

Nyström, K. (2008), 'The institutions of economic freedom and entrepreneurship: Evidence from panel data', *Public Choice*, 136 (3), 269-282.

Organisation for Economic Co-operation and Development (OECD) (2001), 'Balancing work and family life: helping parents into paid employment', *Employment Outlook*, 1, 129-166.

Pfau-Effinger, B. (2004), *Development of Culture, Welfare States and Women's Employment in Europe*, Hamburg: Ashgate.

Presser, H. (1995), 'Job, family, and gender: Determinants of nonstandard work schedules among employed Americans in 1991', *Demography*, 32, 577-598.

Sainsbury, D. (ed). (1994a), *Gendering Welfare States*, London: Sage Publications.

Sainsbury D. (1994b), 'Women's and men's social rights: Gendering dimensions of welfare states', in D. Sainsbury (ed), *Gendering Welfare States*,

London: Sage Publications, 150-170.

Taniguchi, H. (2002), 'Determinants of women's entry into self-employment', *Social Science Quarterly*, 83, 875-893.

Thomas, L. and Ganster, D. (1995), 'Impact of family-supportive work variables on Work-family conflict and strain', *Journal of Applied Psychology*, 80, 6-15.

Tonoyan, V., Strohmeyer, R. and Wittmann, W. W. (2005), 'Gendered and cross-country differences in the perceived difficulty of becoming self-employed: The impact of individual resources and institutional restrictions', in *Frontiers of Entrepreneurship Research*, Wellesley, MA: Babson College, 57-72.

Verheul, I. and Thurik, A. R. (2001), 'Start-up capital: Does gender matter?', *Small Business Economics*, 16 (4), 329-345.

Wagner, J. (2007), 'What a difference a Y makes-female and male nascent entrepreneurs in Germany', *Small Business Economics*, 28 (1), 1-21.

Welter, F. (2006), 'Women's entrepreneurship in Germany: Progress in a still traditional environment', in C. G. Brush, N. Carter, P. G. Greene and M. Hart (ed), *Growth Oriented Women Entrepreneurs and Their Businesses: A Global Research Perspective*, Cheltenham, UK and Northampton, MA, USA: Edward Elgar, 128-153.

Welter, F., Smallbone, D. and Isakova, N. (ed) (2006), *Enterprising Women in Transition Economies*, Aldershot: Ashgate.

Wennekers, A. R. M., Noorderhaven, N. G., Hofstede, G. and Thurik, A. R. (2002), 'Cultural and economic determinants of business ownership across countries', *Frontiers of Entrepreneurship Research*, Babson Park, MA: Center for Entrepreneurial Studies, pp. 179-190.

Wooldridge, J. M. (2002), *Econometric Analysis of Cross-Section and Panel Data*, Cambridge, MA: MIT Press.

PART 2

第二部分

增长战略与驱动因素

第九章

男性企业家和女性企业家的工作-家庭冲突会有所不同吗?[①]

Jennifer E. Jennings, Karen D. Hughes,
P. Devereaux Jennings

引 言

在现有的研究中，关于影响女性所领导公司的增长因素以及这些公司规模比男性所领导公司更小的原因，有以下三种主流的观点。第一种观点关注的是个体层面的特征，将这种差别归因于人格特征中的性别差异（例如，Buttner 和 Moore，1997；Sexton 和 Bowman-Upton，1990）或人力和社会资本（例如，Cooper 等，1994；Davis 和 Aldrich，2000；Fischer 等，1993）。第二种观点将其关注点放在了战略选取方面，强调男性企业家和女性企业家在为其公司设立增长目标方面（例如，Cliff，1998；Orser 和 Hogarth-Scott，2002）和/或其经营公司

① 我们非常感谢 Heather Adamski、Jessica Alen、Mel Ashcroft、Amanda Bloom、Megan McDougald 和 Christina Zschocke 在研究上给予的协助，以及由 SSHRCINE（no. 501-2001-0017）提供给第一作者的资金支持。

所处的行业方面（例如，Carter 等，1997；Hughes，2005；Kalleberg 和 Leicht，1991）往往存在差异。第三种观点考虑到更广泛的外部因素所起的作用，例如在提供金融资本方面存在的一些具有歧视性的做法（例如，Fabowale 等，1995；Haines 等，1999）。

尽管这些主要的观点是广泛、直观和有理论依据的，但实证调查显示，在男性所领导公司和女性所领导公司的相对表现中，它们充其量只占很小的部分（例如参见 Fischer 等，1993；Kalleberg 和 Leicht，1991；Loscocco 等，1991）。因此，该领域需要新的方法来解决这一令人困惑的重要社会经济问题，即哪些因素可能导致女性和男性经营公司之间的差异。

最近兴起了这样一种研究方法，即基于家庭嵌入方式的创业研究（Aldrich 和 Cliff，2003；Dyer，2003；Firkin 等，2003；Heck 和 Trent，1999），Jennings 和 McDougald（2007）提出基于性别的公司规模差异可能主要源于男性企业家和女性企业家在工作和家庭之间冲突上的差异。根据这些学者的观点，男性企业家很可能会制定促进企业增长的管理工作-家庭冲突（work-family interface，WFI）的策略，而女性企业家则更有可能实行限制企业增长的策略。虽然这些想法与早期关于女性企业家的概念性或定性研究中的主题明显有共鸣（例如，Allen 和 Truman，1992，1993；Brush，1992；Goffee 和 Scase，1985），但还没有得到系统的研究关注。

就我们所知，本章提供了第一个关于男性企业家和女性企业家倾向于制定非常不同的策略来管理工作-家庭冲突的实证检验，我们分析了来自加拿大阿尔伯塔省 163 个小企业主的调查数据。在检验了是否存在性别差异后，我们探讨了在三种完全不同的环境下，男性企业家和女性企业家在不同的环境下如何制定这些策略：制造部门、零售/批发/一般服务部门和专业服务部门。

理论和假设

家庭嵌入视角

家庭嵌入的观点（Aldrich 和 Cliff，2003；也可参见 Dyer，2003；Firkin 等，2003；Heck 和 Trent，1999）是因对研究人员传统上描述企业家的方式越来越不满而产生的，传统方式将企业家当作设立和经营企业的原子化个体，却不考虑他们都嵌入其中的一种社会机构（家庭）。同样，许多学者也批评了关于女性企业家的文献，尤其是这些文献忽略了女性的个人生活是如何影响其创业追求，并且受到其创业追求的影响的（例如，Aldrich，1989；Allen 和 Truman，1992，1993；Brush，1992；Green 和 Cohen，1995；Stevenson，1986）。正如 Ahl（2006：604）在其综述中所指出的，现有对女性企业家的研究通常“假定在工作和家庭之间以及公共和私人生活领域之间存在分工”，因此而未能令人满意地解决工作和家庭之间的联系。

在我们看来，家庭嵌入视角提供了一种回应这种批评的方法。例如，Aldrich 和 Cliff（2003）在其概念框架内阐明了一系列能够影响创业过程和结果的家庭系统特征，关注家庭的变迁、资源、规范、态度和价值观所发挥的作用。迄今为止所进行的实证研究也提供了例证。关于创业过程，有几项研究证明了家庭层面的因素是如何影响创业或自主创业决定的（Boden，1999；Cramton，1993）。同样，其他一些学者也证明了家庭在提供关键资源方面所起的作用（例如，Aldrich 和 Langton，1998；Ruef 等，2003）。关于创业成果，进一步的研究揭示了家庭参与和/或所有权如何影响企业的组织文化、结构和绩效（例如，Anderson 和 Reeb，2003；Klein 等，2005；Miller 和 LeBreton-Miller，2005）。

另一项与家庭嵌入视角相一致的有前途的创业研究集中在家庭和企业之间的冲突上，而不仅仅是一个领域的因素如何影响另一个领域，这里的例子包括 Foley 和 Powell（1997）、Kim 和 Ling（2001）、Loscocco 和她的同事（1991）、Parasuraman 等（1996）以及 Smith（2000）所做的工作-家庭冲突研究。在大多数情况下，这些研究都集中在企业家工作-家庭冲突经历的性质和后果上，例如实际或感知到的工作-家庭冲突的程度和影响。正如 Jennings 和 McDougald（2007）所强调的，企业家管理工作-家庭冲突的策略也可能在塑造创业成果方面发挥影响力。我们总结了以下的策略来解释为什么男性企业家和女性企业家可能会有不同的表现。

男性企业家和女性企业家管理工作-家庭冲突的策略

Jennings 和 McDougald（2007）将企业家管理工作-家庭冲突的策略描述为两个维度：①它们是否促进了企业增长；②它们主要倾向于在个人层面制定还是在夫妻层面制定。表 9.1 提供了由这一概念化产生的四种不同组合的可视化概述。我们将在以下部分讨论与每个组合相一致的具体策略，从而得出与我们对男、女性企业家感兴趣的差异有关的可检验的假设。

表 9.1 根据 Jennings 和 McDougald（2007）改编的管理工作-家庭冲突的策略

水平/类型	促进企业增长	限制企业增长
个人	工作和家庭领域的分割（例如，在工作中压制与家庭有关的想法） 家庭范围内的调节（例如，减轻家庭负担）	工作和家庭领域的整合（例如，同时处理工作和家庭事务） 工作范围内的调节（例如，减少工作时间以照顾家庭）
夫妻	以企业家的事业为优先（例如，企业家的另一半承担“全职配偶”的角色） 推迟主要的家庭转变（例如，晚婚、晚育）	以配偶的事业为优先（例如，企业家限制工作时间，以照顾家庭并支持其配偶的事业） 推迟主要的企业转变（例如，延迟创业、企业扩张）

个人层面促进企业增长的策略

企业家制定的一项个人层面的工作-家庭冲突策略可能会促进他们企业的增长，那就是分割。正如 Edwards 和 Rothbard（2000：181）所定义的那样，这种策略涉及在所关注的焦点领域有意识地压制其他领域的思想、感情和行为。在创业方面，企业家在执行与其作为企业家角色有关的任务时（包括那些直接或间接影响其企业增长的任务时，故意限制与家庭有关的思想、感情和行为）就会制定这样的策略。在个人层面制定的第二个工作-家庭冲突策略则是家庭范围内的调节。正如 Lambert（1990：246）所描述的，这种策略包括从行为和心理上“缩减”一个人作为家庭成员的责任与投入。通过减少对家庭领域的行为和心理承诺，企业家可以投入更多的时间和精力来发展其事业。

Jennings 和 McDougald（2007）提出了一个令人信服的案例表明，在男性企业家和女性企业家实施上述工作-家庭冲突策略的程度上可以观察到明显的差异。例如，有关女性企业家的概念性和描述性文献（例如，Belcourt 等，1991；Brush，1992）以及有关男性和女性整体的实证研究结果（Rothbard，2001；Rothbard 和 Edwards，2003；Rothbard 等，2005；Williams 和 Alliger，1994）都表明，女性企业主尤其不太可能进行分割。同样，更多的关于工作-家庭冲突的文献（例如，Becker 和 Moen，1999；Greenhaus 和 Parasuraman，1999；Moen 和 Wethington，1992；Moen 和 Yu，2000）以及关于女性创业的文献（例如，Longstreth 等，1987；Parasuraman 等，1996；Smith，2000）表明，与男性企业家相比，女性企业家也不太可能减少对家庭领域的承诺。因此，我们从 Jennings 和 McDougald（2007）的研究中得出以下假设：

假设 1：相比于男性企业家，女性企业家不太可能在个人层面实施促进企业增长的工作-家庭冲突策略。

夫妻层面促进企业增长的策略

在夫妻层面，Jennings 和 McDougald（2007）阐明了两种可能促进企业增长的工作-家庭冲突策略，第一个即是将企业家的事业优先于其配偶（或另一半）的事业，实施这样的策略指企业家的另一半①作为“留守配偶”角色全职承担家庭领域的事务或者②同意接受一份“不温不火的工作”，而不是追求自己更想追求的事业。在创业情境中，当配偶（或另一半）对企业家的事业提供了更直接和实质性的支持，例如提供了劳动力时，也可以认为是实施了这种策略。在夫妻层面制定的第二个工作-家庭冲突策略则是推迟家庭范围内的重大转变，例如，一对夫妇决定推迟怀孩子的时间直到企业完全建立。再如，一对情侣出于同样的原因决定推迟结婚或同居的时间。

Jennings 和 McDougald（2007）提供了理论上有根据的论点和说明性的经验证据，来表明这些促进增长的工作-家庭冲突策略也有可能由男性企业家和女性企业家通过不同的方式实施。更确切地说，生命历程理论的研究（例如，Becker 和 Moen，1999；Martins 等，2002；Milkie 和 Peltola，1999；Moen 和 Yu，2000；Tenbrunsel 等，1995）和关于女性企业家的研究（Allen 和 Truman，1992，1993；Belcourt 等，1991；Goffee 和 Scase，1985；Jurik，1998；Parasuraman 等，1996）都表明，与男性企业家（和他们的配偶/另一半）相比，女性企业家（和她们的配偶/另一半）不太可能为事业而推迟重大的家庭转变。因此，我们研究了以下与工作-家庭冲突策略相关的、可能有助于企业增长的另一条假设：

假设 2：相比于男性企业家，女性企业家不太可能在夫妻层面实施促进企业增长的工作-家庭冲突策略。

个人层面限制企业增长的策略

就企业家制定的限制其企业增长的工作-家庭冲突策略而言，Jennings 和 McDougald（2007）聚焦于整合和工作范围内的调节方面。当人们允许两个领域之间存在流动性时，他们就会在工作-家庭之间采取前一种方法，对一个领域的需求在认知上、情感上和/或行为上作出反应，同时履行另一个领域的角色义务（Kossek 等，1999）。当人们减少对其工作领域的承担和参与时，他们就会采取后一种方法——不管是心理上的，通过减少对其工作的认同感，还是行为上的，通过减少与工作责任相关的时间（Lambert，1990）。

通过借鉴工作-家庭文献中的理论概念，如溢出和消耗的概念（Edwards 和 Rothbard，2000；Greenhaus 和 Beutell，1985；Rothbard，2001），Jennings 和 McDougald（2007）认为制定任何一种策略都可能会干扰企业家发展其企业的能力。这些学者引用了来自工作-家庭和创业学文献的研究，并进一步推测女性企业家更有可能不仅表现出更激进的整合工作-家庭冲突的处理方式，而且在工作范围内作出更大的调整，以履行其他角色的义务。综合这两种说法，我们在本章提出以下假设：

假设 3：相比于男性企业家，女性企业家更有可能在个人层面采取限制企业增长的工作-家庭冲突策略。

夫妻层面限制企业增长的策略

说到夫妻层面，Jennings 和 McDougald（2007）谈到了两种工作-家庭冲突策略，这些策略可能会降低企业家加快其企业增长的能力。第一个策略是将配偶（或另一半）的事业优先于自身的职业，这里的一个例子是企业家选择限制公司的运营时间，因为企业家已经同意承担不成比例的家务，以便配偶有更多的时间从事其工作。工作-家庭文献中的经验数据（Becker 和 Moen，1999；Kossek 等，1999；Moen 和 Yu，2000）表明一般女性更有可能采取这样的策略。Jennings 和 McDougald（2007）推测女性企业家也会倾向于这样做。

第二项夫妻双方采取的会限制企业增长的工作-家庭冲突策略涉及在家庭需求得到一定缓解之前推迟企业领域的重大转型，例如搁置任何重大的扩张计划，甚至直到孩子们长大才进行全职创业。再次引用生命历程理论（Becker 和 Moen，1999；Kossek 等，1999；Moen 和 Yu，2000），结合有关女性企业家工作与生活决策的轶事证据（例如，Goffee 和 Scase，1985），Jennings 和 McDougald（2007）认为这样的策略极有可能为女性而不是男性企业家所遵循。因此，我们在实证调查中同样也检验了这最后一条假设：

假设 4：相比于男性企业家，女性企业家更有可能在夫妻层面采取限制企业增长的工作-家庭冲突策略。

研究方法和描述性统计

数据收集

为了检验这些假设，我们收集了 2004 年夏天寄给加拿大阿尔伯塔省 600 家企业主的一份自我管理问卷，调查采用了来自 InfoCanada① 的阿尔伯塔省企业名录来创建抽样框架，从以下三个行业部门中选择了 200 家企业：①制造公司（例如工匠、打印机、耐用品生产商）；②零售、批发或一般服务公司（例如家具店、电子/电脑经销商、餐饮店、清洁工）；③专业服务公司（如会计师、律师、牙医、工程师、验光师、兽医）。名录中只有被列为非专利公司的公司才能被纳入研究。对于三个产业部门，我们都选择了由女性领导的企业，并随机选择了位于埃德蒙顿和卡尔加里两个最大都市区的 100 家由男性领导的企业。虽然绝大多数企业（94%）都位于这些城市内，但在某些情况下我们也将位于周边郊区内的公司包括在内，以获得每个部门内由女性领导企业的最低数量。我们收到了来自 163 家公司主要负责的所有者/经理的完整问卷，总回复率为 27%。参与者除一例外都报告了其性别，其中有 71 人报告为男性，91 人报告为女性。因此，女性企业主的回复率略高于男性，分别为 30% 和 24%。

样本的特征

在参与调查的企业中，22% 为制造企业，39% 为零售/批发/一般服务公司，39% 为专业服务公司。这些企业的年限跨度从不到 1 年到 101 年不等，平均年限为 22 年。大多数企业所有者（54%）认为他们的公司处于企业发展的成熟时期，而另外 41% 的企业家认为他们的公司处于缓慢或快速增长阶段，

---

① infoCANADA 是加拿大领先的在线商业和消费者数据供应商，提供基于区域和行业的目录。它通常被认可为提供具有高质量的数据，并使用外部的研究审计以确保准确性。更多信息请见 http://www.infocanada.ca/main_page.aspx。

很少有人表示他们的公司处于起步阶段或衰退期。除企业所有者之外，企业的规模从0到200名员工不等，平均规模约为18名员工。一半的公司规模都很小，只有10名员工或更少。163名参与者中有146名报告了平均年度总收入：从2万美元到6.5亿美元不等，平均值为6 908 507美元。其中一半的公司报告每年的总收入低于100万美元，而另一半的公司报告其每年的总收入超过100万美元。

就社会人口特征而言，几乎所有的企业所有者（89%）都在30岁至60岁之间。大多数企业所有者拥有高水平的人力资本。不到10%的人只有高中文凭，而有一半的人拥有研究生学位/专业职位，或者至少上过一些研究生或专业课程，其余的人拥有不同程度的大专本科教育。至于工作经验，企业所有者展现出丰富的经验，平均拥有7.92年的行业经验、4.60年的管理经验以及2.17年的企业所有权经验。

为了探究样本的代表性，我们研究了男性企业所有者和女性企业所有者及其公司在先前的研究中是否存在明显的差异，表9.2包含了比较分析的结果。在大多数情况下，这些描述性的发现与其他研究报告的结果一致，从而证明我们的样本尽管在范围上受地理限制，但也具有代表性。例如，如表9.2的上半部分所表明的那样，女性领导的公司比男性领导的公司要“年轻”得多，平均年限分别为18.4年和25.9年，她们的企业规模也要小得多，平均而言，她们的员工数量不到男性领导企业的一半。此外，女性领导公司的年平均收入还不到男性领导公司的1/10（尽管这一差别在统计上并不显著，因为每个小组内部的差异很大）。表9.2中下半部分的研究结果进一步证明了我们样本的代表性。正如其他研究报告所述，我们研究中的女性企业家往往比她们的男性同行年轻，相应地，她们拥有的从业、管理和企业所有权经验明显较少。她们的教育背景与男性相比也有明显的差异。总的来说，本调查发现的模式与以往在女性创业文献中所报告的研究结果类似，包括北美地区（Brush 等，2006a；Jennings 和 Provorny Cash，2006）以及世界其他国家（Brush 等，2006b；Minniti 等，2005）。

表 9.2　抽样公司及其业主-经理特征的性别差异

样本特征	男性	女性	检验统计量
公司			
行业部门			
制造业	22.5%	22.2%	
零售、批发或一般服务	32.4%	38.9%	
专业服务	45.1%	34.1%	X^2 =2.62 （n.s.）[a]
年限和企业生命周期阶段			
运营年限	25.90	18.40	t=3.03[**]
起步阶段	2.8%	2.2%	
缓慢增长阶段	32.4%	27.5%	
快速增长阶段	11.3%	11.0%	
成熟阶段	50.7%	58.2%	
衰退阶段	2.8%	1.1%	X^2 =1.44 （n.s.）
规模			
员工人数	27.86	10.76	t=4.03[***]
年平均收入（百万美元）	13.79	1.08	t=1.42 （n.s.）

（续表）

样本特征	男性	女性	检验统计量
业主			
年龄			
30 岁以下	0.0%	2.2%	
31—40 岁	16.9%	22.0%	
41—50 岁	23.9%	38.5%	
51—60 岁	45.1%	29.7%	
60 岁以上	14.1%	7.7%	$X^2=8.85^+$
教育背景			
高中	5.9%	10.1%	
上过一些专科或本科课程	25.0%	12.4%	
专科或本科学历	14.7%	31.5%	
上过一些研究生或专业课程	4.4%	5.6%	
研究生学历或专业职位	50.0%	40.4%	$X^2=9.96^*$
经验			
从业	9.41	6.80	$t=1.93^+$
管理	5.70	3.80	$t=1.81^+$
企业所有权	3.08	1.52	$t=2.04^*$

注：$+p\leqslant 0.10$，$*p\leqslant 0.05$，$**p\leqslant 0.01$，$***p\leqslant 0.001$。

a：由于抽样框架的构造方式，行业差异并不显著。

工作-家庭冲突策略的描述性统计

表 9.1 中的策略在我们对阿尔伯塔省企业家进行的调查研究中得到了实施，如需要这些操作上的细节，可向我们索取。对于本章，有两个关于度量的事情需要注意。首先，我们对每

种策略使用了多种度量（通常是三种），并且根据有关度量的社会统计学文献，使用了平均值、比例或因素分析来进行综合分析。其次，在检验我们关于工作-家庭冲突策略中男女差异的具体假设之前，我们检查了汇总男性和女性子样本的总体平均值。汇总样本中的一些描述性统计数据值得进行进一步的详细讨论。

促进企业增长的工作-家庭冲突策略

我们考虑了两种个人层面促进企业增长的工作-家庭冲突战略：①在企业领域将工作职责与家庭义务分开；②在家庭范围内进行调节。在我们的汇总样本中，大部分企业家并没有实施以上策略，相反，绝大多数（88%）的人报告说，在前一年，他们“从不”“很少”或“有时”因工作责任而无法履行家庭义务（如照顾生病的孩子）。三项度量分离的指标的平均值仅为2.42分，满分为5分。同样，我们的描述性分析表明，在企业家样本中，在家庭范围内调节的策略也没有得到广泛的执行。行为上，参与者报告说他们平均每周花25小时来处理与家庭相关的责任；心理上，参与者报告说他们高度重视家庭成员的角色（平均值为4.00分，满分为5分），很少有人会放松对在家庭中充分发挥作用的期望（平均值为2.88分，满分为5分）。

在夫妻层面，我们的研究对象并没有广泛实施促进企业增长的优先考虑企业家事业的工作-家庭冲突策略。例如，只有12%的人表示会将其配偶/另一半留在家中，以便企业所有者更好地履行其作为所有者-经理的责任。同样，只有12%的人表示其配偶/另一半仅仅是在做一份不温不火的工作，而不是追求自己的事业发展。只有3%的人表示他们的配偶为其企业提供无偿劳动力。这一系列研究结果表明，我们样本中的企业家不仅自己在努力做到一切，而且在大部分情况下，其配偶/另一半也没有将企业家的职业优先于自己的事业。

参与者也没有在夫妻层面采用第二个促进企业增长的工作-家庭冲突策略：推迟家庭领域内的一些重大转变。绝大多数人（90%）已婚或拥有同居伴侣，并没有为了更好地承担企业主角色而保持单身。此外，65%的受访者表示，在我们调查的时候，他们的孩子和他们一起生活，并没有为了事业而放弃抚养孩子。① 综上所述，Jennings和McDougald（2007）根据以往的研究认为我们样本中的企业家并没有很努力地追求潜在促进企业增长的工作-家庭冲突策略，无论这些策略主要是针对个人的还是夫妻层面的。

总而言之，相对于我们的预期，我们发现只有较少的企业家愿意采用个人或夫妻层面的促进企业增长的工作-家庭冲突策略，受访者们似乎很敏锐地意识到工作与家庭之间的紧张关系以及这些策略的存在。

限制企业增长的工作-家庭冲突策略

就个人层面可能会限制企业增长的工作-家庭冲突策略而言，第一项策略，将家庭责任与工作承诺相整合无法被度量，

---

① 更具体地说，19%的调查对象家中至少有一名学龄前儿童；31%的调查对象家中至少有一名学龄儿童；15%的调查对象家中有成年子女。另外1%的参与者报告说有一名年长的亲戚住在他们家里，其余34%的被调查者没有亲戚居住。

相反，我们不得不构建相反的一体化度量指标——企业家们说自己是在家处理与企业有关的事情，而不仅仅是与家人待在一起。尽管这一指标的平均值仅为2.73分（满分为5分），但几乎1/4（22%）的参与者承认他们“经常”或“几乎总是”从事这种形式的活动。

个人层面第二个限制企业增长的因素主要是企业家在工作领域因家庭角色承诺而作出的行为和心理调节。行为上，参与者报告说在企业领域工作了很长时间，平均每周工作46个小时，具体而言，超过3/4的企业家表示他们每周花在与工作有关的事务上的时间超过40个小时。心理上，参与者报告说他们至少适度地承担了作为企业家的责任（平均值为3.40分，满分为5分），很少人放松他们在工作领域表现的预期（平均值为2.60分，满分为5分），许多人报告说他们高度认同自己的事业（平均值为4.16分，满分为5分）。

在夫妻关系层面，可能限制企业增长的主要策略之一是优先考虑配偶（或另一半）的职业生涯，而不是企业家的职业生涯。研究中有近30%的参与者表示他们承担了“大多数”或“所有”的家务，为了履行这些义务，企业家可能有意地限制甚至减少他们从事与企业有关的事务的时间。在我们的研究中，32%的人承认他们经常在上一年限制工作时间，另有32%的人报告说他们在同一报告期内经常减少与企业有关的时间。

我们衡量的第二个夫妻层面限制企业增长的工作-家庭冲突策略是推迟企业领域内的重大转变，我们的研究参与者很少使用这种策略。只有10%的人表示他们在过去一年里经常努力减少顾客或客户的数量。同样，只有6%的人承认他们在同一报告期内经常拒绝新顾客或新客户。

总而言之，就像促进企业增长的工作-家庭冲突策略，企业家不太可能采取个人或夫妻层面限制企业增长的策略，这与我们的预期并不一致。然而，企业家们似乎敏锐地意识到这种策略的存在，因此，男性企业家或女性企业家在面对工作-家庭冲突时是否会利用这组策略是一个有趣的选择，以下展示了与这个问题有关的调查结果。

假设检验结果

促进企业增长的工作-家庭冲突策略中的性别差异

表 9.3 总结了男性和女性企业所有者对不同的工作-家庭冲突策略总体使用情况的分析结果。正如汇总样本的描述性结果所预示的那样，我们发现在使用促进企业增长的策略方面，男性和女性之间的差异比我们预期的要小。在个人层面，我们的分割测量指标没有显示出显著差异，样本中的女性企业家和男性企业家一样，对自己的工作和家庭角色仅进行了有限的分割。同样，我们发现男性参与者和女性参与者在家庭内调节上没有显著差异。女性企业家和男性企业家一样，每周在家务劳动上花费大量时间，对作为家庭成员的角色表现出很强的责任感，并且很少放松她们对于一个合理的家庭角色的期望。因此，我们没有发现数据来支持我们的第一个假设，即女性企业家不太可能在个人层面采取潜在促进企业增长的工作-家庭冲突策略。

然而，正如表 9.3 的下半部分所示，我们确实为第二个假设找到了一些支持，即女性企业家采用夫妻层面的促进企业增长的工作-家庭冲突策略的可能性更小。首先，女性拥有全职配偶的可能性微乎其微，几乎有1/4的男性——但只有5%的女性——报告说他们的夫妻关系属于这一种。其次，这些女性的配偶提供无偿劳动的可能性较小。也就是说，和男性企业家一样，女性企业家的配偶/另一半不太可能只从事一份不温不火的工作而不去追求自己的事业。此外，我们发现两项推迟重大家庭转变的指标没有显著的性别差异。虽然女性没有配偶/另一半或需要扶养的子女/老人的比例较高，但这些差异在统计上并没有显著意义。

表9.3 男性企业家和女性企业家促进企业增长的工作-家庭冲突策略的差异分析

促进企业增长的工作-家庭冲突策略	女性	男性	检验统计
个人层面			
分割			
工作时对家务劳动不做回应	均值=2.33	均值=2.50	$t=-1.63$（n. s.）
家庭范围内的调节			
每周花费在家务劳动上的小时数	均值=23.10	均值=26.14	$t=-1.07$（n. s.）
家庭角色承诺水平	均值=3.96	均值=4.03	$t=-0.62$（n. s.）
对家庭领域较为轻松的预期	均值=2.78	均值=2.96	$t=-1.23$（n. s.）

（续表）

促进企业增长的工作-家庭冲突策略	女性	男性	检验统计
夫妻层面			
以企业家自身的事业为优先			
伴侣无工作待在家里	23.4%	5.2%	$X^2=9.98^{**}$
伴侣提供无报酬劳动	5.6%	1.1%	$X^2=2.74^{+}$
伴侣仅有一份不温不火的工作	12.2%	17.8%	$X^2=0.69$ (n.s.)
推迟家庭转变			
没有配偶/另一半	7.0%	11.0%	$X^2=0.74$ (n.s.)
没有需要扶养的子女/老人	31.0%	37.4%	$X^2=0.72$ (n.s.)

注：$+p\leqslant 0.10$，$*p\leqslant 0.05$，$**p\leqslant 0.01$，$***p\leqslant 0.001$。

限制企业增长的工作-家庭冲突策略中的性别差异

表 9.4 包含了我们调查的结果，我们观察到的样本中企业所有者采取限制企业增长的工作-家庭冲突策略的程度上可能存在的性别差异仍然非常有限。

表 9.4　对男性企业家和女性企业家限制企业增长的工作-家庭冲突策略的差异分析

限制企业增长的工作-家庭冲突策略	女性	男性	检验统计
个人层面			
整合			

（续表）

限制企业增长的工作-家庭冲突策略	女性	男性	检验统计
在家办公	均值＝2.65	均值＝2.79	$t=-0.94$（n.s.）
家庭范围内的调节			
每周花在处理工作上的小时数	均值＝45.32	均值＝46.42	$t=-0.45$（n.s.）
工作角色承诺水平	均值＝3.35	均值＝3.44	$t=-0.68$（n.s.）
对工作领域较为轻松的预期	均值＝2.61	均值＝2.57	$t=0.21$（n.s.）
对事业的认同	均值＝4.14	均值＝4.18	$t=-0.37$（n.s.）
夫妻层面			
以伴侣的职业生涯为优先			
假定更大份额的家务劳动	均值＝2.37	均值＝3.37	$t=-7.36^{***}$
限制花在工作上的时间	均值＝2.83	均值＝3.03	$t=-1.22$（n.s.）
减少花在工作上的时间	均值＝3.08	均值＝3.08	$t=0.04$（n.s.）
推迟企业转变			
减少现有客户基础	均值＝2.08	均值＝1.84	$t=1.48$（n.s.）
拒绝新客户	均值＝1.94	均值＝1.70	$t=1.55$（n.s.）

注：$+p\leqslant0.10$，$*p\leqslant0.05$，$**p\leqslant0.01$，$***p\leqslant0.001$。

表 9.4 的上半部分没有显著的性别差异，这在每一个人层

面的策略中都是显而易见的。比起男性企业家，女性企业家并没有更多地把工作和家庭角色整合在一起，也没有更多地为了家庭角色的义务而在企业领域内作出行为或心理上的调整，因此，我们的第三个假设没有得到经验支持。

我们的第四个假设预测女性企业家在夫妻层面更有可能采取潜在的限制企业增长的工作-家庭冲突策略。表 9.4 下半部分报告的研究结果对这一假设提供了非常有限的支持，正如数据显示的那样，在将配偶的职业生涯优先于企业家职业生涯的三个指标中，有两个指标没有明显的性别差异。相反，女性参与者和男性参与者一样不太可能故意限制或减少工作时间以履行家庭责任。同样，我们发现两项推迟重大企业转变的指标，即减少公司现有的客户数量和/或拒绝新客户，也没有显著的性别差异。事实上，女性企业家比男性企业家更多采取了夫妻层面限制企业增长策略的唯一潜在因素是，她们承担的家务劳动比例过高。

不同背景下的性别差异

鉴于 Jennings 和 McDougald（2007）的理论预测总体上缺乏经验支持，我们觉得有必要探索潜在的原因。一种可能性是，与新出现的对女性企业家创业研究的偶然性理论方法一致（例如参见 Ahl，2006；Cliff 等，2005；Justo 等，2007），即实际上企业家工作-家庭冲突策略的性别差异可能在某些情况下非常明显，但在其他情况下受到抑制——因此在总体审视时就会被掩盖。我们通过测试样本中企业运营的三个不同行业部门的性别差异探讨了这种可能性：①制造业；②零售、批发和一般服务；③专业服务，表 9.5 总结了研究结果。

表 9.5 中报告的结果支持了这种与情境相关的解释。如表 9.5 第一列所示，大型制造企业之间没有显著的性别差异，在这种情境下，男性企业家和女性企业家的工作-家庭冲突策略只在两个重要方面存在差异：第一，近 2/3 的女性企业所有者，以及不到 1/3 的男性企业所有者，表示他们的家庭中没有需要扶养的子女或长辈（$X^2=4.05$，$p\leqslant0.05$）；第二，尽管缺少需要扶养的人，但这些女性比男性更有可能报告其承担了过多的家务劳动（女性均值 =3.95，男性均值 =2.31；$t=5.54$，$p<0.001$）。

正如表 9.5 第二列所示，在零售、批发或一般服务公司中性别差异明显较大。虽然在这种情境下的男性和女性并不倾向于在可能会促进企业增长的个人层面制定不同的工作-家庭冲突策略，但在夫妻层面我们可以观察到有趣的差异。特别是，这种公司中有 21% 的男性所有者/经理（但没有一位女性）拥有一个全职在家的配偶。此外，13% 的男性有一位配偶向其企业提供无偿劳动，而女性则没有（$X^2=5.48$，$p\leqslant0.5$）。类似地，在限制企业增长的工作-家庭冲突策略中可以观察到进一步的差异，然而，在这里，女性报告的企业所有者角色的承担水平显著较高（女性均值 =3.62，男性均值 =3.10；$t=2.55$，$p\leqslant0.01$），同时企业认同值也明显更高（女性均值 =4.36，男性均值 =4.04；$t=2.20$，$p\leqslant0.05$）。最后，虽然在这种情况下的女性企业家倾向于承担更多的家庭责任（女性均值 =3.25，男性均值 =2.30；$t=4.44$，$p\leqslant0.001$），但与男性相比，她们更不可能报告她们减少了其公司的客户数量（女性均值 =

1.48，男性均值=2.35；$t=-3.38$，$p\leqslant 0.001$），或拒绝了新客户（女性均值=1.41，男性均值=2.00；$t=-2.35$，$p\leqslant 0.01$），以更好地履行其与家庭有关的责任。

表 9.5　不同背景下的工作-家庭冲突策略是否存在性别差异及其性质

工作-家庭冲突策略	制造业	零售/批发/一般服务	专业服务
促进企业增长			
个人层面			
分割	否	否	女性>男性
每周花费在家务劳动上的时间	否	否	否
家庭角色承诺水平	否	否	否
对家庭领域较为轻松的预期	否	否	女性>男性
夫妻层面			
伴侣无工作待在家里	否	女性<男性	女性<男性
配偶提供无报酬劳动	否	女性<男性	否
伴侣仅有一份不温不火的工作	否	否	否
没有配偶/另一半	否	否	否
没有需要扶养的子女/老人	女性>男性	否	否
抑制企业增长			
个人层面			
整合	否	否	否

（续表）

工作-家庭冲突策略	制造业	零售/批发/一般服务	专业服务
每周花在处理工作上的小时数	否	否	否
工作角色承诺水平	否	女性>男性	女性<男性
对工作领域较为轻松的预期	否	否	否
对事业的认同	否	女性>男性	否
夫妻层面			
家务劳动分配不均衡	女性>男性	女性>男性	女性>男性
限制花在工作上的时间	否	否	否
减少花在工作上的时间	否	否	女性>男性
减少现有客户基础	否	女性<男性	否
拒绝新客户	否	女性<男性	否
性别差异总计	2	7	6

专业服务公司背景下的性别差异与零售/批发/一般服务的情况同样明显，但这两种情况下的差异模式并不完全相同，例如，只有在专业服务公司的背景下，在个人层面实施的促进企业增长的工作-家庭冲突策略中才可以观察到性别差异。然而，有趣的是，我们发现女性专业人士比男性专业人士更有可能报告其采取了分割策略（女性均值 = 2.63，男性均值 = 2.31；$t=1.98$，$p\leq 0.05$），并放松了其在家庭中充分发挥作用的期望（女性均值 = 3.25，男性均值 = 2.84；$t=2.21$，$p\leq$

0.05)。与零售、批发或一般服务公司的领导者一样，专业服务公司的女性领导者中没有一位拥有留在家中或为其义务提供无偿劳动的配偶。最后，女性专业人士比男性专业人士更愿意采取限制企业增长的工作-家庭冲突策略，比如减少对企业所有者责任的承担（女性均值 =2.99，男性均值 =3.53；$t=-3.02$，$p\leqslant 0.01$），假定家务劳动分配不平衡（女性均值 =3.16，男性均值=2.44；$t=3.38$，$p\leqslant 0.001$），并减少她们的工作时间（女性均值 =3.63，男性均值 =2.50；$t=2.50$，$p\leqslant 0.001$）。

讨　论

本章的主要目是对男性企业家和女性企业家如何采取不同策略来管理工作与家庭之间的冲突这一问题（例如，Brush，1992；Jennings 和 McDougald，2007；Longstreth，1987；Parasuraman 等，1996）进行一次实证检验。虽然我们可能已经实现了这一目标，但结果并不像我们预料的那样。首先，我们样本中的企业所有者并没有采取 Jennings 和 McDougald（2007）提出的许多策略以促进或限制企业增长。其次，与这些学者的预测相反，我们观察到男性企业家和女性企业家之间的整体差异非常小。

尽管从表面上看，这些发现可能会让人对创业现象研究中的家庭嵌入视角（Aldrich 和 Cliff，2003；Dyer，2003；Firkin 等，2003；Heck 和 Trent，1999）产生怀疑，我们补充的跨行业比较结果表明这样的结论是错误的——或者至少是不成熟的。诚然，我们发现领导制造公司的男性和女性所制定的工作-家庭冲突策略几乎没有差异，然而，在零售、批发或一般服务公司中，很多性别差异是显而易见的。此外，在专业服务公司的领导者中，不仅在一些潜在的促进增长和限制增长的工作-家庭冲突策略中可以观察到显著的性别差异，而且在个人和夫妻层面的分析中也存在差异，这些发现表明在某些背景下考虑家庭嵌入可能是特别重要的，而不是无关紧要。

上述推论也为创业学文献中的另一种新兴方法提供了支持：利用背景丰富的视角（Davidsson，2004；Sarasvathy，2004；Zahra，2007）。这种方法的一个核心观点是创业学研究者（和从业者）感兴趣的关键关系可能因创业环境而异，这与我们在这项研究中观察到的情况相符。性别差异在某些情况下是有限的，但在其他情况下则更为普遍。此外，在性别差异比较明显的两种环境中，每一种环境都观察到了不同的差异模式，即男性和女性专业服务提供者之间的差异与男性和女性零售商、批发商及一般服务提供者之间的明显差异并不相同。

综上所述，我们认为本章所报告的研究为创业学文献提供了两个主要的贡献。首先，我们的研究更广泛地扩展了与家庭嵌入视角相一致的研究，为进一步更具体地研究企业家的工作-家庭冲突策略奠定了经验基础。迄今为止，对工作-家庭问题进行的有限实证研究往往主要集中在企业家经历的工作与家庭冲突上（例如，Kim 和 Ling，2001；Loscocco 等，1991；Parasuraman 等，1996），而不是他们管理两个领域之间交互的策略上。其次，我们的研究提供了一个例证来说明研究人员如何应对应在女性创业研究中采取更加多样化和情境化视角的要求(Ahl,2006;de Bruin 等,2006,2007;Hughes,2005;Jennings 和 Provorny Cash,2006;Marlow 和 Patton,2005;Rosa 和 Hamilton,1994)。我们的研究并不是仅仅声称情境很重要,而是提供了一个简单的实证来展示情境是否重要以及如何重要。

接下来的研究可以在此基础上进一步拓展。一方面,如果纵向调查揭示企业所有者的工作-家庭冲突策略会影响关键的创业成果(无论是促进还是限制),那么上述的家庭嵌入将更具争议性,对这种关系进行的前期关联性分析(本章进行的跨行业调查数据分析)在这方面看起来相当有前景。另一方面,如果我们事先从理论上提出有根据的论据,且通过我们的事后实证研究解释了跨背景差异,那么上述对跨背景方法的贡献将更加值得注意。例如,为什么制造业公司的男性所有者和女性所有者倾向于以类似的方式管理工作-家庭冲突,而在领导其他类型公司的人之间有着更明显的性别差异?这与被吸引到不同部门的个人有关系吗?还是与每个部门所做工作的性质更有关?比如,人们可以想象,一些形式的制造业比许多专业服务工作要标准化得多,这可能会对工作-家庭冲突策略的范围产生影响(无论男性企业家还是女性业家)。

总之,我们希望本研究不仅能鼓励研究人员思考这里所提及的具体问题,而且能更广泛地考虑家庭嵌入的性质和影响。我们也希望本研究能够提醒研究人员在调查中注意考虑与情境相关的因素。我们认为这些努力将有助于回应关于女性创业研究尚未抓住女性(和男性)企业家固有多样性的批评。

参考文献

Ahl, H. (2006), 'Why research on women entrepreneurs needs new directions', *Entrepreneurship Theory and Practice*, 30 (5), 595-621.

Aldrich, H. E. (1989), 'Networking among women entrepreneurs', in O. Hagan, C. Rivchun and D. Sexton (ed), *Women-owned Businesses*, New York: Praeger, 103-122.

Aldrich, H. E. and Cliff, J. E. (2003), 'The pervasive effects of family on entrepreneurship: Toward a family embeddedness perspective', *Journal of Business Venturing*, 18 (5), 573-596.

Aldrich, H. E. and Langton, N. (1998), 'Human resource management and organizational life cycles', in P. D. Reynolds, W. Bygrave, N. M. Carter, P. Davidsson, W. B. Gartner, C. M. Mason and P. P. McDougall (ed), *Frontiers of Entrepreneurship Research 1997*, *Proceedings of the Babson College*, *Center for Entrepreneurial Studies*, Babson Park, MA: Babson College, 349-357.

Allen, S. and Truman, C. (1992), 'Women, business and self-employment: A conceptual minefield', in S. Arber and N. Gilbert (ed), *Women and Working Lives*, London: Macmillan, 162-174.

Allen, S. and Truman, C. (1993), *Women in Business*: *Perspectives on Women Entrepreneurs*, London: Routledge.

Anderson, R. and Reeb, D. (2003), 'Founding family ownership and firm performance: Evidence from the S&P 500', *Journal of Finance*, 58, 1301-1328.

Becker, P. E. and Moen, P. (1999), 'Scaling back: Dual-earner couples' work-family strategies', *Journal of Marriage and the Family*, 61 (4), 995-1007.

Belcourt, M., Burke, R. and Lee-Gosselin, H. (1991), *The Glass Box: Women Business Owners in Canada*, Ottawa: Canadian Advisory Council on the Status of Women.

Boden, R. J. (1999), 'Flexible working hours, family responsibilities, and female self-employment: Gender differences in self-employment selection', *The American Journal of Economics and Sociology*, 58 (1), 71-93.

Brush, C. G. (1992), 'Research on women business owners: Past trends, a new perspective and future directions', *Entrepreneurship Theory and Practice*, 16 (4), 5-30.

Brush, C. G., Carter, N. M., Gatewood, E. J., Greene, P. G. and Hart, M. M. (2006a), 'Women's entrepreneurship in the United States', in C. Brush, N. M. Carter, E. J. Gatewood, P. G. Greene and M. M. Hart (ed), *Growth-Oriented Women Entrepreneurs and their Businesses: A Global Research Perspective*, Cheltenham, UK and Northampton, MA, USA: Edward Elgar, 184-202.

Brush, C. G., Carter, N. M., Gatewood, E. J., Greene, P. G. and Hart, M. M. (ed) (2006b), *Growth-Oriented Women Entrepreneurs and Their Businesses: A Global Research Perspective*, Cheltenham, UK and Northampton, MA, USA: Edward Elgar.

Buttner, E. H. and Moore, D. P. (1997), 'Women's organizational exodus to entrepreneurship: Self-reported motivations and correlates with success', *Journal of Small Business Management*, 35 (1), 34-46.

Carter, N. M., Williams, M. and Reynolds, P. D. (1997), 'Discontinuance among new firms in retail: The influence of initial resources, strategy, and gender', *Journal of Business Venturing*, 12, 125-145.

Cliff, J. E. (1998), 'Does one size fit all? Exploring the relationship between attitudes between growth, gender and business size', *Journal of Business Venturing*, 13 (6), 523-542.

Cliff, J. E., Langton, N. and Aldrich, H. E. (2005), 'Walking the talk? Gendered rhetoric vs. action in small firms', *Organization Studies*, 26, 61-89.

Cooper, A. C., Gimeno-Gascon, F. J. and Woo, C. Y. (1994), 'Initial human and financial capital as predictors of new venture performance', *Journal of Business Venturing*, 9, 371-395.

Cramton, C. D. (1993), 'Is rugged individualism the whole story? Public and private accounts of a firm's founding', *Family Business Review*, 6, 233-261.

Davidsson, P. (2004), *Researching Entrepreneurship*, Boston, MA: Springer.

Davis, A. B. and Aldrich, H. E. (2000), 'The organizational advantage? Social capital, gender, and small business owners' access to resources', paper presented at the 2000 American Sociological Association meeting, 12-16 August, Washington, DC.

De Bruin, A., Brush, C. G. and Welter, F. (2006), 'Introduction to the special issue: Towards building cumulative knowledge on women's entrepreneurship', *Entrepreneurship Theory and Practice*, 30 (5), 585-593.

De Bruin, A., Brush, C. G. and Welter, F. (2007), 'Advancing a framework for coherent research on women's entrepreneurship', *Entrepreneurship Theory and Practice*, 31 (3), 323-339.

Dyer, W. G. (2003), 'The family: the missing variable in organizational research', *Entrepreneurship Theory and Practice*, 27 (4), 401-416.

Edwards, J. R. and Rothbard, N. P. (2000), 'Mechanisms linking work and family: Clarifying the relationship between work and family constructs', *Academy of Management Review*, 25 (1), 176-199.

Fabowale, L., Orser, B. and Riding. A. (1995), 'Gender, structural factors, and credit terms between Canadian small businesses and financial institutions', *Entrepreneurship Theory and Practice*, 19 (4), 41-66.

Firkin, P., Dupuis, A. and de Bruin, A. (2003), 'Familial entrepreneurship', in A. de Bruin and A. Dupuis (ed), *Entrepreneurship: New Perspectives in a Global Age*, Aldershot: Ashgate Publishing, 92-108.

Fischer, E., Reuber, R. and Dyke, L. (1993), 'A theoretical overview and extension of research on sex, gender, and entrepreneurship', *Journal of Business Venturing*, 8, 151-168.

Foley, S. and Powell, G. N. (1997), 'Reconceptualizing work—family conflict for business/marriage partners: A theoretical model', *Journal of Small Business Management*, 35, 36-47.

Goffee, R. and Scase, R. (1985), *Women in Charge*, London: George Allen and Unwin.

Green, E. and Cohen, L. (1995), 'Women's businesses: Are women entrepreneurs breaking new ground or simply balancing the demands of "women's work" in a new way?', *Journal of Gender Studies*, 4 (3), 297-314.

Greenhaus, J. and Parasuraman, S. (1999), 'Research on work, family and gender: Current status and future directions', in G. N. Powell (ed), *Handbook of Gender and Work*, Thousand Oaks, CA: Sage.

Greenhaus, J. H. and Beutell, N. J. (1985), 'Sources of conflict between work and family roles', *Academy of Management Review*, 10, 76-88.

Haines Jr, G. H., Orser, B. J. and Riding, A. L. (1999), 'An empirical study of banks and the gender of small business clients', *Revue Canadienne des Sciences de L'Administration*, 16 (4), 291-308.

Heck, R. K. Z. and Trent, E. S. (1999), 'The prevalence of family business from a household sample', *Family Business Review*, 12 (3), 209-224.

Hughes, K. D. (2005), *Female Enterprise in the New Economy*, Toronto: University of Toronto Press.

Jennings, J. E. and McDougald, M. S. (2007), 'Work-family interface experiences and strategies: Consequences for entrepreneurship research and practice', *Academy of Management Review*, 32, 747-760.

Jennings, J. E. and Provorny Cash, M. (2006), 'Women's entrepreneurship in Canada: Progress, puzzles and priorities', in C. G. Brush, N. M. Carter, E. J. Gatewood, P. G. Greene and M. M. Hart (ed), *Growth-Oriented Women Entrepreneurs and their Businesses: A Global Research Perspective*, Cheltenham, UK and Northampton, MA, USA: Edward Elgar, 53-87.

Jurik, N. C. (1998), 'Getting away and getting by: the experiences of self-employed homeworkers', *Work and Occupations*, 25 (1), 7-35.

Justo, R., Cruz, C. and de Castro, J. O. (2007), 'Perception of success of male and female entrepreneurs: A social identity approach', paper presented at the Diana International Research Conference, 5 June, Madrid.

Kalleberg, A. L. and Leicht, K. T. (1991), 'Gender and organizational performance: Determinants of small business survival and success', *Academy of Management Journal*, 34 (1), 136-161.

Kim, J. L. S. and Ling, C. S. (2001), 'Work-family conflict of women entrepreneurs in Singapore', *Women in Management Review*, 16 (5/6), 204-221.

Klein, S. B., Astrachan, J. H. and Smyrnios, K. X. (2005), 'The F-PEC scale of family influence: Construction, validation and further implication for theory', *Entrepreneurship Theory and Practice*, 29 (3), 321-340.

Kossek, E. E., Noe, R. A. and DeMarr, B. J. (1999), 'Work-family role synthesis: Individual and organizational determinants', *International Journal of Conflict Management*, 10 (2), 102-129.

Lambert, S. J. (1990), 'Processes linking work and family: A critical review and research agenda', *Human Relations*, 43 (3), 239-257.

Longstreth, M., Stafford, K. and Maudin, T. (1987), 'Self-employed women and their families: Time use and socioeconomic characteristics',

Journal of Small Business Management, 25 (3), 30-37.

Loscocco, K. A., Robinson, J., Hall, R. H. and Allen, J. K. (1991), 'Gender and small business success: An inquiry into women's relative disadvantage', *Social Forces*, 70 (1), 65-85.

Marlow, S. and Patton, D. (2005), 'All Credit to Men? Entrepreneurship, finance, and gender', *Entrepreneurship Theory and Practice*, 29 (6), 717-735.

Martins, L. L., Eddieston, K. A. and Veiga, J. F. (2002), 'Moderators of the relationship between work-family conflict and career satisfaction', *Academy of Management Journal*, 45 (2), 399-409.

Milkie, M. A. and Peltola, P. (1999), 'Playing all the roles: Gender and the work- family balancing act', *Journal of Marriage and the Family*, 61, 476-490.

Miller, D. and Le Breton-Miller, I. (2005), *Managing for the Long Run*, Boston, MA: Harvard Business School Press.

Minniti, M., Arenius, P. and Langowitz, N. (2005), *Global Entrepreneurship Monitor: 2004 Report on Women and Entrepreneurship*, Babson Park, MA and London: Babson College and London Business School, available at: www. gemconsortium. org (accessed 1 October 2008).

Moen, P. and Wethington, E. (1992), 'The concept of family adaptive strategies', *Annual Review of Sociology*, 18, 233-251.

Moen, P. and Yu, Y. (2000), 'Effective work/life strategies: Working couples, work conditions, gender and life quality', *Social Problems*, 47 (3), 291-326.

Orser, B. and Hogarth-Scott, S. (2002), 'Opting for growth: Gender dimensions of choosing enterprise development', *Canadian Journal of Administrative Sciences*, 19 (3), 284-300.

Parasuraman, S., Purohit, Y. S., Godshalk, V. M. and Beutell, N. J. (1996), 'Work and family variables, entrepreneurial career success, and psychological wellbeing', *Journal of Vocational Behavior*, 48, 275-300.

Rosa, P. and Hamilton, D. (1994), 'Gender and ownership in U. K. small-firms', *Entrepreneurship Theory and Practice*, 18 (3), 11-27.

Rothbard, N. P. (2001), 'Enriching or depleting? The dynamics of engagement in work and family roles', *Administrative Science Quarterly*, 46 (4), 655-684.

Rothbard, N. P. and Edwards, J. E. (2003), 'Investment in work and family roles: A test of identity and utilitarian motives', *Personnel Psychology*, 56 (3), 699-729.

Rothbard, N. P., Phillips, K. W. and Dumas, T. L. (2005), 'Managing multiple roles: Work-family policies and individuals' desires for segmentation', *Organization Science*, 16 (3), 243-258.

Ruef, M., Aldrich, H. E. and Carter, N. (2003), 'The structure of founding teams: Homophily, strong ties, and isolation among U. S. entrepreneurs', *American Sociological Review*, 68 (2), 195-222.

Sarasvathy, S. D. (2004), 'The questions we ask and the questions we care about: Reformulating some problems in entrepreneurship research', *Journal of Business Venturing*, 19, 707-717.

Sexton, D. L. and Bowman-Upton, N. (1990), 'Female and male entrepreneurs: Psychological characteristics and their role in gender-related discrimination', *Journal of Business Venturing*, 5 (1), 29-36.

Smith, C. R. (2000), 'Managing work and family in small "copreneurial" business: an Australian study', *Women in Management Review*, 15, 283-293.

Stevenson, L. (1986), 'Against all odds: The entrepreneurship of women', *Journal of Small Business Management*, 24 (4), 30-36.

Tenbrunsel, A. E., Brett, J. M., Moaz, E., Stroh, L. K. and Reilly, A. H. (1995), 'Dynamic and static work-family relationships', *Organiza-*

tional Behavior and Human Decision Processes, 63 (3), 233-246.

Williams, K. and Alliger, G. M. (1994), 'Role stressors, mood spillover, and perception of work-family conflict in employed parents', *Academy of Management Journal*, 37 (2), 837-868.

Zahra, S. A. (2007), 'Contextualizing theory building in entrepreneurship research', *Journal of Business Venturing*, 22, 443-452.

第十章

关于性别、融资与创业资本的综述：理论、实践与政策

Eleanor Shaw，Sara Carter，Wing Lam

引　言

长期以来，融资都被认为是女性企业家的障碍。先前的研究证实了男性和女性所拥有的企业在融资模式上存在差异（Brush，1992；Brush 等，2001；Coleman，2000），并且提供了确凿的证据证明女性所拥有的企业在创建时资金水平较低（Carter 和 Rosa，1998）、债务融资比率较低（Haines 等，1999），同时利用私人股权或风险投资的可能性较小（Brush 等，2001；Greene 等，1999）。目前对这种双元式融资模式的解释并不令人满意。早期的研究将这种性别差异归因于结构性（企业所有的部门、年限、规模）因素，但控制了结构性影响的研究仍持续反映出女性和男性所拥有企业融资状况的不同。研究方法、抽样程序和国家背景方面的差异均导致女性所拥有的企业与融资之间的关系呈现出矛盾的结果（Haines 等，1999），这一研究领域也受到理论发展薄弱和积累不足的限制（Mirchandani，1999）。

获得商业融资是一个复杂的过程，受到一系列经济和社会变量的影响，其中许多变量不容易识别，并常被误解。通过借鉴Bourdieu（1977，1990）的理论视角和社交网络理论（Granovetter，1973，1982，1985；Mitchell，1969），本章旨在通过研究非财务资本对女性所拥有企业初期融资的影响来探讨融资、企业所有权与性别之间的复杂关系。

企业所有权、融资与性别

以往的研究经常假定资金运用上的性别差异是男性企业家与女性所拥有企业的不同结构造成的（Read，1998）。例如，Haines等（1999）在一项对银行贷款文件进行的大规模调查中发现，男性企业家和女性企业家之间存在的差异（女性企业家具有较低的销售水平和负债、较低的工资水平和提款额）是企业规模、年限和所在部门作用的结果。Fabowale等（1995）同样认为结构性因素导致了男女性企业家贷款拒绝率的差异。其他研究则不那么确定。Verheul和Thurik（2000）发现，男性创业者和女性创业者在创业资金使用方面的大部分差异由间接因素（企业规模、年限、所在部门）导致，然而，有些直接的性别影响依然存在。最近的研究控制了结构性因素，将处于同一部门和同一阶段相匹配的男性和女性所拥有的企业进行比较，这些研究反映了剩余资金方面的巨大差异：女性平均对创业资金的使用只有男性的1/3，但这一现象已被归因于需求和供应因素的相互作用（Carter等，2007）。

专门针对企业所有者的性别对银行贷款决策影响的研究却

几乎没有发现有关性别歧视的直接证据（Buttner 和 Rosen，1989；Carter 等，2007；Fay 和 Williams，1993）。这些研究与其他研究（Orser 和 Foster，1994；Coleman，2000）表明，虽然性别本身可能不会影响银行贷款决策，但一些贷款标准，包括首选的企业规模和企业所有者的教育程度、经验、资本、抵押品、特质和能力却可能会对女性企业家不利。正如 Carter 等（2007：440）所言，“性别仍然是银行贷款中一个重要却隐晦的变量”。

虽然大部分研究证据都并不支持由银行所导致的系统性性别歧视，但它们明确地展示了一种双元式的融资模式，这种模式能够在一定程度上用男性和女性所拥有企业之间的结构性差异来解释，但并不能解释全部，创业、融资与性别之间的关系可能比之前所认知的更为复杂和微妙，关键是女性企业家为什么仍然在获得和使用外部资金方面面临挑战这一问题仍然没有得到解决。认识到企业所有权取决于财务资本和非财务资本的提供与获取，本章介绍的研究试图通过探讨性别、融资和创业资本之间的关系，为一直以来的辩论作出贡献。

创业资本

在社会科学领域，资本的概念并不新颖（参见 Giddens，2001），但其在创业研究中的应用则是近期才有的（Erikson，2002；Firkin，2003；Morris，1998）。尽管大多数创业研究人员都将资本理论的起源说成是公司资源观的发展（参见 Carter 等，2001），但 Gorton（2000）和 Firkin（2003）都为 Bourdieu

(1986) 的创业资本观的价值提供了详细论述。Bourdieu (1986) 认为个人拥有四种类型的资本：经济（财务）资本、社会资本、文化资本（包括人力资本）和象征性资本。他认为社会既包括客观结构（例如资源和资本），也包括潜意识分类系统所创造的主观结构，这些结构是个人用作参与和解释实际活动的象征性模板（Bourdieu，1977；Bourdieu 和 Wacquant，1992）。社会现象，例如企业所有权，产生于这些结构之间的相互作用，这表明它们具有可塑性，是由个体之间的相互作用而在社会中构建的。

Bourdieu（1977）结构主义的观点为揭示企业所有权、创业资本和性别之间的关系提供了一个新的视角。在新兴的社会结构中，个人的地位由其所拥有的资本的数量和形式以及其他人对这些资本的估价而决定，因此，某些类型的资本可能比其他类型的资本更有价值。人类互动所创造的结构反映了默认的假设，这些假设支撑着社会对性别差异“理所当然”的态度。Bourdieu（1977）指出这些假设引发了一种态度，这种态度认为女性具有消极的品质（例如，软弱），而男性则具有积极的一面（例如，力量）。他认为由此可见新兴的社会结构是等级制的，可以使男性受益，例如为他们创造获得更大经济资本的机会，同时却对女性不利。

许多研究创业的学者支持了这一观点，他们主张在更广泛的女权主义分析中对性别和创业背景进行研究是有益的（Ahl，2002，2006；Carter 等，2007；Marlow，2002）。Marlow（2002：83）认为这类研究的缺失使得人们对女性产生了刻板印象，即女性是有缺陷的人，她们必须通过帮助才能成为像男性那样完整的人，只有这样她们才能在现有的创业模式中成功。Mirchandani（1999）、Bird 和 Brush（2002）以及 Ahl（2002，2006）同样强调性别不应该仅仅被看作个人的特征，而应该作为企业所有权的一个必要组成部分。虽然性别是社会建构的而不是生物学特征的观点是社会学分析中一贯的主题（Oakley，1982），但创业研究中很少注意到这一点（Watson 和 Newby，2005）。尽管已经认识到女权主义对创业研究的价值，对企业家的主要论述依旧让人想起与西方、英雄主义、白人男性形象相关的正面形象，象征着在创建新企业时的侵略性和自信（Ahl，2006；Ogbor，2000）。

这些论点对于理解创业、资本和性别之间的相互作用方式是非常重要的。首先，在创业领域内，某些具有制度化积极意义的资本可能比其他类型的资本更受追捧。其次，对性别差异"理所当然"的态度和支持这些观点的假设表明女性在拥有企业所有权之前能够获得的资本数量和类型可能与男性不同。值得注意的是，女性给企业所有权带来的资本可能没有实现与男性给企业所有权带来的资本相同的价值，或者被视为不那么合法。

初步研究表明企业家的非财务资本会影响他们拥有企业的体验（Davidsson 和 Honig，2003；Firkin，2003；Morris，1998）。研究表明性别、非财务资本积累与创业融资之间存在一定的关系（Boden 和 Nucci，2000；Brush 等，2002；Carter 等，2003）。创业资本的概念表明除了财务（经济）资本，创业过程还受到人力资本（有时被称作文化资本）、社会资本和象征性资本的影响（De Carolis 和 Saparito，2006；Casson 和 Giusta，2007；Cope 等，2007；Firkin，2003；Haber 和 Reichel，2007；Shaw 等，2008）。Boden 和 Nucci（2000）注意到新企业家所拥有的人力资本数量和质量存在差异，他们的研究结果表明女性的工作年限更短、接触管理类职位的机会更少，并且受教育情况也有所不同——这些都是 Becker（1964）定义的人力资本指标——它为男性企业家和女性企业家之间的双元融资模式提供了一些解释。同样，Carter 等（2003）考察了社会资本和人力资本对企业家获得各种形式融资的影响。他们运用 Becker（1964）对人力资本的定义和 Coleman（1988）对社会资本的定义来建立企业家社交网络对其获得风险资本的影响，该研究发现只有人力资本，尤其是研究生教育会产生重大影响。相比之下，Brush 等（2002）发现社会资本而非人力资本对于取得风险投资具有重要意义，并得出以下结论：即使企业家和他们的团队拥有必要的财务和人力资本并且能够满足股权投资者要求的目标，但在没有必要社会资本（相关的人际网络联系）的情况下，这笔交易也不可能取得进展。具体到性别，他们发现在美国风险资本的需求方和供应方中女性所占比例都明显不足，这表明女性尤其可能受到这种社会资本或人际网络劣势的影响。

已有研究表明人力资本和社会资本可能与解释创业、融资和性别之间的复杂关系有关，然而，这种研究还处于早期阶段，而且与创业研究中占主导地位的其他讨论一样，还没有将女权主义的批评应用于创业资本的研究中。

方法论与分析

将性别视为一种社会构建的观点对于创业研究来说并不陌生，但很少有研究系统地将这种方法用于方法论与分析。这些研究的一个共同弱点是社会结构的“消失”——研究往往呈现出性别差异，并据此提出如何“控制”或“消除”这些差异的建议。这与以下观点是不一致的：性别是社会建构的；是在社会背景下不断形成、重塑和制度化的。换言之，性别差异既是社会结构的原因，又是其结果。因此，试图“控制”甚至“消除”这些差异，与社会理论的本体论和认识论假设相矛盾，并有可能形成符合性别偏见的社会结构。这样做可能会限制我们对女性企业家的理解，并有可能排除和低估她们活动的价值。本研究的任务是揭示和质疑性别差异，以展示女性创业几乎无形的、社会建构的现实，因为这项认知对于理解性别差异对企业家、小企业融资、政府政策和其他有关方面的影响至关重要。下面的调查结果来自一项更广泛的、关于银行和企业所有者之间关系的研究，探索了需求方和供应方的观点。这项大型研究的方法分为多个阶段，包括与企业所有者及银行贷款官员进行接触的谈判。本章介绍的方法描述了从企业所有者（需求方）那里收集的数据。

研究者对 30 对配对的企业所有者（30 名男性，30 名女性）进行了深入访谈，这些所有者都在开始收集数据（2004

年）之前的三年内在苏格兰中部建立了商业服务公司。研究者利用公司的年限、位置、所属部门等基本特征来选择和精确匹配样本。采访围绕着一份详细的调查问卷进行，该问卷复制了以往研究中用来收集企业家拥有及获取经济（财务）资本、人力资本与社会资本数据的问题和量表。研究者使用 SPSS 对企业家人力资本（年龄、教育、经验）、社会资本（由其人际网络和人际互动的规模、多样性、持久性、密度、内容、强度和频率表明）以及财务（经济）资本（最初投资金额）的数值数据进行了统计分析。我们以理论框架和先前研究的结果为导向对研究结果进行解释，并通过使用以前研究中的问题和量表使之成为可能。

结果与讨论

经济资本：启动资金和外部资金来源

如表 10.1 所示，研究者发现企业家建立企业时用了相对较少的资本：62% 的企业家反映其使用了小于 5 000 英镑的启动资金，18% 的受访者反映他们的企业启动时没有用到任何资金，另有 8% 的受访者表示其投资额小于 1 000 英镑。这一模式是商业服务行业的典型特征，即低初始投资需求和低门槛。

在创业资本的所有组成部分中，经济资本是最受关注的研究对象（Baum 和 Silverman，2004；Brush 等，2001；Carter 和 Rosa，1998；Carter 等，2003；De Clercq 和 Sapienza，2006；Greene 等，1999；Verheul 和 Thurik，2000）。与相关研究一

致，这项研究的结果表明创业者的性别是一个区分因素。卡方分析显示男性企业家获得了更高的初始投资水平（男性均值=18 683.33英镑；女性均值=6 433.33 英镑)、更多的个人投资(男性均值=9 603.45 英镑；女性均值=4 733.33 英镑)，以及尽管使用外部融资的男性样本少得多（14%的男性和43%的女性)，男性使用的外部融资总额仍然更多。考虑到企业建立之前的一年，男性企业家和女性企业家有大致相似的家庭收入水平（男性：56 900 英镑，女性：58 803 英镑)，这些发现使我们提出疑问：为什么在控制了结构性因素的小规模配对样本中仍然发现了创业融资的双元性别模式。为了探讨性别、非财务资本和企业融资之间的相互作用，我们考虑了配对企业家所拥有的人力资本数据。

表 10.1　启动资金的来源和数量

		女性	男性	总数	卡方检验
		N=30	N=30	N=60	
		%	%	%	
启动资金	0	13	23	18	χ^2=7.279 df=6 Sig. =0.296
	1—500	7	0	3	
	501—1 000	10	0	5	
	1 001—2 000	7	10	8	
	2 001—3 000	10	7	8	
	3 001—5 000	23	17	20	
	高于 5 001	30	43	37	

（续表）

		女性	男性	总数	卡方检验
		N=30	N=30	N=60	
		%	%	%	
个人投资	0	23	30	27	χ^2=4.230 df=6 Sig.=0.646
	1—500	7	3	5	
	501—1 000	7	0	3	
	1 001—2 000	7	7	7	
	2 001—3 000	13	7	10	
	3 001—5 000	20	17	18	
	高于 5 001	23	37	30	
外部资金来源	无	57	86	71	χ^2=6.273 df=1 Sig.=0.012*
	有	43	14	29	

注：* $p<0.05$。

人力资本

教育、年龄和工作经验被认为是人力资本的重要指标（Becker，1964；Boden 和 Nucci，2000；Cooper 等，1988，1994；Davidsson 和 Honig，2003；Manigart 等，2007）。我们的研究结果表明，商业服务行业的企业家大都受过高等教育，38% 拥有硕士学位，32% 拥有学士学位，22% 拥有专业资格。早前的研究已明确企业家的年龄和工作经验是人力资本的构成因素，这些因素对其公司的建立有很大的影响（Boden 和 Nucci，2000；Carter 等，2003；Davidsson 和 Honig，2003；Stevenson，

1986；Watkins 和 Watkins，1984）。在接受调查的参与者中，90%的年龄在 30 岁至 59 岁之间。卡方分析显示女性创业者要年轻得多（$\chi^2=13.789$，$df=4$，$p<0.001$），67%的女性企业所有者以及 20%的男性企业所有者年龄在 39 岁以下。虽然只有 10%的女性企业所有者年龄超过 50 岁，但大多数男性企业所有者（47%）的年龄在 50 岁至 59 岁之间。男性企业所有者的年龄普遍要大得多，比与他们配对的女性企业所有者平均大 10 岁。我们发现样本中的男性成员拥有更多的人力资本，体现在他们的从业时间和管理经验上，这一发现与先前一直认为女性拥有更少的行业经验（Carter 等，1997）和高层管理经验（Stevenson，1986；Watkins 和 Watkins，1984）的研究相一致。虽然研究者没有发现更多其他人力资本上的差异，但他们发现大多数企业所有者（70%）在建立公司之前从事全职工作，并且大多数（75%）没有拥有公司的经验。下文将探讨年龄和行业方面的性别差异对其所拥有社会资本的影响。

社会资本

近年来，企业家拥有的社会资本受到大量研究的关注（Cope 等，2007；De Carolis 和 Saparito，2006；Renzulli 等，2000），尽管如此，目前的研究尚处于起步阶段，迄今所发现的结果参差不齐，没有定论，这表明研究还需要进一步考虑社会资本对创业的影响（Baron 和 Markman，2000；Baum 和 Silverman，2004；Brush 等，2002；Carter 等，2003）。

个人联系网络：形态与关系维度

企业家的个人联系网络（personal contact networks，PCN）通常被描述为经常与其讨论业务的五个人（Aldrich，1989；Aldrich 等，1989；Cromie 和 Birley，1992；Renzulli 等，2000）。在确定这五个联系人之后，我们用已建立的人际网络形态学和关系维度的指标来询问企业所有者与这些联系人之间的关系以及这些联系人之间共享的关系。结果如表 10.2 所示。

表 10.2　社会资本

个人联系网络：结构和关系维度					
		女性	男性	总数	卡方检验
		$N=30$	$N=30$	$N=60$	
		%	%	%	
业务联系人性别	女性联系人	47	37	42	$\chi^2=2.737$ $df=1$ Sig. =0.098
	男性联系人	53	63	58	
联系人与企业所有者同性别	否	53	38	46	$\chi^2=6.667$ $df=1$ Sig. =0.010**
	是	47	62	54	
首要联系人的关系类型	朋友	30	40	35	$\chi^2=12.935$ $df=2$ Sig. =0.002**
	生意伙伴	3	33	18	
	家人	67	27	47	

（续表）

<table>
<tr><td colspan="6">个人联系网络：结构和关系维度</td></tr>
<tr><td colspan="2" rowspan="3"></td><td>女性</td><td>男性</td><td>总数</td><td rowspan="3">卡方检验</td></tr>
<tr><td>N=30</td><td>N=30</td><td>N=60</td></tr>
<tr><td>%</td><td>%</td><td>%</td></tr>
<tr><td rowspan="3">联系人总体关系类型</td><td>朋友</td><td>50</td><td>43</td><td>47</td><td rowspan="3">$\chi^2=4.788$
df=2
Sig. =0.091</td></tr>
<tr><td>生意伙伴</td><td>23</td><td>35</td><td>29</td></tr>
<tr><td>家人</td><td>27</td><td>22</td><td>25</td></tr>
<tr><td rowspan="5">人际关系网密度："这些人相互认识的程度如何？"</td><td>完全认识其他所有人</td><td>11</td><td>16</td><td>14</td><td rowspan="5">$\chi^2=10.674$
df=4
Sig. =0.030*</td></tr>
<tr><td>大概认识其他所有人</td><td>5</td><td>12</td><td>8</td></tr>
<tr><td>认识部分，并非全部</td><td>69</td><td>51</td><td>60</td></tr>
<tr><td>不认识其他人</td><td>13</td><td>17</td><td>15</td></tr>
<tr><td>不知道</td><td>3</td><td>4</td><td>3</td></tr>
</table>

<table>
<tr><td colspan="7">与首要联系人的社交内容：回复"是"的比例</td></tr>
<tr><td>财务</td><td>87</td><td>60</td><td>73</td><td>5.455</td><td>1</td><td>0.020*</td></tr>
<tr><td>法务</td><td>43</td><td>40</td><td>42</td><td>0.069</td><td>1</td><td>0.793</td></tr>
<tr><td>员工</td><td>40</td><td>37</td><td>38</td><td>0.071</td><td>1</td><td>0.791</td></tr>
<tr><td>贷款/投资</td><td>33</td><td>23</td><td>28</td><td>0.739</td><td>1</td><td>0.390</td></tr>
<tr><td>房屋场地</td><td>43</td><td>40</td><td>42</td><td>0.069</td><td>1</td><td>0.793</td></tr>
<tr><td>市场营销</td><td>83</td><td>73</td><td>78</td><td>0.884</td><td>1</td><td>0.347</td></tr>
<tr><td>家庭</td><td>77</td><td>47</td><td>62</td><td>5.711</td><td>1</td><td>0.017*</td></tr>
</table>

（续表）

个人联系网络：结构和关系维度					
	女性	男性	总数	卡方检验	
	$N=30$	$N=30$	$N=60$		
	%	%	%		
社交内容："是否与联系人谈论个人私事？"					
	女性均值	男性均值	t 值	df	Sig
联系人 1（首要联系人）	4.67	3.30	3.665	40.464	0.001***
联系人 2	3.93	3.10	1.952	54.056	0.056
联系人 3	3.41	2.75	1.592	55	0.117
联系人 4	3.29	2.86	1.089	54	0.281
联系人 5	3.23	2.96	0.626	48	0.534
合计	3.73	3.00	3.882	265.614	0.000***
社交网络耐久性：认识的时长（年）					
	女性均值	男性均值	t 值	df	Sig
联系人 1	12.467	11.510	0.432	58	0.667
联系人 2	12.002	13.493	−0.479	58	0.634
联系人 3	6.505	14.351	−2.529	55	0.015*
联系人 4	7.518	13.011	−1.944	54	0.057
联系人 5	9.654	10.855	−0.359	48	0.721
合计	9.680	12.691	−2.302	281	0.022*

注：* $p<0.05$；** $p<0.01$；*** $p<0.001$。

对企业家社交网络的组成进行总体分析发现，男性联系人具有更高的比例：53%的女性企业家和62%的男性企业家的网络中全部都是男性联系人。与之前的研究结果一致（Cromie和Birley，1992），研究者分性别分析发现，全部企业家的首要联系人（他们所提到的第一个联系人）都是男性。通过对社交网络的关系类型进行总体分析发现，家庭成员的关系约占所研究网络的25%。首要联系人与这些关系类型的交叉分析表明，67%的女性所有者和27%的男性所有者（$\chi^2=12.935$，$df=2$，$p<0.01$）将某位家庭成员认定为首要联系人，而33%的男性和仅有3%的女性将生意伙伴当作首要联系人。Renzulli等（2000）的研究发现，由大量亲属关系组成的网络不利于新生企业家，因此，我们样本中的女性所有者可能曾因其联系人中有很多是亲属关系而处于不利地位。对每次接触的时间长度（持久性）的总体分析表明男性所有者和女性所有者存在显著的差异，男性所有者认识其联系人的时间平均为12.69年，女性则是9.68年（$t=22.302$，$df=281$，$p<0.05$）。考虑到样本在年龄和经验上的显著差异，这些结果可能是意料之中的。这些发现也得到了其他研究的支持，该研究发现男性企业家认识其网络中联系人的时间比女性企业家更长，联系人的年龄也更大（Cromie和Birley，1992）。当参与者被要求描述其个人联系网络（所能获得的网络）中五个联系人各自的网络时，分析表明只有一个显著的数据差异：相比于男性（62%），更多的女性（73%）认为其联系人的网络总量是“大的”。从社会资本的角度来看，男性企业所有者网络的持久性可能明显高于女性；男性企业所有者可能拥有特定的网络优势，其中包括更强的信任和更大的互惠，这可能会对他们的企业产生积极影响。

为了收集有关个人联系网络的内容的数据，企业所有者们被要求选择他们与个人联系网络中五个关键成员的谈话主题。从所给出的选择中（财务、法务、员工、贷款/投资、房屋场地、市场营销、家庭），女性企业所有者更倾向于跟她们的首要联系人讨论财务（$\chi^2=5.455$，$df=1$，$p<0.05$）和家庭（$\chi^2=5.711$，$df=1$，$p<0.05$）。鉴于大多数女性的首要联系人是男性和家庭成员，并极有可能是家里的男性伴侣，这一发现并不令人惊讶。然而，值得怀疑的是，这一首要联系人在多大程度上拥有必要的知识、关系（社会资本）和经验（人力资本），以便为女性企业所有者在家庭和财务方面提供有用的建议。考虑到双元型的融资情况以及很多男性企业所有者将生意伙伴认定为首要联系人，这些调查结果可以被解释为男性企业所有者的首要联系人能提供更有用的财务建议。

人们一直认为一个企业家的“理想”社交网络位置是将自己嵌入一个弱连接的网络中（Aldrich，1987；Granovetter，1982）。最近，Davidsson 和 Honig（2003）发现网络纽带的强度是新生企业家创业成功的一个有力且稳定的预测指标。我们以多种不同的方式探索了企业所有者网络关系的强度。使用 5 点李克特量表，在参与者是否会与其个人联系网络讨论个人问题方面发现了显著差异：更多的女性比男性表示其有可能这样做，在首要联系人和整体个人联系网络方面（女性平均 = 3.73，男性平均 = 3.00，$t=3.882$，$p<0.001$）均是如此。同样，由于女性企业所有者更倾向于将家庭成员作为其首要联系人，这一结果也就不足为奇了。然而，从统计数据上看，女性企业家更有可能跨越她们的个人联系网络讨论个人问题，这可

能会影响到她们可以从网络中获得的社会资本类型以及这些资本在支持和资助其企业方面的价值。Aldrich 等（1989）支持了这一观点，他指出尽管男性企业所有者和女性企业所有者的网络在某些方面相似，但女性企业所有者的社交网络往往围绕工作、家庭和社会生活的各个方面。值得注意的是，这些研究结果表明对于许多女性企业所有者来说，她们建立企业的背景和与其配对的男性伙伴大不相同。此外，这些研究结果揭示了性别是由社会建构的这一性质，凸显了女性创业者在创造社会结构方面的作用，这种社会结构有利于男性的创业实践，却不利于女性。

社交活动

社交活动指的是企业家与个人联系网络中的联系人以及其他利益相关者互动的频率，迄今为止关于社交活动对创业企业影响的研究得到的结果并不相同（Aldrich 等，1989；Cromie 和 Birley，1992；Johannisson，1988）。与其他利益相关者之间互动的数据分析揭示了两个显著差异，第一，在公司成立的过程中，女性企业所有者比男性企业所有者花在社交活动上的时间更多；第二，研究者发现在男女混合的商业俱乐部（女性占 67%，男性占 30%）和其他社交网络组织（女性占 57%，男性占 30%）中，女性所有者明显多于男性。有趣的是，当参与者被要求在一些选项中找出曾帮助过他们企业的资源（包括各种商业协会和俱乐部、之前的客户、朋友/家庭、银行、律师、会计师和其他来源）时，研究者只发现了一个显著的性别差异：尽管女性的社交活动水平更高，并且是各种专业和贸易协会的会员，女性仍更有可能将家人和朋友认定为帮助过其企业的人。

综合考虑，关于企业所有者社会资本的调查结果似乎是矛盾的，这一结果似乎暗示着女性认为自己是“理想地”嵌入了大型、松散的社交网络中，然而，对这些人脉的进一步分析表明，女性更有可能拥有更多和更强的亲属关系，研究者发现这对刚起步的创业者不利（Renzulli 等，2000）。特别是在财务方面，虽然统计数据显示女性更有可能与其首要联系人讨论财务问题，但交叉分析显示这种联系人通常既是男性又是家庭联系人，因而很可能是其男性伴侣。考虑到这一配对研究中发现的双元式融资情况，这项发现质疑了男性首要联系人提供给女性的财务建议。关于社交网络密度和耐久性的发现挑战了 Granovetter（1982）关于弱关系强度的假说，表明男性企业所有者可能受益于嵌入主要由朋友和生意伙伴组成的具有持久关系的个人联系网络。

在这项研究中，女性企业家的社会资本状况令人困惑。尽管女性创业者在创业之前就展开了社交活动，但她们仍然认为是朋友和家人帮助了她们的事业，而不是这些社交组织，这让人不禁对女性企业家加入诸多社交组织的原因产生疑问。虽然之前的研究没有发现男性企业所有者和女性企业所有者在交际活动的数据上有差异，但他们已经确定男性更倾向于社交（Aldrich 等，1989；Cromie 和 Birley，1992；Johannisson，1988）。我们的研究没有发现这一点，一种解释可能是因为目前在英国，企业所有者有大量可供选择的社交网络。然而，先前的研究表明男性通常在这些网络中更加活跃，Bourdieu

(1986) 提出的“象征性资本”概念更有说服力，这在创业学文献中很少受到关注。当被问及他们的“商人身份是否得到认真对待”时，与男性（无人）相比，更多的女性（30%）表示她们遇到过这样的问题。研究表明在商业服务行业中，声誉(象征性资本的一种形式）是成功的关键因素（Baines 和 Robson，2001；Silversides，2001），Bourdieu（1986）对资本观点的描述表明女性企业家认识到其社会资本的价值比男性企业家的低，因此她们试图通过积极参与社交活动来弥补并使自己作为企业所有者的地位合法化。简而言之，这些发现可以被解读为女性企业所有者寻求通过发展社交关系以转化为有价值的象征性资本，从而使她们作为企业家的活动合法化。然而，尽管作出了这些努力，她们的活动似乎仍无法见效，因为女性企业所有者仍然认为朋友和家庭是其企业获得支持的主要来源，而且具体到财务方面，与她们的配对男性伙伴相比，其公司获得的启动资金要少得多。

结　论

Bourdieu（1986）关于资本的观点表明性别、创业资本和融资之间存在复杂而微妙的关系。在本研究中，这一观点意味着人力资本和社会资本之间的相互作用对创业有影响，包括在拥有和获得启动资金方面。关于男性企业所有者明显年长的发现表明年龄和经验是人力资本的关键组成部分，同时也对社会资本有一定影响，男性企业所有者拥有更多的行业经验表明他们有更多的时间来开发和构建那些最有价值的社交关系，以协助公司创业。Bourdieu（1986）关于象征性资本和不同形式资本间可转换的观念为此提供了支持。Bourdieu 证实了不同类型资本之间的相互作用，以及各类资本可以转换为其他形式资本的原因。他特别指出了社会资本和象征资本之间的紧密关系，这表明一个人拥有的社会资本越多，他拥有的象征性资本，例如名誉，可能就越多。有人可能会说，与男性企业家相比，女性企业所有者拥有的人力资本和社会资本的特定组合只转化为相对较少的象征性资本，这可能影响到她们的企业所有权经验，包括但不限于对其公司融资的影响。

接下来阐述本研究对企业家、未来研究及政府政策的启示。首先，尽管现存的研究试图孤立地探索创业资本的各个维度，但我们认为企业家能通过认识各种形式的创业资本之间的复杂作用而获益。该研究也强调了人力资本，特别是年龄和经验的重要性，强调创业者一旦获得相关经验，就会对其创业有好处。虽然这一建议并不令人惊讶，但对该建议的解释，即有了更多的经验，企业家们就有更多的时间来提高他们的行业知识，关键是获得社会和经济资本，让我们对企业家关键人力资本（年龄和经验）的重要性有了更深入的见解。

本研究的理论和方法框架为进一步的创业资本研究奠定了基础。建议未来的研究应力求更好地理解不同类型的创业资本、性别和企业所有权之间的相互作用。此外，女权主义观点的采用表明不应考虑性别是否会对创业产生影响，而应考虑性别如何影响创业。

在政策方面，研究者建议目前的英国企业政策应将女性作为主要目标（HM Treasury/BERR，2008），承认社会结构与企业家精神之间的相互关系和影响，并延伸到承认由于创业和企业家的含义是在以男性为主导的历史背景下被制度化的，因而性别差异很可能有利于男性而不利于女性。对于政策制定者来说，性别差异本身的存在并不成问题，相反，有必要设计和实施能发挥女性企业家不同经验和贡献的企业政策。为了实现这一目标，政策必须承认性别问题是社会结构制度化的结果，它影响了社会所有成员包括女性企业家的观念、态度和行为。落实到具体政策，这意味着需要努力消除诸如照顾儿童和家庭责任等方面的障碍，应该认识到这种责任是可以制度化的，并被社会成员视为理所当然。换句话说，女性企业家可能认为这些责任是理所当然的，并且甚至可能不希望被剥夺这种她们所认为的“天生的责任”。

最后，尽管收集的数据非常丰富，但本研究的局限性也包括相对较小的样本量和有限的行业及地理覆盖范围。本研究中所使用的匹配标准（从业年龄、行业部门和位置）均是根据先前有关性别和创业资本的文献确定的。此次研究结果表明了控制企业家年龄的重要性，男性企业家和女性企业家在社交网络规模、密度和从业经验方面的差异可能会受到年龄和性别的影响。通过控制企业家的年龄，未来的研究将能够更充分地探索性别、创业资本和融资之间相互作用的本质。未来的研究应该使用更大的样本量来涵盖多样化的公司，此外，预期跨国比较研究将有可能带来更深刻的见解，有助于增加我们对创业资本和性别的知识及兴趣。

致　谢

研究小组感谢英国经济及社会研究理事会的财务支持，资助编号为RES-000-23-0247。

参考文献

Ahl, H. (2002), *The Making of the Female Entrepreneur*, JIBS Dissertation Series No. 015, Jönköping: Jönköping International Business School.

Ahl, H. (2006), 'Why research on women entrepreneurs needs new directions', *Entrepreneurship, Theory and Practice*, 30, (5), 595-621.

Aldrich, H. (1989), 'Networking among women entrepreneurs', in O. Hagen, C. Rivchum and D. Sexton (ed), *Women Owned Business*, New York: Praeger.

Aldrich, H., Reese, P. R. and Dubini, P. (1989), 'Women on verge of a breakthrough: Networking among entrepreneurs in the United States and Italy', *Entrepreneurship and Regional Development*, 1, 339-356.

Aldrich, H. E. (1987), 'The impact of social networks on business founding and profit: A longitudinal study', *Frontiers of Entrepreneurship Research*, Wellesley, MA: Babson College.

Baines, S. and Robson, L. (2001), 'Being self-employed or being enterprising? The case of creative work for the media industries', *Journal of Small Business and Enterprise Development*, 8 (4), 349-362.

Baron, R. A. and Markman, G. D. (2000), 'Beyond social capital: how social skills can enhance entrepreneurs' success', *Academy of Management Executive*, 14, 1.

Baum, J. A. and Silverman, B. S. (2004), 'Picking winners or building them? Alliance, intellectual, and human capital as selection criteria in venture financing and performance of biotechnology startups', *Journal of Business Venturing*, 19 (3), 411-436.

Becker, G. (1964), *Human Capital*, Chicago, IL: University of Chicago Press.

Bird, B. and Brush, C. (2002), 'A gendered perspective on organizational creation', *Entrepreneurship Theory and Practice*, 26 (3), 41-65.

Boden, R. J. and Nucci, A. R. (2000), 'On the survival prospects of men's and women's new business ventures', *Journal of Business Venturing*, 15 (4), 347-362.

Bourdieu, P. (1977), *Outline of a Theory of Practice*, trans. R. Nice, Cambridge: Cambridge University Press.

Bourdieu, P. (1986), 'The forms of capital', in J. Richardson (ed), *The Handbook of Theory and Research for the Sociology of Education*, New York: Greenwood Press.

Bourdieu, P. (1990), *The Logic of Practice*, trans. R. Nice, Cambridge: Polity, and Stanford, CA: Stanford University Press.

Bourdieu, P. and Wacquant, L. (1992), *An Invitation to Reflexive Sociology*, Cambridge: Polity Press.

Brush, C., Carter, N., Greene, P., Gatewood, E. and Hart, M. (2001), 'An investigation of women-led firms and venture capital investment', report prepared for the US Small Business Administration Office of Advocacy and the National Women's Business Council.

Brush, C., Carter, N., Greene, P., Hart, M. and Gatewood, E. (2002), 'The role of social capital and gender in linking financial suppliers and entrepreneurial firms: A framework for future research', *Venture Capital*, 4 (4), 305-323.

Brush, C. G. (1992), 'Research on women business owners: Past trends, a new perspective and future directions', *Entrepreneurship Theory and Practice*, 17 (4), 5-30.

Buttner, E. H. and Rosen, B. (1989), 'Funding new business ventures: Are decision-makers biased against women entrepreneurs?', *Journal of Business Venturing*, 4, 249-261.

Carter, N., Brush, C. B., Greene, P. G., Gatewood, E. and Hart, M. (2003), 'Women entrepreneurs who break through to equity financing: the influence of human, social and financial capital', *Venture Capital*, 5 (1), 1-28.

Carter, N., Williams, M. and Reynolds, P. (1997), 'Discontinuance among new firms in retail: The influence of initial resources, strategy and gender', *Journal of Business Venturing*, 12 (2), 125-145.

Carter, S. and Rosa, P. (1998), 'The financing of male- and female-owned businesses', *Entrepreneurship and Regional Development*, 10, 225-241.

Carter, S., Anderson, S. and Shaw, E. (2001), 'Women's business ownership: A review of the academic, popular and internet literature', report to the Small Business Service, RR002/01.

Carter, S., Shaw, E., Lam, W. and Wilson, E. (2007), 'Gender, entrepreneurship and bank lending', *Entrepreneurship*, *Theory and Practice*, May, 427-444.

Casson, M., and Giusta, M. D. (2007), 'Entrepreneurship and social capital: Analysing the impact of social networks on entrepreneurial activity from a rational action perspective', *International Small Business Journal*, 25 (3), 220-244.

Coleman, J. (1988), 'Social capital in the creation of human capital', *American Journal of Sociology*, 94, S95-S121.

Coleman, S. (2000), 'Access to capital and terms of credit: A comparison of men- and women-owned small businesses', *Journal of Small Business Management*, 38 (3), 37-52.

Cooper, A. C., Dunkelberg, W. C. and Woo, C. Y. (1988), 'Survival and failure: A longitudinal study', *Frontiers of Entrepreneurship Research*, Wellesley, MA: Babson College, 225-237.

Cooper, A. C., Gimmeno-Gascon, F. J. and Woo, C. Y. (1994), 'Initial human and financial capital as predictors of new venture performance', *Journal of Business Venturing*, 9, 371-395.

Cope, J., Jack, S. and Rose, M. B. (2007), 'Social capital and entrepreneurship: An introduction', *International Small Business Journal*, 25 (3), 213-219.

Cromie, S. and Birley, S. (1992), 'Networking by female business owners in Northern Ireland', *Journal of Business Venturing*, 7, 237-251.

Davidsson, P. and Honig, B. (2003), 'The role of social and human capital among nascent entrepreneurs', *Journal of Business Venturing*, 18, 301-331.

De Carolis, D. M. and P. Saparito (2006), 'Social capital, cognition, and entrepreneurial opportunities: a theoretical framework', *Entrepreneurship Theory and Practice*, 30 (1), 41-56.

De Clercq, D. and Sapienza, H . J. (2006), 'Effects of relational capital and commitment on venture capitalists', perceptions of portfolio company performance', *Journal of Business Venturing*, 21 (3), 326-347.

Erikson, T. (2002), 'Entrepreneurial capital: The emerging venture's most important asset and competitive advantage', *Journal of Business Venturing*, 17 (3), 275-290.

Fabowale, L., Orser, B. and Riding, A. (1995), 'Gender, structural factors, and credit terms between Canadian small businesses and financial institutions', *Entrepreneurship: Theory and Practice*, Summer, 41-65.

Fay, M. and Williams, L. (1993), 'Gender bias and the availability of business loans', *Journal of Business Venturing*, 8 (4), 363-376.

Firkin, P. (2003), 'Entrepreneurial capital', in A. De Bruin and A. A. Dupuis (ed), *Entrepreneurship: New Perspectives in a Global Age*, Aldershot: Ashgate, 57-75.

Giddens, A. (ed) (2001), *The Global Third Way Debate*, Oxford: Polity.

Gorton, M. (2000), 'Overcoming the structure-agency divide in small business research', *International Journal of Entrepreneurial Behaviour and Research*, 6 (5), 276-292.

Granovetter, M. S. (1973), 'The strength of weak ties', *American Journal of Sociology*, 78 (6), 1361-1381.

Granovetter, M. S. (1982), 'The strength of weak ties: A network theory revisited', in P. V. Mardsen and V. Lin (ed), *Social Structure and Network Analysis*, London: Sage, 105-130.

Granovetter, M. S. (1985), 'Economic action and social structure: The problem of embeddedness', *American Journal of Sociology*, November, 55-81.

Greene, P., Brush, C., Hart, M. and Saparito, P. (1999), 'An exploration of the venture capital industry: Is gender an issue?', in P. D. Reynolds, W. Bygrave, S. Manigart, C. Mason, G. D. Meyer, H. Sapienza and K. G. Shaver (ed), *Frontiers of Entrepreneurship Research*, Wellesley, MA.: Babson College.

Haber, S. and Reichel, A. (2007), 'The cumulative nature of the entrepreneurial process: The contribution of human capital, planning and environment resources to small venture performance', *Journal of Business Venturing*, 22 (1), 119-145.

Haines, G. H., Orser, B. J. and Riding, A. L. (1999), 'Myths and realities: An empirical study of banks and the gender of small business clients', *Canadian Journal of Administrative Sciences*, 16 (4), 291-307.

HM Treasury/BERR, (2008), *Enterprise: Unlocking the UK's Talent*, London: HMSO.

Johannisson, B. (1988), 'Business formation: A network approach', *Scandinavian Journal of Management*, 4 (3/4), 83-99.

Manigart, S., Collewaert, V., Wright, M., Pruthi, S., Lockett A. and Bruining, C. (2007), 'Human capital and the internationalisation of venture capital firms', *International Entrepreneurship and Management Journal*, 3 (1), 109-125.

Marlow, S. (2002), 'Women and self-employment: A part of or apart from theoretical construct?', *International Journal of Entrepreneurship and Innovation*, 3 (2), 83-91.

Mirchandani, K. (1999), 'Feminist insight on gendered work: New directions in research on women and entrepreneurship', *Gender, Work and Organization*, 6 (4), 224-235.

Mitchell, J. C. (1969), 'The concept and use of social networks', in J. C. Mitchell (ed), *Social Networks in Urban Situations*, Manchester: University of Manchester Press.

Morris, M. (1998), *Entrepreneurial Intensity: Sustainable Advantages for Individuals, Organisations, and Societies*, Westport, CT: Quorum Books.

Oakley, A. (1982), 'The politics of "sex-differences" research', in M. Evans (ed), *The Woman Question: Readings on the Subordination of Women*, London: Fontana, 91-94.

Ogbor, J. O. (2000), 'Mythicising and reification in entrepreneurial discourse: Ideology-critique of entrepreneurial studies', *Journal of Management Studies*, 37 (5), 605-635.

Orser, B. J. and Foster, M. K. (1994), 'Lending practices and Canadian women in micro-based businesses', *Women in Management Review*, 9 (5), 11-19.

Read, L. (1998), *The Financing of Small Business: A Comparative Study of Male and Female Business Owners*, London: Routledge.

Renzulli, L. Aldrich, H. and Moody, J. (2000), 'Family matters: Gender, networks, and entrepreneurial outcomes', *Social Forces*, 79 (2), 523-547.

Shaw, E., Lam, W. and Carter, S. (2008), 'The role of entrepreneurial capital in building service reputation', *Service Industries Journal*, 28 (7), 1-19.

Silversides, G. (2001), 'Networking and identity: The role of networking in the public image of professional service firms', *Journal of Small Business and Enterprise Development*, 8 (2), 174-184.

Stevenson, L. (1986), 'Against all odds: The entrepreneurship of women', *Journal of Small Business Management*, 24, 30-36.

Verheul, I. and Thurik, R. (2000), 'Start-up capital: Differences between male and female entrepreneurs. Does gender matter?', *EIM Research Report 9910/E*, Rotterdam: Erasmus University.

Watkins, J. and Watkins, D. (1984), 'The female entrepreneur: Background and determinants of business choice-some British data', *International Small Business Journal*, 2 (4), 21-31.

Watson, J. and Newby, R. (2005), 'Biological sex, stereotypical sex-roles, and SME owner characteristics', *International Journal of Entrepreneurial Behaviour and Research*, 11 (2), 129-143.

第十一章

高科技企业增长：北爱尔兰的性别、观念与经验

Frances M. Hill，Claire M. Leitch，
Richard T. Harrison

引 言

Sexton（1997：407）指出“企业增长是企业家精神的精髓”，但是，企业增长可能更多的是一种态度和偏好，而不是资源和能力（Davidsson，1989），若非所有者/管理者执意追求，它就不会轻易出现。学者们对企业所有者的性别与企业增长之间的关系展开了较为广泛的探讨（Chaganti 和 Parasuraman，1996；Ehlers 和 Main，1998；Loscocco 等，1991），但此类讨论存在诸多问题，尤其是因为它倾向于将女性和男性分别视为同质群体，从而得出关于他们的看法、态度和行为的普遍结论。其中一个“典型事实”（Orser 等，2005）是，与男性相比，女性所有/领导的企业寻求增长的可能性较小，这会影响企业规模，进而影响外部融资需求。由此可见，女性企业家并不是一个同质化的群体，因此有必要在研究中考虑她们的异质性以及她们在时间和空间方面背景的不同（Ahl，2004；Carter 和

Brush，2004；Harrison 和 Mason，2007）。此外，当研究者控制了诸如企业性质和企业所有者的个人特征等变量时，这样一般性的结论可能就不会被支持（Kalleberg 和 Leicht，1991）。在创业行为方面，文献中一直强调男性和女性应该是不同的，这就排除了对其相似性以及性别内差异可能大于性别间差异这一事实（Ahl，2004：172）的讨论。实际上，对女性和男性的比较研究发现其差异性通常很小（Harrison 和 Mason，2007：464），但在讨论中，这种微小的差异常常被差异存在的事实所掩盖（Epstein，1988）。

“生理性别”（sex）和“社会性别”（gender）在创业学文献中往往被混为一谈（Ahl，2006），研究人员必须谨慎地区分男性和女性之间生理上的性别差异和社会及文化方面的性别差异，后者是根据男女之间客观存在或主观感知到的差异而形成的联想、定型观念和社会模式（Nelson，2008：456）。在美国和欧洲的文化中，有将某种特质与男子气概或女性气质相联系的倾向。本章提出的研究设计以及对数据的分析和解释揭示了两种不同层面的性别之间的差异，本研究的目的是调查从事高科技行业的女性所有者/管理者和男性所有者/管理者的看法及经验，我们关注的是让两个群体“发声”，而不是给予某一个群体特权，或是赋予其特定品质或特征。因此，我们是根据个体的身体特征进行分类，而不是基于任何关于特定品质、特征、目的以及/或共同经历的假设（Ahl，2004：35）。此外，我们试图在不忽略任何突现的差异的同时，关注两组人之间的相似性（Ahl，2004）。

本章报告了一个调查的第三阶段，该调查涉及的研究对象是位于北爱尔兰的一群高科技企业的女性所有者/管理者和男性所有者/管理者（Hill 等，2006；Leitch 等，2006），其中一个目标是探索他们在企业增长方面的抱负和成就。在这一区域范围内，企业增长是一个重要问题，因为尽管许多企业可能希望增长，但有些企业似乎并没有实现增长，或增长速度不够快，无法对它们能力范围内的区域生产力水平作出贡献（Northern Ireland DETI，2007）。因此，本研究的目的是调查与企业增长有关的问题，包括企业特点和企业所有者/管理者的特征，特别是他们在企业增长方面的抱负和成就、性别、人力资本和社会资本的储备，以及他们对外部资金的可得性和通过外部融资来实现企业增长的看法。

研究方法

延续 Ahl（2004）的研究，本研究的目的是对相似的情况进行比较，调查男女企业所有者/管理者在企业增长的抱负和成就方面的相似之处，同时指出其中存在的任何显著的差异。研究者有针对性地在一个由区域发展机构（Invest Northern Ireland）维护的数据库中选择了 10 名女性和 11 名男性企业家/管理者的样本（Bryman，2008；Saunders 等，2007），女性拥有/领导的企业被定义为一个或多个主要所有者或股东是女性的企业；她们对企业拥有主要控制权，并参与了日常运营，同时企业具有持续性（Hill 等，2006）。此外，我们将一些样本确认为“非典型性别企业”（Blake 和 Hanson，2005），即女性在男性主导的行业（如建筑、工程和高科技领域）中拥有/领导企业，或者该企业表现出（假定的）男性行为模式，如以企业增长为导向和对外出口。在抽取男性样本时，研究者采用了类似的标准，即他们是主要所有者或股东，控制并积极参与了企业的日常运营。当对样本选择进行控制时，就如本研究所做的那样，环境对男性拥有/领导的企业和女性拥有/领导的企业的影响程度是相同的。所有的数据都是通过半结构式访谈收集的，除了一个例子，其他的访谈都已被录音和转录。

在北爱尔兰，创业活动的高峰期发生在35—44岁年龄组（Hart，2007），这也在我们样本的特征中有所体现（见表11.1）。样本中的女性、男性都拥有相当可观的人力资本和社会资本，这源于他们高水平的教育程度，包括专业资格、之前的工作经验以及正式和非正式的社交网络关系。

在这方面，样本中的女性是非典型的，类似于“新现代企业家”（Marlow和Patton，2005），因此，她们的个人资料及其企业都不符合文献中列出的刻板印象，例如，女性拥有/领导的企业倾向于服务行业，融资成本比男性拥有/领导的企业要低（Heilbrunn，2005）。

表11.1 企业家特征

企业家特征	频数	频数
	女性（n=10）	男性（n=11）
在企业中的角色		
MD/CEO	8	6
创始人/合伙人	0	4
其他	2*	1*

（续表）

企业家特征	频数	频数
	女性（n=10）	男性（n=11）
	（＊一个公司秘书兼财务总监；一个总经理）	（＊财务总监）
年龄		
25—34 岁	0	2
35—44 岁	8	6
45—54 岁	2	3
最高学历		
英制普通中等教育学历（GCSE）	1	1
英制高中学历（A-level）	1	0
英制高等教育文凭（HNC/HND）	1	1
本科	6	5
硕士	0	3
缺乏资料	1	1
专业资质		
是	5	7
否	4	4
缺乏资料	1	0

（续表）

企业家特征	频数	频数
	女性（n=10）	男性（n=11）
之前的工作经验	除唯一的个例外，其他所有人都有一系列工作经验，且大部分都在成为企业家前有过高级/专业级别的职业经历。而唯一的个例除了在她父亲创立的家族企业中工作，没有任何其他工作经验	除唯一的个例外，其他所有人都有工作经验，但是在工作性质和年限上有所不同。唯一的个例在离开大学后马上创办了自己的企业
拥有其他企业的所有权		
是	3	2
否	7	9

企业的特征

样本中的所有企业都是与其他企业交易而非面向个人消费者。从表 11.2 可以看出，大多数企业都相当年轻，企业年限不到 15 年。关于女性拥有/领导的企业，Read（1998）指出年限是男性和女性拥有企业之间一个重要的结构差异，和本研究中的情况一样，后者通常较年轻，这在北爱尔兰并不令人惊讶，因为与其他国家如英国和国际标准相比，女性创建的新企业较少（Hart，2007）。

表 11.2　企业特征

企业特征	频数	频数
	女性	男性
公司的年限		
小于 1 年	1*	0
1—5 年	4	2
6—10 年	1	5
11—15 年	4	2
大于 15 年	1*	2
	* 在某个案例中，旧的公司刚刚被出售，而同时其所有者建立了一家新公司，因此这位参与者拥有两个相关经历	
行业		
信息技术/软件	6	6
建筑	2*	0
媒体	1	2
废物处理	1	0
其他	1*	3
	* 一家旧的建筑公司被出售，而同时其所有者建立了一家新的服务公司	
所有权		
有限公司——多个股东	6	10
有限公司——单一股东	1	0

（续表）

企业特征	频数	频数
	女性	男性
有限合伙公司	3	0
合伙公司	0	1
雇员人数（全职和兼职）		
1—5	3	1
6—10	1	3
11—20	4	2
21—30	2	2
31—40	0	1
41—50	0	0
51—60	0	1
>60	0	1*
		*该公司雇佣人数近180人
营业额		
小于10万英镑	1	0
10万—50万英镑	4	2
51万—100万英镑	3	2
101万—300万英镑	1	5
大于300万英镑	1	1
没有给出	0	1

在女性拥有/领导的企业中，有四家实际上是由夫妻共同拥有的，然而，在男性拥有/领导的企业中不存在这种情况。此外，一般来说，女性对自己企业的持股比例往往低于男性。在样本中，有三位女性是加入已成立的公司，一位是首席执行官（CEO），另两位是总经理（MD），这主要得益于她们的技术和管理经验；其中两位女性在样本中的持股比例最低，另一位女性与一位男性同事合伙，购买了他们以前受雇组织的知识产权，该组织已进入破产阶段。样本中除三位男性外，其他男性都至少持有公司 50% 的股份。在企业增长方面，企业所有者/管理者的持股比例对企业而言可能意义重大，因为他们所持股份越多，就越能从增长中获利。

研究结果和讨论

企业的成立和增长与所有者/管理者能否获得不间断的关键资源供应，包括资金、人力资本和社会资本直接相关（Cowling 和 Harding，2005；Davidsson，1989；Manolova 等，2006；Uzzi，1999）。因此，以下报告的结果和讨论都围绕着企业增长、外部融资和社交参与等主题进行，这些能够使所有者/管理者获得通过市场机制难以获得的资源（Teece 等，1987）。

企业增长

在本研究中，我们关注的增长是数量的变化，即就业人数和营业额的增加（Davidsson 等，2004），而不是企业发展的过程（Penrose，1959）。无论是在就业人数还是营业额方面，样本中所有的企业都是小型企业（见表 11.2）。不出所料，最年轻的公司销售额最小（小于或等于 50 万英镑），除了一个拥有 450 万英镑营业额的女性拥有/领导的企业。这家开发电子投票软件的企业得益于最近的地方选举。一般来说，老企业（主要是男性拥有/领导）的销售水平最高。尽管所有企业的增长都很缓慢，但在过去三年里，大多数三年以上的企业都实现了销售额和就业人数的双重增长（见表 11.3）。

表 11.3 增长——实际的和预期的

增长——实际的和预期的	女性	男性
实际增长——员工（过去三年中）		
增长	5	9
稳定	0	1
下降	1	1
不适用	3	0
不确定	1	0
实际增长——营业额（过去三年中）		
增长	5	10
稳定	0	0
下降	1	0
不适用	3	1
不确定	1	0
计划未来增长——员工（未来三年）		
是	10	9
否	0	1

（续表）

增长——实际的和预期的	女性	男性
不确定	0	1
计划未来增长——营业额（未来三年）		
是	9	10
否	0	0
不确定	1	1
出口*		
是	4	5
否	6	6
*定义为向英国和爱尔兰岛以外的地区进行销售		
出口**		
是	7	9
否	3*	2
**定义为向大不列颠地区和/或爱尔兰共和国进行销售	*其中一个向英国和爱尔兰岛以外的地区出口	

此外，绝大多数受访者表示希望企业增长，并预测未来三年的营业额和就业人数都将增长。然而，三位女性受访者表示她们认为自己的公司正处于发展的十字路口，并且正在决定采用何种类型的增长战略，即是逐步有机地实现增长还是寻求外部融资以获得更快速、更显著的增长。以下两位女性企业所有者很清楚自己的企业到了这个十字路口：

这要视情况而定——这个公司处于它的十字路口了。

（某专业工程公司的女性所有者兼 MD）

这取决于公司所采取的增长战略，这是公司的关键时刻。如果我们采取一种相当积极的增长战略并筹集资金，就会提升公司形象，而我们将最多雇用十位（员工）。如果我们寻求有机地增长，这在现有情况下是更有可能的方案，即在 2006 年年底之前不融资，并且获得 200 万至 250 万英镑的收入，那么我们很可能会再雇用三位销售人员和一到两位顾问。

（某专业软件公司的女性所有者兼 CEO）

第四位女性企业所有者/管理者曾有过一次企业倒闭的经历，这使她希望控制现有的企业规模，且不愿意向银行寻求融资，因此，她的战略是寻求企业的逐步增长。相比之下，另一位女性表示，从一开始她和她的伴侣就一致遵循积极的增长战略，并努力寻求外部资金。事实上，她认为她是北爱尔兰唯一一个获得风险投资的女性。另一位受访者表示她目前正在进行一项企业合并，她预计这将使她的公司在员工人数和营业额方面获得增长。

鉴于当地市场的规模较小，寻求增长的公司需要开拓更远的市场，特别是当它们处于技术领先的地位时。尽管如此，只有不到一半的样本企业（包括女性和男性拥有/领导的企业）会将产品出口到不列颠群岛以外，而有四家只在北爱尔兰开展业务（见表 11.3）。这可以为经济发展机构带来一些政策启示，因为这些公司中只有一家不是接受其资助的客户公司。该经济发展机构的部分职责是“协助新建的和现存的企业参与国际竞争……并在全球市场实现可持续增长”（Invest Northern Ireland，2008）。然而，小公司普遍认为在北爱尔兰以外的任何地方（包括爱尔兰共和国和大不列颠地区）发展贸易都算出口，这种观念可能会限制企业的抱负和业务增长。另一方面，北爱尔兰投资公司（Invest NI）在鼓励出口的同时，需要注意不要在小企业准备好之前就逼迫它们这么做。“地方机构需要小心，不要过早地推动中小企业走出去，这类企业首先需要在国内正常发展”（引用自某提供虚拟服务的 ICT 公司的女性创始人兼 MD）。另一位受访者提醒说虽然出口到大不列颠地区很容易，但出口到世界其他地方要困难得多，而且她和她公司里的其他人都没有这方面的技能。其他六位女性也持有这种谨慎态度，她们都认为从事出口活动存在障碍，包括缺乏语言技能、无法获得准确和最新的市场调研结果、成本费用以及缺乏对该过程的全面了解。这表明即使在高科技领域，也几乎没有证据表明存在一种“天生全球化”的心态（Oviatt 和 McDougall，1994，1995），甚至存在超越了传统的出口发展阶段的模式（Johanson 和 Vahlne，1977，1990）。

相比之下，男性受访者对出口的担忧较少，他们也表明他们已意识到过度依赖北爱尔兰市场可能会限制其企业的发展和增长。事实上，七位男性已经采取措施以使他们的公司能够在本地以外开展贸易，例如与大不列颠地区、爱尔兰共和国及欧洲的公司合作，并在目标出口国建立外勤支持。这些差异的一个可能解释是样本中的男性所有的企业比女性所有的企业的年限稍长，因此作为企业所有者/管理者的男性可能比女性拥有更多的知识、经验和信心。但是，它也可能反映出女性倾向于关注消极的一面，如果一位男性看到一份职位说明，他会说："大部分我都可以做"，而女性更可能把重点放在她有两件事不能做上，以至于她就不会去申请该职位了（London Times，2008）。

调查结果显示，更多的男性受访者在讨论他们公司的业绩和成就时，对他们所取得的成就都充满了信心，并将其公司的增长归功于他们自己的成就和努力：

> 这家公司已经发展了五年，并作为一家优秀的创意设计公司在北爱尔兰排名前三。
>
> （某平面设计公司的男性联合合伙人）
>
> 公司擅长于它所做的事，且我们所提供的服务是物超所值的，而且公司是本地的。
>
> （某包装合规公司的男性 MD）

只有两位女性企业所有者作出了类似的归因：

> 这家公司自成立以来经历了从无到有的成功。
>
> （ICT 支持服务公司的女性创始人和 MD）
>
> 公司从零开始成长，直到现在拥有了领先科技前沿的产品。
>
> （某软件公司的女性 MD）

外部融资

大多数受访者都曾寻求外部融资来支持其企业的创建或增长，寻求这种融资的女性比例略高于男性（见表 11.4）。

鉴于研究开展时北爱尔兰缺乏风险资本和天使资金（Hill 等，2006；Leitch 等，2006），因此银行是很受欢迎的融资渠道；事实上，只有两位受访者（一位女性和一位男性）积极地寻求从其他渠道获得资金。在男性寻求外部融资的情况下，他们声称已经以相当优惠的条件或多或少地获得了他们所需的资金，因此他们对融资的看法往往相当积极：

北爱尔兰能够满足企业家对银行的需求，虽然银行本质上是保守的——特别是在企业的启动阶段，不过之后就容易多了。

（某包装合规公司的男性创始人兼 MD）

事实上，问题不在于融资，而在于北爱尔兰缺乏客户。公司需要实现自己的想法，而在客户群小的情况下，这一点是很难满足的。

（某软件公司的男性 MD）

如果你有正确的商业计划，那就会有很多机会。

（某电子商务解决方案公司的男性联合创始人兼合伙人）

另一方面，虽然女性比男性更不满意于她们所获得的资金数额，但就谈判协议的条款而言，她们的不满意程度较低，尽管前者似乎使她们对该区域的商业融资产生了负面看法。

表 11.4　外部融资

外部融资——是	用于企业启动	用于企业增长	其他
女性 =9	4	4*	2
		* 有一位同时为了企业启动和增长而寻求外部融资	

（续表）

外部融资——是	用于企业启动	用于企业增长	其他
	企业贷款	天使投资*	租赁
	租赁协议	机构投资*	公司
	银行*	风险投资*	银行
	北爱尔兰投资公司（Invest NI*）	小公司贷款	
	区域间合作计划（INTERREG*）	担保计划*	
	私人美元基金（Private US funding*）	大学*	
		北爱尔兰投资公司	
	＊一位企业家从这些渠道筹集资金	＊一位企业家从这些渠道筹集资金	
男性＝8	3	3**	3
	银行	私人股本*	银行
	风险投资	风险投资*	北爱尔兰投资公司
	王子基金会（Prince's Trust）	银行*	
	经济发展机构	天使投资*	
	中介	小公司贷款	
		担保计划	
		＊一位企业家从这些渠道筹集资金	
		＊＊有一位企业家同时为了企业启动和增长而寻求外部融资	

在北爱尔兰并没有真正的创业文化，但却对公共部门十分关注……一些银行过于厌恶风险，它们需要为小企业提供更多支持。

（某提供虚拟服务的ICT公司的女性创始人兼MD）

大多数参与融资的人并不具备相应的能力。他们不了解市场的波动、风险等。

（某软件公司的女性MD）

与女性相比，更多的男性对寻求外部融资持保留意见，原因有很多，包括不想稀释股本、渴望实现自给自足、规避风险、不想承担大量的债务，因此，他们的企业增长是通过留存收益、非正式资金来源和/或自力更生来获得资金的：

采取不那么谨慎的做法或许可以使公司增长得更快；然而保守的做法可能是最好的，因为它风险较小。

（某IT公司的男性创始人兼财务总监）

经过反思，我们作出了正确的决定（即不寻求外部融资）。我知道很多企业都有很多借款，然而这是非常危险的，只要一两个客户违约，公司就会破产。

（某平面设计公司的男性合伙人）

尽管外部资金可能唾手可得，但样本中的许多受访者都选择依靠自己的资源。然而，正如本研究发现的那样，通过留存收益、非正式资金来源和/或自力更生为企业融资的不足之处在于企业增长可能相对缓慢。

正式和非正式的社交参与

有效建立人际关系的能力是企业家的一项关键能力，特别是对于小公司来说，社交网络提供了通过市场机制无法获取的资源或补充资产（Teece 等，1987）。有限的社交会导致很多的不利条件，包括在知识和资金获取方面受限（Ibarra，1993）。“社交网络是企业所有者在竞争激烈的市场中为自己争取一席之地的关键资产。社交使他们能够扩大行动范围，节省时间，并获得通过其他方式很难获取的资源和机会”（Aldrich 等，1997：2）。

社交可以成为企业所有者社会资本和人力资本的重要来源（Ulrich，1998）。在经营和发展小企业方面，Snell 和 Dean（1992）注意到一位企业所有者/管理者的人力资本应该包括相应的技能和知识，以帮助其成功地经营企业，并使其能够采取必要的措施来实现增长（Wiklund 和 Shepherd，2003）。在这种情况下，具体的人力资本将包括从以前的创业、在迅速发展的组织中管理和/或工作所获得的技能、知识和经验（Birley 和 Westhead，1994；Macrae，1992；van de Ven 等，1984）。

社会资本源于企业家对社交的参与，这有助于目标的实现，因此可能是最有价值的（Burt，1992；Greve 和 Salaff，2003；Lin，1999），因为社会资本有助于他们从知识渊博的同伴或同行那里学习并从中获得支持（Iles 和 Preece，2006）。另外，拥有更多社会资本的管理者可以获得更高的人力资本回报，因为社会资本有助于他们识别和发展更多有价值的机会（Burt，1998）。

Hite 和 Hesterly（2001：276）发现随着公司创建过程的推进，企业所有者需要新的和额外的资源来支持企业的持续增长，这应该反映在企业所有者社交网络的变化上，即从“基于身份的”社交网络向“计算型”社交网络转变。他们将前者定义为“以自我为中心的网络，在这种网络中以下一种联系占了很高的比例，即与能够激发和影响经济行为的其他行为者的私人或者社会联系”（Hite 和 Hesterly，2001：278）；计算型社交网络是指参与者的社交关系主要基于预期的经济利益（Williamson，1993）。对于寻求增长的企业所有者来说，这样的社交网络应该具有战略性，即规模较大，为获得无形信息和有形资源提供了更多的机会。大型社交网络还包括众多强弱关系，因此，企业所有者更有可能获得不同于其现有世界观和心智模式的信息（Butler 和 Hansen，2007；Granovetter，1973）。在由紧密关系组成的较小的社交网络中，成员很可能获得他们已经拥有的信息，从而确认他们自己的看法和观点。同样，McPherson 等（2001：415）指出这会致使个体的社交范围受限，从而限制他们收到的信息的性质、他们形成的态度以及所经历的互动。

在本研究中，受访者被问及他们参加正式和非正式社交活动的情况。大多数人参加了正式的社交活动，并从中得到了各种好处，然而有趣的是，男性所反馈的好处比女性多得多。这些女性反馈的内容包括：同伴的支持、商业推介以及获取知识并且得到发声的机会。此外，男性还提到学习、认识具有相似及不同观点的人、公民和社区责任。其中一位男性解释说，由于其企业所在行业（电影和媒体）的高度专业化性质，他不得不在北爱尔兰以外的地方建立人脉，并且主要建立在非正式社交活动的基础上。

关于参与非正式社交活动，我们的调查显示参与这些活动的男性人数多于女性。对于男性而言，归属于非正式社交群体的好处与归属于正式社交群体的好处相似。然而，其中一位女性对两者做了明确的区分，她说：

> 正式的社交是为了获得业务和销售；非正式的社交则是为了获取支持，两者同样重要。
>
> （某提供虚拟服务的 ICT 公司的女性创始人兼 MD）

另一位女性持有同样的观点，但是她补充道：

> 好处不尽相同。在行业内的社交非常有用，但在行业之外的社交提供了不同的视角……与业内人士和商界人士会面是非常有用的。
>
> （某软件公司的女性所有者兼 MD）

样本中的大多数女性和男性都参与了社交活动，其中大多数人都不止参与了一个，并且认为这种活动是有益的。然而，更多的男性比女性更热衷于非正式社交网络，这可能表明男性愿意并且/或者能够投入更多的时间进行社交活动。Aldrich 等（1989：339）所指出的一个可能原因是，关于婚姻和家庭的文献表明女性比男性更有可能承担家庭责任。如果男性有更多的时间用于社交，那么这能使他们在社交上更具战略性，并能更好地开发计算型社交网络（Hite 和 Hesterly，2001）。正如一位男性（某信息技术公司的所有者）所指出的那样，尽管努力社交可以获得好处，但也可能浪费一些时间，这再次强调了计算型社交网络的重要性。没有参与社交活动的两位女性和一位男性所阐述的理由是他们没有时间并且没有意识到它的重要性。

结　论

Ahl（2004：106）指出了性别和创业文献中的一条共同线索，即令人不安的是，研究中发现的系统性性别差异比预期的要小。我们的调查证实，当控制了相关变量，并试图进行同类比较时，男性企业所有者和女性企业所有者之间的相似之处多于差异（Harrison 和 Mason，2007）。

具体到男性和女性在企业增长方面的抱负及成就，样本中的男性和女性有很多相似之处，部分原因可能在于所有的企业所有者/管理者在某些方面都是非典型的。第一，他们拥有高水平的人力资本和社会资本；第二，他们的企业在性质上是高科技的，而且往往具有增长潜力；第三，他们都有增长的愿望，并且已经实现了不同程度的企业增长。正如 Davidsson（1989）所指出的那样，总体而言，无论所有者的性别如何，大多数小公司都缺乏增长以及对增长的兴致。这项研究的一个局限性是我们纯粹用员工数量和营业额来定义增长，如果我们将企业发展的过程包括在内，那么可能会发现女性和男性之间的更多差异。

数据中确实出现了一些性别差异。例如，在出口方面，男性似乎比女性更积极，一些女性表示缺乏自信心，尤其是对于将产品出口到不列颠群岛以外的地区。虽然男性的出口积极性高可能与他们的企业比女性的企业建立时间更长这一事实有关

(因而他们获得了更多的知识和经验)，但这也可能是因为他们对自己的企业有信心，在大多数情况下，这种信心是很足的，比女性表现出来的信心更足。女性往往对自己的能力和成就缺乏信心，这在某些情况下也可能成为其企业增长的制约因素。当然，这种不自信可以通过参与相关的社交活动来减少，这些社交活动是社会资本和人力资本的重要来源，尤其是战略上的、可计算的、规模大且兼具强弱联系的社交活动，此类社交活动可以带来信息和知识以及不同的观点，在某些情况下还可能遇见导师及获得有形和无形的支持。样本中的女性是活跃的社交活动参与者，但与男性相比，她们发现这种活动带来的好处较少，并且女性参与非正式社交活动的可能性更小，这让人怀疑她们的战略或策划能力可能不够。社交活动涉及对时间和其他资源的投资，因此，重要的是企业所有者/管理者能够从这种投资中获得足够的回报，特别是在经济和财务困难时期。

更多的男性比女性对寻求外部融资持保留态度，原因有很多，其中之一是风险规避。此外，一些人承认从留存收益、非正式来源和/或自力更生中获取资金意味着可取得的增长速度比原来缓慢。尽管这种对外部资金的态度可能并不符合区域经济发展的最佳利益，但它对所有者/管理者的个人和家庭环境而言可能是合适的。虽然女性更倾向于从外部的正规来源为企业增长融资，但一些人对她们所获得的资金数额感到不满，这使她们对区域内企业融资的可获得性产生了负面看法，无论这些看法正确与否，都是不可取的，尤其是因为它可能导致 Kon 和 Stoyer（2003）所称的“气馁的借款人”，即一个有信誉的个人，因为相信自己会被拒绝而不申请贷款，尽管这种想法

（或错觉）在英国相当普遍（见 Allinson 等，2006：49），但就为企业增长融资而言，这并无益处。

虽然我们没有着手对男性企业家和女性企业家关于企业增长的看法和经验进行性别分析，但是有例子表明女性企业家的反馈中明显显示出了 Ahl（2004）所发现的“女性特征”，即她们的态度和行为反映了社会对女性的期望。其中包括对出口的谨慎态度，这通常与女性的以下特征有关：女性通常更关注她们不能做什么，而不是她们能做什么；女性未能更多地突出她们所取得的成绩；以及女性没有充分发挥她们社交网络的作用。但这并不奇怪，正如 Bruni 等（2005：11）所指出的，性别是一种由女性和男性实施的社会实践，它塑造了其行为和话语。此外，套用 Nelson（2008：457）的说法，社会上普遍存在这样一种假设，即男性企业所有权与男性优势相关，因此是“良好的企业所有权”，按照这一定义，其他任何形式的企业所有权都是低劣的（Fine，1994；Schwalbe 等，2000），这可能会影响女性对自身能力和成就的看法。我们认为这样的假设是不恰当的，因为企业所有权是一个在不同背景下构建的多层面的结构，因此不可能存在“一种最好的方式”。我们认为更富有成效的研究策略应该是采取注重多样性和互补性的包容性视角，而不是聚焦于差异而非相似性的二元分析。

参考文献

Ahl, H.（2004）, *The Scientific Reproduction of Gender Inequality*, Copenhagen: Copenhagen Business School.

Ahl, H. (2006), 'Why research on women entrepreneurs needs new directions', *Entrepreneurship Theory and Practice*, 30 (5), 595-621.

Aldrich, H. E., Elam, A. B. and Reece, P. R. (1997), 'Strong ties, weak ties and strangers: Do women owners differ from men in their use of networking to obtain assistance?', in S. Birley and I. C. MacMillan (ed), *Entrepreneurship in a Global Context*, London: Routledge.

Aldrich, H. E., Reese, P. R. and Dubini, P. (1989), 'Women on the verge of a breakthrough: Networking among entrepreneurs in the United States and Italy', *Entrepreneurship and Regional Development*, 1, 339-356.

Allinson, G., Braidford, P., Houston, M. and Stone, I. (2006), 'Myths surrounding growing a business: A focus group based study on behalf of the Small Business Service', Durham Business School Report.

Birley, S. and Westhead, P. (1994), 'A comparison of new businesses established by "novice" and "habitual" founders in Great Britain', *International Small Business Journal*, 12 (1), 38-60.

Blake, M. K. and Hanson, S. (2005), 'Rethinking innovation: Context and gender', *Environment and Planning A*, 37, 681-701.

Bruni, A., Gherardi, S. and Poggio, B. (2005), *Gender and Entrepreneurship: An Ethnographical Approach*, Abingdon: Routledge.

Bryman, A. (2008), *Social Research Methods*, 3rd edn, Oxford: Oxford University Press.

Burt, R. S. (1992), *Structural Holes: The Social Structure of Competition*, Cambridge, MA: Harvard University Press.

Burt, R. S. (1998), 'The gender of social capital', *Rationality and Society*, 10 (1), 5-46.

Butler, J. E. and Hansen, G. S. (2007), 'Network evolution, entrepreneurial success and regional development', *Entrepreneurship and Regional Development*, 3, 1-16.

Carter, N. M. and Brush, C. G. (2004), 'Gender', in W. B. Gartner, K. G. Shaver, N. M. Carter and P. D. Reynolds (ed), *Handbook of Entrepreneurial Dynamics: The Process of Business Creation*, Thousand Oaks, CA: Sage Publications.

Chaganti, R. and Parasuraman, S. (1996), 'A study of the impact of gender on business performance and management patterns in small businesses', *Entrepreneurship Theory and Practice*, 2 (2), 73-75.

Cowling, M. and Harding, R. (2005), 'Gender and high growth businesses in the UK', paper presented at the second Diana International Research Conference, Stockholm, May.

Davidsson, P. (1989), 'Continued entrepreneurship: Ability, need and opportunity as determinants of small business growth', *Journal of Business Venturing*, 6 (6), 405-429.

Davidsson, P., Achtenhagen, L. and Naldi, L. (2004), 'Research on small firm growth: A review', in *Proceedings of European Institute of Small Business*, available at: http://eprints.qut.edu.au/archive/00002072

Ehlers, T. B. and Main, K. (1998), 'Women and the false promise of micro- enterprise', *Gender and Society*, 12 (4), 424-440.

Epstein, C. F. (1988), *Deceptive Distinctions: Sex, Gender and the Social Order*, New Haven, CT: Yale University Press.

Fine, M. (1994), 'Working with hyphens: Reinventing self and other in qualitative research', in N. Denzin and Y. Lincoln (ed), *Handbook of Qualitative Research*, Thousand Oaks, CA: Sage.

Granovetter, M. (1973), 'The strength of weak ties', *American Journal of Sociology*, 78, 1360-1380.

Greve, A. and Salaff, J. W. (2003), 'Social networks and entrepreneurship', *Entrepreneurship Theory and Practice*, Fall, 1-22.

Harrison, R. T. and Mason, C. M. (2007), 'Does gender matter? Women business angels and the supply of entrepreneurial finance', *Entrepreneurship Theory and Practice*, May, 445-472.

Hart, M. (2007), *Northern Ireland-Global Entrepreneurship Monitor*, Belfast, Northern Ireland: Invest Northern Ireland.

Heilbrunn, S. (2005), 'The impact of organizational change on entrepreneurship in community settings', *Journal of Small Business and Enterprise Development*, 12 (3), 422-436.

Hill, F., Leitch, C. M. and Harrison, R. T. (2006), 'Desperately seeking finance? The demand for finance by women owned and led businesses', *Venture Capital: An International Journal of Entrepreneurial Finance*, 8 (2), 159-182.

Hite, J. M. and Hesterly, W. S. (2001), 'The evolution of firm networks: From emergence to early growth of the firm', *Strategic Management Journal*, 22 (3), 275-286.

Ibarra, H. (1993), 'Peripheral networks of women and minorities in management: A conceptual framework', *Academy of Management Review*, 18 (1), 56-87.

Iles, P. and Preece, D. (2006), 'Developing leaders or developing leadership? The Academy of Chief Executives' programmes in the North East of England', *Leadership*, 2 (3), 317-340.

Invest Northern Ireland (2008), http://www.investni.com/index/grow.htm (accessed 11 September 2008).

Johanson, J. and Vahlne, J. -E. (1977), 'The internationalization process of the firm: A model of knowledge development and increasing foreign market commitments', *Journal of International Business Studies*, 8, 23-32.

Johanson, J. and Vahlne, J. -E. (1990), 'The mechanism of internationalization', *International Marketing Review*, 7 (4), 11-24.

Kalleberg, A. L and Leicht, K. T. (1991), 'Gender and organizational performance: Determinants of small business survival and success', *Academy of Management Journal*, 34 (1), 136-161.

Kon, Y. and Storey, D. J. (2003), 'A theory of discouraged borrowers', *Small Business Economics*, 21 (1), 37-49.

Leitch, C. M, Hill, F. and Harrison, R. T. (2006), 'The growth and financing of women-led ventures: The Northern Ireland experience', in C. Brush, N. Carter, E. Gatewood, P. Greene and M. Hart (ed), *Growth Oriented Women Entrepreneurs and Their Businesses: A Global Research Perspective*, Cheltenham, UK and Northampton, MA, USA: Edward Elgar Publishing.

Lin, N. (1999), 'Building a network theory of social capital', *Connections*, 22 (1), 28-51.

London Times (2008), 'Where women want to work: Guided path to a higher rank', *The Times*, 8 October, 12.

Loscocco, K. A., Robinson, J., Hall, R. H. and Allen, J. K. (1991), 'Gender and small business success: An inquiry into women's relative disadvantage', *Social Forces*, 70 (1), 65-85.

Macrae, D. J. R. (1992), 'Characteristics of high and low growth small and medium sized businesses', *Management Research News*, 15 (2), 11-17.

Manolova, T. S., Manev, I. M., Carter, N. M. and Gyoshev, B. S. (2006), 'Breaking the family and friends' circle: Predictors of external financing usage among men and women entrepreneurs in a transitional economy', *Venture Capital: An International Journal of Entrepreneurial Finance*, 8 (2), 109-132.

Marlow, S. and Patton, D. (2005), 'All credit to men? Entrepreneurship, finance, and gender', *Entrepreneurship Theory and Practice*, November, 717-735.

McPherson, M., Smith-Lovin, L. and Cook, J. M. (2001), 'Birds of a feather: Homophily in social networks', *Annual Review of Sociology*, 27, 415-444.

Nelson, J. A. (2008), 'Feminism and economics', in D. E. Hausman (ed), *The Philosophy of Economics: An Anthology*, 3rd edn, New York: Cambridge University Press, 454-475.

Northern Ireland Department of Enterprise, Trade and Investment (DETI) (2007), *Northern Ireland Economic Bulletin*, available at: http://www.deti-ni.gov.uk

Orser, B. J., Riding, A. L. and Manley, K. (2005), 'Equity and equity: Application and approval for financing women-owned Canadian SMEs', *Proceedings, Administrative Sciences Association of Canada*, Ryerson Polytechnic University, Toronto, 28-31 May.

Oviatt, B. M. and McDougall, P. P. (1994), 'Toward a theory of international new ventures', *Journal of International Business Studies*, 25, 45-64.

Oviatt, B. M. and McDougall, P. P. (1995), 'Global start-ups: Entrepreneurs on a worldwide stage', *The Academy of Management Executive*, 9 (2), 30-43.

Penrose, E. (1959), *The Theory of the Growth of the Firm*, Oxford: Oxford University Press.

Read, L. (1998), *The Financing of Small Business: A Comparative Study of Male and Female Business Owners*, London: Routledge.

Saunders, M., Lewis, P. and Thornhill, A. (2007), *Research Methods for Business Students*, 4th edn, Harlow: FT Prentice Hall.

Schwalbe, M., Godwin, S., Holden, D., Shrock, D., Thompson, S. and Wolkomir, M. (2000), 'Generic processes in the reproduction of inequality', *Social Forces*, 79, 419-452.

Sexton, D. L. (1997), 'Entrepreneurship research needs and issues', in D. L. Sexton and R. W. Smilor (ed), *Entrepreneurship 2000*, Chicago, IL:

Upstart, 401-408.

Snell, S. A. and Dean, J. W. (1992), 'Integrated manufacturing and human resource management: A human capital perspective', *Academy of Management Journal*, 35 (3), 467-504.

Teece, D. J., Pisano, G. and Shuen, A. (1987), 'Dynamic capabilities and strategic management', *Strategic Management Journal*, 18, 509-533.

Ulrich, D. (1998), 'A new mandate for human resources', *Harvard Business Review*, 76 (1), 128-138.

Uzzi, B. (1999), 'Embeddedness in the making of financial capital: How social relations and networks benefit firms seeking financing', *American Sociological Review*, 64 (August), 481-505.

Van de Ven, A. H., Hudson, R. and Schroeder, D. (1984), 'Designing new business startups: Entrepreneurial, organizational, and ecological considerations', *Journal of Management*, 10 (1), 87-107.

Wiklund, J. and Shepherd, D. (2003), 'Aspiring for, and achieving growth: The moderating role of resources and opportunities', *Journal of Management Studies*, 40 (8), 1919-1941.

Williamson, O. E. (1993), 'Calculativeness, trust, and economic organisation', *Journal of Law and Economics*, 36, 453-586.

第十二章

男性企业家和女性企业家在创业四个时期的社交网络

Kim Klyver, Siri Terjesen

引　言

企业家嵌入在一定的社交网络中（Aldrich 和 Zimmer，1986；Hoang 和 Antoncic，2003），社交网络除了可以为他们提供包括市场信息、创新、资本、投资者和其他关键商业投入在内的有价值的资源（Cromie 和 Birley，1992；Low 和 MacMillan，1988），还可以为其提供情感支持（Brüderl 和 Preissendörfer，1998），并给他们带来合法性和声誉（Lin，2001）。越来越多的文献表明企业家的社交网络是动态的（例如，Greve 和 Salaff，2003；Larson 和 Starr，1993；Moore 和 Buttner，1997）。随着企业家开始利用和配置资源以发展可持续的商业机会，社交网络也会随着时间的推移而发生变化，在这一过程中，企业家通过发展社交网络来支持不同的活动，并作出商业抉择（Evald 等，2006；Larson 和 Starr，1993）。例如，较大规模的社交网络可能有助于企业家获取关于市场、创新和其他关键商业投入的非冗余信息（Evald 等，2006；Renzulli 等，2000）。一种新的研究潮流是调查企业家社交网络中存在的性别差异（例如，McGowan 和 Hampton，2007），但结果不一。

尽管女性在全球创业活动中的参与程度很高（Allen 等，2008），她们在经济发展中的作用也得到了人们的肯定（OECD，2000），但已有文献对于女性创业的关注却很有限（Baker 等，1997；de Bruin 等，2006）。关于性别的现有研究通常关注的是相较于男性，女性企业家的实践有何不同（例如，Birley，1989；Fielden 和 Dawe，2004），以及她们对各种社会和经济效益的影响（例如，Collins-Dodd 等，2004；Kim 和 Ling，2001；Orser 等，2006）。有人认为女性企业家之所以处于不利地位，在一定程度上是因为她们缺乏合适且有效的社交网络（Fielden 等，2003；Timberlake，2005）。关于女性企业家社交网络的研究大多局限于对某个特定创业时期进行简单说明，比如新创公司（Menzies 等，2004）或者持续经营的公司（Cromie 和 Birley，1992；Farr-Wharton 和 Brunetto，2007），并没有考虑创业过程中社交网络的动态性。近期的文献呼吁学者们就个体的网络影响力程度（Hoang 和 Antoncic，2003）以及性别的不同（Carter 等，2001；Godwin 等，2006）开展研究。

本研究探讨了创业发展的各个时期企业家社交网络构成的差异。本章结构如下：首先，我们构建了社交网络理论在创业领域的理论框架，重点关注性别问题，就女性企业家、男性企业家社交网络的构成和使用提出六个假设；其次，我们探讨了创业过程中的网络动态理论，并按性别和创业时期列出三个与社交网络预期变化相关的假设；最后，在对数据和方法进行描述之后，我们得出结论并进行讨论，这些结论突出了对理论和实践的贡献，讨论了局限性，并为今后的研究方向提供了建议。

理论背景

企业家的社交网络提供了获取资源的途径，如果没有社交活动，许多企业家就无法创建新企业（Aldrich 和 Zimmer，1986）。企业家的社交网络由许多参与者组成，包括股东、金融家、雇员、顾客、买家、供应商、顾问、联盟伙伴、朋友、家人和导师。通过社交网络，企业家可以获取包括信息、融资渠道、知识和合法性在内的“社会资本”资源。企业家利用不同的社交活动来帮助制定企业的竞争战略（Ostgaard 和 Birley，1994）。（关于企业家社交网络的综述，可参见 Hoang 和 Antoncic，2003 以及 Kim 和 Aldrich，2005。）在本研究中，我们探讨了男性企业家和女性企业家社交网络的一些特征，包括性别、亲属、商业关系、情感支持以及总体规模和密度。

性别与社交网络

越来越多的学者探讨了工作中社交网络关系的性别差异，均发现男性和女性发展了不同的社交网络（Burke 等，1995）。在这些开创性研究中，Ibarra（1992，1993）认为女性管理者缺乏进入非正式网络的机会，导致她们建立了与男性不同的社交网络。特别是，女性更倾向于寻求其他女性作为朋友和支持者，但寻求从男性那里获得专业意见（Ibarra，1992）。其他关于社交网络管理的性别差异的研究报告指出，女性社交网络中有更多的女性，男性社交网络中则有更多的男性（Burke 等，1995）。女性被排斥在正式网络之外，这限制了她们在组织中晋升到最高层的能力（Bilimoria 和 Piderit，1994）。在这些传统组织中，个人不能轻易地“选择”其工作网络的多样性（Ragins 和 Gonzalez，2003），相反，在创业的过程中，企业家可以自己选择其社交网络中的人。

性别构成

同质性理论（homophily theory）认为人与人之间交流的程度受其感知到的人口、信仰、价值和活动属性相似程度的影响（Byrne，1971）。此外，如果人与人之间有某些共同的特点，并彼此吸引，那么他们就会获得对自己能力和想法的积极反馈，从而增强自尊心，因此，个体可能会自主选择参与在性别和其他特征上具有同质性的社交网络。事实上，在各种样本中都发现了同质性别的群体，包括青少年群体（Schrum 和 Creek，1987）、工商管理硕士（MBA）项目（Mehra 等，1998）和志愿者协会（McPherson 和 Smith-Lovin，1986）。

越来越多的研究证实了企业家社交网络中存在性别差异，并一致认为女性企业家社交网络的特点是女性比例较高（Aldrich 等，1989；Cromie 和 Birley，1992；Ruef 等，2003；Smeltzer 和 Fann，1989）。基于同质性理论，我们认为：

假设 1：与男性企业家相比，女性企业家社交网络中男性的比例会更低。

亲属构成

Brush（1992）将女性创业描述为聚焦于关系的综合社交网络。关系理论模型（Miller，1976）说明了女性的发展、自我感知和个人价值感是如何由与包括家庭成员在内的其他人的联系感所塑造的，并被认为是女性企业家所利用的经验和采取的方法的突出体现（Buttner，2001）。女性一生中的很大一部分时间都是在帮助他人发展，并发展了一些重要的技能，如真实性、开放性、关爱和同情心。这种关系模式与主流的男性主导模式形成了鲜明对比，这种关系模式可能来自女孩与母亲的关系，这与男孩渴望的自主性形成了鲜明对比（Chodorow，1978）。我们预计关系方面的影响将反映在企业家社交网络中亲属构成存在性别差异上。

迄今为止，关于企业家社交网络中亲属构成的研究结果不一，这可能是由于缺乏对亲属的一致定义或者没有考虑到新创企业发展时期的不同。女性企业家更有可能拥有亲属同质性的网络（Renzulli，1998），很有可能在接管已有公司时利用女性的亲属关系（Greve 和 Salaff，2003）。然而，其他研究认为在亲密家庭成员的参与方面没有性别差异（Aldrich 等，1989；Cromie 和 Birley，1992；Menzies 等，2004）。根据以上讨论，我们提出如下假设：

假设 2：与男性企业家相比，女性企业家社交网络中家庭成员的比例会更高。

商业关系

企业家要开展商业活动，提供商业价值，就必须在商业环境中与个人接触。Neergaard（2005）通过对丹麦企业家的研究，确定了初创团队成员开展的以下六项社交活动：建立新的创业团队、筹集资金、招聘、寻找客户/网点、获得相关建议/知识以及建立国际合作关系。有人认为孩子、伴侣的事业以及照顾老年亲属方面的投入造成了女性职业中断的特性，这不利于女性在商业世界中建立联系（Metz 和 Tharenou，2001）。此外，社交网络也会随着女性不再从业而萎缩。

这表明企业家与商业关系的联结可能与性别有关，例如，男性企业家比女性企业家更有可能在其社交网络中拥有同事（Renzulli，1998）。此外，男性倾向于咨询其他男性以获得商业帮助，而女性咨询男性的情况较少（Aldrich 和 Elam，2000）。在此基础上，我们提出以下假设：

假设 3：与男性企业家相比，女性企业家社交网络中商业关系的比例会更低。

规　模

企业家社交网络的第四个特点是规模，拥有大型社交网络的企业家比拥有小型社交网络的企业家更容易获得信息和资源（Greve，1995）。先前对整个女性和男性人口社交网络的研究表明在规模上没有性别差异（Marsden，1987），因此，我们认为女性企业家和男性企业家的社交网络规模没有显著差异。

假设 4：女性企业家和男性企业家的社交网络在规模上没有显著差异。

密　度

密度描述了社交网络中的个体与其他人熟识的程度。在密集型社交网络中，大多数人都相互认识，并有可能基于信任和共同规范形成联盟，从而提高集体行动能力（Aldrich 和 Zimmer，1986；Kim 和 Aldrich，2005）。嵌入密集型社交网络的个体更有可能提供和接受彼此的社会支持，但也更有可能获得冗余信息（Marsden，1987）。与不相关或不在附近居住的人相比，亲属和邻居由于家庭及地理上的亲近，更有可能认识彼此。根据上述假设，如果女性创业者拥有更多的亲属和邻里关系，那么女性创业者的社交网络可能更密集，因此，在控制家庭成员比例的条件下，我们预计女性企业家和男性企业家社交网络的密度并无显著差异。

假设 5：控制家庭成员的比例，则女性企业家和男性企业家社交网络的密度没有差异。

情感支持

社会支持理论（House，1987）被解释为包括四种类型的支持：情感支持、工具支持、信息支持和社交陪伴（Agneesens 等，2006）。先前的社会支持理论研究表明女性更可能寻求和提供情感支持，而男性更可能寻求和提供工具支持（Reevy 和 Maslach，2001）。

在创业学文献中，Neergaard 等（2005）开发了一个包含社会支持理论的理论框架，以更好地理解女性在社交网络中的互动和角色，该模型将讨论的重点放在了创业型社交网络的内容而不是结构上。少数研究调查了创业过程中情感支持的作用，但没有区分女性企业家和男性企业家（例如，Bruderl 和 Preisendorfer，1998；Samuelsson，2004）。同时，Menzies 等（2004）发现女性新企业家和男性新企业家在社交实践中从家庭、朋友和其他人那里得到的支持没有区别。由于女性企业家和男性企业家都需要并且能够获得情感上的支持，我们有理由认为男女性企业家获得情感支持的关系比例没有显著差异。

假设 6：提供情感支持关系的比例在女性企业家和男性企业家之间没有显著差异。

社交网络在创业过程中的演变

企业家的社交网络是动态的（Davidsson 和 Honig，2003；Evald 等，2006；Larson 和 Starr，1993），在不同创业时期，为了寻求新资源，创业者将激活新的社交网络联系。迄今为止，关于性别和企业家社交网络的文献都没有考虑这种动态性，而是将社交网络视为稳定的。

在本研究中，我们探讨了企业家社交网络的不同发展模式。这些论点的延伸是重要的，我们预计女性和男性的社交网络在性别构成、亲属构成和商业关系构成方面存在差异。假设

1、2 和 3 预计的性别差异分别在假设 7、8 和 9 中得到进一步体现，现在我们依次对其进行验证。

性别构成的动态变化

前面我们已阐述了个人如何倾向于与其认为具有相似特征和信仰的人建立关系，我们预计女性企业家将与其他女性建立社交网络。关于传统组织中性别和社交网络理论的文献表明，为了适应企业环境并得到晋升，成功的女性发展的社交网络与成功的男性相似（Tharenou，1997）。随着女性在公司中的地位越来越高，这些社交网络不可避免地会包含更多男性。事实上，社会资本对提高女性在高级管理层的地位比在较低的管理层更重要（Metz 和 Tharenou，2001）。

现有的为数不多的关于女性创业的文献表明，当女性企业家离开原企业开始创办自己的公司时，其社交网络也开始发生变化（Moore 和 Buttner，1997；Terjesen，2005）。Godwin 等（2006：630）认为当女性企业家在获得资源和确立合法性方面遇到障碍时，可能会建立与男性的联系，其目的“不是与体系对抗，而是利用其中的规则”。在创业者经历不同的创业时期时，可能会对“成功”产生偏见，这表明创业者在创业的后期可能会变得更加相似。基于这些观点，我们提出以下假设：

假设 7：女性企业家和男性企业家社交网络中的性别构成在创业发展过程的后期没有显著差异。

亲属构成的动态变化

现有的关于普通人群社交网络（Moore，1990）和企业家样本的研究（Aldrich 等，1989）表明，女性在其社交网络中拥有亲属的比例较高（参见假设 2 的推导）。在传统组织中工作的女性，当其获得提升时，倾向于发展与男性类似的社交网络（Tharenou，1997）。依据这一逻辑，进入创业阶段的女性可能会发展出类似于男性的社交网络。因此，我们期望发现女性企业家和男性企业家社交网络的亲属构成在创业早期存在性别差异，随着企业家创业过程的发展，这些差异将会减小，并可能在某个时点完全消失。

假设 8：女性企业家和男性企业家社交网络中的亲属构成在创业过程的后期没有显著差异。

商业关系的动态变化

根据上述推理，我们认为随着企业家创业阶段的不断深入，他们需要获得更多的商业关系，这些社交网络关系对于企业家而言尤为重要，因为商业关系提供了获得可持续竞争优势的资源，这一逻辑对于女性企业家和男性企业家均适用，因此，我们提出以下假设：

假设 9：在创业发展的后期，女性企业家和男性企业家社交网络中的商业关系构成没有显著差异。

数据和方法

样　本

我们使用的数据来自2003年和2004年对134位女性企业家和266位男性企业家进行的电话调查，我们从丹麦《全球创业观察报告》项目的参与者中确定企业家，并询问他们未来是否愿意参与关于社交网络的研究。最初的GEM项目研究将从事创业活动的个人分为新手企业家、企业所有者或非正式投资者，该样本是全国人口的代表。

在本研究所依据的第二次电话访谈中，总体回应率在2003年为82%，2004年为60%。样本分析证实了其与GEM项目的总样本以及丹麦成年人口具有可比性。

变量

创业时期

根据企业家自己对其所处创业时期的描述，我们将他们分为以下四组："停留在创业想法上（萌芽期）""开始着手创办企业（启动期）""公司成立年限不足42个月（成长期）"或"公司成立年限达到或超过42个月（稳定期）"。这些电话访谈是在创业者积极参与新企业的情况下进行的，消除了后见之明、记忆衰退和事后合理化的偏见。我们分别调查了158、76、60和106位处于萌芽期、启动期、成长期和稳定期的企业家。

社交网络

在本研究中，我们采用名称生成器的方法（Lin，2001；Marsden，1987）来确定企业家社交讨论网络的组成。在过去30年中，这种方法得到了广泛应用，包括用于社会普查（General Social Survey，GSS）和聚焦于核心讨论网络的调查。由于先前的研究结果显示，95%的企业家宣称（核心讨论）网络不足五人（Marsden，1987），故我们要求企业家“确认与你商谈过你的商业机会、生意的人，并且最多确认五人；如果你与五人以上商谈过自己的商业机会和生意，那么选出五个对你影响最大的人”。结果按1到5的大小度量。

社交网络节点构成

然后，我们统计了企业家社交网络中这些人的性别和角色关系，并计算了每位企业家社交网络中的男性、家庭关系和商业关系（如同事和业务顾问）的比例。我们还要求每位受访者对“与情感支持有关的沟通”的程度进行评估，维度从“非常不赞同”到“非常赞同”。情感支持关系的份额等于情感支持关系（报告中“非常赞同”）的数量除以社交网络的规模。

密度

企业家们还被问及他们的社交网络中有哪些联系人是相互认识的。答案将用于密度的计算，即用相互认识的关系数量除以能够相互认识的人的最大值。

性别

对企业家的性别进行编码（1代表男性，2代表女性）。

控制变量

早期的研究强调了某些人口统计变量对创业过程及结果的

影响（Greve，1995；Greve 和 Salaff，2003；Jenssen，1999），因此，我们将年龄（按出生年份计算）和教育水平（0=无职业教育、无高等教育；1=职业教育；2=少于三年的高等教育；3=3—4年的高等教育；4=4年以上的高等教育）作为控制变量，同时，我们还对调查的年份进行了控制。

统计分析

本研究包括多项统计分析。首先，我们给出创业过程不同时期的六个因变量（规模、密度、男性比例、家庭成员比例、商业关系比例和情感支持关系比例）的描述性统计和方差分析。在控制年龄、教育水平和调查年份的条件下，我们采用一系列线性回归来检验前六个假设。为了检验网络动态性的性别差异，我们添加了一个交互效应，并将萌芽期的女性企业家作为参考。

结　果

描述性统计

表 12.1 列出了创业过程四个时期的六个因变量的均值，以及将四个时期作为一个整体的均值。

表 12.1 显示企业家社交网络的规模、密度、商业关系比例及情感支持关系比例没有显著的性别差异。然而，我们发现家庭关系的构成存在显著差异（$p<0.10$）：与处于相同创业时

期的男性企业家（28%）相比，成长期的女性企业家更有可能拥有较高比例（40%）的亲属关系网络。

我们的多阶段研究显示，在创业的萌芽期和启动期，企业家社交网络中的男性比例存在统计学意义上的性别差异（$p<0.01$）。在萌芽期，女性企业家社交网络中有50%是男性，而男性企业家则为74%（$p<0.01$）。在启动期，女性企业家的社交网络由55%的男性组成，而男性企业家的社交网络由66%的男性组成，这一差异在10%的水平上显著。动态变化出现于创业过程的后期，女性企业家和男性企业家的社交网络均由大约75%的男性联系人组成。

表12.1中的均值分析支持假设1、4、5和6，部分支持假设2，但不支持假设3。此外，我们还确认了女性企业家和男性企业家社交网络的不同动态变化，并进一步使用多元统计分析进行检验。

表12.1　创业过程四个时期的社交网络特征：描述性统计和方差分析结果

		萌芽期	启动期	成长期	稳定期	总计：各时期
男性比例	男性	0.74	0.66	0.70	0.74	0.72
	女性	0.50	0.55	0.74	0.75	0.68
	人数	136	75	58	98	367
	方差分析	0.00**	0.08*	0.65	0.96	0.00**
家庭关系比例	男性	0.31	0.34	0.32	0.28	0.31
	女性	0.32	0.42	0.26	0.40	0.35

（续表）

		萌芽期	启动期	成长期	稳定期	总计：各时期
	人数	141	77	58	100	376
	方差分析	0.73	0.31	0.54	0.09*	0.19
商业关系比例	男性	0.27	0.31	0.42	0.44	0.35
	女性	0.22	0.27	0.44	0.41	0.30
	人数	142	76	57	99	374
	方差分析	0.41	0.63	0.81	0.71	0.23
规模	男性	3.23	4.41	3.93	3.58	3.66
	女性	3.55	4.44	3.70	3.89	3.82
	人数	158	76	60	106	400
	方差分析	0.28	0.88	0.58	0.40	0.34
密度	男性	0.70	0.67	0.71	0.70	0.69
	女性	0.69	0.69	0.63	0.78	0.70
	人数	124	73	55	89	341
	方差分析	0.92	0.78	0.38	0.30	0.85
情感关系比例	男性	0.79	0.86	0.84	0.77	0.80
	女性	0.83	0.84	0.84	0.72	0.81
	人数	140	74	58	96	368
	方差分析	0.44	0.74	0.96	0.49	0.93

注：* $p<0.10$；** $p<0.01$。

多元统计

为了充分检验我们的假设，必须考虑变量之间的相关性，并检验将适当的控制变量加入等式后，相关性是否仍然显著。如前所述，年龄和教育水平等变量可能会影响社交网络的构成，同时我们将调查年份也作为控制变量。所有变量（不包括交互变量）之间存在的相关性均小于0.8，这表明不存在多重共线性。变量之间相关性最高的为家庭关系比例与商业关系比例，为0.494。为了进一步检验多重共线性，我们还计算了方差膨胀因子，它们的大小范围是1.056—1.500，这再次表明变量间不存在多重共线性。表12.2显示了六次回归的结果。

表12.2 企业家社交网络：线性回归结果

	规模	密度	商业关系比例	家庭关系比例	情感支持关系比例	男性比例
性别	0.218*	0.006	−0.033	−0.003	−0.024	−0.138***
规模		−0.033**	−0.011	−0.023*	−0.017	0.011
密度	−0.377**		−0.049	0.139***	−0.060	0.018
商业关系比例	−0.138	−0.053		−0.377***	−0.188***	0.025
家庭关系比例	−0.403	0.213***	−0.532***		−0.086	−0.248***
情感支持关系比例	−0.285*	−0.089	−0.255***	−0.082		−0.055
男性比例	0.184	0.027	0.034	−0.240***	−0.056	
年龄	−0.011**	−0.002	0.005***	0.002	−0.002	0.001

（续表）

	规模	密度	商业关系比例	家庭关系比例	情感支持关系比例	男性比例
教育水平	0.17	−0.006	0.010	−0.014	0.009	0.000
调查年份	−0.422***	−0.038	−0.029	0.004	0.078***	0.075***
常数项	851 307***	76 481	58 345	−7 341	−154 387***	−150 345***
回应者的人数	324	324	324	324	324	324
调整后的 R^2	0.064	0.064	0.315	0.319	0.072	0.156

注：* $p<0.1$；** $p<0.05$；*** $p<0.01$。

表 12.2 证实了均值分析的大部分结果。女性企业家拥有更大的社交网络（$p<0.10$），并且其社交网络中的男性比例明显偏低（$p<0.01$），而我们在社交网络的其他特征上并未发现显著差异。因此，线性回归的结果支持假设 1、5 和 6，证实了女性企业家社交网络中男性比例较低，而密度和情感支持相似。没有证据支持假设 3 和 2，即没有证据表明女性企业家社交网络中商业关系的比例更低而家庭成员的比例更高。依据统计结果，我们同样拒绝了假设 4，因为女性企业家社交网络的规模比男性企业家社交网络的规模大。

到目前为止，我们一直将社交网络视为稳定的。为了检验体现企业家社交网络动态性的假设 7、8 和 9，我们引入创业时期中性别的交互作用，表 12.3 描述了相关结果。

我们的研究结果表明，当女性企业家沿着创业过程前进时，她们倾向于增加社交网络中男性的比例，随着时间的推移，企业家社交网络构成中的性别差异逐渐消失。例如，在萌芽期和启动期之间，性别差异在 5% 的水平上是显著的，这一区别在萌芽期和成长期以及萌芽期和稳定期之间，是在 1% 的水平上显著。我们的发现支持假设 7，但不支持假设 8 和 9。

表 12.3　企业家社交网络的构成：线性回归结果

	商业关系比例	家庭关系比例	男性比例
性别	−0. 077	−0. 086	−0. 268 ***
规模	−0. 015	−0. 027	0. 013
密度	−0. 063	0. 121	0. 006
商业关系比例		−0. 391	−0. 007
家庭关系比例	−0. 559 ***		−0. 267 ***
情感支持关系比例	−0. 228 ***	−0. 068	−0. 022
男性比例	−0. 009	−0. 266	
年龄	0. 004 ***	0. 001	0. 001
教育水平	0. 007	−0. 017	0. 000
调查年份	−0. 004	−0. 010	0. 058 **
时期			
萌芽期	−0. 086	−0. 110	−0. 269 **
成长期	0. 056	−0. 049	−0. 327 ***
稳定期	−0. 006	−0. 143	−0. 259 **
交互作用			
启动期 * 性别	0. 106	0. 146	0. 167 **
成长期 * 性别	0. 054	0. 099	0. 275 ***
稳定期 * 性别	0. 103	0. 181	0. 252 ***
常数	88 769	21 211	−114 802 **

（续表）

	商业关系比例	家庭关系比例	男性比例
回应者的人数	324	324	324
调整后的 R^2	0.331	0.344	0.208
调整后的 R^2 的变化（与表 12.2 相比）	0.16	0.25	0.52

注：* $p<0.1$；** $p<0.05$；*** $p<0.01$。

讨　论

社交网络的构成

本研究证实了以往关于女性企业家和男性企业家社交网络如何不同的主要观点，我们发现，平均而言，女性企业家社交网络中男性的比例较低。关于家庭关系比例的研究结果与之前的研究结果一致，表明女性企业家和男性企业家之间没有差异。我们发现女性企业家报告的社交网络规模比男性更大，然而我们在商业关系比例、情感支持关系比例和密度方面没有发现任何显著的性别差异。

社交网络的动态性

本研究的主要贡献在于探索了不同创业时期企业家社交网络中的性别差异。与男性企业家相比，随着创业进程的推进，女性企业家往往会增加其社交网络中男性的比例。在创业过程的最初时期，特别是在萌芽期和启动期，存在巨大的性别差异，然而这些差异会随着时间的推移而逐渐减小。在稳定期，女性企业家和男性企业家报告的其社交网络中的男性比例几乎相同，这一结果表明现有文献报告的性别差异只适用于创业过程的早期。

结 论

我们需要承认本研究还存在局限性。首先，我们以企业家的个人视角来审视其社交网络。其次，我们未对行业进行控制。最后，尽管我们研究了社交网络的主要特征，例如家庭、亲属、商业讨论和情感支持，但社交网络还可能存在其他方面，如范围、频率和方向（Aldrich 和 Zimmer，1986）。除了上述局限性，我们相信我们的研究作出了许多重要贡献，并为未来的研究提供了启示和指导。

为什么稳定期的女性企业家和男性企业家的社交网络如此相似？一种解释是企业家面临同样的主要挑战，他们必须对社交网络作出抉择，以使其能够获得满足企业需求的资源。重大的事件包括获得融资、与供应商和客户等利益相关者建立并维持业务关系。

与此同时，虽然女性企业家和男性企业家可能面临相似的挑战与需求，但他们在创业过程中可能有非常不同的经历，并面临不同的资源需求。因此，我们并不认为女性企业家处于不利地位——我们认为女性企业家和男性企业家都必须完成某些活动，并且为了达到目的，可能需要建立相似的社交网络来获得关键资源。综上所述，这些发现可以被解释为女性企业家和男性企业家可能拥有不同的创业经历（例如劳动力市场），这些经历造就了最初的社交网络，但是随着企业家创业的持续和在此过程中对资源需求的变化，他们激活并利用相似的社交网络。

综上所述，我们的研究结果表明，在创业过程中，随着创业时期的不断推进，女性企业家会建立更多的与男性有关的社交网络，这与传统组织中的女性为了获得成功而将社交网络调整为与男性相似的研究结果一致。纵向研究可以证实这些做法，尤其是可以重点关注基于社交网络的路径依赖和资源流动。未来对企业绩效和增长的研究可能会增进我们对女性企业家创业过程的理解。研究创业团队中多个成员的社交网络以及测量关系的新方法也将有助于更全面地分析企业家的社交网络。最后，社交网络只是创业者整体创业生涯的一个方面（Johannisson 和 Mønsted，1997），我们的发现可以扩展到对其他类型创业活动的研究，例如，具有创业经验的个人更有可能成为非正式投资者（Szerb 等，2007）。

参考文献

Agneesens, F., Waege, H. and Lievens, J. (2006), 'Diversity in social support by role relations: A typology', *Social Networks*, 28 (4), 427-441.

Aldrich, H. E. and Elam, A. B. (2000), 'A guide to surfing the social networks', in S. Birley and D. Muzyka (ed), *Mastering Entrepreneurship*, London: Prentice Hall, 143-148.

Aldrich, H. E. and Zimmer, C. (1986), 'Entrepreneurship through social networks', in D. Sexton and R. Smilor (ed), *The Art and Science of En-*

trepreneurship, Cambridge, MA: Ballinger, 3-23.

Aldrich, H. E., Reese, P. R. and Dubini, P. (1989), 'Women on the verge of a breakthrough? Networking among entrepreneurs in the US and Italy', *Entrepreneurship and Regional Development*, 1 (4), 339-356.

Allen, E., Elam, A., Langowitz, N. and Dean, M. (2008), *Global Entrepreneurship Monitor: 2007 Report on Women and Entrepreneurship*, Wellesley, MA: Babson College and London: London Business School.

Baker, T., Aldrich, H. E. and Liou, N. (1997), 'Invisible entrepreneurs: The neglect of women business owners by mass media and scholarly journals in the United States', *Entrepreneurship and Regional Development*, 9, 221-238.

Bilimoria, D. and Piderit, S. (1994), 'Board committee membership: Effects of sex- based bias', *Academy of Management Journal*, 37 (6), 1453-1477.

Birley, S. (1989), 'Female entrepreneurs: are they really different?', *Journal of Small Business Management*, 27 (1), 32-37.

Brüderl, J. and Preisendörfer, P. (1998), 'Network support and the success of newly founded business organizations', *Small Business Economics*, 10, 213-225.

Brush, C. G. (1992), 'Research on women business owners: Past trends, a new perspective and future directions', *Entrepreneurship Theory and Practice*, 16 (4), 5-30.

Burke, R. J., Rothstein, M. G. and Bristor, J. M. (1995), 'Interpersonal networks of managerial and professional women and men: Descriptive characteristics', *Women in Management Review*, 10 (1), 21-27.

Buttner, E. H. (2001), 'Examining female entrepreneurs' management style: An application of a relational frame', *Journal of Business Ethics*, 29 (3), 253-270.

Byrne, D. E. (1971), *The Attraction Paradigm*, New York: Academic Press.

Carter, S., Anderson, S. and Shaw, E. (2001), 'Women's business ownership: Review of academic, popular and internet literature', report to the Small Business Service.

Chodorow, N. (1978), *The Reproduction of Mothering*, Berkeley, CA: University of California.

Collins-Dodd, C., Gordon, I. M. and Smart, C. (2004), 'Further evidence on the role of gender in financial performance', *Journal of Small Business Management*, 42 (4), 395-417.

Cromie, S. and Birley, S. (1992), 'Networking by female business owners in northern Ireland', *Journal of Business Venturing*, 1 (3), 237-251.

Davidsson, P. and Honig, B. (2003), 'The role of social and human capital among nascent entrepreneurs', *Journal of Business Venturing*, 18, 301-331.

De Bruin, A., Brush, C. G. and Welter, F. (2006), 'Introduction to the special issue: Towards building cumulative knowledge on women's entrepreneurship', *Entrepreneurship Theory and Practice*, 30 (5), 585-593.

Evald, M. E., Klyver, K. and Svendsen, S. G. (2006), 'The changing importance of the strength of ties throughout the entrepreneurial process', *Journal of Enterprising Culture*, 14 (1), 1-26.

Farr-Wharton, R. and Brunetto, Y. (2007), 'Women entrepreneurs, opportunity recognition and government-sponsored networks', *Women in Management Review*, 22 (3), 187-207.

Fielden, S. L. and Dawe, A. (2004), 'Entrepreneurship and social inclusion', *Women in Management Review*, 19 (3), 139-142.

Fielden, S. L., Davidson, M. J., Dawe, A. J. and Makin, P. J. (2003), 'Factors inhibiting the economic growth of female owned small businesses in North West England', *Journal of Small Business and Enterprise Development*, 10 (2), 152-166.

Godwin, L., Stevens, C. and Brenner, L. (2006), 'Forced to play by the rules: theorizing how mixed-sex founding teams may benefit women entrepreneurs in male dominated contexts', *Entrepreneurship Theory and Practice*, 30 (5), 623-642.

Greve, A. (1995), 'Networks and entrepreneurship-an analysis of social relations, occupational background, and the use of contacts during the establishment process', *Scandinavian Journal of Management*, 11 (1), 1-24.

Greve, A., and Salaff, J. W. (2003), 'Social networks and entrepreneurship', *Entrepreneurship Theory and Practice*, 28 (1), 1-22.

Hoang, H. and Antoncic, B. (2003), 'Network-based research in entrepreneurship: A critical review', *Journal of Business Venturing*, 18 (2), 165-187.

House, J. S. (1987), 'Social support and social structure', *Sociological Forum*, 2 (1), 135-146.

Ibarra, H. (1992), 'Homophily and differential returns: Sex differences in network structure and access in an advertising firm', *Administrative Science Quarterly*, 37, 422-447.

Ibarra, H. (1993), 'Personal networks of women and minorities in management: A conceptual framework', *Academy of Management Review*, 18 (1), 56-87.

Jenssen, J. I. (1999), *Entrepreneurial Networks—A Study of the Impact of Social Networks and Resource Access on Start-up on New Organizations*, Kristiansand: Norwegian School of Economics and Business.

Johannisson, B. and Mønsted, M. (1997), 'Contextualising entrepreneurial networking', *International Studies of Management and Organisation*, 27 (3), 109-136.

Kim, J. L. S. and Ling, C. S. (2001), 'Work-family conflict of women entrepreneurs in Singapore', *Women in Management Review*, 16 (5), 204-221.

Kim, P. and Aldrich, H. E. (2005), 'Social capital and entrepreneurship', *Foundations and Trends in Entrepreneurship*, 1 (2), 1-64.

Larson, A. and Starr, J. (1993), 'A network model of organization formation', *Entrepreneurship Theory and Practice*, 17 (2), 5-16.

Lin, N. (2001), *Social Capital: A Theory of Social Structure and Action*, New York: Cambridge University Press.

Low, M. B. and MacMillan, I. C. (1988), 'Entrepreneurship: Past research and future challenges', *Journal of Management*, 14 (2), 139-161.

Marsden, P. (1987), 'Core discussion networks of Americans', *American Sociological Review*, 52 (1), 122-131.

McGowan, P. and Hampton, A. (2007), 'An exploration of the networking practices of female entrepreneurs', in C. Henry, N. Carter, K. Johnston and B. O'Cinneide (ed), *Promoting Female Entrepreneurship: Implications for Education, Training and Policy*, London: Routledge.

McPherson, J. M. and Smith-Lovin, L. (1986), 'Sex segregation in voluntary associations', *American Sociological Review*, 51, 61-79.

Mehra, A., Kilduff, M. and Brass, D. J. (1998), 'At the margins: A distinctiveness approach to the social identity and social networks of underrepresented groups', *Academy of Management Journal*, 41, 441-452.

Menzies, T. V., Diochon, M. and Gasse, Y. (2004), 'Examining venture-related myths concerning women entrepreneurs', *Journal of Developmental Entrepreneurship*, 9 (2), 89-107.

Metz, I. and Tharenou, P. (2001), 'Women's career advancement: The relative contribution of human and social capital', *Group & Organization Management*, 26 (3), 312-342.

Miller, J. B. (1976), *Toward a New Psychology of Women*, Boston, MA: Beacon Press.

Moore, D. P. and Buttner, E. H. (1997), *Women Entrepreneurs: Moving Be-*

yond the Glass Ceiling*, London: Sage.

Moore, G. (1990), 'Structural determinants of men's and women's personal networks', *American Sociological Review*, 55 (5), 726-735.

Neergaard, H. (2005), 'Networking activities in technology-based entrepreneurial teams', *International Small Business Journal*, 23 (3), 257-278.

Neergaard, H., Shaw, E. and Carter, S. (2005), 'The impact of gender, social capital and networks on business ownership-a research agenda', *International Journal of Entrepreneurial Behaviour and Research*, 11 (5), 338-357.

Organisation for Economic Co-operation and Development (OECD) (2000), *OECD Small and Medium Enterprise Outlook*, Paris: OECD.

Orser, B. J., Riding, A. L. and Manley, K. (2006), 'Women entrepreneurs and financial capital', *Entrepreneurship Theory and Practice*, 30 (5), 643-665.

Ostgaard, T. A. and Birley, S. (1994), 'Personal networks and firm competitive strategy-a strategic or coincidental match?', *Journal of Business Venturing*, 9, 281-305.

Ragins, B. R. and Gonzalez, J. A. (2003), 'Organizational diversity: Getting a grip on a slippery construct', in J. Greenberg (ed), *Organizational Behavior: The State of the Science*, Erlbaum, Mahwah, NJ, 125-163.

Reevy, G. M. and Maslach, C. (2001), 'People's use of social support: Gender and personality differences', *Sex Roles*, 44, 437-459.

Renzulli, L. (1998), 'Small business owners, their networks, and the process of resource acquisition', Master's thesis, Department of Sociology, University of North Carolina at Chapel Hill.

Renzulli, L. A., Aldrich, H. E. and Moody, J. (2000), 'Family matters: Gender, networks, and entrepreneurial outcomes', *Social Forces*, 79 (2), 523-546.

Ruef, M., Aldrich, H. E. and Carter, N. M. (2003), 'The structure of founding teams: homophily, strong ties and isolation among U. S. entrepreneurs', *American Sociological Review*, 68 (2), 195-222.

Samuelsson, M. (2004), *Creating New Ventures-A Longitudinal Investigation of the Nascent Venturing Process*, JIBS dissertation Series 020, Jönköping.

Schrum, W. and Creek, N. A. Jr (1987), 'Social structure during the school years: Onset of the degrouping process', *American Sociological Review*, 52, 218-223.

Smeltzer L. R. and Fann, G. L. (1989), 'Gender differences in external networks of small business owners/managers', *Journal of Small Business Management*, 27 (2), 25-32.

Szerb, L., Rappai, G., Makra, Z. and Terjesen, S. (2007), 'Informal investments in transition: Motivations, characteristics and classifications in Eastern Europe', *Small Business Economics*, 28 (2/3), 257-271.

Terjesen, S. (2005), 'Senior women managers: Leveraging embedded career capital in new ventures', *Career Development International*, 10 (3), 246-259.

Tharenou, P. (1997), 'Managerial career advancement', in C. Cooper and I. T. Robertson (ed), *International Review of Industrial and Organizational Psychology*, New York: Wiley, 39-93.

Timberlake, S. (2005), 'Social capital and gender in the workplace', *Journal of Management Development*, 24 (1), 34-44.

第十三章

性别、机会识别和内部网络的作用

Rodney Farr-Wharton，Yvonne Brunetto

引　言

虽然一直有研究表明男性企业家和女性企业家在管理实践上存在差异（见 Buttner，2001），但关于男性企业家和女性企业家如何利用内部员工网络寻找潜在的商业机会的研究较少。近几十年来，女性企业家对经济企业增长的影响显著增加（Greene 等，2003），过去三十多年的研究表明，女性企业家在战略选择、初始资源、投资过程及企业增长等诸多方面的表现均与男性企业家不同（Greene 等，2003）。然而，较少有研究关注机会识别和发展过程中的性别差异这一问题（Starr 和 Yudkin，1996）。

有充足的证据表明男性和女性在经营其企业的方式上存在差异，例如，Martin（2001）发现女性企业家和男性企业家在组织学习方面有所不同，尤其是女性企业家通常会参与更高层次的交流，而这种高层次的交流恰恰是促进组织创新的先决条件。此外，相较于男性企业家，女性企业家更偏好较低风险的经营环境，并且较少热衷于追求高增长，这也说明了她们在选择市场利基时存在性别偏差（Eddleston 和 Powell，2008）。因此，男性企业家和女性企业家在选择可利用的机会时可能存在差异，由此他们对机会的警觉性也有所不同（Greene 等，2003；Martin，2001）。

研究性别如何影响企业家实践的一种可行方法是将企业家置于其当前所处的实际文化情境中对他们进行分析（Berg，1997；Mirchandani，1999）。这一方法假定企业家以往的互动方式会影响他们当前所遵循的文化规范和秉持的价值观，而这反过来又催生了可能存在性别差异的企业家实践。一种理解企业家价值观的方法是研究他们在其公司的实践。Hofstede（1998：18）认为实践作为文化的有形部分，可以用来代表文化中不可见的部分——价值观。因此，本章将探讨男性企业家和女性企业家在通过内部员工网络寻求商业理念方面的相似性和差异性，并试图以这一方式洞悉他们的价值观和规范。本章的主要研究问题包括：男性企业家和女性企业家在其管理实践中有哪些相似点和不同之处？这又如何影响他们利用内部员工网络以寻找潜在商机的行为？

背　景

过去的研究表明中小企业的所有者/管理者表现出相似的企业家行为，大多数企业家认为他们必须集中精力于经营活动，而无暇顾及其他（Garengo 等，2005）。因此，他们往往局限于谋求企业的生存而非增长（Gray，2002）。基于此，并非所有的企业家都有积极寻找潜在商业机会的想法。过去对女性企业家的研究表明她们往往在寻找新的机会方面不那么积极主动，并且由于她们常常需要平衡工作和家庭的双重目标，所以也不太可能采取激进的增长战略。因此，女性企业家更有可能寻求机会以确保经营的持续性，而不是实现激进的增长（Verheul和Thurik，2001），这意味着她们仍然需要了解新的理念，以捕捉潜在的商业机会，然而，她们的目标更多的是为了实现缓慢且稳定的增长，而不是企业的快速扩张。

社交网络理论、社会资本理论（social capital theory，SCT）和学习型组织理论为本章探讨内部员工关系对于男性企业家和女性企业家识别并确认潜在商业机会的影响提供了理论视角。

社交网络理论

社交网络是在公司内部具有积极或消极共同情感的群体中自发形成的，从而在该特定网络的成员之间建立一种制约他们或为他们提供机会的结构（Kilduff和Tsai，2003）。随着时间的推移，网络成员之间相互作用的强弱将取决于成员进行重大决策时相互之间的依赖程度（Kilduff，1990）。

Burt（1992）认为任何位于网络中心的成员，在机会识别和战略信息获取上都可能比其他成员受益更多，这些中心位置往往以网络中其他成员相互之间缺乏联系为特征，因而处于中心位置的成员便成了管理网络中所有信息流的“经纪人”，中心位置将在获取信息和控制信息方面提供最大的利益。与员工相比，企业家更可能占据中心位置。Burt认为企业家可以利用员工网络来获取有关潜在商业机会的信息，他们通过对关系网络的掌控，巧妙地将自己置于经纪人的位置，由此就可以直接获取大多数信息。尽管这可能有利于获取高质量的商业机会信息，但它也可能非常耗时，以至于对企业内的日常经营产生不利影响。此外，尚不清楚的一点是，企业家的中心位置是否会影响他们对潜在商业机会信息的利用。下一节将用社会资本理论来探讨男性企业家和女性企业家与员工有关的行为。

社会资本理论

社会资本理论的前提假设是社交网络关系的质量将影响结果的质量，因为它决定了成员能否获得相关信息、资源、尊重和授权。反过来，社交网络成员之间关系的质量则取决于他们是否建立了关于信任、互惠和义务行为的既定规则和规范（Adler，2001），这些规范是建立关系的基础，因为它们规定了哪些行为可被接受，以及哪些行为不可被接受（Tsai 和 Ghoshal，1998）。

虽然 Nahapiet 和 Ghoshal（1998）提出了检验结果的三个不同维度（结构、关系和认知），但是本研究仅使用社会资本理论中的关系维度来探讨内部员工网络对于男性企业家和女性企业家寻求新的商业机会的重要性。该理论认为将社会资本嵌入企业中有许多潜在的好处，有利于企业家提升雇员之间积极行为的互惠性（Adler，2001），这些行为会通过员工之间的会议和谈话等社交过程表现出来（Lin，2001）。这一理论假定员工和所有者/管理者都能从积极的工作关系中获益（Taylor 等，2004），因为它使人们更容易获得信息、资源、尊重和授权

（Lin，2001），进而有助于工作场所中问题的解决。此外，当管理者采用旨在建立社会资本的管理策略时，员工可获得的其他福利包括：增强对授权的感知、增加培训机会、激励（包括薪酬）和工作设计的灵活性以及更完善的就业保障。企业家也可以实现生产力的提高以及对员工更高水平的承诺，这些会提高公司的组织效率和有效性，进而提升公司在市场上的竞争力（Bacon 和 Hoque，2005）。

由女性企业家经营的公司也存在类似的情况。Buttner（2001）基于 129 位女性管理者的调查发现，那些善于通过互相授权打造职场关系的女性管理者是有效的，特别是，Buttner（2001）采用关系理论视角（包括分析女性管理者在四个维度上的行为：关系维护、员工授权、追求成就和创建团队）来检验她们的管理实践。她发现女性管理者在从事管理实践时，会主动替代缺席员工的角色，表现出同理心，并对员工福利有额外的责任感，对“关系维护”提供支持。此外，女性管理者更倾向于民主管理，以营造相互尊重的工作氛围，由此“员工授权”的维度也得到验证。Buttner 还发现她们在其管理实践中致力于提升员工的能力，进而支持“追求成就”的行为维度，同时女性管理者会和员工分享她们的愿景、让员工参与协作决策（反过来会影响员工对授权的感知），表现出“创建团队”的相关行为。

如果企业家的管理方式为关系导向型，那么这些相同的条件应该能够促进社会资本和积极互惠行为的形成与发展。因为随着时间的推移，同样的环境也可能会促进信息共享、资源互通和相互尊重的积极互惠行为，相应地，这些也是分享有关潜在新机会信息的理想条件。为了探讨男性企业家和女性企业家的管理方式这个问题，我们提出一个次级研究问题（secondary research question，SRQ）以指导数据的收集。

次级研究问题1：男性企业家和女性企业家采用的管理风格是什么？

当将社会资本理论应用于企业环境时，理想的管理实践应该是能够促进信息和资源共享的互惠活动，这一管理实践对于促进学习型组织的发展也大有裨益，因为它推动了重视组织学习的嵌入式文化的发展。此外，如果女性和男性企业家都致力于推动社会资本的发展，那么根据战略人力资源管理相关文献的论述，以上的管理策略还可以额外获益，即如果对学习加以利用，那么它将在公司内部营造出一个积极的学习环境，从而促进公司的成功。这是一个重要的问题，因为关于学习型组织的文献表明，公司内部的学习氛围取决于领导者关于学习的信念和价值观，换言之，领导者是决定学习环境能否得以发展的关键。在公司内部营造浓厚的学习氛围，可以鼓励员工“不断发展他们的能力，从而更好地理解复杂性，明晰愿景，并改善心智模式”（Senge，1990a：240）。Senge（1990a，1990b）提出领导者对于学习型组织的心智发展起到至关重要的作用。

学习型组织

以往关于学习型组织的文献强调了管理实践在促进员工积极学习行为方面的重要性（Senge，1990a；Watkins 和 Cervero，

2000)，然而对于企业家而言，这种行为显得更为重要，因为识别和确认潜在商机的能力决定了他们能否在市场中生存和发展下去。Honig（2001：21）将学习定义为“任何可以改变个人或公司现有的知识储备状态的过程”。学习型组织将建立适当的系统，以便从公司过去所犯的错误中学习发现新的机会(Gibb，1997)。因此，有效的企业家会使用一系列流程（会议、从错误中学习）来挖掘新的机会。

Senge（1990a）提出为了促进组织和个体层面的学习，领导者必须扮演一系列角色，有时是设计师（开发支持生产所需的生产流程、管理和通信机制），有时是教师（向员工传授公司的愿景，以及相关的规范、行为和实践），有时是管家(利用从公司内部学到的知识在公司内部进行创新)。

这是一个重要的问题，因为尽管有关于学习对组织有效性的重要性研究（Agashae 和 Bratton，2001；Senge，1990)，但很少有研究考察女性企业家和男性企业家作为设计师、教师或管家如何与员工互动（Agashae 和 Bratton，2001)。这一点很重要的另一个原因是：嵌入企业中的学习实践会影响公司的绩效（Cooke 和 Wills，1999)。同样，有关领导风格的文献显示变革型领导能够在员工当中营造一种效仿他自己所推崇的规范和价值观的文化（Bass 和 Avolio，1999)，当该领导者同时也是创始人时更是如此。这意味着变革型领导者将在其公司中嵌入一个有效的关系维度，以便有适当的流程来捕捉和奖励员工的投入（即使它挑战现状)，同时也会有适当的流程来促进员工的进一步发展。本章还将通过三个研究问题来指导数据的收集，它们是：

次级研究问题 2：男性企业家和女性企业家处理员工犯错问题的方式是否存在差异？

次级研究问题 3：男性企业家和女性企业家对会议信息的理解是否存在差异？

次级研究问题 4：男性企业家和女性企业家鼓励公司员工创新的方式是否存在差异？

这些次级研究问题将被用来指导数据收集的过程。

研究方法

抽　样

澳大利亚统计局（Australian Bureau of Statistics，2001：1）将小型企业定义为所有权自有、独立经营和管理并且员工人数少于 20 人的公司。研究人员对企业家进行了访谈，在此之前，这些企业家均已完成了“有关信任在社交网络行为中的作用”的调查问卷，并且他们全都雇用了至少 5 名员工（参见 Brunetto 和 Farr-Wharton，2007；Farr-Wharton 和 Brunetto，2008）。我们之所以选择至少拥有 5 名员工的企业，主要是基于对研究主题的考虑，即男性企业家和女性企业家一般是如何管理他们的员工的，以及特别关注如何通过员工网络来学习发现潜在的商业机会。

在最初接受问卷调查的 287 位企业家中，总共有 183 人雇用了 5 名或更多的员工。我们向符合以上筛选条件的 183 位企业家发出了采访邀请，其中 122 位同意参加访谈。共有 58 位女性和 64 位男性受访者参加了半结构化电话或面对面访谈。该访谈的目的在于比较男性企业家和女性企业家的管理实践，以及他们如何使用内部员工网络来识别潜在的商业机会。

分　析

这些定性的问题是为了收集中小企业的管理实践信息，包括与员工的互动以及他们如何看待和利用这些可能构成商业机会来源的信息。在每次访谈中，只有每位受访者的第一反应才会被纳入数据分析，然后根据所出现主题的“共性和差异”进行编码和分类，随后再确定每个类别的频率（Ghauri 和 Gronhaug, 2002）。最后根据所出现的系统模式得出可用于解决研究问题的结论。在每一个案例中，受访者的第一反应是本研究分析的唯一依据。

结　果

人口统计资料

本研究的样本由雇用 5 名及以上员工的 58 位女性企业家和 64 位男性企业家构成。其中，有 11 位男性企业家和 12 位女性企业家的年营业额低于 50 万澳大利亚元；有 15 位男性企业家和 25 位女性企业家的年营业额介于 50 万澳大利亚元和 100 万澳大利亚元之间；有 38 位男性企业家和 21 位女性企业家的年营业额超过 100 万澳大利亚元。表 13.1 表明大部分样本来自制造业和建筑业，且员工人数少于 20 人。

表 13.1 企业活动的类型和员工人数

员工人数	食品和饮料业	旅游业	制造业和建筑业	培训和公共关系业	健康服务业	总计
男性：						
5—20	4	3	20	3	4	34
20—50	4	0	9	2	0	15
>50	5	2	6	2	0	15
女性：						
5—20	1	0	18	17	3	39
20—50	2	0	3	4	1	10
>50	1	1	6	2	0	10

为了分析关于管理风格的第一个研究问题，我们要求女性企业家和男性企业家描述他们的管理方式。大多数受访者作出了回应，并列出了他们在经营过程中关注企业的哪些领域。紧接着，我们让他们评价企业中这些领域的优先顺序。由于之前的研究已经表明男性企业家更倾向于关注战略增长，而女性企业家则侧重于关系，因此我们预计这些结果将会重现。通过对企业家回应进行分析，我们发现了两个主题：企业家要么主要倾向于从战略角度进行管理，要么主要倾向于从关系角度进行管理。此外，本章的研究结果重现了先前的研究结果，即 64 位男性企业家中的 58 位和 58 位女性企业家中的 6 位指出他们追求的是战略目标；而 28 位男性企业家和 30 位女性企业家认为其在管理方法中关注“关系”。下面提供了最常见的企业家

回应类型的示例：

典型的男性企业家关注战略增长的回应：

1.“三重底线法：有良好的会计和评估实践，以及与员工保持公平关系。”

2.“我是分析型并且关注底线。”

典型的女性企业家关注战略增长的回应：

1.“拥有商业计划、营销计划和良好的技术人员的支持。”

2.“我们坚持以下原则：①公司利润；②创新型产品开发；③职业道德和质量标准；④对员工的认可和奖励。”

典型的男性企业家关注关系的回应：

1.“我的员工是我最大的资产。”

2.“我像对待朋友那样对待我的员工。”

典型的女性企业家关注关系的回应：

1.“喜欢结交乐于助人、技术好的、快乐的人。”

2.“与员工进行开诚布公的沟通，在决策过程中寻求员工的参与和想法。”

第二个问题要求女性企业家和男性企业家描述他们如何对待员工所犯的错误。从社会资本理论的关系维度和/或关系理论出发，我们可以推导出组织对待错误的理想反应方式应该是，管理者和同事将错误视为他们向该犯错员工提供信息和/或资源及帮助以支持其改正的机会。相比之下，学习型组织理论则认为组织处理员工所犯错误的理想方式是，由管理者扮演管家和设计师的角色，将错误当作一种学习创新的工具，甚至可能建立适当的新系统以确保错误不再出现（Senge，1990b）。

对样本反应的分析表明有少数的男性企业家和女性企业家同时采用了这两种方法，但是大多数的企业家仍以一种方法为主导，因此，他们对待错误的主导态度反过来也可能反映出该企业家的潜在价值观和信念。研究结果表明女性企业家较少扮演管家角色（58 位中占 20 位)，她们较多地采用关系型方法（58 位中占 38 位）来纠正错误（通过支持和培训的方法)，而大多数男性企业家（64 位中占 54 位）则倾向于采用管家方法：他们认为错误是一个机会，组织借此可以建立适当的系统来防止长期内出现类似的错误。只有少数的男性企业家（64 位中占 10 位）在处理员工的错误时会采用关系型方法。因此，对第二个问题的研究表明男性企业家和女性企业家似乎对员工犯错的反应方式有所不同。对所有材料的分析表明无论是男性企业家还是女性企业家，都没有把错误当作创新的机会（见表 13. 2)。

表 13. 2　处理错误的方法

方法	女性	男性	最常出现的主题的例子
关系型	38	10	女性
			“帮助员工改正错误”
			“如果情况严重，我们会使用外部教练”
			男性
			“对问题进行讨论，指出哪里出了问题，并鼓励他们再试一次”
			“和员工一起解决这个问题”

（续表）

方法	女性	男性	最常出现的主题的例子
管家型 “系统错误”	20	54	女性
			“我们的主要目标是消除恐惧；如果有人犯了错误，我们会自动查看他所工作的系统。85%的错误是因缺乏训练或指导而造成的”
			“错误是由于员工缺乏正确的信息或没有遵循程序而导致的，所以错误是一个改善程序的机会”
			男性
			“我们审查工作程序和工作态度”
			“找出错误发生的原因，看看如何避免这种错误”

第三个问题即询问男性企业家和女性企业家是否定期召开会议（包括正式和非正式会议），如果得到肯定的回答，则继续邀请他们阐述其是如何看待员工在会议上所提供的信息的。对问题第一部分的回应显示56位女性企业家中的39位以及64位男性企业家中的50位会在预定的时间召开正式会议。相比之下，56位女性企业家中的19位以及64位男性企业家中的14位表示他们会根据企业和员工的需要，经常与员工进行非正式谈话。

典型的男性企业家对采用正式会议方式的回应：

1.“每星期一的上午，我们会讨论上周发生的事情以及本周即将发生的事情。此外，我们还会每六个月召开一次全体员工参与的管理会议。”

2.“是的，我们每月讨论财务问题、营销活动以及可能的工作、内部管理问题，我们允许员工提出建议——所有员工都可以使用企业内联网‘有话要说’的功能。”

典型的女性企业家对采用正式会议方式的回应：

1.“我们的会议是遵照日程安排举办的。”

2.“每日例会讨论日常的活动和目标。”

3.“每周例会讨论他们上周所设定的目标和优先事项的开展情况，以及由此产生的其他任何问题。据此设置本周的优先事项，确定需要采取行动的战略问题，完成‘上周工作中对你来说最好的事情’……”

典型的男性企业家对采用非正式会议方式的回应：

1.“我们也曾举办过管理会议，但是我觉得对于一个小群体来说，这种会议提出的许多问题都不够重要，不足以弥补时间投入和生产损失。现在我采取和每个员工一对一交谈的方式。”

2.“我们的员工很少，我们经常聚在一起讨论任何问题。”

典型的女性企业家对采用非正式会议方式的回应：

1.“我会询问员工的想法，因为他们的想法通常比我自己的更好。”

2.“我们是以团队的方式协同合作，对想法、问题和头脑风暴都持开放态度。”

为了探究女性企业家和男性企业家如何使用由非正式和正

式会议所产生的信息，我们要求他们对这些正式或非正式谈话期间所分享的信息类型进行描述。从学习型组织理论出发，我们可以推断无论是男性企业家还是女性企业家经营的公司都将使用正式和非正式的内部员工网络以发现潜在的商业机会（管家角色），然而现实中只有为数很少的男性企业家和女性企业家会使用他们的内部网络来达到这个目的。相反，基于学习型组织理论的结果分析表明无论是男性企业家还是女性企业家对信息的使用都颇为相似——要么用于改进公司内部的系统（设计师角色），要么用于重申公司的愿景和预期实践（教师角色）。因此，很少有男性企业家或女性企业家表示他们举办正式和非正式会议是特意为了从员工网络中学习新的商业理念。这与学习型组织有所不同，后者的目的在于促进组织学习，从而推动创新想法和行为的产生（Senge，1990a）。然而，少数女性企业家的回应表明她们主要是利用非正式会议来培养和构建有效的关系（关系型），这反过来可以为企业家提供了解员工想法的机会（见表 13.3）。

表 13.3　男性企业家和女性企业家如何看待正式和非正式会议上的信息

会议的主要关注点	男性	女性	最频繁出现的主题的例子
建立有效的关系	14	2	女性
			“诚实地对待他们，并将他们视为朋友，使他们感到特别，总结他们的想法，这对‘集思广益’很有益处”

（续表）

会议的主要关注点	男性	女性	最频繁出现的主题的例子
			“我认为我们的关系是非常好的，并且是建立在相互尊重、非常开放和信任基础上的关系”
			“我们是一家小公司，我和我的员工无论是工作关系还是私人关系都很密切”
			男性
			“我们没有正式的会议，但我们经常交谈，每天都在不断地交流想法”
设计师 学习型组织的功能（开发产品，用于支持生产的管理流程）	16	21	女性
			“（我用会议）……确认员工的培训和个人发展”
			“我们是团队的一部分，并共同努力解决问题”
			“因为我们在服务行业工作，所以我们员工的专业程度和技能是一个关键的驱动因素。（我们用会议）……确保员工受到良好的培训，确保我们的系统支持我们达到卓越，这是至关重要的”
			男性
			“我们讨论员工、流程、客户、工作时间等方面的任何变化”
			“我们讨论任何有助于改善公司内部沟通的事情。我们用会议来感谢员工，并祝贺他人取得最好的成绩”

（续表）

会议的主要关注点	男性	女性	最频繁出现的主题的例子
教师 学习型组织的功能（宣传愿景以及相关的准则和实践）	22	30	女性 “我们告知员工我们的方向、设定原因、何时以及如何实现目标” “我们讨论关注点、业务方向、改进领域、服务的定价、每个人的责任以及我们如何为了共同利益而合作”
管家 学习型组织的功能（利用员工了解可能促进公司创新的新想法）	6	11	女性 “我们保持开放的政策，并定期与管理层和员工进行座谈，以了解他们的想法” “我愿意接受他们的想法” 男性 “每周我们都会见面讨论上周的活动和新想法” “我们会讨论我们现在所处的位置、我们的方向以及我们现有的问题和想法”

接下来的问题是询问女性企业家和男性企业家采取何种激励措施鼓励员工提出新想法，从而使公司受益，结果显示有五种不同类型的反应。过去的研究表明提供激励措施是建立社会资本的一种方式，并已被中小企业的管理者成功应用（Bacon 和 Hoque，2005）。如表 13.4 所示，除 9 位男性企业家外，几乎所有受访企业家都有员工奖励计划——该计划认同和奖励员工提出的好想法，这表明这些企业当中的大多数确实会通过一

些管理措施来建立社会资本。大多数男性企业家采用经济激励方式，而女性企业家除了采用经济激励方式，还采用认可和表扬的方式。

下一节将全面检验研究结果，以达到研究的主要目标。

表 13.4　女性企业家和男性企业家如何奖励员工的创新行为

	男性	女性	例子
认可和表扬	3	20	女性
			“我们将奖励和证书作为认可计划的一部分”
			“对员工进行口头表扬，在团队内分享这一想法，并且立即试用”
			“如果他们没有得到认可，我们就不会实现 80% 的增长——我们有这种文化——每个人都有责任贯彻自己的想法”
			男性
			“是的，积极的反馈、地位和长期职位”
提高工资/发放奖金	37	20	女性
			“年终奖取决于该想法对公司的影响”
			“提高工资，发放奖金”
			男性
			“是的，通常会有现金奖励，但并不是经常发生”
			“是的，会进行薪资调整”

（续表）

	男性	女性	例子
小型激励（剧院门票、请吃饭）	1	11	女性
			“激励计划包括晚宴和旅行”
			“庆功酒”
			男性
			“偶尔发放现金，但更经常的奖励是香槟或一天的假期”
大型激励（旅行、假期）	7	3	女性
			“根据员工的想法对公司的不同贡献，我们为其提供剧院门票或者海外旅行”
			男性
			“我们会提供假期作为替代”
公司股份	7	3	女性
			“所有的员工在任职一年后都可以获得公司股份”
			“利润分享计划”
			男性
			“是的，我们进行利润分享或者发行新股以留住员工及提高员工忠诚度”
			“我们也会考虑奖励股份，因为到目前为止对创新的奖励过于缺乏”
没有奖励——这是工作的一部分	9	1	女性
			“不清楚——目前还未奖励过员工的创新行为”

（续表）

	男性	女性	例子
			男性
			“我们是一个团队，并没有针对个人的额外奖励 ”
			“没有奖励，提供新的想法是员工工作任务的一部分”

讨　论

本研究基于社交网络理论、社会资本理论的关系维度以及学习型组织提供的理论框架，确定了男性企业家和女性企业家管理方式的相似性——至少乍一看是这样。在这项研究中，大多数男性企业家和几乎半数的女性企业家都在战略上专注于实现既定目标，并相应地审查公司的活动。从表层来看，由于样本中只有不到一半的女性企业家认为她们在经营企业时强调“关系”，并将员工放在最重要的位置，因此这一发现与之前关于女性企业家利用“关系”进行管理的研究有所不同（Buttner，2001）。

然而，从更深层次来看，本项研究的结果确实支持了Buttner（2001）的结论。由于女性企业家与男性企业家管理方式的主要区别在于多数女性企业家关注多个焦点，特别值得注意的是，即使是那些将战略作为第一要务的女性企业家，也会将员工关系放在一个高度优先的位置上。这一结果也支持了

Verheul 和 Thurik（2001）的研究，他们在以前的研究中发现女性企业家更有可能追求多重目标的组合——既有战略性的目标，也包括有效的人际关系目标，这往往是她们追求多重工作和家庭目标的结果。

通过对问题 1、2、5 结果的分析，我们发现更多的证据可以用于支持女性企业家管理方式的不同。女性企业家的有关回应表明了她们利用“关系”来管理企业的各个方面。例如，当男性企业家和女性企业家被问及如何对待错误时，结果发现大多数受访者都拥有从错误中学习的适当机制，这表明他们都在应用能够促进非正式学习的管理流程（Gibb，1997）。然而，男性企业家和女性企业家所采用的方法也存在明显的差异，例如，男性企业家运用管家角色来处理“系统错误”，而大多数女性企业家则采用关系型方法来应对员工失误，大约 2/3 的女性企业家认为自己在协助员工方面起到支持和帮助作用。此外，在 20 位表示自己会通过“管家”方法来解决系统故障（错误）的女性企业家（但没有男性企业家）中，大多数也表示她们采用了“培训和发展”方法（这是一种典型的解决问题的关系型方法）来解决系统故障（错误）。

此外，从比例上看，与男性企业家相比，更多的女性企业家在公司建立了奖励机制和流程，以奖励那些为公司提出了有利想法的员工，这些发现似乎支持了 Buttner（2001）的观点，该研究认为传统上女性企业家会采用关系型方法来管理她们的企业，这与男性企业家的管理方式形成了鲜明的对比。此外，以上关于企业家会采用激励以及关系型方法来纠正错误和解决工作问题的发现，进一步支持了在中小企业中建立社会资本的最佳人力资源管理实践的相关研究（Bacon和Hoque，2005），这意味着这些女性企业家的管理实践更多地致力于创造一个信息共享、相互信任和充分授权的环境，从而在公司内部积极地建立社会资本。

从分析企业家回应中得出的另一个结论是男性企业家和女性企业家不仅在管理方式上存在差异，而且在使用内部员工网络以获取潜在商业机会信息的方式上也存在差异。特别是，表13.3的结果显示大约1/4的女性企业家通过会议来构建有效的关系，另外1/4的女性开会主要是为了推进、审查和报告企业各方面的进展情况（学习型组织中的设计师角色），有接近一半的女性企业家将会议用于确定和调整战略方向（学习型组织中的教师角色），少数女性企业家将会议用于诊断问题、头脑风暴和制订解决方案（学习型组织中的管家角色）。同样，只有小部分的男性企业家扮演管家的角色，他们中的大多数人将正式会议作为一种战略工具和/或改善其公司系统的一种途径。

此外，在学习型组织理论方面，已有研究论证了在企业内部提供开放式沟通过程的重要性，此外，还需要建立一种文化，认可并奖励那些想法被证明是商机的员工（Beaver和Prince，2002）。虽然研究结果表明大多数公司以会议形式建立正式和/或非正式的沟通过程，但大部分的沟通过程局限于从企业家到员工的单向信息流（宣传愿景和激励员工）。基于学习型组织理论，这些发现表明很少有女性企业家和男性企业家通过管理实践来鼓励创新，这意味着只有小部分的男性企业家和女性企业家会通过扮演管家的角色来构建有助于推动组织职场学习的规范和价值观（详见 Senge，1990b，1999；Bandura，1986 和 Assanand，2006）。

然而，对相当一部分女性企业家与员工的行为进行进一步分析发现，她们强烈关注通过非正式谈话和正式会议建立关系，话题往往与新的想法有关，这意味着这些女性企业家正利用她们已建立的社会资本（源于她们使用的关系型管理方法）来促进头脑风暴以及新想法从员工到企业家的流动。因此，调查结果表明，相当一部分女性企业家可能会使用其内部员工网络来发现潜在的商业机会，这又增进了我们的理解，即在中小企业的背景下，女性企业家与男性企业家在收集潜在商业想法相关信息的行为方面似乎形成了鲜明的对比，然而未来的研究仍需进一步探讨中小企业的这种趋势是否也适用于不同的国家情境。

本研究的发现也存在一些局限。首先，抽样过程可能会导致数据收集存在偏差，这可能会损害结果的普适性。其次，由于样本规模较为有限，未来的研究应该包括多个国家，以提高结论的可推广性。最后，未来的研究应考虑到企业的成立年限以及员工在该企业中的任职年限，因为这些变量会影响员工与企业家之间关系的质量。

结　论

社交网络理论认为内部网络和外部网络均能帮助企业家寻找潜在的商业机会（Gargiulo 和 Benassi，2000），然而只有当企业家愿意接受这些信息时，社交网络才能发挥作用。基于社交网络理论，我们可以预期男性企业家和女性企业家都将利用内部员工网络所提供的信息。此外，根据学习型组织理论，企业家通过履行管家的职能来促使学习成为推动公司创新的一种方式。然而，调查结果显示无论是男性企业家还是女性企业家，都没有将企业内部员工网络作为其获得潜在商业机会的途径。

过去的研究已经证实了组织学习和创新行为之间的联系（Senge，1990b），然而，Agashae 和 Bratton（2001）提出在学习型组织的文献中，关于管理行为如何影响学习结果的研究还很有限。已有的关于企业家的研究认为他们会从自己所拥有的社交网络（包括公司内部网络和外部网络）中寻找潜在的商业想法。相反，本研究描述了企业家如何管理（或不进行管理）来自员工的潜在商业想法，由此为学习型组织理论增添了新的内容。特别是本研究还揭示了女性企业家和男性企业家是如何从他们的员工网络中进行学习（或未进行学习）的。具体而言，根据学习型组织理论，这些研究结果进一步表明对于那些经营中小企业的企业家而言，他们当中的大多数人在通过与员工的互动来寻求新商机这一方面表现得并不积极；与此相反，他们在会议上与员工的许多互动更多的是为了解决问题，所以也似乎更聚焦于战略层面。因此，不管员工的想法是好还是坏（而且一些企业家坦言员工的想法通常比他们的更好），只有很小比例的男性企业家和女性企业家会采用传统的管理方法从内部员工网络中识别潜在的商业想法。

基于社会资本理论视角，本章的结果表明与男性企业家相比，社会资本的质量对女性企业家来说重要得多，这为 Martin

(2001)的研究提供了进一步的支持。结果显示女性企业家采用关系型管理实践，而这有助于她们注意（机会识别）和采纳（机会确认）员工的想法。女性企业家更倾向于采用关系型管理方法，这意味着她们促进了社会资本的发展，并推动了包括信息共享、资源互通以及相互尊重在内的积极行为的互惠性。这种行为在由大量女性企业家推动的会议和谈话的社交过程中变得十分明显（Lin，2001），这些都是企业家学习和发现新的商业机会的理想条件。因此，本研究的贡献之一在于确认了许多女性企业家所采用的注重关系的管理方法可能是建立社会资本的理想条件，而这又可能使她们拥有更多机会从员工那里获得潜在的商业想法。这一结论是否适用于许多国家的男性企业家和女性企业家有待进一步的探讨，此外，我们还需要将那些明显的、有兴趣从内部员工网络中了解下一个商业机会的企业家行为区分出来。

综上所述，研究表明企业家通常对于如何使用员工网络知之甚少，因此推广创业教育和政府参与仍大有可为，这有利于增进对社会资本益处的认知，即社会资本可以促进信息的互惠，而这些信息可以帮助企业家学习和发现潜在的商业机会。

参考文献

Adler, P. (2001), 'Market, hierarchy, and trust: The knowledge economy and the future of capitalism', *Organization Science*, 12 (2), 215-234.

Agashae, Z. and Bratton, J. (2001), 'Leader-follower dynamics: developing a learning environment', *Journal of Workplace Learning*, 13 (3), 89-103.

Assanand, S. (2006), 'Lecture 15: Learning perspective on personality', Department of Psychology, University of British Columbia, available at: http://www.psych.ubc.ca/~assanand/lecture 15web.pdf (accessed July 2006).

Australian Bureau of Statistics (ABS) (2001), *Australia Now-a Statistical Profile. Industry Overview: Output and Employment by Industry*, Canberra: Australia Bureau of Statistics.

Bacon, N. and Hoque, K. (2005), 'HRM in the SME sector: valuable employees and coercive networks', *International Journal of Human Resource Management*, 16 (11), 1979-1999.

Bandura, A. (1986), *Social Foundations of Thought and Action: A Social Cognitive Theory*, Englewood Cliffs, NJ: Prentice Hall.

Bass, B. M. and Avolio, B. J. (1993), 'Transformational leadership and organizational culture', *Public Administration Quarterly*, 17, 112-122.

Beaver, G. and Prince, C. (2002), 'Innovation, entrepreneurship and competitive advantage in the entrepreneurial venture', *Journal of Small Business and Enterprise Development*, 9 (1), 28-37.

Berg, N. (1997), 'Gender, place and entrepreneurship', *Entrepreneurship and Regional Development*, 9 (3), 259-268.

Brunetto, Y. and Farr-Wharton R. (2007), 'The moderating role of trust in entrepreneurs' decision-making about collaboration', *Journal of Small Business Management*, 45 (3), 362-388.

Burt, R. S. (1992), *Structural Holes: The Social Structure of Competition*, Cambridge, MA: Harvard University Press.

Buttner, E. (2001), 'Examining female entrepreneurs' management style: an application of a relational frame', *Journal of Business Ethics*, 29 (3), 253-269.

Cooke, P. and Wills, D. (1999), 'Small firms, social capital and the enhancement of business performance through innovation programmes', *Small Business Economics*, 13 (3), 219-234.

Eddleston, K. and Powell, G. (2008), 'The role of gender identity in explaining sex differences in business owners' career satisfier preferences', *Journal of Business Venturing*, 23, 244-256.

Farr-Wharton, R. and Brunetto, Y. (2008), 'Female entrepreneurs, opportunity recognition and government-sponsored business networks: A social capital perspective', *Females in Management Review*, 22 (3), 187-207.

Garengo, P., Biazzo S. and Bititci, U. (2005), 'Performance measurement systems in SMEs: A review for a research agenda', *International Journal of Management Reviews*, 7 (1), 25-47.

Gargiulo, M. and Benassi, M. (2000), 'Trapped in your own net? Network cohesion, structural holes, and the adaptation of social capital', *Organization Science*, 11 (2), 183-196.

Ghauri, P. and Gronhaug, K. (2002), *Research Methods in Business Studies*, Harlow: Prentice Hall.

Gibb, A. A. (1997), 'Small firms' training and competitiveness: Building upon the small business as a learning organisation', *International Small Business Journal*, 15 (3), 13-29.

Gray, C. (2002), 'Entrepreneurship resistance to change and growth in small firms', *Journal of Small Business and Enterprise Development*, 9 (1), 61-72.

Greene, P., Hart, M., Gatewood, E., Brush, C. and Carter, M. (2003), 'Women entrepreneurs: Moving front and center: an overview of research and theory', White Paper Series, US Association of Small Business and Entrepreneurship, Boca Raton, FL.

Hofstede, G. (1998), 'Identifying organizational subcultures: an empirical approach', *Journal of Management Studies*, 35 (1), 17-28.

Honig, B. (2001), 'Learning strategies and resources for entrepreneurs and entrepreneurs', *Entrepreneurship: Theory and Practice*, 26 (1), 21-36.

Kilduff, M. (1990), 'The interpersonal structure of decision-making: A social comparison approach to organisational choice', *Organisational Behavior and Human Decision Processes*, 47 (2), 270-288.

Kilduff, M. and Tsai, W. (2003), *Social Networks and Organizations*, London: Sage Publications.

Lin, N. (2001), *Social Capital: A Theory of Social Structure and Action*, Cambridge and New York, Cambridge University Press.

Martin, L. (2001), 'Are women better at organisational learning? An SME Perspective', *Women in Management Review*, 16 (6), 287-297.

Mirchandani, K. (1999), 'Feminist insight on gendered work: New directions in research on women and entrepreneurship', *Gender, Work and Organization*, 6 (4), 224-235.

Nahapiet, J. and Ghoshal, S. (1998), 'Social capital, intellectual capital, and the organizational advantage', *The Academy of Management Review*, 23 (2), 242-266.

Senge, P. (1990a), *The Fifth Discipline*, New York: Doubleday.

Senge, P. (1990b), 'The leader's new work: Building learning organisations', *Sloan Management Review*, 32 (1), 7-23.

Senge, P. (1999), 'The gurus speak (panel discussion): Complexity and Organizations', *Emergence*, 1 (1), 73-91.

Starr, J. and Yudkin, M. (1996), *Female Entrepreneurs: A Review of Current Research*, Wellesley, MA: Wellesley College Centre for Research on Women.

Taylor, D. W., Jones, O. and Boles, K. (2004), 'Building social capital through action learning: An insight into the entrepreneur', *Education and Training*, 46 (5), 226-235.

Tsai, W. and Ghoshal, S. (1998), 'Social capital and value creation: the role of intrafirm networks', *Academy of Management Journal*, 41 (4), 464-476.

Verheul, I. and Thurik, R. (2001), 'Start-up capital: Does gender matter?', *Small Business Economics*, 16 (4), 329-333.

Watkins, K. and Cervero, R. (2000), 'Organizations as contexts for learning: A case study in certified accountancy', *Journal of Workplace Learning*, 12 (5), 187-194.

第十四章

“所有都靠自己”：女性高科技企业家

Maura McAdam，Susan Marlow

引 言

自 20 世纪 50 年代以来，越来越多的女性谋求到了正式工作，她们现在占发达经济体所有雇员将近一半的比重（OECD，2003；Women and Equality Unit，2008）。虽然女性对于劳动力市场的渗透日益增长，但尚未体现在创业领域。平均而言，女性自主创业者约占整个欧盟的 1/4，而女性企业所有者也仅占 1/10（OECD，2003；Global Gender Gap，2007）。此外，与以高增长和出口导向为特征的知识型企业相比，女性拥有的企业更多地局限于本地交易，且以低级服务为主，这就限制了企业增长的空间和机会（Henry 和 Johnston，2003；Carter 和 Bennett，2006）。在科学、工程和技术（SET）领域耕耘的女性企业家凤毛麟角，尽管这些领域极具高波动性和高风险性，但它们同时也具备了高回报的潜力（Smallbone 和 Wyer，2006）。有人认为这种情况可能正在改变，因为随着 SET 领域的女性毕业生数量增加，应该有更多的女性进入技术型企业（Mayer，2006）。在爱尔兰，无论是本科生还是研究生阶段，理科女生都占了很高的比例，其中，2002年的理科毕业生超过一半是女性，而欧洲的平均比例为41%。同年，在科学、数学和计算机博士课程中女性占50%，这一比例在欧洲是最高的（Forfas，2003）。然而，有数据表明女性会提早终结她们在SET领域的职业生涯（Crump等，2007）或被安排到较低的职位上。通常情况下，在职业生涯早期就退出对于女性是有好处的，但对潜在的企业家而言，这种退出趋势限制了她们积累适当的企业家资本以及培养支持新创企业必要信心的机会（Wynarczyk和Renner，2006）。这种情况让人们对更多的女性将从SET就业过渡到相关的创业活动的假设提出了质疑。

为了进一步探讨这些论点，本章考察了某一企业孵化器内的女性SET企业家的特殊经历。企业孵化器这一地点为本研究提供了合适的背景，因为有证据表明企业孵化器是一个为新兴高科技公司提供设施、咨询和社交网络联系的有效支持机制（Lee和Osteryoung，2004；Rice，2002），这种基础设施和支持服务的结合增强了企业家的信心和企业的持久性。然而，鲜有学者提出或者研究女性企业家在企业孵化器中的代表性不足这一现象，因此，我们试图探讨女性在企业孵化器中的适合程度以及她们能在多大程度上从这种环境中获益。首先，我们对一种将创业视为男性主导的性别化活动的观点进行批判性分析；然后分析女性在SET领域的就业和自主创业；接着我们探讨企业孵化器的作用及其服务于男性化领域的定位。为了说明这些论点，我们对爱尔兰共和国在孵化器中经营的一位女性企业家进行了案例研究。

创业作为男性主导领域内的一种性别化活动

虽然对女性从属地位的“言传”和“意会”方式存在诸多分歧和相当激烈的争论（Segal，1989；Greer，2000），但学者们对女性普遍且持续地处于相对劣势地位达成了共识。然而，通过对代理权力不同程度的使用，女性可以利用各种策略来处理其在特定情境下的从属经历，而开展创业活动正是这样一种策略——它为女性提供了一定程度的自主权以及对经济活动的控制权，同时也可能提高她们的社会地位和权力。然而，Smith 和 Anderson（2004：137）根据话语权力理论（Foucault，1972）对创业故事进行了分析，提出这种自主性和授权可能是虚幻的，因为“创业故事中公认的道德观念显然是一种‘男性主导’的性别化形式”。Ahl（2007：687）为这一论述提供了令人信服的证据：她通过对创业领域相关文献进行元分析，发现“人们用于描述企业家的词句恰好也用来形容‘男性’。而将企业家构建为男性化形象会导致作为企业家的女性群体为人们所忽视”。因此，女性企业家被视为闯入这一领域的“异类”（de Beauvoir，1988）。这说明女性不容易“适应”公认的创业模式，因为她们与生俱来的“女性化”与创业的行为和特征相对立。以下例子可以较好地论证这一点：与男性相比，女性拥有的企业更有可能被视为“业余爱好”的副产品（不是专业知识的战略成果，而是休闲兴趣的意外收获），同时在增长和利润方面也常被贬损为“表现不佳”（Carter 和 Shaw，2005；Carter 和 Bennett，2006）。这类描述的含义是女性未能达到成功企业的规范（男性）标准——一项以实现经济利益最大化为目标的全职活动。现在我们将用 SET 行业的例子来更深入地探讨这一观点。

女性化、SET 职业生涯和企业所有权

由于提供低阶服务所要求的前期职业经验少、进入壁垒低、启动资本低，故女性的创业活动在这一领域占很高的比例(Marlow，2002；Marlow 等，2008)。毋庸置疑，当女性过多地挤入诸如教育、健康、餐饮、护理、私人服务等此类传统的女性化行业时（Boden 和 Nucci，2000；Hundley，2001），会进一步导致她们的商业地位以及投资回报的下降。此外，较低的进入壁垒还会引致行业拥挤，引发更加激烈的竞争，并会对企业的利润和可持续性造成影响（Meager 等，2003；Roper 和 Scott，2007)。实际上，正是女性化和女性职业隔离迫使一些女性创业，虽然她们不用再承受低薪酬和黯淡的前景，但是她们创业却也面临收入较低、业绩不佳以及生存能力差的问题(Verheul 和 Thurik，2001)。这个问题的解决办法被认为是具有代理性的，取决于女性本身需要得到多大程度的援助和鼓励，以便获得必要的财务、人力和社会资本，从而使她们能够在机会更好的行业中进行创业并获得“标准意义上的”成功(Kepler 和 Shane，2007)。

然而，即使女性行使代理权，并取得了适当的资格和专业认证以进入“高阶”的职业，但是在性别森严的组织中，传统的男性化职业通道合力形成了所谓的“玻璃天花板”，限制了

女性的发展（Patterson，2007；Bolton 和 Muzio，2008）。这一点可以从 SET 领域的职业生涯中得到解释：在 SET 领域极具竞争性和攻击性的文化中（Wajcman，1991；Crump 等，2007），职业发展源自长期工作和不间断的职业生涯（Blackwell 和 Glover，2008），因此，许多女性被排除在外，或者是她们自己放弃了这类男性化的职业发展策略（Sommerlad 和 Sanderson，1998；Wilson，2004；Bolton 和 Muzio，2008）。因此，尽管 SET 领域的女性毕业生越来越多（Mayer，2006），但她们在职业生涯早期就退出了（Wynarczyk 和 Renner，2006），Faulkner 等（2004：2）注意到这很大程度上是因为对于女性而言，信息和通信技术的职场中充斥着极为冷酷的文化。事实上，SET 领域的“职场通道收缩”现象有据可查，SET 领域的女性与男性人数比从毕业之后就大幅下降（Etzkowitz 等，2000）。Crump 等（2007）通过对一系列数据进行分析后提出，该行业几乎由男性主导，除去最基层的数据录入工作，女性在所有劳动力中的比例还不到 1/3。换言之，只有大约 1/3 的女性因生育或照顾家庭而暂时中断职业生涯后实际又重新回到该行业；缺乏灵活性是 SET 行业的一个关键问题，对于那些重返职场的女性来说，她们通常只能获得一个更初级的职位（Crump 等，2007；DTI，2002）。因此，这种职业的（缺乏）灵活性限制了女性的发展，进而导致了“高阶”职位的性别失衡（Blackwell，2002；Greenfield，2002；Watts，2007）。

然而，在等级森严的职业中，自主创业可以作为一种与克服性别相关的职业障碍的途径（Allen 和 Trueman，1993；Rouse，2005）。事实上，“自主创业为女性提供了另一种可行的替代方法，她们通过自主创业既可以获得良好的收入，又可以在工作中享受更大的灵活性”（Women's Unit，2000；引用自 Perrons，2003）。自主创业可能会为那些已经退出 SET 领域的女性提供管理她们自己日常事务的机会（Perrons，2003）。此外，鉴于小型创新公司对这一领域创造力的重要贡献，创业活动是合理且可信的。然而，尽管人们认同自主创业的积极作用，即它能为人们提供更大的灵活性，并摆脱严苛僵化的职业结构，但是从事 SET 领域的女性企业家依旧严重不足（Wynarczyk 和 Renner，2006）。进一步思考，这种现象或许并不令人感到惊讶，因为如果女性在职业生涯的相对早期就退出了 SET 领域，那么她们将很难获得建立并发展新企业所需的有形和隐性资本。因此，有人提出应为女性设立专门的支持和建议机制，以便她们能够顺利应对创建 SET 新企业的挑战（Welter 等，2003；Godwin 等，2006）。

尽管有学者提出令人信服的论据以支持为女性提供有针对性的帮助，但这一倡议尚未成为主流，因为目前针对小企业的支持机制很大程度上仍然是通用的（Welter 等，2003）。人们通常认为对于所有自主创业的企业家而言，他们所面临的许多挑战都是共同的，但显而易见的是，与性别有关的问题将会对女性所创办的企业造成额外的影响。因此，有人提出支持服务也应当具有性别意识，以便识别出不利于女性的特殊事项，并相应地作出反应（Prowess，2007）。故在下一节中，我们将企业孵化器作为通用支持机制的一个示例，并检验它所起的作用。

企业孵化器作为男性化领域

爱尔兰国家企业孵化协会（National Business Incubation Association，NBIA；www. nbia. org）将企业孵化器定义为“一种经济发展工具，旨在通过提供一系列商业支持资源和服务来加速创业公司的成长和成功”。企业家是推动新企业创办的主力军，孵化器通过提供补充性服务来支持和提升企业家的技能和专业知识，从而发展这种创业型人才，以帮助企业应对市场的不确定性（Lalkaka，2002；McAdam 和 Marlow，2007）。虽然存在各种不同类型的企业孵化器，它们反映了资金来源的不同优先级，但它们都有共同的功能——支持新创企业的生存和发展（Hannon 和 Chaplin，2003；Wright 等，2008）。此外，这些孵化器还可以提供低成本的办公室或实验室空间、行政服务、熟练的管理支持，以及诸如银行家、律师和会计师等专业机构的社交网络入口，这种支持能够促进企业增长，因为它使得企业家可以从具体繁杂的行政事务中抽身出来，专注于产品开发和营销策略（Barrow，2001）。时至今日，Smilor 和 Gill（1986：20）关于“环境中应该存在一个协会来帮助解决问题并刺激企业家追求成功”的评论仍然是恰当的。来自国家企业孵化协会更多现代的证据表明，2002 年，隶属于该协会的 87% 的公司仍处于营业状态，其存活率大大高于全爱尔兰平均两年的存活率（66%）或小企业本身四年的存活率（50%）（NBIA，2002）。

除了提供实用的设施，孵化器还为相似的公司创造了一个积极的“集群效应”，这些公司具有共同的愿景，处于相似的发展阶段，并有众多相关的业务领域。正如 De Clercq 和 Arenius（2006：343）所指出的那样，将拥有共同知识和专长的人聚集在一起，可以“减少与创业过程相关的不确定性”，同时也鼓励和促进组织间有效的社交网络及“知识溢出”（Acs，2006）。从本质上讲，孵化器中的公司在内部共享资源，在它们及外部利益相关者之间创建新的网络，以促进增长和可持续发展（Rothschild 和 Darr，2005）。人们假定企业孵化器提供的是一个性别中立的背景，为创业公司提供支持、咨询，并促进其成长，因为它关注的重点是企业的商业潜力，而不是企业所有者的个人特征。然而，在这些孵化中心中并没有女性，事实上，在爱尔兰，只有不到 5% 的孵化器租户是女性，而孵化器的营销和服务是非常“男性化”的（Forfas，2003）。因此，女性似乎并未从孵化器为创业者及其新创企业提供的宝贵支持中获益。很明显，很少有女性像男性那样，通过孵化开创某种类型的新企业——快速成长的、有创业精神的企业。然而，她们并未缺席这部分的创业活动，有足够的数据说明她们极为边缘化地存在着。相反，有一种假设是女性拥有的企业和孵化之间“不匹配”，因为典型的女性企业家的特征与成功的高科技企业家的特征不一致（Heliman，1983；Watts，2007）。因此，对于那些希望从孵化中获益的女性来说，她们必须首先获得进入孵化器的资格，但随后还需要应对这种“男性化”的文化，而这种文化往往很难给予她们所需的支持和建议。通过分析性别、创业和孵化的关系，我们现在从女性的视角出发，探讨她们如何融入传统上她们几乎被排除在外的行业和环境之中。

研究方法

为了进一步分析这一问题，我们从企业孵化器中选取一家女性高科技公司进行深入的案例研究。这个孵化器坐落在一个科技园区内，与当地的一所大学相连，是爱尔兰第一个数字化、网络化的企业孵化器，它能提供一揽子有效的新企业发展支持服务、设施和专业知识，以帮助企业家谋划、研究、开发和建立新的爱尔兰企业。正如现有文献所述，该孵化器的目标是支持“具有显著增长潜力”的新企业（Forfas，2003：21）。孵化器的企业孵化中心提供了一整套企业发展支持服务和设施，它还提供了导师指导、培训工作坊以及与潜在投资者的定期研讨会（孵化器的描述性统计数据见表 14.1）。

表 14.1　孵化器的描述性统计数据

成功的关键因素	企业孵化器
成立时间	1984 年
目标市场	潜力大的科技创业公司
孵化中心数量	20
入住率	85%
女性与男性的比例	1：16
实地业务专长	有关商业计划、营销等的建议
与大学的联系：正式/非正式	位于大学附近
租户的选择过程	高科技创业公司标准

（续表）

成功的关键因素	企业孵化器
创业教育	三期企业家计划
创业社交网络	律师、银行、风险投资家、大学和行业团体
融资和资本化渠道	风险投资家和金融家
实物资金支持	可行性资助
社区支持	有
具有明确政策和程序的重大事件简明规划	内部资助取决于明确的目标的实现情况

为了达到本研究的目的，需要就选址在孵化器内对企业发展的贡献有一个深入细致的了解，因此用归纳法对背景信息进行探究。这种单一案例的研究方法是合适的，因为该组织规模很小，并且被调查者直接参与企业内部运作（Bowman 和 Ambrosini，1997）。单一案例研究具有“成果推广”的潜力（Lijphart，1971：693），被分析的对象可以是“一个个体、一个社区、一个组织、一个民族国家、一个帝国、一种文明”（Lijphart，1971：693；Levy，1988；Sjoberg 等，1991）。本章将探讨一位女性企业家在孵化器内建立并促进一家 SET 企业成长的特殊经历。

为了对单一案例的研究方法进行补充，我们引入了口述历史，该方法依赖于身为女性的受访者们对她们进入 SET 领域的志向和情感经历的表述。在这里使用口述历史的前提是对性别对企业增长模式的作用有更深层次和不同的理解。对于女性企业家而言，这种方法是恰当的，因为它将企业家的经历置于她们生活的大背景之下。在没有任何书面或其他形式的记录存在的情况下，口述历史叙事是她们能够表达自己身份的媒介（Haynes，2004）。虽然口述历史是备受历史学家赞誉的方法（Thompson，1988；Vansina，1985；Yow，1994），但它在创业领域中的使用并不多，因此，这种方法回应了 Ahl（2006，2007）的观点，她呼吁在对女性创业活动进行研究时应采用更具性别敏感性的方法，以克服标准研究方法的固有偏见。

本次研究的受访者 Kate 是第一位也是迄今为止唯一一位孵化器中的女性租户；我们在 2007 年安排了四次会面，鼓励她在不受结构化形式的约束下自由地陈述自己的经历，但这些对话围绕着特定的关键点和关键问题展开。这种方法能够产生大量数据，这既是它的优点也是它的缺点。为了解决这个问题，采访通过磁带录制、转录，然后通过 NUD * IST 软件包进行分析。

进入该领域

采访期间，Kate，一位 42 岁的经验丰富的质量工程师，已经创办该企业 8 年了，她的公司提供制造业优化系统，雇用了 12 名员工。她曾就读于一所专门的女修道院学校，并没有任何关于她决定学习科学的正面或负面同伴压力的特别印象。她说：“在学校选择科学还是家政学时，我记得爸爸对我说：‘你妈妈可以在家教你烤面包！’” 父亲会积极鼓励女儿挑战教育中规范性的性别路径（但仍然让自己的妻子承担传承传统女性技能的任务)，这本身就有点不寻常。然而，Kate 的选择同样是受正面榜样影响的结果，她所有的理科老师都是年轻的教师，而人文学科中，修女们则占主导地位。理科科目既迷人又“时髦”，在像 Kate 一样年龄的群体中很受欢迎，这印证了 Culley（1986）的研究成果，即单一性别学校的女性更倾向于选择理科科目，因为她们无需担心这会在同龄男性面前损伤她们的女性气质。在获得信息技术（IT）的理学学士学位后，Kate 在一家 IT 公司获得了研究员职位。当被问及创业是不是一个可行的职业选择时，Kate 解释道:“这感觉太冒险了，我想如果我为别人工作，以后就不会有风险了。”因此，她虽然考虑过创业，但认为自己经验不足，事实上，她为全职工作的安全所吸引。随后，她在一家大型 IT 跨国公司工作了 15 年，在从事以数据收集和解决方案为基础的各种工作后，她意识到“市场上需要良好的企业资源规划（ERP）系统帮助企业分析数据，特别是针对中小企业和微型企业。”Kate 的丈夫也在类似的领域工作并且支持她的商业理念，“所以我决定离开×××，在孵化中心成立公司”。当被问及她的家人是否有创业意愿时，Kate 提到了她的哥哥，“是的，我哥哥成立了一家公司，我们都是企业家，但我在寻求公司增长方面比他保守得多”。

在她的丈夫在当地大学任职期间，她创办了这家新公司，这一点非常重要，因为 Kate 认为他工作的安全性确保了有一个“后退的余地”:“我们能够偿还房贷并且抚养孩子。”当进一步谈到这一点的重要性时，Kate 说:“说实话，如果我的丈夫有一份不同的工作，我不会开始创业。”此外，“我们知道，无论我们在生意中经历了什么风险，我们都会有工资收入。我们可以靠它维持生计，它提供了一个安全网”。Kate 的两个学龄孩子也被认为是影响企业绩效的制约因素：“家庭限制了我能够花在事业上的时间，但我认为这在某种意义上是一个思考问题的出发点，特别是在创业阶段，你会变得更加自律，并且倾向于关注重要的问题。”从根本上说，她丈夫的稳定工作对于她而言极为重要，因为她觉得这样可以管理好家庭，承担起照顾孩子的责任：“我丈夫的工作是更有规律并且可以预测的，方便照顾孩子，否则我不可能做到现在这样。”这最后一条评论很有说服力，虽然 Kate 承认因为新企业的缘故会减少和孩子们在一起的时间，但她的担忧和愧疚在一定程度上得到了安慰，因为她知道自己的丈夫能够承担她不得不放弃的“母亲”的责任。关于家庭生活与经营企业的平衡，Kate 说：“随着假期的临近，我的家人们会说如果我也从事教学工作，那么我就可以和他们一起度假。他们可能已经听腻了‘妈妈今年夏天工作，之后会有更长的假期’这样的话。”

成为 SET 领域的企业家

我们接着和 Kate 转而讨论女性在男性主导的行业中的经历：“不，在小型初创企业中，我没有遇到过和我职位相似的女性。我不确定这是否与行业有关，因为在我工作过的大公司里有很多女员工。”Kate 解释说，对利基市场的识别促使她从大型跨国公司“离职”。之后我们讨论了自主创业的弊端，特别是在男性主导的孤立的环境中。她认为男性和女性需要的支持网络不同，并且众多“男性式的交谈”加剧了这种隔离。

“这是我怀念在大公司工作的主要原因，那里有更多的女性，有更多的社交活动，所以我很想念有女性的公司。”

Kate 会因为她在公司内的职位而遭受负面评论吗？例如，她是否曾被误认为是秘书？Kate 透露说：“有时候我已经接了电话，他们听起来很惊讶，会问‘我可以和负责人讲话吗’？”然而，Kate 认为她的性别并没有使她受到区别对待或遭受歧视。自相矛盾的是，她接着又谈论了性别假设和态度是如何影响她的人际交往的。这并不罕见，例如，Marshall（1984）在她对女性管理者的研究中发现，女性不愿意认定自己为受歧视的弱势群体，但随后又提到她们必须调整自身的许多行为方式，以避免被贬低为女性。在本案例中，Kate 发现客户在和她打交道时更有礼貌，“特别是在有问题的时候，客户会更有礼貌。如果我在，事情会解决得更快”。此外，“在谈判中，和男性的对抗性要小得多，他们不具有攻击性，而且会更容易让步。在谈判中，我有着不同的待遇”。她并未感受到因女性气质而受到明显的保护，“有时候我确实觉得，和我谈判的男性会感到不舒服。特别是，有一位非常棘手的客户，我们听说过他是如何与其他公司谈判的，但我认为让他更不舒服的是与女人谈判。不是说我利用了任何女性魅力，但我认为他在试图保持和男性谈判时一样的强硬态度时，他自己会觉得不舒服”。男性环境的不利因素在 Kate 这里同样存在：“我和他们之间肯定有更大的距离，有时当我进入一个房间时，谈话就停止了，因为这是男人们的谈话。有时我确实感觉到他们在隐瞒他们的谈话，如果我不在房间里，他们会不会说些其他的，或者他们会有什么不同的反应？”这些都是很有意思的观点，因为 Kate

最初否认性别是一个问题，但后来她又继续描述了它对日常商业往来的影响。

Lehman（1992）指出了歧视行为在组织中是如何持续的，而且这种行为表面上看起来可能是平等的，例如，通过“老男人网络”阻碍女性对组织知识的获取，以及认为女性必须表现得更像男人才能成功。为了克服这种孤立，Kate 加入了商界女性网络（Women in Business Network）：“我发现我确实喜欢参加她们的女性互动会议。初创企业的社会化程度要低得多，我很怀念这一点，所以我参加商界女性网络主要是为了社交。”这不仅限于她身边的工作环境，也包括孵化器的工作环境，在正式组织的研讨会和活动中，她变得更加引人注目。“我总是感到很奇怪，作为唯一的女性，其他的男性总是围在我身边，然而我从来没有被邀请和他们一起去酒吧。”Hoang 和 Antoncic（2003）的研究发现男性和女性的社交网络行为有很多相似之处，但社交网络的构成因性别而异，这可能对女性不利（Aldrich，1989；Cromie 和 Birley，1992；Smeltzer 和 Fann，1989）。在本例中，Kate 发现她的业务网络中“往往不是技术部门，而是时尚业和零售业”。因此，Kate 从她的关系网中获得了同情和友情，但未能在关键信息共享和协作解决问题方面获益。

女性的存在

在高科技领域，男性的人数远远超过女性，因此男性和 SET 的紧密联系强调了女性在这一领域明显的差异性。Kate 很清楚这一点："对大家而言，我有点新奇，尤其是在孵化器里；我出现在一些照片和新闻稿中，我是一个象征性的人物。"当讨论到女性在 SET 领域的高级职位和企业家中占比很少时，Kate 说："学校里可以做更多的事情，我还认为我们需要更多相关的榜样；人们认为科学与工程并不是适合女性的职业，因为这些职业既不迷人，也不性感。"

孵化实践

鉴于孵化器中没有其他女性，我们对 Kate 是如何进入孵化器很感兴趣。她的哥哥在这个决定上影响很大，他通过孵化器建立并发展了自己的公司，因此鼓励她也这样做。他还将 Kate 介绍给孵化器管理团队，并为她美言。此外，对于 Kate 来说，孵化器与她丈夫工作的地方很近，这一点很重要。因为 Kate 从他那里得到了支持和指导，他也通过大学与孵化器建立了联系，实际上，大学和孵化器管理者之间建立的网络为申请过程提供了便利。Kate 认为孵化器提供的支持和办公设施使得她的公司能够相对较快地组建并开始交易。然而，Kate 也指出这一支持有时并不能满足有孩子的女性企业家的需求，尤其是在学校放假期间："在这里的第一个冬天，我们进行了一场激烈的争论，因为所有的暖气都是定时的，我问过他们当我早来时或者在放假期间定时器是否能够改变，但要获得这样的改变还需要一段时间。"

未来增长计划

文献中描述的男性企业家和女性企业家之间的主要区别之一是他们在雇员和销售方面的增长愿望（Boden 和 Nucci，2000），Kate 的例子很好地解释了这一点。当被问到未来五年的发展战略时，她说：“这里有三种选择：增长、出售或保持不变，目前第一个是首选方案，第二个是备选方案。第三个不是真正的选择。”随后，当讨论到继承问题和把企业交给她的孩子们时，她说，“如果首选方案成功，企业将会交给孩子们。我 13 岁的儿子和 8 岁的女儿已经对企业很感兴趣了，虽然他们认为这是一种轻松的选择。”根据现有的文献，自主创业者的成功对孩子来说是至关重要的，他们会由此认为创业是一种可行的职业选择（Davidsson，1995），特别是，成功企业家的子女更有可能表现出创业意愿。文献中另一个反复出现的主题是 IT 行业中缺乏合适的女性榜样。当被问及她现在或者退休后，是否愿意成为其他女性的导师时，她谈道：“如果我退休，我已经考虑过将导师作为下一个职业了。”而她现在的计划是关注公司的可持续性以及确保她的孩子分别进入第三级和第二级教育。至于对其他从事 SET 领域的女性企业家的建议，Kate 总结道，“如果重新来过，我想把事业和家庭结合起来；如果我有足够的资源，我会在 20 多岁的时候开始创业，或者等到我 40 岁的时候再创业，因为那时孩子们已经长大了。但只有在理想的世界里，你才会在合适的时间遇到理想的生活伴侣！”

结　论

历届爱尔兰政府都推出了一系列旨在鼓励更多的人创办新公司的政策举措，特别是人们认识到科学、工程和技术领域内的创新创业公司具有创造财富和创造新就业机会的巨大潜力，企业孵化器为这些公司提供了可用的商业基础设施、专业支持和建议，同时帮助租户开发和共享社交网络，并获得潜在利益相关者的信任。因此，获得孵化器的认可和接受对新创公司而言是一个相当好的推动，它提升了公司的持久性和增长潜力。然而，企业孵化器的一个显著特征是，无论其地理位置或隶属关系如何，都存在女性企业家的缺席，本章的目的就是探讨女性被孵化器排除在外的深层原因。表面上看，有人可能会认为是由于传统的性别划分，从就业到自主创业，女性在特别适合孵化的行业中开始创业的可能性较小，因此，尽管孵化器是性别中立的经营场所，但由于女性的公司不适合孵化器，故她们系统性地被排除在外，问题并不在于孵化器模式本身。

事实上，Kate 承认她的公司从孵化中受益，但在孵化器环境中，作为女性的经历促使她自身也表达出性别偏见；在我们的讨论中，她经常提到自己是一个坚强的人，能够胜任该职位，能够坚守自己的立场。通过这些形象化的描述，我们看到企业家的特征被认为比女性特征更强大。实际上，Kate 试图在“身份、自我、环境和实践层面”（Pullen 和 Knights，2007：505）“消除”性别的影响（Butler，2004）。在此过程中，Kate 急于建立她企业家的身份，而非女性的身份，但她敏锐地意识到性别使得她在孵化器的环境中“与众不同”。在某种程度上，她在这方面的陈述是积极的，她能够在更易达成一致的协商方式和客户态度中寻找优势，同时她也意识到自己被排除在对话、信息交流和社交网络之外。事实上，孵化器文化是高度性别化的，例如，Kate 的男性同事中明显的同性社交有效地将她从其同伴中排除，因此，Kate 为了弥补她的“不适合”和“男性谈话”带来的孤独感，特意寻求机会以建立与其他女性企业家的社交网络。然而，虽然 Kate 提到了这种社交网络在寻求同情和共享商业价值方面的好处，但她仍没有办法得到领域内企业家分享具体行业信息和想法的机会。在某种程度上，Kate 与领域外专业人士建立的社交网络加剧了她的孤立，因为这样会使她更少地尝试建立孵化器内的社交网络，同时她也无法与自己的女性朋友共享行业内的特定话题。当潜在的创业同伴很少时，建立支持性和生产性的商业网络显然是困难的，而高科技女性企业家更是如此。

目前鼓励女性从事创业活动的项目和倡议可能最终会增加女性的创业活动，但这未必会溢出到高增长的成功企业，除非对创办和发展新企业的要求与女性生活的现实之间的紧张关系给予更大的注意。最后，对于许多女性以及男性而言，如果他们的企业达成了自己的志向，那么他们对成功企业的定义就不一定反映出经济成就的规范性模式。然而，从更广泛的角度来说，这些企业也并未获得规范性成功企业的地位和尊重。因此，对于女性而言，如果想要成为当代创业项目的参与者，就必须达到这样的规范性条件。

总之，需要更多地考虑后结构性女权主义的观点，即批判地分析性别歧视者对职业的建构以及这些言论背后所隐藏的霸权假设，这是因为它们会影响我们对创业活动的理解，所以需要更为激烈的辩论。在本例中，Kate 不得不为一些微不足道的让步而奋斗，比如为了适应她的工作日而提供暖气，这就是一个很好的例子。挑战这种性别结构及其对女性的排斥性只能通过具有批判性的女权主义辩论来表达，这种辩论质疑男性的主导地位，并且质疑始终将女性视为局外人的规范。本章使用企业孵化的例子来说明这一点，假设企业孵化器支持和促进创业型企业的发展，但从本质上说，女性可以从男性化的环境中受益，这是很少被承认或探索的。因此，在为增长型企业提供支持的重要机制中，女性被忽视了。企业孵化器为女性提供培训和协助，使她们成为男性中的一员，但却没有挑战女性企业家在 SET 领域所面临的障碍，也没有认识到文化对女性的制约。这些措施有助于女性解决具体困难，但不能从根本上解决问题。此外，在孵化器中几乎都是男性成功的故事，而缺乏适合女性的榜样和导师。我们并非建议放弃这种支持计划，但认为应更多地承认和重视女性的经营业绩及经营偏好。

参考文献

Acs, Z. (2006), 'Innovation and the small business', in D. Jones-Evans and S. Carter (ed), *Enterprise and Small Business*, London: Prentice Hall.

Ahl, H. (2006), 'Why research on women entrepreneurs needs new directions', *Entrepreneurship Theory and Practice*, 30 (5), 595-621.

Ahl, H. (2007), 'Sex business in the toy store: A narrative analysis of a teaching case', *Journal of Business Venturing*, 22, 673-693.

Aldrich, H. E. (1989), 'I heard it through the grapevine: Networking among women entrepreneurs', in O. Hagen, C. Raychem and D. Sexton (ed), *Women Owned Businesses*, New York: Praeger.

Allen, S. and Truman, C. (1993), *Women in Business: Perspectives on Women Entrepreneurs*, London: Routledge.

Barrow, C. (2001), *Incubators: A Realist' Guide to the World's Business Accelerators*, Chichester: Wiley.

Blackwell, L. (2002), 'Women's scientific lives on new research on women, science and higher education', proceedings of the conference, London, Athena Project 21 September.

Blackwell, L. and Glover, J. (2008), 'Women's scientific employment and family formation: A longitudinal perspective', *Gender Work and Organization*, 15 (6), 579-599.

Boden, R. and Nucci, A. (2000), 'On the survival prospects of men's and women's new ventures', *Journal of Business Venturing*, 15, 347-362.

Bolton, S. and Muzio, D. (2008), 'The paradoxical processes of feminism in the professions: The case of established, aspiring and semi-professions', *Work, Employment and Society*, 22, 281-299.

Bowman, C. and Ambrosini, V. (1997), 'Using single respondent in strategy research', *British Journal of Management*, 8, 119-131.

Butler, J. (2004), *Undoing Gender*, Oxford: Routledge.

Carter, S. and Bennett, D. (2006), 'Gender and entrepreneurship', in S. Carter and D. Jones-Evans (ed), *Enterprise and Small Business*, London: Prentice Hall.

Carter, S. and Shaw, E. (2005), *Women's Business Ownership: Recent Research and Policy Developments*, DTI Small Business Service Research Report, London: DTI.

Cromie, S. and Birley, S. (1992), 'Networking by female business owners in Northern Ireland', *Journal of Business Venturing*, 7, 237-251.

Crump, B. J., Logan, K. and McIlroy, A. (2007), 'Does gender still matter? A study of the views of women in the ICT industry in New Zealand', *Gender, Work and Organisation*, 14 (4), 349-370.

Culley, L. (1986), *Gender Differences and Computing in Secondary Schools*, Loughborough: Loughborough Department of Education.

Davidsson, P. (1995), 'Determinants of entrepreneurial intentions', paper presented at the Rent IX Conference, Piacenza, Italy, November.

De Beauvoir, S. (1988), *The Second Sex*, London: Pan. First published 1949.

De Clercq, D. and Arenius, P. (2006), 'The role of knowledge in business start-up activity', *International Small Business Journal*, 24 (4), 339-358.

Department of Trade and Industry (DTI) (2002), *Maximising Returns to Science, Engineering and Technology Careers*, Report URN 02/514, London: DTI.

Etzkowitz, H., Kemelgor, C. and Uzzi, B. (2000), *Athena Unbound: The Advancement of Women in Science and Technology*, Cambridge: Cambridge University Press.

Faulkner, W., Sorenson, K., Gansmo, H. and Rommes, E. (2004), 'Gender inclusion with the ICT workforce', http://www.sigis-sit.org (accessed June 2008).

Foucault, P. (1972), *The Archaeology of Knowledge and the Discourse on Language*, New York: Pantheon Books.

Forfas (2003), *A Report on Women and Science: A review of the situation in Ireland*, Dublin: Forfas.

Global Gender Gap (2007), 'Global gender gap report 2007', available at: http:// www.globalgendergapindex.org (accessed June 2008).

Godwin, L. N., Stevens, C. E. and Brenner, N. L. (2006), 'Forced to play by the rules? Theorizing how mixed sex founding teams benefit women entrepreneurs in male dominated texts', *Entrepreneurship Theory and Practice*, 30, 621-642.

Greenfield, S. (2002), *SET Fair: A Report on Women in Science, Engineering and Technology*, London: Department for Trade and Industry.

Greer, G. (2000), *The Whole Woman*, New York: Anchor Books.

Hannon, P. D. and Chaplin, P. (2003), 'Are incubators good for business? Understanding incubation practice-the challenges for policy', *Environment and Planning C*, 21, 861-881.

Haynes, K. (2004), 'Transforming identities: Accounting professionals and the transition to motherhood', Working Paper No. 6, Department of Management Studies, University of York.

Heliman, M. E. (1983), 'Sex bias in work settings: The lack of fit mode', *Research in Organisational Behaviour*, 5, 269-298.

Henry, C. and Johnston, K. (2003), *State of the Art of Women's Entrepreneurship in Ireland: Access to Financing and Financing Strategies*, Dundalk: Centre for Entrepreneurship Research, Dundalk Institute of Technology.

Hoang, H. and Antoncic, B. (2003), 'Network based research in entrepreneurship: A critical review', *Journal of Business Venturing*, 18 (2), 165-187.

Hundley, G. (2001), 'Why women earn less than men in self employment', *Journal of Labour Research*, 12 (4), 817-829.

Kepler, E. and Shane, S. (2007), 'Are male and female entrepreneurs really that different?', Washington, DC, U. S. Small Business Administration, Office of Advocacy, available at: http://www.sba.gov (accessed 12 October 2008).

Lalkaka, R. (2002), 'Technology business incubators to help build an innovation based-economy', *Journal of Small Business Management*, 3 (2),

167-176.

Lee, S. S. and Osteryoung, S. J. (2004), 'A comparison of critical success factors for effective operations of university business incubators in the United States and Korea', *Journal of Small Business Management*, 42 (4), 418-426.

Lehman, C. R. (1992), 'Herstory in accounting: The first eighty years', *Accounting Organisations and Society*, 17 (3-4), 261-285.

Levy, S. (1988), 'Information technologies in universities: An institutional case study', unpublished doctoral dissertation, Northern Arizona University, Flagstaff.

Lijphart, A. (1971), 'Comparative politics and comparative method', *American Political Science Review*, 65, 682-693.

Marlow, S. (2002), 'Self-employed women: A part of or apart from feminist theory?', *Entrepreneurship and Innovation*, 2 (2), 23-37.

Marlow, S., Carter, S. and Shaw, E. (2008), 'Constructing female entrepreneurship policy in the UK: Is the US a relevant benchmark?', *Environment and Planning C: Government and Policy*, 26 (2), 335-351.

Marshall, J. (1984), *Women Managers: Travellers in a Male World*, Chichester: John Wiley and Sons.

Mayer, H. (2006), 'Economic trends and location patterns of women high-tech entrepreneurs', in A. Zacharakis, S. Alvarez, P. Davidsson, J. Fiet, G. George, D. F. Kuratko, C. Mason, M. Maula, M. Minniti, S. Sarasvathy, D. A. Shepherd, P. Westhead, J. Wiklund, M. Wright and S. A. Zahra (ed), *Frontiers of Entrepreneurship Research*, Wellesley, MA: Babson College.

McAdam, M. and Marlow, S. (2007), 'Building futures or stealing secrets? Entrepreneurial cooperation and conflict within business incubators', *International Journal of Small Business*, 25 (4), 359-377.

Meager, N., Bates, P. and Cowling, M. (2003), *Business Start-up Support for Young People Delivered by The Prince's Trust*, report to the Department of Work and Pensions, London: HMSO.

National Business Incubation Association (NBIA) (2002), *The State of the Business Incubation Industry*, Athens, OH: NBIA.

Organisation for Economic Co-operation and Development (OECD) (2003), *Women's Entrepreneurship: Issues and Policies*, working party on small and medium-sized enterprises and entrepreneurship, Paris: OECD.

Patterson, N. (2007), 'Women entrepreneurs: Jumping corporate ship or gaining new wings?', paper presented to the thirtieth ISBE Conference, Glasgow, November.

Perrons, D. (2003), 'The new economy and the work-life balance: Conceptual explorations and a case study of new media', *Gender Work and Organizations*, 10 (1), 65-93.

Prowess (2007), *Women-Friendly Incubators and Managed Workspaces for Science, Engineering and Technology (SET) Business*, (ed) A. Westall, Norwich, UK: Prowess Ltd.

Pullen, A. and Knights, D. (2007), 'Editorial: undoing gender: Organising and disorganising performance', *Gender, Work and Organisation*, 14 (6), 505-511.

Rice, M. P. (2002), 'Co-production of business assistance in business incubators: An exploratory study', *Journal of Business Venturing*, 17 (2), 163-187.

Roper, S. and Scott, J. (2007), 'Gender differences in start-up finance-an econometric analysis of GE data', paper presented to the twenty-seventh Institute of Small Business and Entrepreneurship Conference, Glasgow, November.

Rothschild, L. and Darr, A. (2005), 'Technological incubators and the social construction of innovation networks: An Israeli case study', *Technovation*, 25 (1), 59-69.

Rouse, J. (2005), 'Pregnancy and maternity in self-employment: Individualised social reproduction?', paper presented at the twenty-eighth Institute for Small Business Entrepreneurship National Conference, Blackpool, November.

Segal, M. W. (1989), 'The nature of work and family linkages: A theoretical per- spective', in G. L. Bowen and D. K. Orthner (ed), *The Organization Family: Work and Family Linkages in the U. S. Military*, New York: Praeger.

Sjoberg, G., Williams, N., Vaughan, T. and Sjoberg, A. (1991), 'The case study approach in social research', in J. Feagin, A. Orum and G. Sjoberg (ed), *A Case for Case Study*, Chapel Hill, NC: University of North Carolina Press, 27-79.

Smallbone, D. and Wyer, P. (2006), 'Growth and development in the small business', in S. Carter and D. Jones-Evans (ed), *Enterprise and the Small Business*, London: Prentice Hall.

Smeltzer, L. R. and Fann, G. L. (1989), 'Gender differences in external networks of small business owners/managers', *Journal of Small Business Management*, 27 (2), 25-32.

Smilor, R. W. and Gill, M. D. (1986), *The New Business Incubator-Linking Talent, Technology, Capital and Know-how*, Lexington, MA and Toronto: Lexington Books.

Smith, R. and Anderson, A. R. (2004), 'The devil is in the e-tail: Forms and structures in the entrepreneurial narratives', in D. Hjorth and C. Steyaert (ed), *Narrative and Discursive Approaches in Entrepreneurship*, Cheltenham, UK and Northampton, MA, USA: Edward Elgar, 125-143.

Sommerlad, H. and Sanderson, P. (1998), *Gender, Choice, and Commitment: Women Solicitors in England and Wales and the Struggle for Equal Status (Socio-Legal Studies)*, Aldershot: Ashgate.

Thompson, P. (1988), *The Voice of the Past: Oral History*, Oxford: Oxford University Press.

Vansina, J. (1985), *Oral Tradition as History*, Madison, WI: University of Wisconsin Press.

Verheul, I. and Thurik, R. (2001), 'Start-up capital: Does gender matter?', *Small Business Economics*, 16 (4), 329-345.

Wajcman, J. (1991), *Feminism Confronts Technology*, Cambridge: Polity Press.

Watts, J. H. (2007), 'Porn, pride and pessimism: Experiences of women working in professional construction roles', *Work, Employment and Society*, 21 (2), 299-316.

Welter, F., Smallbone, D., Aculai, E., Isakova, N. and Schakirova, N. (2003), 'Female entrepreneurship in post Soviet countries', in J. Butler (ed), *New Perspectives on Women Entrepreneurs*, Greenwich, CT: Information Age Publishing, 77-100.

Wilson, F. (2004), 'Women in Management in the UK', in M. J. Davidson and R. J. Burke (ed), *Women in Management Worldwide: Facts, Figures and Analysis*, Aldershot, UK: Ashgate.

Women and Equality Unit (2008), 'Working and living', available at: http://www.womenandequalityunit.gov.uk/work_life/index.htm (accessed 26 September 2008).

Wright, M., Lui, X., Black, T. and Filatotchev, I. (2008), 'Returnee entrepreneurs, science park location choice and performance: An analysis of high-technology SMEs in China', *Entrepreneurship Theory and Practice*, 32 (1) 131-135.

Wynarczyk, P. and Renner, C. (2006), 'The "gender gap" in the scientific; labour market: The case of science, engineering and technology-based SMEs in the UK', *Equal Opportunities International*, 25 (8), 660-673.

Yow, V. R. (1994), *Recording Oral History*, London: Sage.

第十五章

作为女权主义企业家的医生：企业创建过程中的性别特质与雪莉·E. 格林伯格女性医疗中心

Barbara Orser，Joanne Leck

引　言

本研究基于以“为了女性和依靠女性”为宗旨的公共医疗中心渥太华医院雪莉·E. 格林伯格女性医疗中心（Shirley E. Greenberg Women Health Center，SEGWHC）的发展演进，探讨了企业创建过程中的性别特质。该研究试图了解性别在机会识别、资源获取和组织形式中的作用方式。通过对前人文献的梳理，本研究提出了一种以性别为基础的新创企业的组织分类方法，以及关于女权主义企业家的构想。然后，通过以行动为基础的参与者式观察来检验该理论，通过这样做，本研究对现有文献从不同方面作出了贡献。

首先，据我们所知，以往没有研究试图检验企业创建过程中的性别因素。其次，大多数对医疗保健行业企业的研究都是基于以营利为目的的经济交换模式（主要是美国）。学者们描述了有效的收益模式（Hadley 和 Zuckerman，2005）、成功的企业家医生的特征（Bottles，2000）、法律和伦理问题（Herndon Puryear，

1994；Kluge，1993），但这些研究结论可能不适用于能够负担由公共资金资助的全民女性医疗保健的国家，本研究探索了公共医疗保健背景下的社会创业。最后，只有一项研究明确地调查了在医疗保健背景下的女性创业。Nadin（2007）用私营医疗保健机构女性所有者/经营者的样本，探讨了行业文化如何催生典型的男性行为，同时“压制”女性的企业家身份。她认为人们忽视了医疗保健领域的女性创业以及官僚主义和政治结构安排对她们经历的影响。相关研究的缺乏“最终导致现状的维持及与之相关的父权家长制偏见，而同时性别差异则被认为反映了事物的自然秩序”（Nadin，2007：456）。本研究通过对加拿大医疗保健行业中女性创业和创新的探究，对上述问题进行回应。

为了建立研究框架，文献综述侧重于创业和女权主义的相关理论，这些观点有助于构建一个以性别为基础的新创企业的组织分类方法。该研究以理论基础为依据，记录了 Elaine Elizabeth Jolly 博士，作为指挥官、医学博士、皇家外科医师学会会员是如何将女性医疗保健合法化并最终实现增强女性医疗保健愿景的。本章将介绍该研究的研究方法，并呈现研究结果，最后对研究结果进行讨论，包括对医疗保健和未来研究的影响。如果需要，作者可以提供关键事件的年表。那么，面对设备改进和预算削减，个体如何建立一个多学科、综合性的女性医疗中心呢？

文献综述

Shane 和 Eckhardt（2003）认为企业创建是一种连续的过

程，并假定机会（关于女性医疗保健的创新观点）与供给（医疗标准、材料和诊断）和/或需求（不断变化的病人的期望）的变化有关。然而，机会本身（增强医疗保健的愿景）并不创造价值，企业家必须获得人力、财力、社交（网络）和政治资本来克服“惯性力量”和创业障碍，这些障碍可能包括对现状的偏好、竞争资源的优先权和医院的等级制度。在一个更复杂的企业创建模型中，Ardichvili 等（2003：118）提出了机会发展的“核心过程”，只有当企业家的知识水平或企业家的警觉性（包括发现资源次优配置的能力）超过阈值时，创业才会开始。

值得注意的是，本章所研究的“企业”同样适用于公共行业，因此，也需要一个对社会结果敏感的过程模型。新古典主义创业理论关注的是利润最大化，社会创业关注的则是社会效益和社会资本的杠杆作用。人们认为社会资本具有社交网络属性或者是一种公共物品（Coleman，1988；Guclu 等，2002），个人或团体可以通过相互熟识和认可的关系获得这种资源（Westlund 和 Bolton，2003）。在社会创业企业家中，社交网络创造了互惠和信任的准则，促进了互惠互利的合作（Putnam，2000）。正如上文提到的企业家警觉性阈值水平，不同类型的社会资本对不同程度、不同阶段的创业发展是很重要的（Mosek 等，2008）。

以营利为目的的创业模式与社会创业模式是相辅相成的，两者都意识到知识和经验是企业家警觉性的关键组成部分，同时企业家必须建立声誉和信任以获得社交网络、吸引金融资本。两种模式在投入（资本、劳动力、社会资本）和产出

（利润与社会需求、资产和影响）之间存在差异。

与上述模型不同，Sarasvathy（2001）提出了实效性与创业偶然性理论，这是一个挑战企业创建过程线性相关性或连续性的理论。Sarasvathy 将“实效”定义为某一抽象人类愿望（例如提升女性的医疗保健水平）的运作成果。她认为在新兴或尚未成型的市场（例如创新和综合的医疗模型或过程）环境中，“实效”的概念将特别有用。此外，实效理论并没有假设市场存在（从而需要对某一产品或服务进行细分、目标定位和定位），而是假设最初的想法（或一系列起因）不会产生单一的效果或“使得企业只有单一的战略领域”（Sarasvathy，2001：247）。她建议通过联盟和合作的策略创建企业，这一策略要求关注客户（病人）需求、建立社交网络和战略伙伴关系（专业协会、女性健康倡导者）以及具备对偶然事件作出反应的能力，也只有这样才能识别出“可行的”市场细分的概况。Sarasvathy（2001）的结论是，新行业的早期进入者更有可能利用实效过程而不是因果过程。以健康的社会决定因素为基础的医学模型处于建立初期（女性医疗保健项目的愿景），实效理论似乎具有潜在的相关性。因此，这几个模型（新古典主义理论、社会理论和实效理论）为研究企业创建过程提供了理论基础。然而，这三种理论均对企业创建过程中的性别因素或“女性的声音”保持沉默，因此，下一节将总结女权主义对文献的批判。

创业理论的局限性

女权主义学者认为创业理论是以男性创业的规范、行为和过程为基础的，因此以超越创业理论的视角来讨论女性创业很重要（Ahl，2004，2006；Bruni 等，2004；Brush 等，1992；de Bruin 等，2006）。有关性别在社会交往、关系结构和权力方面差异的争论也与观察到的女性企业家在医疗保健领域的经验有关（Nadin，2007）。因此，研究文化和制度决策如何阻碍人们提出提升女性生活质量和幸福感的创新想法是很重要的，其中两个相关的观点是自由女权主义和社会女权主义理论（Fischer 等，1993）。

自由女权主义理论认为男性和女性本质上是平等的，性别差异是结构性障碍或歧视的结果。在医疗保健背景下，结构性障碍表现为：获得医疗专家的治疗有限，对女性友好的诊断和设备的可获得性，以及临床试验、基金委员会和医院董事会中女性的缺席。因此，医疗保健领域的性别差异是女性在医疗保健决策结构中处于次要地位的结果。

社会女权主义理论则侧重于女性视角下女性所特有的需求、经验、能力和价值观（Black，1989；Gordon，1976），该理论认为无法对性别与决策进行区别或分离。社会女权主义理论要求研究人员必须采用明确的分析框架以思考“从结构上支持、延续甚至造成性别差异的方式，而不是仅仅反映其中某些人的取向”（Mirchandani，1999：227）。因此，医疗保健必须对健康决定因素中独特的性别差异作出反应。

这两种女权主义理论反映了在医疗保健背景下对性别的不

同假设，对一些人来说，性别平等意味着获得医疗资源的机会同等；对其他人来说，生理差异和女性所独有的体验是所有服务基础设施及交付系统在进行“需求识别”和资源提供时都必不可少的一个组成部分。这些不同的观点表明，研究人员和医疗保健提供者需要非常重视创业者对于需求及由此带来的机会识别的“性别化”假定，然而，这并不是一目了然的。关于性别如何影响投入和产出，有许多不同的观点，因此，没有明确的定义或检验的措施来研究“性别化”的观点。为了进一步探讨女权主义与创业理论之间的交叉点，下一节将考虑性别在企业创建过程中的作用。

关于创业过程中性别特质的理论构建

只有一项研究在企业创建的背景下明确讨论了性别问题。[①] Bird 和 Brush（2002：46-47）从五个维度（现实观念、时间、行动/互动、权力和伦理）描述了男性和女性创业过程的不同。总的来说，现实观念与创业的愿景相关。女性在现实中被认为是深思熟虑的、瞻前顾后的、模糊的和矛盾的，她们最初的想法似乎缺乏明确的方向。相比之下，传统的（男性的）愿景被认为是善于分析和超前的，并寻求控制。时间的取向描述了创业过程的演变。在女性创办的企业中，有前途的想法被描述为非线性的并且缺乏方向，因此，多个概念迭代是

① DeTienne 和 Chandler（2007）比较了男性/女性学生及企业家的一系列决策过程。该结果在当前研究环境中的应用是有限的。

常见的。这种时间取向与男性的创业过程形成了鲜明对比，后者的特征是线性的、快节奏的并且是与未来相关的。行动及与利益相关者之间的互动反映了“创始人的特质”，女性的行动和互动有情感性、合作性、协调性和共情的特征；男性行动的特征为理性、战略性、竞争性、有斗志的、暴力的和冷淡的。权力被认为是创建企业的不同动机，女性创办企业是出于寻求自我掌控或为社会作出贡献的愿望；传统的或男性的动机反映了寻求控制他人的行为，因为权力被认为是对他人的掌控，并且可以被用于为自己获取利益或收入。女性的伦理被描述为对他人的回应，女性企业家甚至愿意与攻击意图明显的对手进行谈判和调解，她们不太可能利用法律的工具，冲突会被调解，而男性组织的管理特征是约束、进取和控制。

虽然 Ahl（2006）没有考察企业创建的过程，但她考察了典型的男性化/女性化企业家特征。她提醒学者们注意性别在不同时间（比如，可能在整个创业过程中）、地点（比如，在公共/私人领域）和环境（比如，私人和公共医疗保健）中的不同，这些男性化或女性化的术语为构建新的企业组织的性别类型学提供了一个有用的模式。

这些被描述为现实时间、行动和互动以及创业属性的“女性”的结构，类似于实效理论所描述的企业创建模式（Sarasvathy，2001）。作者认为创业过程是曲折的或持续的，是合作与结盟的结果，该结果也与个人对意外事件的反应能力有关。从文献中我们得出以下结论，即性别是创业（所有者和企业）特征的一部分，并影响企业创建过程。性别与机会识别、所有者/创始人的动机、随后的组织形式、结构、治理和其他决策过程都息息相关。

基于以上的企业创建模型，以及由 Bem（1981）提出并由 Ahl（2004）以及 Bird 和 Brush（2002）对其进行描述的女性/男性命名法，表 15.1 给出了描述企业创建过程性别特征的 2×2 网格。简单地说，横轴描绘的是女性和男性“创业”特征的连续统一体，该连续统一体的一端是个体/组织，它们代表了对男性的刻板印象和对女性的刻板印象。纵轴描绘了从经济到社会和人道主义结果的连续统一体。由于页面的限制，我们对每个象限的刻板印象的特征只进行了简要描述。

- 新古典主义企业家是在营利部门（主要是私人部门）经营以增长为导向的企业的个人。典型特征包括自立、自信、坚强、占主导地位，并且立场坚定、愿意承担风险、容易作出决定（Ahl，2004：57）。
- 当代企业家经营的是营利部门（主要是私人部门）的公司。个人的典型是女性化的特征（感性、忠诚、富有同情心、性格温和、温柔、对他人的需要敏感、理解和怜悯他人的）（Ahl，2004：58）。
- 社会企业家是社区创新者。大多数在非营利和非政府组织以及社区、服务团体和/或协会中工作。他们的动机是社会和商业原则的结合，因为他们尝试减少对捐赠和政府资助的依赖（Dorado，2006）。社会企业家的特征与社会资本有关，社会资本被定义为社交网络的一种属性和一种公共物品（Coleman，1988；Mort 等，2003），个人或团体可以通过相互认识和认可的关系积累这种资源（Westlund 和 Bolton，2003），社会企业的结果是注重通过自给自足实现社区发展。

表 15.1 新创企业组织的性别特征*

理论背景		男性化特征（高） 女性化特征（低）	女性化特征（高） 男性化特征（低）
经济/财务结果 （低/高）	新古典主义企业 （私人企业）	新古典主义企业家 动机：增长、利润最大化 特征：自强、自立、个性强硬、坚强、有领导力、愿意承担风险、自给自足、占主导地位（Ahl，2004：57） 结果：获得经济利益 治理：私人股东 结构：正式、集中、清晰的边界、层级结构	当代企业家 动机：自我决定、自主性、价值驱动 特征：感性、忠诚、富有同情心、对他人的需求敏感、理解、怜悯他人的、温暖、温柔（Ahl，2004. 58） 结果：财务和非财务的平衡 治理：共享领导力、关系 结构：非正式、界限模糊、鼓励参与
社会结果 （高/低）	社会企业 （非营利和非政府组织、社区和行业协会、其他社会企业）	社会企业家（Dorado，2006；Mort 等，2003） 动机：社会使命、对社会/社区需要的反应、减少对捐赠和政府的依赖 特征：社会的、认真的、雄心勃勃的、有远见的 结果：社区发展 治理：志愿者 动机：社会福利、自给自足 结果：社区幸福 治理：社区领导和志愿者 结构：与社会/社区需求及其内部社会资产相适应	公共（女权主义）企业家 动机：提高他人的生活质量和福利 特征：感性、忠诚、富有同情心、敏感的、理解、怜悯他人的、温柔的（Ahl 2004：58） 结果：团体利益、团体授权 动机：充当变革推动者 机会：感知到的不平等 治理：社区、关系、基于过程 女权主义企业家创办企业是为了帮助解决女性对男性的从属问题（例如，为女性创建或由女性创建）

注：*Bem（1981）提出了女性化/男性化特征，Ahl（2004，2006）以及 Bird 和 Brush（2002）对其进行了描述。

- 最后，右下方的象限代表了公共企业家，他们的动机受人道主义激励（比如提高他人的生活质量和福利），他们主要（但不完全）在公共部门工作。所有者的特征是典型的女性特征（Ahl，2004）。公共企业家的一个子集是女权主义企业家，她们成立并经营企业有着明确的目的，即提高女性生活质量并改变女性对男性的从属地位，创业也是为了（尽管不完全是）改善女性的生活条件。根据刻板印象，这种企业可以被描述为“为女性创建、由女性创建”。

这种类型学提供了一种基于性别的企业创建过程模型。为了通过实证检验性别在企业创建过程中的作用，下一节将概述用于研究创业行动的方法，具体而言就是在一个创新的公共女性医疗中心发展过程中观察到的创业行为。

研究方法

本研究采用了参与式观察和内容分析（对于关键信息提供者的访谈和对文件进行分析）的方法来检验性别在创业过程中的作用。数据收集包括：获取 SEGWHC 的文件（内部备忘录、财务报告、简报和新闻报道）；参加行业及公开的新闻发布会；作者之一是渥太华社区女性医疗理事会（以下简称“理事会”）的初始成员；与中心创始人（Jolly 博士）定期进行非结构化的讨论；以及对重点企业家（现在是 SEGWHC 的医学主任）、理事会的执行主任、理事会主席以及理事会成员的非结构化访谈。分析主要集中在企业创建过程中的机会识别、资源获取策略、经营模式和社会影响等方面（Guclu 等，2002），并将行动和互动的潜在性别差异考虑在内。

基本原理

观察数据使研究人员能够仔细研究并记录与创业过程相关的战略和关键事件。参与式观察增强了对行为的理解（Yin，1994）。我们选择渥太华医院的 SEGWHC 作为研究对象主要出于以下几点原因。首先，该中心的创始人（Jolly 博士）是女权主义企业家的典范；其次，SEGWHC 的目标体现了自由女权主义和社会女权主义思想的原则（例如，满足女性的独特需要并改善女性的福利）；最后，研究团队的一名成员认识 Jolly 博士，该成员之前是 Jolly 博士的病人并且是前顾问委员会成员，这些关系有助于了解关键的信息提供者、获得研究文件。

研究观察

Jolly 博士最初对女性健康医疗的兴趣源于她是医学院学生中为数不多的女性之一，在她早期的行医经历中，她是渥太华医院唯一的女医师。她的医学专业知识（产科学和内分泌学）及其临床经验的广度和深度使她能够识别机会，并拥有建立整合女性医疗保健的愿景。和持续创业者一样，Jolly 博士之前也建立了一些医学项目（青少年遗传生态学、男性不育、成年女性的保健项目），20 世纪 80 年代和 90 年代，这些项目的建立与人们对女性医疗保健运动和女性健康的社会决定因素

(例如，不同的女性是否因为她们是谁或她们来自哪里而得到服务或得不到服务）的认识日益增强有关。Jolly 博士观察到医学分科日益精细，同时关注到对改善女性医疗保健以及以病人为中心的协作护理的呼吁，使得她对整体护理的兴趣越来越大。Jolly 博士回顾影响她创建女性医疗中心的愿景时谈道：

> 那么在 1995 年发生了什么？北京会议[①]、女性健康运动与女性健康相关的问题，看到五个卓越的女性健康中心（联邦政府支持）……我认为这是一件好事，但这几乎是不正常的医疗，因为卓越的女性健康中心有一些社会习俗。他们没有像我所知道的那样关注女性的健康，因为我是医生。

从二十多年的临床实践出发，Jolly 博士产生了对整合女性医疗保健的愿景。她的愿景集中于需要综合的、多学科的、能够更好地利用护士的医疗服务；全面检查；早期的诊断和治疗；对医生进行针对性别的综合医学培训；病人教育和公众教育；以及扩大针对女性的医学和社会文化研究。这些观察与 Jolly 博士对女性医疗保健（Mitchinson，1988；Munch，2006）拥有高于临界值的企业家警觉度的概念（Ardichvili 等，2003）是一致的。

Jolly 博士正式确认创业愿景的行动发生在两个关键事件之

---

① 1995 年北京世界妇女大会的使命宣言呼吁女性在经济、社会、文化和政治决策、共同权力和责任以及平等方面享有充分和平等的份额（United Natins，2008）。

后：一次预期之外的开放心脏手术，以及在同一天被授予加拿大勋章。[①] 因此，虽然这一设想是慢慢出现的，但在术后很短的时间内（例如，与女儿通宵头脑风暴）就形成了与这一概念相关的文档。有了文档，作为医生/创始人的Jouy博士就可以正式向同行、主管、医院行政人员和省一级的政治家及官僚决策者展示她的设想。下一节将总结我们所观察到的实现一个有希望的想法的过程。

企业创办和资源获取

最初的支持几乎完全来自医学界以外，这一观察结果与Nadin（2007）的发现一致，其报告了（美国）医疗保健行业中女性创业活动的沉寂。大多数同事都鼓励Jolly博士“坚持你所做的事情”，尽管当时所有部门都被要求合理化预算。

> 大家都认为这太疯狂了，因为我没有资源。一切都分崩离析，我们甚至不知道自己将走向何方。理论上听起来很不错，但现在是要坚持你所做的事情。年轻时和年老时你都做得很好，继续你的讲座，继续谈论心脏健康，但这件事是非常非常困难的。

Jolly博士提出她愿景的请求被直接主管拒绝了，因此，她被迫越过主管，直接与医院的管理人员沟通。2000年，Jolly博士向一位资深的省级医疗保健委员会委员提出了她的设想，希望就方案合理化问题进行协商。在一位渥太华医院董事会女

① 加拿大勋章是“加拿大荣誉制度的核心，表彰勋章获得者在其一生中的杰出成就、对社会的奉献以及对国家的服务”。

性成员的鼓励下，Jolly 博士安排了一场行政会议。一位曾建立并管理渥太华中心医院、富有同情心的资深医生也鼓励 Jolly 博士在医院外寻求支持。虽然医院管理人员和一位省委员会委员提供了道义支持，但他们并未提供资金和行政支持。获得资源以确保设想成为现实完全是 Jolly 博士的责任。

最终，正是一小群有影响力的女性医生/企业家病人支持了她的设想。非正式的讨论使她认识了其他有影响力的女性，这些女性了解省级和国家级医疗保健机构的官僚体系和政治，这一系列的讨论被称为“第一个突破”，这些讨论还使得渥太华社区女性医疗理事会于 2001 年 1 月成立。

> 这不是一个普通的群体，而是那些在各个领域和专业及政治组织中有着不同背景的女性，因此这是非常关键的第一次会议，因为我们都彼此认识，并且在这个新的环境中再次见面了。这是一个非常具体、明确、可实现的项目……我们一致认为，所需要的数百万资金当然是可以获得的。我们至少需要有一个开始，从那里我们可以开始建设，我们将使用我们拥有的各种政治、专业、个人关系网络来做事情。我们同时做各种事情，这显然不仅包括筹款，还包括在政府、私人和公共部门提高大家对该中心需求的意识，它将做什么、如何实现、为什么现在是必要的，以及我们将做些什么以确保它的实现。

理事会成员捐赠了关键的种子资金（约为 2 万加元），使创业团队能够建立专门的办公空间，使设想合法化，并表明了理事会成员的资金承诺。两名志愿者，其中一名为全职成员，与 Jolly 博士密切合作，率先开始了创业过程。许多受访者表示如果没有志愿者理事会，中心将无法建成。

融资成了一项重大挑战并不奇怪，理事会的几名成员几乎全职从事筹款活动。基层筹款固然重要，但并不足以确保行政和政治支持。尽管一些理事会成员积极开展以社区为基础的筹款活动，但其他成员则致力于确定一个主要捐助者。理事会在 2001 年 7 月获得一笔重大的财务捐赠，这是第二个突破，因为这位杰出的捐助者还额外增加了项目的合法性。例如，一项确认捐赠者的社会活动连高级省级官员、渥太华医院管理人员和渥太华医院董事会成员都来参加了。有几位受访者指出，如果没有这位主要捐助者的支持，医院管理局就不会支持设立该中心。

一位理事会成员指出另一项相关挑战是需要有一名受过专门培训的全职人员来查明资金选择并编制提案，这在以前从未发生过。为了确保筹集到的资金几乎 100% 都流向女性医疗中心（筹款界的非典型情况），筹款事项完全由志愿者承担。该中心是志愿者（主要是女性志愿者）长期（五年）不懈努力的结果。

在加拿大，医疗保健是由省一级提供资助的。该中心于 2004 年 6 月破土动工，此时并未获得省政府的全部承诺：该省仍未提供承诺的运营资金。到 2008 年秋，省卫生部向理事会提供了理事会最初要求用于购买重要设备的 200 万加元中的约 25 万加元。因此，中心工作人员现在仍面临持续筹款的压力。

对理事会运作模式的观察

理事会的任务是建立一个整合型女性医疗保健项目，理事会还就既定的行政惯例提出了意见和问题。经过理事会的审议，初始的整合型医疗保健项目将发展成一个独立的（实体）设施或中心。修订后的目标是建立一个中心，这有助于进一步使医疗保健概念合法化，并为理事会提供一个可实现的目标。

该理事会由具有不同专业和政治背景的优秀女性组成，其中有些人曾参加过诸如加拿大“权力宪章”等的女权主义项目，充分体现了在卫生官僚体系的正当程序中享有声誉和具有专业知识的重要性。无论是在形象上还是在实体上，理事会都在医院管理和医学界以外的地方运作。虽然理事会成员向医院管理人员介绍了他们的运营计划，但 Jolly 博士的大多数同事仍没有表现出很大的兴趣。有趣的是，人们很少讨论可替代的医疗或医疗保健的提供模式。[①] 唯一的关注点（建立一个中心）可能有助于避免理事会陷入分歧，一位理事会成员解释了这种情况的微妙之处：

> 由于对女性健康的定义存在一些分歧，我们一度差点被边缘化。但（××）认为我们很明显是要建立一个医疗机构，它将提供核心的医疗服务，但它也会有一个组成部

① 然而，医疗顾问们却试图找出小部分需要关注的女性医疗试点研究项目，并利用这些项目来确定医疗团队如何能够协同工作（例如，全科护士、进行远程医疗、通过无线通信技术来提供区域教育）。因此，理事会的活动主要集中于“为了建立一个中心我们必须提供什么以及我们愿意做什么”（OCWHC，2001 年 1 月 27 日会议记录）。

分是关于教育网络的，也许在另一份报告中你可以看看这一扩展服务是否实现了。但核心想法是这是一个医疗机构，是渥太华医院的一部分，它将提供医疗服务，除此之外，我们都将发挥我们的各种专长，比如作为客座讲师，或者其他什么，但最初的想法是，这是一个医疗场所。

理事会的结构层次分明，对成员的作用和责任抱有明确的期望。从理事会成员提供的种子资金反映出其成员中有很多是有地位、相对富裕的成员，因此，理事会成员意识到早期的理事会并不能反映预期的中心客户群的概况。理事会成员长期（5 年）且实质性的自愿承诺似乎是对 Jolly 博士及其声誉的尊重。理事会成员还对创始人的动机表示信任和尊重，例如，“5 年来，我们对这个想法、概念和中心的建设作出了真正的承诺，这个中心以前是不存在的。我想我们都认为自己是一个团队；只有我们共同努力，这一切才会发生”。

对社会影响力的观察

该中心被定位为整合医疗服务的商业案例，因此，该中心将加强而不是取代现有的服务。除了精细的专业诊断和治疗制度，这一愿景还要以女性健康的社会决定因素为基础。为了建立社区支持和获得资金，公共交流侧重于与女性健康相关的知识分享，然后筹集资金。交流针对的是女性群体，并且受到监测，目的是确保信息传递的准确性。例如，该中心在 2002 年收到的信息表明该项目被认为是为成年女性提供保健服务，而不是一个专注于女性健康的场所。理事会因此做了一些调整，例如确保青年代表参与指导委员会。Jolly 博士认为，中心项目的广泛基础为中心带来了好处：

> 我认为更多的政治话题对政府而言是一个好消息。我们是这样宣传的：我们说，这是一个“多么完美的模式！”我们有一个社区，因此我们不会突然开发一个临床小组认为重要而社区不支持的项目。这可能成为其他项目的示范项目，它们可以用同样的模式进行开发，实际上，这是其他模式得到社区支持的结果。

目前，SEGWHC 是渥太华医院内的一个联合中心。受访者指出该中心是外部游说和筹款的结果，他们担心它现在容易受到医院优先事项冲突的影响。受访者还担心中心的长期愿景缺乏支持和/或标杆绩效（例如，确保有关促进医疗、疾病预防和治疗的政策及方案，能够解决女性实际生活中的经济和社会政治问题；高度重视女性对自身健康决策的参与；制定促进质量和效率提升的创新战略；加强与大学、社区学院、专业协会、医疗服务机构和社区的伙伴关系及联系）。

讨　论

Jolly 医生的企业家警觉度是由于她是一名接受医学教育并在医院系统中工作的女性。但创办企业需要社交网络（女性病人）和合作联盟（与加拿大 DIVA 基金会、女性健康倡导组织、女性婚姻组织、行政女性社交网络、加拿大渥太华大学工程学院的联合活动）。理事会成员之间的社会关系很牢固，他们对 Jolly 博士的信任和尊重以及他们共同的关注点（建立一个中心）促进了理事会的凝聚力。受访者一致认为如果没有理事会的支持、战略游说和带头捐赠，建立中心的理念就不会得到医院或省级政府的支持。

这些观察结果与实效理论以及支持这一创业概念的知名人士所扮演的角色相一致（Hoang 和 Antoncic，2003）。理事会充当了“以过程为导向的社交网络”（Starr 和 MacMillan，1990），使医生/企业家能够与医院管理者、政治家、高级省级官员和投资者（关键的捐赠者）发生联系，该社交网络还提供了声誉资本，并标志着项目的合法性。

与女权主义企业家的概念相一致，医生/企业家体现了典型的社会结果，例如提高女性的生活质量和福利的愿望。然而，观察表明尽管“有前途的想法”可能反映了女性的特质，但实施想法所需的行动和互动（例如，资源策略）却是典型的女性化和男性化的行为。正如 Bird 和 Brush（2002）所描述的，企业创建的过程只是部分地符合“女性的现实”，知识共享与关怀行为直接相关。然而，企业创建过程也是 Bird 和 Brush（2002）描述的典型男性行为的分析的前因。至于现实观念，中心的任务代表一个典型的女性组织（例如，提升女性作出明智选择的自主权、整合服务）。时间的取向是长期的，有多个概念迭代以及对未来的愿景。行动和互动是理性的、战略性的且富有侵略性的。虽然理事会的讨论是合作的，但在管理和运作过程中几乎不涉及情感。同样，这些行为与 Bird 和 Brush（2002）所描述的典型的男性行为相一致。在权力和伦理方面，医生/企业家和理事会成员的动机与“女权组织”一致，其意愿是为社会公益作出贡献。

结　论

本研究的目的是调查一位医生/企业家在设备改进和预算削减的情况下是如何成功地建立一个女性医疗中心的，这一问题为考察企业创建过程中的性别特质提供了研究背景（Ahl，2004；Bird 和 Brush，2002）。通过文献，我们发现没有一个理论能够充分解释企业创建过程中的性别问题，为了研究这一问题，我们开发了一个描述新创企业组织性别特征的 2×2 网格，同时对女权主义企业家这一概念进行了界定。之后，本研究提供了关于女权主义企业家特征的见解，观察结果说明了性别在机会识别和企业创办这两点上是如何起作用的。

机会识别是该医生/企业家所独有的医学和临床知识的产物——包括对需要全面护理来平衡医疗精细化分工的认识、从女性健康运动中获得的见解以及对政治参与的呼吁。该中心被定位为一种创新的解决方案，以提高医疗保健效率，并在政治层面得到支持。项目成功的关键点在于：医生的创业动力；设立一个杰出的外部咨询理事会；由家庭成员、病人和其他经验丰富且知识渊博的女性组成的社交网络；由理事会成员进行分散且具战略性的政治和官僚政治游说；外联并最终带来大笔捐赠；以及有针对性的知识共享。

尽管该医生/企业家的动机是为女性的福利作贡献（一种女性的特征），获取资源来实现她的愿景则反映出男性化/女性化的行为。对这种混合过程的一种解释是，虽然机会识别（社会需求）反映了女性的经验，但实施机会（实现愿景）所需的政治、官僚和财务资源主要由男性控制，这种解释与女性健康运动所关注的问题是一致的。

对医疗保健的启示

本研究为那些寻求创新、涉及多学科的女性健康计划的倡导者所面临的挑战提供了见解，例如，女性健康运动呼吁以病人为中心，进行针对性别的医疗实践和认证标准（DIVA 加拿大基金会；Ehrenreich 和 English，1978；Mitchinson，1988；Spirit of Women）。[1] SEGWHC 体现了许多这样的属性。受访者还指出，从 SEGWHC 中学到的经验为其他医院系统的管理者提供了以健康的社会决定因素为基础的医疗模式的见解，特别是在女性保健方面。

研究发现该医生/企业家被鼓励维持现状，其提出的医疗保健概念的请求遭到了拒绝，在高管层，漠不关心（例如，从道义上支持但没有从财务上支持）阻碍了影响变革的努力。从有影响力且杰出的女性咨询理事会那里获得信任、尊重、行政援助和资本后，该医生/企业家才最终获得医院和省级政府的支持。

服务整合是一种关系过程，而不是医疗实践。鉴于 SEGWHC 是渥太华医院的几个中心之一，而且其面临持续的资源

① DIVA 基金会是一个加拿大的非营利组织，该组织致力于推进、奖励和庆祝那些提高了女性健康和福利的成就（见 http://www.DIVAfoundation.org/awardsgala.html）。Spirit of Women（医院网络）是经过认可的美国医院和医疗保健提供者的联盟，提供符合标准且良好的女性健康、教育和社区服务（http://www.spiritofwomen.org/spirithospitals.html）。

匮乏，并且受访者也表达了担忧，因此 SEGWHC 的长期愿景可能受到威胁。整合渥太华医院和更大社区范围内的女性医疗保健，需要在执行层面和省一级制定明确的业绩目标。考虑到（美国）研究表明女性的健康直接受地区医疗保健政策的影响，因此政治领导力同样需要（Wisdom 等，2005）。本研究可以促进从业者、医院管理者、政策制定者和女性健康倡导者之间对战略的讨论，以克服创新的、以女性为中心的医疗保健的系统性障碍。

对于未来的医疗保健研究而言，可以开发一种以健康的社会决定因素为基础的性别敏感型服务计分卡，这样的计分卡将补充现有的以病人为中心的女性健康指数（例如，女大学生健康指数）。从（美国）女性健康宣传认证方案（例如，The Spirit of Health）中吸取的经验是要做好文档整理工作，估计整合医疗保健的增量影响和成本效益可以是下一步的工作。

对创业研究的启示

本研究表明需要将机会识别（愿景）与新创企业形成（资源获取）等其他流程中典型的女性/男性特征相区别。导致这种现象的一个潜在原因是，虽然机会识别可能反映了典型的女性（女权主义）经验，但实施“机会”所需的政治、官僚和财务资源主要由男性控制，这一解释与“女性健康运动”中所提出的担忧是一致的。或者，也许企业创建是兼容的。本研究的目的是进一步探讨性别在企业形成中的作用。例如，研究需要进一步探索女性和女权主义企业家的特征，以及机会识别（女权主义愿景）与企业创建及绩效的关联。本研究还为

“女权主义创业理论”的发展提供了进一步的支持，该理论不仅试图解释企业创建过程中的性别问题，而且还试图“做点什么”。

致　谢

研究团队感谢 Elaine Jolly 博士（渥太华医院 SEGWHC 的医学主任）、Maureen McTeer、Linda Schumacher 和其他（前）渥太华社区女性医疗理事会成员的重要贡献。她们对 SEG-WHC 历史的见解和回忆对于撰写本报告是非常宝贵的。感谢 Amanda Grant-Orser，他在报告写作初期担任研究助理。Lynn Fraser、Pam Midgley、Allan Riding 和 Susan Redmond 提供了编辑方面的协助。

参考文献

Ahl, H. (2004), *The Scientific Reproduction of Gender Inequality*, Copenhagen: CBS Press.

Ahl, H. (2006), 'Why research on women entrepreneurs needs new directions', *Entrepreneurship Theory and Practice*, 30 (5), 595-621.

Ardichvili, A., Cardozo, R. and Ray, S. (2003), 'A theory of entrepreneurial opportunity identification and development', *Journal of Business Venturing*, 18 (1), 105-123.

Bem, S. L. (1981), 'Gender schema theory: A cognitive account of sex typing', *Psychological Review*, 88, 354-364.

Bird, B. and Brush, C. (2002), 'A gendered perspective on organizational creation', *Entrepreneurship Theory and Practice*, 26 (3), 41-65.

Black, N. (1989), *Social Feminism*, New York: Cornell University Press.

Bottles, K. (2000), 'The ideal physician entrepreneur', *The Physician Executive*, 26 (6), 55-58.

Bruni, A, Gherardi, S. and Poggio, B. (2004), 'Entrepreneur mentality, gender and the study of women entrepreneurs', *Journal of Organizational Change Management*, 17 (3), 256-268.

Brush, C. G. (1992), 'Research on women business owners: Past trends, a new perspective and future directions', *Entrepreneurship, Theory and Practice*, 16 (4), 5-30.

Coleman, J. S. (1988), 'Free riders and zealots: the role of social networks', *Sociological Theory*, 6 (1), 52-57.

De Bruin, A., Brush, C. and Welter, F. (2006), 'Advancing a framework for coherent research on women's entrepreneurship', *Entrepreneurship Theory and Practice*, 31 (3), 323-339.

De Tienne, D. and Chandler, G. (2007), 'The role of gender in opportunity identification', *Entrepreneurship Theory and Practice*, 31 (3), 365-386.

Dorado, S. (2006), 'Social entrepreneurial ventures: Different values so different process of creation, no?', *Journal of Developmental Entrepreneurship*, 11 (4), 319-343.

Ehrenreich, B. and English, D. (1978), *For Her Own Good: 150 Years of the Expert's Advice to Women*, Garden City, NY: Anchor Books.

Fischer, E., Reuber, R. and Dyke, L. (1993), 'A theoretical overview and extension of research on sex, gender, and entrepreneurship', *Journal of Business Venturing*, 8 (2), 151-168.

Gordon, L. (1976), *Women's Body, Woman's Right: A Social History of Birth Control in America*, New York: Grossman.

Guclu, A., Dees, J. G. and Anderson, B. B. (2002), 'The process of social entrepreneurship: Creating opportunities worthy of serious pursuit', Center for the Advancement of Social Entrepreneurship: Duke-The Fuqua School of Business, available at: http://www.caseatduke.org/faculty/publications.html (accessed 1 September 2008).

Hadley, J. and Zuckerman, S. (2005), 'Physician-owned specialty hospitals: A market signal for medicare payment revisions', *Health Affairs*, 24, 491-493.

Herndon Puryear, J. (1994), 'The physician as entrepreneur. The state and federal restrictions on physicians joint ventures', *North Carolina Law Review*, 73 (1), 293-328.

Hoang, H. and Antoncic, B. (2003), 'Network-based research in entrepreneurship. A critical review', *Journal of Business Venturing*, 18 (2), 165-187.

Kluge, E. H. (1993), 'The physician as entrepreneur', *Canadian Medical Association Journal*, 149 (2), 204-205.

Mirchandani, K. (1999), 'Feminist insight on gendered work: New directions in research on women and entrepreneurship', *Gender, Work and Organization*, 6 (4), 224-235.

Mitchinson, W. (1988), 'The medical treatment of women', in S. Burt, L. Code and L. Dorney (ed), *Changing Patterns: Women in Canada*, Toronto: McClelland and Stewart, 237-260.

Mort, G., Weerawardena, J. and Carnegie, K. (2003), 'Social entrepreneurship: Towards conceptualization', *International Journal of Non-profit and Voluntary Sector Marketing*, 8 (1), 76-88.

Mosek, L., Gillin, M. and Katzenstein, L. (2008), 'Evaluating the tension within a not-for-profit organization, when developing a business model for the maintenance of a sustainable profitable business venture', *Australia Graduate School in Entrepreneurship Conference Proceedings*, Melbourne: Australia Graduate School in Entrepreneurship, 501-516.

Munch, S. (2006), 'The women's health movement: Making policy, 1970-1995', *Social Work in Health Care*, 43 (1), 17-32.

Nadin, S. (2007), 'Entrepreneurial identity in the care sector: Navigating the contradictions', *Women in Management Review*, 22 (6), 456-467.

Putnam, R. (2000), *Bowling Alone. The Collapse and Revival of American Community*, New York: Simon and Schuster.

Sarasvathy, S. D. (2001), 'Causation and effectuation: Toward a theoretical whift from economic inevitability to entrepreneurial contingency', *Academy of Management Review*, 26 (2), 243-263.

Shane, S. and Eckhardt, J. (2003), 'The individual-opportunity nexus', in Z. Acs and D. Audretsch (ed), *Handbook of Entrepreneurship Research*, Boston, MA: Kluwer, 55-80.

Starr, J. A. and MacMillan, I. C. (1990), 'Resource cooptation via social contracting: Resource acquisition strategies for new ventures', *Journal of Strategic Management*, 11, 79-92.

United Nations (2008), 'Fourth World Conference on Women', available at: http://www.un.org/womenwatch/daw/beijing/beijingdeclaration.html (accessed 15 September 2008).

Westlund, H. and Bolton, R. (2003), 'Local social capital and entrepreneurship', *Small Business Economics*, 21 (2), 77-113.

Wisdom, J. P., Berlin, M. and Lapidus, A. (2005), 'Relating health policy to women's health outcomes', *Social Science & Medicine*, 61 (8), 1776-1784.

Yin, R. K. (1994), *Case Study Research, Design and Methods*, 2nd edn, Newbury Park, CA: Sage Publications.

第十六章

对俄罗斯新兴市场中女性企业家的导师指导

Jill Kickul, Mark D. Griffiths, Lisa K. Gundry, Tatiana Iakovleva

引　言

女性领导的小型创业型组织已经对就业和全球商业环境产生了巨大影响（Diana Project, 2005; Minniti 等, 2005），它的规模和成长引起了学界、从业人员和决策者的广泛关注。许多关于中小企业成功因素的研究都是在发达国家进行的（Anna 等, 2000; Chaganti 和 Parasuraman, 1997; Lerner 和 Almor, 2002）。在转型经济体中，关于创业的经济学研究较少采用严谨的科学方法（Tkachev 和 Kolvereid, 1999）。在新兴经济体中，不断扩张的创业型企业网络处于经济发展的前沿（Neace, 1999），而影响这些企业成长的因素引起了研究者的特别兴趣，尤其是，新兴市场的企业家如何获得促进企业发展和成功所需的知识和信息？Neace（1999）描述的日益增长的企业网络究竟如何帮助企业家？例如，它是否为社会学习提供了机会？本章所述的研究主要集中于众多俄罗斯女性企业家以及导师在促进企业家自我效能、决策制定和企业绩效方面发挥的作用。

研究表明创业学习对创业企业的生存和增长至关重要，正如Sullivan（2000）所指出的，导师提供有价值的干预措施，有助于这些企业的长期成功，在关键时刻，导师可能向企业家（创业者）提供其所需的支持。关于导师的研究主要是在大公司的背景下，并且在职业发展、培训和绩效的框架内进行。关于导师在创业企业发展和增长中作用的研究很少，特别是在转型经济的背景下。以往研究常常把导师指导和社交网络联系在一起，尽管这些过程可能在正式程度以及互动的频率和类型上是不同的，因此可以区分导师和学员的活动以及其他涉及专业社交网络的活动。

在创业背景下，与机会相关的这类社会信息来源获得了日益增长的研究关注（Ozgen和Baron，2007）。如前所述，导师帮助学员获得有用的信息、技能和知识，并帮助他们应对其面临的问题和挑战（Clutterbuck和Ragins，2002）。虽然大部分关于导师的研究都集中在大型组织，但越来越明显的是企业家也可以从导师那里获益。Ozgen和Baron（2007）建议，导师通过为企业家提供解释复杂信息的框架，例如机会识别的过程来帮助企业家。

尽管当代研究表明女性企业家能够认识到增长的前兆以及寻求信息和规划等活动对其战略领导力作用的重要性（Cliff，1998；Gundry和Welsch，2001；Kickul等，2007），但我们的研究仍试图通过调查导师对企业家自我效能感的影响及其与女性所领导企业绩效的关系来扩展以往的研究。因此，我们会调查导师在帮助新兴市场女性企业家取得优异业绩方面的直接作用和间接作用。

随着女性企业家对企业发展和增长相关知识与信息需求的增加，导师对这些女性而言可能是很有吸引力的资源。我们知道企业家从各种事件和经验中学习，因此，值得关注的是新进入发展中市场经济的企业家能否从导师那里获益，并获得她们作出适当且有效决策所需的信心。研究表明，转型经济背景为学者们开展个体认知与企业战略行为之间的关系研究提供了可能（Peng 和 Luo，2000）。[①]

俄罗斯的创业活动：转型经济体中的创业

转型经济体中的创业活动是独特的，而且在向市场经济转型的过程充满挑战和障碍。这些经济体的特点包括不可预测性、充满敌意的外部环境及资源（特别是金融）的稀缺性（Smallbone 和 Welter，2001）。在过去 10—15 年，对转型经济体中创业的研究包括对波兰初创企业的研究（Erutku 和 Vallée，1997），对匈牙、波兰和斯洛伐克风险投资的研究（Karsai 等，1998），以及对土耳其（Esim，2000；Hisrich 和 Ozturk，1999）和印度（Mitra，2002）女性所拥有企业增长的研究。

除了印度和中国，最大的转型经济体也许就属俄罗斯了。俄罗斯的创业和小企业的发展速度比其他一些转型经济体要慢，此外，与国际平均水平相比，俄罗斯的创业活动相对较少

① 我们在使用新兴市场和转型经济体这样的术语时，这二者是可互换的。

（Verkhovskaya 等，2007）。正如下文所述，造成这一现象的原因是俄罗斯的经营环境对企业家和小企业并不友好，这里官僚主义严重、腐败、金融市场不完善并且缺少国家对初创企业的支持机制（Karhunen 等，2008；Verkhovskaya 等，2007）。而且，俄罗斯的创业文化形成历史还很短暂，许多老一辈俄罗斯人的创业态度仍然受到苏联的影响；在苏联时期，私自经营企业的活动是不道德的，甚至是犯罪活动。

在小额贸易市场中从事创业活动的俄罗斯企业家的特点与一般的创业人群不同：他们大多是女性（70%），而且其中很大一部分是退休人员或学生（Babaeva，1998）。之前的研究还发现大多数创业者认为外部环境不友好，其中高税收、不一致的法律体系、经济生活对政治动荡的高度依赖，以及通货膨胀均是人们在俄罗斯开展创业活动的不利因素（Iakovleva，2001；Ylinenpåå 和 Chechurina，2000）。[1] 在现行的商业法律和税收制度下，缺乏启动资金对女性创业是一个特殊的挑战。在 Ylinenpåå 和 Chechurina 的研究中，俄罗斯女性企业家提到的抑制创业发展的其他障碍包括：高税收（90%的被调查者反映）、法律的不一致（81%）、资本的可获得性（67%）、银行的不稳定（66%），通货膨胀（66%）、腐败（55%）和犯罪（39%）。[2] 虽然早期对俄罗斯女性企业家的研究表明她们与美

① 世界银行集团（World Bank Group）根据“经商便利度”（ease of doing business）对世界上 181 个国家进行排名，俄罗斯联邦排在第 120 位（http://www.doingbusiness.org/economyrankings/）。

② 2008 年，透明国际（Transparency International，TI）根据全球“清廉指数”（Corruption Perception Index）对 180 个国家进行排名，俄罗斯联邦以 2.1 分的得分排在第 147 位（参见 http://www.transparency.org/policy_research）。

国同行所关注的主要问题有着鲜明的不同（Babaeva，1998），但最近的研究表明在不同文化背景下，女性企业家的目标和关注点可能更相似，而非不同。例如，Wells 等（2003）对 500 多名俄罗斯女性企业家的研究表明，增长和扩张是她们最重要的企业目标，并且她们正在推行创新的战略性做法和进出口举措，速度超过美国同行。

缺乏支持市场活动的机构是包括东欧在内的转型经济体的共同特征（Khanna 和 Palepu，1997）。因此，企业家需要进行收集市场信息和解释政策法规等基本活动（Khanna 和 Palepu，1997）。此外，管理者（在这种情况下是企业家）建立的人际关系很可能对企业绩效产生重大影响（Peng 和 Luo，2000）。

俄罗斯女性的教育水平普遍较高（80%），而且许多女性在高等教育机构中获得了不止一个学位，这一因素以及她们的责任心、经营企业的耐心和她们建立关系的能力，使得女性拥有的公司就业更稳定、收入水平更高（Gorbulina，2006）。虽然俄罗斯企业家的形象以及他们创业的动机在过去十年的研究中得到了探索，但本研究又迈出了一步，并提出了一个理论驱动的模型，用以解释导师指导在提升俄罗斯女性拥有的中小企业绩效中的重要作用。

也就是说，当研究创业态度中与性别有关的特征时，在评价所描述的大多数因素中，男性和女性的特征没有实质性的差别。唯一的例外是创业的知识、资格和能力的得分，这些得分表明男性的自信程度是女性的 2 倍，同时他们认为自己拥有足够的知识来建立自己的企业。男性更倾向于冒险，因为在创造新企业之前 1/3 的人没有恐惧感，但只有 1/4 的女性相信自己有能力从事创业活动（Verkhovskaya 等，2007），这种差异是本研究关注导师对俄罗斯女性企业家作用的主要原因。

影响企业绩效的因素：导师的作用

虽然关于新创企业绩效的研究很多（例如，Chandler 和 Hanks，1994；Kolvereid 和 Shane，1995；Westhead 等，2005），但目前研究者对于影响新创企业绩效的基本结构还未达成共识。企业家的个性是创业领域中最吸引从业人员的话题之一（Delmar，2000）。一些人认为，成功的企业家是其个人特殊能力和特质共同决定的结果，而不是其他因素。通常企业家或创始团队成员的人力资本特征提供了促进小企业成长和绩效的个人能力（Bird，1993；Chandler 和 Jansen，1992；Davidsson，1989）。

人力资本理论家认为人力资本这一资源的广度将与更高的生产力水平联系在一起（Becker，1993）。当个人贡献的特征与新创企业的需求密切相关时，特定的人力资本最有价值。研究表明企业的相似性、以前的创业企业、多年的创业经验以及包括导师在内的榜样都会对绩效产生积极影响（Brown，1990；Graham 和 O'Neill，1997）。因此，导师指导在转型市场背景下的具体作用值得探索。

榜样和导师的影响：社会学习理论的视角

社会学习理论（social learning theory，SLT）认为人们可以通过观察榜样的行为进行间接学习（Bandura，1977，引自

Scherer 等，1989）。将社会学习理论的原则用于企业家榜样以导师的形式表明，与其他企业家接触程度更高的个人更有可能参与创业及相关活动（Shaver 和 Scott，1991）。此外，学者们指出在官方正式控制的经济体中，社交活动是企业在不确定条件下能否生存的一个预测指标（Lyles 等，2004）。在支持新手企业家的情境下，导师指导可以被定义为老手和新手之间的一种保护和受保护的关系，在这种关系中新手可以进行学习和实验、接受老手的指导并且可以在追求个人目标和企业成功的过程中发展新技能（Brown，1990；Graham 和 O'Neill，1997）。除了有经验的企业家，企业家的导师还可以是其他家庭成员、雇主、教师或有机会观察企业家的任何个人（Sexton 和 Smilor，1986）。私人企业能否获取导师指导已经被认为是新创企业能否成功的决定性因素之一（Lalkaka，2003）。然而，Cope 和 Watts（2000）反对这一观点，他们认为企业家从自己的错误和成功中学到的经验教训是非常强大的（Bechard 和 Toulouse，1991；Cope 和 Watts，2000）。

当创业者开始创办并发展企业时，导师通过提供专业的帮助以及协助其解决问题来提供支持，从而影响创业者行为和态度的改变（Sullivan，2000）。导师的作用可以是战略性的和发展导向的，他呼吁人们关注企业历史上发生的特定事件或关键事件，并将此与当前的情况相关联。对于女性来说，导师的榜样作用可能尤其重要。有大量关于导师指导在组织中作用的研究（例如，Lankau 和 Skandura，2002；Murrell 等，2008）。榜样——他们已经达到其渴望达到的目标，并且是成功和生存策略的来源——对于女性的职业发展至关重要。该领域之前的研究（例如，Ozgen 和 Baron，2007）已经确定了企业家对如何识别机会和发展企业的知识及信息的需求。本研究旨在探索导师指导对转型经济体中女性所领导的创业公司的企业绩效的作用。

假设 1：在俄罗斯转型经济中导师指导与女性企业家的企业绩效成正相关关系。

企业家自我效能与企业绩效

认知模型为解释创业意图和创业绩效提供了最复杂的理论参考框架，它结合了创业行为的复杂性，并且能够对模型进行实际检验（Delmar，2000）。认知行为模型通过创业能力来解释高度复杂的行为以及选择与绩效之间的差异。通常情况下，创始人的能力对于企业绩效非常重要（Brush 和 Hisrich，1991；Lerner 等，1997），这些能力又取决于一般和特定的人力资本特征。自我能力评估是个人自我效能信念的核心，这些信念认为与个体“调动动机、认知资源以及为掌握生活事件的行动过程”有关（Wood 和 Bandura，1989：364）。研究发现具有较高自我效能感的企业家能够获得更高的绩效（Westerberg，1998）。最近，一项关于女性创业活动的全球研究表明自我效能是决定女性实际参与创业的一个重要因素，感知自己具备创业所需能力的技能是一个独立于其他变量的主要变量（Minniti 等，2005）。

机会能力是创业能力（以及自我效能相关内容）的核心之一，该能力是指通过各种手段识别和开发市场机会的能力。由于这种能力对于新兴经济体的新创企业来说尤其重要，因此研究受访者的企业家自我效能对其企业绩效的影响具有重要意义。本研究假设具有强烈企业家精神的个体，特别是能将高自我效能感转化为机会能力的个体，比没有这些特征的企业家更有可能获得成功和更高的绩效（Covin 和 Miles，1999；Stewart 等，1998）。因此，本研究提出下面的假设：

假设 2：俄罗斯女性创业者的企业家自我效能与企业绩效正相关。

企业家自我效能的决定因素：导师的作用

如上所述，如果自我效能对职业道路的选择和企业绩效具有显著的影响，那么探索影响自我效能的前置因素也是我们感兴趣的。Boyd 和 Vozikis（1994）指出，一些人力资本变量，例如以前的工作经历、创业经验以及榜样可以提高自我效能。Bandura（1992）认为人们对自己执行任务能力的信心是以四种方式发展的："对经验的掌控""榜样作用""社会公信力"和"对自己生理状态的判断"。Scherer 等（1990）的研究表明女性的自我效能较低、创业意愿较低，部分原因是缺乏成为成功企业家（至少她们这么认为）的个人经验或相关经验。此外，就导师作为榜样而言，其对企业家的影响可能部分归因于"榜样"是发展自我效能的一种重要方式（Bandura，1992）。也就是说，自我效能除通过上述"对经验的掌控"增高外，还可以通过社会公信力或者通过榜样给予个体积极的鼓励和反馈来增强（Cox 等，2002）。

此外，导师的许多职能都可能提高企业家的自我效能，如赞助、辅导、获得具有挑战性的工作任务以及获得重要的非正式社交网络，企业家可以通过这些社交网络交换信息和获得新机会（Kram，1983）。导师指导具有重要作用，包括为女性规划职业生涯、提供导航。当女性在新兴市场中创办企业时，她们可能依靠导师来提供其发展企业所需的关键信息和知识。

最后，社会支持理论认为从人际关系中得到的支持对人们应对压力或生活变化有积极的影响。个人依靠关系获得情感慰藉、所需的信息以及工具性支持（Fisher，1985）。研究已经证明导师指导是社会支持的重要来源，这种关系与增强信心、能力和信誉有关（Thomas，2001）。基于当前的研究，本研究提出以下假设：

假设 3：导师指导的程度越高，俄罗斯女性企业家的创业自我效能越高。

假设 4：俄罗斯女性企业家从导师指导中获得的企业家自我效能程度越高，企业绩效越高，即自我效能是女性企业家所接受的导师指导和企业业绩之间关系的关键环节。

研究方法

参与者

本研究的样本由与俄罗斯女性小额信贷网络（Russian Women's Microfinance Network，RWMN）有关联的 555 位俄罗斯女性企业家组成。目前，RWMN 的总部设在莫斯科，并且在俄罗斯的六个地区开展业务：科斯特罗马、特维尔、卡卢加、别尔哥罗德、维德诺耶和图拉。预测试问卷用英语设计，并且在2004年由研究小组进行了评估。本研究对问卷进行了翻译准确性的标准测试，研究人员先将问卷翻译成俄文，再由俄文翻译成英文。研究人员设计完问卷并进行预测试之后，以电子形式将其发送给RWMN。问卷由RWMN打印并分发到其各个分部。

本研究采用面对面的方式进行数据收集，研究人员鼓励受访者尽可能回答问题，并收集了大量受访者的答复。研究人员向六个RWMN区域中的每一个都分配了一名协调员，他们向位于莫斯科的协调员主管汇报数据。本研究共完成并收到555份调查问卷（描述性统计数据见表16.1）。

表16.1 样本特征

变量	数量	百分比
调查对象		
调查对象的身份		
创始人和/或所有者（股东）	525	95
董事和/或经理（员工）	30	5
调查对象的平均年龄（年）	40	
父母是否有创业经历		
是	76	14
否	469	86
是否为另一家企业的子公司		
是	24	5
否	525	95

（续表）

变量	数量	百分比
是否为家族企业		
是	310	56
否	242	44
企业的平均年限	8	
员工的平均数量	4	
有限责任公司	33	6
封闭式股份公司	3	0.5
开放式股份公司	2	0.4
独资企业	514	93
制造业	28	5
贸易业	442	80
服务业	81	15

因变量：公司绩效

有研究者建议研究应包括绩效的多个层面，并使用这些维度的多重衡量尺度（Murphy 等，1996）。因此，本研究通过重要性和满意度问题来测量绩效（见表 16.2）。研究人员要求受访者说明他们的企业在过去三年中对以下项目的重视程度：销售额、销售增长、营业额、盈利能力、净利润、毛利润和从企业的利润中融资的能力，然后研究人员询问他们对这些相同指标的满意程度。本研究采用 Iakovleva（2005，2007）所用的问题，并对其进行了修改。本研究将问题重要性从 7 点李克特量表调整到−3 和 3 的范围，然后将满意度和重要性的分数相乘。接着，进行主成分分析并得到一个指标，我们将其标记为“绩效”（$\alpha=0.95$）。

表 16.2 混合绩效的主成分分析

变量	因子载荷	公因子方差
综合绩效		
销售额满意度×重要性	0.87	0.76
销售增长满意度×重要性	0.89	0.80
营业额满意度×重要性	0.87	0.75
盈利能力满意度×重要性	0.90	0.81
净利润满意度×重要性	0.88	0.78
毛利润满意度×重要性	0.88	0.78
从利润中融资的能力×重要性	0.80	0.64
特征值	5.31	
解释方差百分比	75.85	
Cronbach's alpha	0.95	

注：删除因子载荷≤0.3 的题项。

KMO =0.925，Bartletts 球形度检验 χ^2 =3 392.079；df=21，Sig 000。

自变量

导师指导

本研究采用改编自 Scandura 和 Hamilton（2002）的包含六个项目的量表来测量导师指导的作用及功能。表 16.3 介绍了项目和功能的因子分析结果。

表 16.3　导师指导的主成分分析

变量	因子载荷	公因子方差
导师指导		
我和导师对彼此充满信心	0.781	0.611
我的导师将我视为企业家并进行特别的指导	0.763	0.582
我佩服我导师激励他人的能力	0.752	0.566
我的导师为我的创业事业投入了特别的时间和精力	0.743	0.552
我的导师对我的创业事业感兴趣	0.707	0.500
我尝试以我导师的行为为榜样	0.684	0.468
特征值	3.278	
解释方差百分比	54.639	
Cronbach's alpha	0.82	

注：删除因子载荷≤0.3 的题项。

KMO = 0.835，Bartletts 球形度检验 χ^2 = 498.425；df = 15，Sig 000。

企业家自我效能

本研究采用 De Noble 等（1999）的包含六个项目的自我效能量表来测量企业家的自我效能，该量表重点关注企业家的创新和产品开发技能。Cronbach's alpha 值为 0.83（参见表 16.4）。

表 16.4　自我效能的主成分分析

变量	因子载荷	公因子方差
自我效能		
能够设计出解决当前问题的产品和服务	0.869	0.755

（续表）

变量	因子载荷	公因子方差
能够确定潜在的增长领域	0.861	0.741
能够及时将产品概念引入市场	0.787	0.619
能够发现改进现有产品/服务的新方法	0.799	0.607
能够看到新产品/服务带来的新市场机会	0.744	0.600
能够创建满足客户需求的产品/服务	0.739	0.546
特征值	3.86	
解释方差百分比	64.466	
Cronbach's alpha	0.83	

注：删除因子载荷≤0.3 的题项。

KMO=0.858，Bartletts 球形度检验 $\chi^2=1782.433$；df=15，Sig 000。

研究结果

本研究采用多元回归分析来检验假设 1 和 2，采用 Baron 和 Kenny（1986）推荐的中介回归方法来检验假设 3 和 4。我们发现分析结果支持假设 1，即导师指导（榜样）与企业绩效呈正相关（见表 16.5）。此外，结果还支持假设 2，即自我效能与企业绩效呈正相关（见表 16.6）。更进一步，结果也支持假设 3，即导师指导程度越高，企业家自我效能越高（见表 16.7）。然而，最后一组中介分析的结果部分支持假设 4，具体而言，自我效能在导师指导和企业绩效之间起到部分中介作用（见表 16.8）。

表 16.5　导师指导对绩效的多元回归分析结果（对假设 1 的检验）

	基本模型 标准化贝塔值	模型 1 标准化贝塔值	模型 1 的 容许度
贸易业	−0.060	0.005	0.332
服务业	−0.058	−0.023	0.337
公司年限	0.128	0.116	0.988
包容性	0.356***	0.312***	0.946
导师指导		0.233***	0.926
F 值	9.875	11.108	
调整后的 R^2	0.137**	0.184***	
案例数量		225	

注：+<0.1；*<0.05；**<0.01；***<0.001。

表 16.6　自我效能对绩效的多元回归分析结果（对假设 2 的检验）

	基本模型 标准化贝塔值	模型 1 标准化贝塔值	模型 1 的 容许度
贸易业	−0.091	−0.068	0.332
服务业	−0.081	−0.086	0.319
公司年限	−0.001	−0.019	0.976
包容性	0.348***	0.255***	0.870
导师指导		0.272***	0.872
F 值	18.447	24.006	
调整后的 R^2	0.12**	0.183***	
案例数量		513	

注：+<0.1；*<0.05；**<0.01；***<0.001。

表 16.7 导师指导对自我效能的多元回归分析结果（对假设 3 的检验）

	基本模型 标准化贝塔值	模型 1 标准化贝塔值	模型 1 的容许度
贸易业	−0.257	−0.191	0.308
服务业	−0.129	−0.090	0.314
公司年限	0.006	−0.001	0.983
包容性	0.275***	0.241***	0.960
导师指导		0.224***	0.939
F 值	7.023	8.436	
调整后的 R^2	0.094**	0.139***	
案例数量		213	

注：+<0.1；*<0.05；**<0.01；***<0.001。

表 16.8 对绩效的分层多元回归分析结果（对假设 4 的检验）

	基本模型 标准化贝塔值	模型 1 标准化贝塔值	模型 1 的容许度
贸易业	0.011	0.049	0.326
服务业	−0.021	−0.002	0.336
公司年限	0.113	0.106	0.986
包容性	0.316***	0.264***	0.876
导师指导	0.239***	0.206**	0.896
自我效能		0.191**	0.845
F 值	11.425	11.335	
调整后的 R^2	0.189***	0.218***	
案例数量		224	

注：+<0.1；*<0.05；**<0.01；***<0.001。

讨论和结论

本章的研究探讨了导师指导和自我效能对俄罗斯转型经济中女性所领导创业企业的企业绩效的作用。结果表明导师指导是促进创业女性成长的重要因素，特别是对新兴市场和发展中市场的女性而言。通过理解导师和榜样是如何在不稳定的环境中支持女性的，我们能够更好地创建支持系统，以培育和支持女性的企业绩效及自我效能，从而将她们的企业维持并推进到下一个增长阶段。企业所有者需要获得适当的指导、帮助和信息，以使企业达到下一个增长阶段，这对许多企业来说都是挑战（Gundry 等，2002）。

转型经济体中的企业家往往管理技能水平相对较低（Lyles 等，2004），特别是对于像俄罗斯这样的新兴市场中的女性来说，她们既需要又渴望获得信息和知识，因为她们中的大多数人是在集中的计划经济体制下接受的教育。如前所述，创业导师可以帮助她们获得有用的信息、技能和知识，并进一步帮助她们应对新的和反复出现的公司问题和挑战（Clutterbuck 和 Ragins，2002）。虽然大多数关于导师指导的研究都是针对更成熟的公司进行的，但 Ozgen 和 Baron（2007）的最新研究表明导师可以帮助创业者，给他们信心，向他们提供用以解读复杂信息的框架，帮助他们识别实现公司业绩和可持续发展的机会。虽然这不是本研究的目的，但更多的研究应该考察在其他文化背景下的女性企业家如何获取和利用导师指导资源，包括寻找信息，特别是与培训和教育有关的信息，以促进其企业的发展和增长。然后研究者还可以对此进行比较，以评价跨越不同文化、体制和政府制度的一些共同最佳做法和方法。

研究结果对公共政策措施，例如为支持女性企业家导师计划的创业援助项目也有一定的启示。在以往研究的基础上，我们的研究结果提供了与支持女性企业家项目的总体使命有关的重要信息。有经验的导师会对新手企业家有益，因此鼓励导师与女性企业家建立这种关系的项目同样有益，这些项目可能是针对行业的，也可能专注于对创业新手最有用的特定技能和知识，比如机会识别、创造市场意识，或为新创企业融资。

学者们指出在转型经济体中，紧密的个人关系对企业的生存和增长非常重要。如果没有深厚的关系网络，企业家们可能会发现他们的创业道路充满挑战（Peng，2001）。导师计划为女性企业家提供了一个机会，让她们能够抓住所学到的东西，将其应用到自己的企业战略中，并从虽历经艰辛但创业获得了高回报的女性那里获得反馈。这些关系为女性提供了一个检验概念和想法的途径，并且她们可以学习成功的女性企业家的宝贵经验。导师可以为创业者提供与建立和管理新创企业复杂性相关的直接见解，其中可能包括对女性企业家面临的独特挑战的建议，比如筹集资金、建立信誉和形成战略伙伴关系。一些商界女性甚至可能提供一段时间的实习或观察其工作的机会——这为女性创业者提供了独特的机会，让她们有机会获得与正在成长的企业直接接触的经验，并获得与女性企业家角色相关的额外知识。

虽然本研究包括了一大批在转型经济体中经营企业的女性，但还存在一定的局限性，为此，我们对未来的研究提出了一些建议。首先，该样本是从某个女性企业协会获得的，因此可能与从俄罗斯女性企业家群体中获得的其他样本不同。此外，未来的研究可以在我们研究的基础上，侧重于“专业”资本与一般社会资本在根据性别而分类的创业中的不同作用，包括一般社会资本对发展专家资本网络的作用及其机制（反之亦然）。

了解导师和榜样如何支持女性企业家可能有助于支持系统的创建，该系统可以培养和提升女性企业家的自我效能。虽然男性和女性对企业家自我效能感和意向的看法存在明显差异（女性自我效能感和意图较低，见 Wilson 等，2007），但导师指导可能会降低女性在创业愿望上与男性之间的性别差异，并且帮助她们的公司进一步发展和增长。通过这种方式，我们可以将导师指导（以及创建此类支持计划）定位为均衡器，由此可能会降低自我效能的限制效应，并最终增加创业成功的概率。更重要的是，正如本研究对俄罗斯女性企业家的研究结果所示，在新兴经济体和转型经济体中，当女性寻求、界定和利用自己的社交网络以实现企业的可持续发展，并且为自己和更广泛的地方和区域社区创造财富时，导师的作用可能会非常大。

参考文献

Anna, A. L., Chandler, G. N., Jansen, E. and Mero, N. P. (2000), 'Women business owners in traditional and non-traditional industries', *Journal of Business Venturing*, 15, 279-303.

Babaeva, L. (1998), 'Russian and American female entrepreneurs', ('Российскием Американские женщины-предприниматели'), *Sociological Review*, (Социологические исследования), 8, 134-135.

Bandura, A. (1992), 'Exercise of personal agency through the self-efficacy mechanism', in R. Schwarzer (ed), *Self-efficacy: Thought Control of Action*, Washington, DC: Hemisphere.

Bandura, A. (1997), *Self-efficacy: The Exercise of Control*, New York: Freeman Press.

Baron, R. G. and Kenny, D. A. (1986), 'The moderator-mediator variable distinction in social psychological research: Conceptual, strategic, and statistical considerations', *Journal of Personality and Social Psychology*, 51 (6), 1173-1182.

Bechard, J. and Toulouse, J. (1991), 'Entrepreneurship and education: Viewpoint from Education', *Journal of Small Business and Education*, 9 (1), 3-13.

Becker, G. S. (1993), *Human Capital: A theoretical and Empirical Analysis with Special Reference to Education*, 3rd edn, Chicago, IL: University of Chicago Press.

Bird, B. (1993), 'Demographic approaches to entrepreneurship: The role of experience and background', in J. A. Katz and R. H. Brockhause (ed), *Advances in Entrepreneurship, Firm Emergence and Growth*, vol. 1, Greenwich: JAI Press, 11-48.

Boyd, N. and Yozikis, G. (1994), 'The influence of self-efficacy on the development of entrepreneurial intentions and actions', *Entrepreneurship Theory and Practice*, 18 (4), 63-77.

Brown, T. L. (1990), 'Match up with a mentor', *Industry Week*, 239 (October), 18.

Brush, C. G. and Hisrich, R. D. (1991), 'Antecedent influences on women-owned businesses', *Journal of Managerial Psychology*, 6 (2), 9-16.

Chaganti, R. and Parasuraman, S. (1997), 'A study of the impacts of gender on business performance and management patterns in small businesses', *Entrepreneurship Theory and Practice*, 21 (2), 73-76.

Chandler, G. and Hanks, S. (1994), 'Founder competence, the environment, and venture performance', *Entrepreneurship Theory and Practice*, 18 (3), 223-237.

Chandler, G. and Jansen, E. (1992), 'Founder's self assessed competence and venture performance', *Journal of Business Venturing*, 7 (3), 223-236.

Cliff, J. E. (1998), 'Does one size fit all? Exploring the relationship between attitudes towards growth, gender, and business size', *Journal of Business Venturing*, 13 (6), 523-542.

Clutterbuck, D., and Ragins, B. R. (2002), *Mentoring and Diversity: An International Perspective*, Burlington, MA: Butterworth-Heineman.

Cope, J. and Watts, G. (2000), 'Learning by doing: An exploration of experience, critical incidents and reflection in entrepreneurial learning', *International Journal of Entrepreneurial Behavior and Research*, 6 (3), 104.

Covin, J. G. and Miles, M. (1999), 'Corporate entrepreneurship and the pursuit of competitive advantage', *Entrepreneurship Theory and Practice*, 23, 47-63.

Cox, L. W., Mueller, S. L. and Moss, S. E. (2002), 'The impact of entrepreneurship education on entrepreneurial self-efficacy', *International Journal of Entrepreneurship Education*, 1 (2), 229-245.

Davidsson, P. (1989), *Continued Entrepreneurship and Small Firm Growth*, Stockholm: Stockholm School of Economics.

De Noble, A. F., Jung, D. and Ehrlich, S. B. (1999), 'Entrepreneurial self-efficacy: The development of a measure and its relationship to entrepreneurial action', in R. D. Reynolds, W. D. Bygrave, S. Manigart,

C. M. Mason, G. D. Meyer, H. J. Sapienza and K. G. Shaver (ed), *Frontiers of Entrepreneurship Research*, Waltham, MA: P& R Publications, 73-87.

Delmar, F. (2000), 'The psychology of the entrepreneur', in S. Carter and D. Jones-Evans (ed), *Enterprise and Small Business: Principles, Practice and Policy*, Harlow: Financial Times.

Diana Project (2005), *The Diana International Project: Research on Growth Oriented Women Entrepreneurs and Their Businesses*, Stockholm: ESBRI. See http://www.esbri.se/diana.asp (accessed 30 September 2006).

Erutku, C. and Vallée, L. (1997), 'Business start-ups in today's Poland: Who and how?', *Entrepreneurship and Regional Development*, 9 (2), 113-126.

Esim, S. (2000), 'Solidarity in isolation: Urban informal sector women's economic organizations in Turkey', *Middle Eastern Studies*, 1, 140-152.

Fisher, C. (1985), 'Social support and adjustment to work: A longitudinal study', *Journal of Management*, 11 (3), 39-53.

Gorbulina, I. (2006), 'Women's small and medium enterprises-path to overcome poverty', paper presented at the Women Leaders Network Meeting, Vietnam, 12 December 2008, available at: http://www.apecwln.org/main/imagesWLN% 202006/Irina% 20Gorbulina% 20-% 20Women's% 20Small% 20and% 20Medium% 20Enterprises% 20-% 20Path% 20to% 20Overcome% 20Poverty.pdf

Graham, L. and O'Neill, E. (1997), 'Sherpa or shepherd? The adviser relationship in small firms-mentor and/or consultant?', paper presented to the International Small Business Association Small Firms Policy and Research Conference, November, Belfast.

Gundry, L. K. and Welsch, H. P. (2001), 'The ambitious entrepreneur: High- growth strategies of women-owned enterprises', *Journal of Business Venturing*, 16 (5), 453-470.

Gundry, L. K., Ben-Yoseph, M. and Posig, M. (2002), 'The status of women's entrepreneurship: Pathways to future entrepreneurship development and education', *New England Journal of Entrepreneurship*, 5 (1), 39-50.

Hisrich, R. and Ozturk, S. A. (1999), 'Women entrepreneurs in a developing economy', *The Journal of Management Development*, 18 (2), 114-125.

Iakovleva, T. (2001), *Entrepreneurship Framework Conditions in Russia and in Norway: Implications for the Entrepreneurs in the Agrarian Sector*, Hovedfagsoppgaven, Norway: Bode Graduate School of Business.

Iakovleva, T. (2005), 'Entrepreneurial orientation of Russian SME', in G. T. Ving and R. C. W. Van der Voort (ed), *The Emergence of Entrepreneurial Economics*, Oxford: Elsevier, 83-98.

Iakovleva, T. (2007), *Factors Associated with New Venture Performance: The Context of St-Petersburg*, Høgskoleni Bodø, PhD serie No. 12-2007.

Karhunen, P., Kettunen, E. Sivonen, T. and Miettinen, V. (2008), *Determinants of knowledge-intensive entrepreneurship in Southeast Finland and Northwest Russia*, Helsinki School of Economics, Mikkeli Business Campus Publications N-77.

Karsai, J., Wright, M., Dudzinski, Z. and Morovic, J. (1998), 'Screening and valuing venture capital investments: Evidence from Hungary, Poland and Slovakia', *Entrepreneurship and Regional Development*, 10 (3), 189-202.

Kickul, J. R., Gundry, L. K. and Sampson, S. D. (2007), 'Women entrepreneurs preparing for growth: The influence of social capital and training on resource acquisition', *Journal of Small Business & Entrepreneurship*, 20 (2), 169-182.

Khanna, T. and Palepu, K. (1997), 'Why focused strategies may be wrong for emerging markets', *Harvard Business Review*, 75 (4), 41-51.

Kolvereid, L. and Shane, S. (1995), 'National environment, product strategy and performance: A three country study', *Journal of Small Business Management*, 33 (2), 37-50.

Kram, K. E. (1983), 'Phases of the mentor relationship', *Academy of Management Journal*, 26 (4), 608-625.

Lalkaka, R. (2003), 'Business incubators in developing countries: Characteristics and performance', *International Journal of Entrepreneurship & Innovation Management*, 3 (2), 31-55.

Lankau, M. J. and Skandura, T. A. (2002), 'An investigation of personal learning in mentoring relationships: Content, antecedents, and consequences', *Academy of Management Journal*, 45, 779-790.

Lerner, M. and Almor, T. (2002), 'Relationships among strategic capabilities and the performance of women-owned small ventures', *Journal of Small Business Management*, 40 (2), 109-125.

Lerner, M., Brush, C. and Histich, R. (1997), 'Israel women entrepreneurs: An examination of factors affecting performance', *Journal of Business Venturing*, 12, 315-339.

Lyles, M. A., Saxton, T. and Watson, K. (2004), 'Venture survival in a transitional economy', *Journal of Management*, 30 (3), 351-375.

Minniti, M., Arenius, P. and Langowitz, N. (2005), '2004 report on women and entrepreneurship', *Global Entrepreneurship Monitor*, Wellesley, MA: Center for Women's Leadership at Babson College.

Mitra, R. (2002), 'The growth pattern of women-run enterprises: An empirical study in India', *Journal of Developmental Entrepreneurship*, 7 (2), 212-237.

Murphy, G. B., Trailer, J. W. and Hill, R. C. (1996), 'Measuring performance in entrepreneurship research', *Journal of Business Research*, 36 (1), 15-23.

Murrell, A. J., Blake-Beard, S., Porter, D. M. and Perkins-Williamson, A. (2008), 'Interorganizational formal mentoring: Breaking the concrete ceiling sometimes requires support from the outside', *Human Resource Management*, 47 (2), 275-294.

Neace, M. B. (1999), 'Entrepreneurs in emerging economies: Creating trust, social capital, and civil society', *The ANNALS of the American Academy of Political and Social Science*, 565 (1), 148-161.

Ozgen, E. and Baron, R. A. (2007), 'Social sources of information in opportunity recognition: Effects of mentors, industry networks, and professional forums', *Journal of Business Venturing* 22, 174-192.

Peng, M. W. (2001), 'How entrepreneurs create wealth in transitional economies', *Academy of Management Executive*, 15 (1), 95-108.

Peng, M. W. and Luo, Y. (2000), 'Managerial ties and firm performance in a transition economy: The nature of a micro-macro link', *Academy of Management Journal*, 43 (3), 486-501.

Scandura, T. A. and Hamilton, B. A. (2002), 'Enhancing performance through mentoring', in, S. Sonnentag (ed), *The Psychological Management of Individual Performance. A Handbook in the Psychology of Management in Organizations*, Chichester: Wiley, 293-308.

Scherer, R. F., Adams, J. S., Carley, S. S. and Wiebe, F. A. (1989), 'Role model performance effects on development of entrepreneurial career preference', *Entrepreneurship: Theory and Practice*, 13 (3), 53-71.

Scherer, R. F., Brodzinski, J. D. and Wiebe, F. A. (1990), 'Entrepreneur career selection and gender: a socialization approach', *Journal of Small Business Management*, 28 (2), 37-44.

Sexton, D. L. and Smilor, R. W. (1986), *The Art and Science of Entrepreneurship*, Cambridge, MA: Ballinger.

Shaver K. G. and Scott, L. R. (1991), 'Person, process, choice: The psychology of New venture creation', *Entrepreneurship: Theory and Practice*, 16 (2), 23-45.

Smallbone, D. and Welter, F. (2001), 'The distinctiveness of entrepreneurship in transition economies', *Small Business Economics*, 16, 249-262.

Stewart, W. H., Watson, W. E., Carland, J. C. and Carland, J. W. (1998), 'A proclivity for entrepreneurship: A comparison of entrepreneurs, small business owners, and corporate managers', *Journal of Business Venturing*, 14, 189-214.

Sullivan, R. (2000), 'Entrepreneurial learning and mentoring', *International Journal of Entrepreneurial Behaviour and Research*, 6 (3), 160-178.

Thomas, D. A. (2001), 'The Truth about mentoring minorities: Race matters', *Harvard Business Review*, 79 (4), 98-107.

Tkachev, A. and Kolvereid, L. (1999), 'Self-employment intentions among Russian students', *Entrepreneurship and Regional Development*, 11 (3), 269-280.

Verkhovskaya, O. R., Dermanov, Y. K. Dorohina, M. V. and Katkalo, V. S. (2007), *Globalnyi monitoring predprinimatelstva* (*Global Entrepreneurship Monitoring*), *Country Report on Russia 2006*, St Petersburg State University, Higher School of Management (in Russian).

Wells, B. L., Pfantz, T. J. and Bryne, J. L. (2003), 'Russian women business owners: Evidence of entrepreneurship in a transition economy', *Journal of Developmental Entrepreneurship*, 8 (1), 59-71.

Westerberg, M. (1998), 'Managing in turbulence: An empirical study of small firms operating in a turbulent environment', doctoral thesis, DT 1998: 43, Luleå University of Technology.

Westhead, P., Ucbasaran, D. and Wright, M. (2005), 'Decisions, actions and performance: Do novice, serial and portfolio entrepreneurs differ?', *Journal of Small Business Management*, 43 (4), 393-417.

Wilson, F., Kickul, J. and Marlino, D. (2007), 'Gender, entrepreneurial self-efficacy, and entrepreneurial career intentions: Implications for entrepreneurship education', *Entrepreneurship Theory and Practice*, 31 (3), 387-406.

Wood, R. and Bandura, A. (1989), 'Social cognitive theory of organizational management', *Academy of Management Review*, 14 (3), 361-384.

Ylinenpåå, H. and Chechurina, M. (2000), 'Perceptions of female entrepreneurs in Russia', in D. Deschoolmester (ed), in seminar proceedings *Entrepreneurship under difficult circumstances*, Best Paper in thirtieth European Small Business Seminar, Ghent, Belgium.

第十七章

性别差异对斯洛文尼亚企业家增长愿望和技术导向的影响

Karin Širec，Polona Tominc，Miroslav Rebernik

引　言

公司的增长对于经济发展、财富创造和就业都至关重要。根据《全球创业观察报告》（Rebernik 等，2008）和《斯洛文尼亚创业观察》（Rebernik 和 Širec，2009），斯洛文尼亚的创业潜力尚未得到充分利用。事实上，本研究所关注的小企业增长现象既不是一个不证自明的现象，也绝非偶然，相反，它是所有者/企业家明确而积极的商业想法和行为的结果，而这些想法和行为来源于其对自己能够达到预期目标的坚定信念（Gray，2000；Maki 和 Pukkinen，2000）。因此，探索以女性企业家为代表的特定企业家所面临的问题和挑战，可能会为促进公司增长提供有价值的见解。

女性企业家是一个多元化和复杂的群体，有着不同的背景、境遇和世界观，大多数研究发现与男性企业家相比，女性企业家通常在企业营业额、利润、增长和停产率等方面表现不佳（Du Rietz 和 Henrekson，2000）。此外，通过对过去 25 年大量关于性别议题的研究文献进行回顾，我们发现许多问题仍未解决（Greene 等，2003），主要集中于以下三个领域：人力资本、战略选择和结构性障碍。有趣的是，在讨论抑制因素时，Brush（1997）将更广泛的视角应用于研究抑制增长的障碍和挑战，他发现随着技术的应用，女性企业家将有更多的机会，而这对企业增长也具有推动作用。

以往的研究表明中小企业可以利用技术来吸引新客户并进行更有效的运作，从而克服小规模企业的劣势（Cavusgil 和 Knight，1997；Dutta 和 Evrard，1999）。规避风险是造成企业增长停滞的原因之一（Ward，1997），企业家的这种考虑可能会阻碍其对促进增长的新技术的应用和资源的分配。先前的研究表明女性企业家（平均而言）可能比男性企业家更希望规避风险（Anna 等，1999；Cooper，1993；Širec，2007）。因此，性别可能会影响斯洛文尼亚公司的技术使用情况，因此也影响了其增长的愿望。

并非所有技术变革的因素都对公司产生积极影响，基于此，本研究探索斯洛文尼亚女性企业家和男性企业家在增长愿望方面的差异。研究集中于创业的各个维度（即企业家特征、性别、公司特征和技术导向）与创业绩效（即增长）的一个可操作测量的关系。不同的研究已经表明增长愿望和可能的最终增长并不是均匀地分布于企业群之中。例如，《全球创业观察报告》关于高期望型创业企业的研究（Autio，2005）表明，在《全球创业观察报告》所观察的国家中，平均占比不足 10% 的有远大抱负的新创企业家创造了所有企业家预期创造的就业总数的 80%。在英国，Storey（1994）以任意特定年份建立的新公司为研究对象发现，其中4%的公司在10年后幸存公司创造的全部就业岗位中提供了50%的就业岗位。因此，一个经济体发展和创造就业岗位的能力似乎在很大程度上取决于该经济体创造“瞪羚”公司的能力。Autio（2005）发现在美国“瞪羚”公司占全部公司的比例仅约为3%，但它们在1992—1996年间创造了70%以上的新增就业岗位。同样，在芬兰，4年来大约1%的顶级成长型公司产生了约40%的总体影响，其中包括销售和就业增长方面。斯洛文尼亚2003年发展最快的500家企业在1998—2002年间创造了7 940个新岗位。1998年，“瞪羚”公司平均雇用24名员工，到2002年，这一数字已上升到40名。同时，这些公司的销售额平均增长了4倍，而出口额在4年内增长了5.5倍。斯洛文尼亚“瞪羚”公司在2006年年底比3年前多雇用超过2 160名工人，平均而言每家公司每年雇用72名新员工。

虽然并非所有的预期都能实现，但增长愿望已被证实是预测最终增长的良好指标（Liao和Welsch，2003）。对这种现象的解释至少有一部分可以在企业特征中找到，特别是企业的技术导向。本章的框架如下：首先讨论斯洛文尼亚有关性别问题的一些基本统计数据和理论背景，在对该地区之前的研究进行回顾的基础上，建立新的理论框架。之后概述研究方法，并介绍研究结果，最后得出结论，并给出一些政策建议。

国家环境

2006年下半年的数据（Statistical Yearbook of the Republic

of Slovenia，2007）表明，女性占斯洛文尼亚主动有偿就业的45.3%。主动有偿就业的女性比例在以下行业最高：公务员（65%）、销售员和其他服务机构（63%）以及专业人员（59.5%），在非工业部门（8.2%）比例最低。此外，登记失业人数中有一半以上是女性（54.4%），而且这一比率还在继续上升。2006年第四季度男性失业率为5.6%，而女性失业率为6.9%。4%的失业女性在不到一个月的时间内就找到新工作，但30%的女性在找到一份新工作之前不得不等待两年以上。此外，女性的受教育程度通常比男性高，25—44岁年龄组尤其如此，接受研究生教育的女性比男性高出两倍。尽管如此，女性仍只能赚取男性平均月薪总额的93%左右。

上述性别差距在"性别差距指数2008"（Gender Gap Index 2008）中同样很明显。斯洛文尼亚在130个国家中排在第51位（Global Gender Gap Report，2008）。该指数是基于经济参与和机会、教育程度、健康和生存以及政治赋权这四个主要分指数的平均值，对斯洛文尼业排名影响最大的负面因素是政治赋权，该因素衡量女性在议会和部长职位中的数量。斯洛文尼亚在性别不平等地位排行中位列第85名。

与此同时，在《2007—2008年全球竞争力报告》（Global Competitiveness Report 2007-2008）的若干项指标中，斯洛文尼亚的技术准备度指数排名第29位（高于其39位的平均排名）。然而，对其他核心指标的仔细研究表明，目前外商直接投资和技术转让（122位）、企业层次的技术引进（62位）以及新技术的可用性（50位）的排名低于总体排名。评分相对较好的指标包括互联网用户（13位）、个人计算机用户（25

位），以及与信息和通信技术（ICT）有关的法律（30位）、宽带互联网用户（31位）和移动电话用户（31位）。这些发现也为研究概述中提出的问题提供了进一步的理由。

《全球创业观察报告》在对全球企业家行为的考察（Allen等，2008）中对创业和经营活动中的性别差距作出了明确界定。总体而言，除日本、泰国、秘鲁和巴西之外，男性比女性更有可能参与创业活动。性别差距在高收入国家中最大（该组的人均国内生产总值平均接近35 000美元，包括斯洛文尼亚在内），其中积极参与早期创业活动的男性人数几乎是女性的两倍。在斯洛文尼亚，2008年平均有7.81%的男性和3.33%的女性参与成熟阶段的创业活动，而平均有16.25%的男性和7.34%的女性参与了整体的创业活动（包括早期阶段和成熟阶段）（Rebernik等，2008）。

这一企业家性别差距表现出不同的维度和特征，但研究结果表明，在参与了2007年GEM调查的所有国家的男性企业家和女性企业家中，他们对依赖于技术使用、竞争程度以及提供创新产品或服务的企业预期增长潜力，都表现出了明显相似的模式。然而，其他研究人员声称性别是影响公司实际增长的一个重要因素。人们预期女性对企业的增长将产生负面影响，女性企业家很少成为“成长型企业家”（Kjeldsen和Nielsen，2004）。不过，更多其他的情境也应该被纳入考虑范围内，例如，作为一个中东欧国家，斯洛文尼亚即使最近（2004年5月）加入欧盟，也面临尚未完成的转型进程。

转型国家在女性参与劳动力市场的情况方面有许多共同的特点，例如平均教育水平、性别工资差距等。转型进程对男性和女性均有影响，这一进程会造成工作安全感的损失并增加就业成本。但是，女性似乎占据了调整成本的较大份额（Ruminska-Zimny，2003）。此外，转型时期的变化对女性在社会中的地位也产生了重要且常常是负面的影响（Stoyanovska，2001），而在共产主义政权下，男性和女性在社会的各个方面都应该是平等的。

此外，经济、政治和社会的转型进程在不同的国家对女性有不同的影响。例如，在匈牙利共产党时期，全职就业和女性就业是当时主流意识形态的决定性要素（IHF，2000）。虽然转型后就业水平显著下降，但女性拥有事业仍是社会所接受的，尽管家庭事务和照顾儿童的责任仍被视为女性的任务。斯洛文尼亚女性享有类似的社会地位（IHF，2000）。同时，Leinert-Novosel（2000）声称克罗地亚过去10—15年的政治突出了教会的作用，并规定女性的位置主要在家庭中，这大大降低了女性的地位，阻碍了她们通过工作和职位晋升来改善其社会地位的努力。

转型进程中劳动力市场发展的一个共同特点是性别不对称，这从就业、行业就业变化、收入和工资以及私人部门就业机会等方面都能发现。Smallbone和Welter（2001）指出创业行为的显著特征反映了外部环境的不稳定及不友善，以及各种关键资源的稀缺性。在这种情况下，非正式社交网络往往在帮助企业家调动资源、赢得订单、应对经济体系不同层面以及整个社会的制约方面起着关键作用。这些发现与对斯洛文尼亚女性创业相关的研究结果一致（Drnovšek和Glas，2006），这表明女性企业家缺乏社交网络资源和社会资本资产，因此她们必须通过与家庭成员的紧密联系来获取这些资源。

在此背景下，经济合作与发展组织关于女性创业的报告（OECD，2004）突出强调了市场的一个基本特征，即知识在个人之间的分配，这对本章所进行的研究意义重大。这种知识具有独特性，因为它是每个人通过个人经历以及从个人职业、工作常规、社交关系和日常生活等领域获得的（Acs，2002）。女性在经历上与男性不同，因为她们拥有不同的职业（往往不太适合自主经营和创业），并且拥有不同的工作常规、社交关系和日常生活。此外，女性识别商业机会并试图利用它们的方式也与男性不同。有证据表明女性对社交的参与程度低于男性，并且她们的社交方式也有所不同。传统上，女性所依赖的强大的个人社交网络主要与家务劳动有关（Lin，1999）。在转型国家，这种性别差异似乎更为明显（Drnovšek 和 Glas，2006；Smallbone 和 Welter，2001）。

理论基础和假设提出

创业是一个复杂的现象，它涉及个人、企业及其所处的环境（Begley，1995，引用自 Solymossy，1998：5）。尽管识别这种复杂性很容易，但这三个要素之间的本质关系尚不清楚（Solymossy，1998：5）。在本章中，我们只考察了狭隘的公司技术导向部分对公司增长愿景的影响。相关文献可分为两大流派（Tominc 和 Rebernik，2006）：第一类研究表明实际的增长和研究设计是纵向的（Gundry 和 Welsch，2001；Liao 和 Welsch，2003）；第二类研究关注创业企业的增长前景，其中增长前景可以分为企业家的主观估计和客观可能（例如，企业类型、预期出口水平、竞争）(Bager 和 Schott, 2004; Delmar 和 Davidsson, 1999; Tominc 和 Rebernik, 2007a)。本章将着重关注第二类研究。

与增长因素相关的实证研究常以解决研究人员特别感兴趣的问题为目的，这种研究方式使得该类研究与其他研究的对比变得困难。然而，目前与这一主题相关的性别差异研究却得出了不一致的结果（Kolvereid, 1992; Orser 等, 1998）。事实上，研究人员还没有明确男性企业家和女性企业家的增长愿望是否有统计学上的差异，先前有关斯洛文尼亚女性企业家和男性企业家增长愿望差异的研究表明，尽管平均而言女性参与创业的可能性比男性小，但她们的增长愿望与男性相比差距并不大（Tominc 和 Rebernik, 2006, 2007b）。例如，与就业岗位相关的增长愿望的研究结果显示，在斯洛文尼亚，有意在未来五年内将就业岗位数量增加 6 个或更多的创业早期的企业家，平均而言，男性的比例为 42.45%，女性的比例为 37.25%——这一结果在统计学上存在显著差异。这些结果给我们的一个启示是，女性开启创业生涯的可能性往往较小，但一旦开始创业，她们的增长愿望往往与男性一样强烈。

Cooper 和 Kleinschmidt（1995, 引用自 de Jong 等, 2001: 14）指出，工艺与技术的获取和掌握为生产和服务密集型行业的创新提供了先决条件，公司所达到的工艺水平以及技术的使用情况与其创新潜力的提高之间存在着正向关系：公司的准备越充分，拥有的知识越丰富，接受并开发新知识和新想法就越容易（de Jong 和 Brouwer, 1999），因此，公司也就越有可能增长。这里重点关注的是信息和通信技术，它能够促进数据和信息的流动，同时能够从不同来源收集想法［企业对企业（B2B）、企业对消费者（B2C）、消费者对消费者（C2C）］（Sundbo，1998：151）。因此，本研究的第一个研究问题是应用新技术的强度和类型是否与增长愿望相关。由于女性比男性更不愿意冒险（Arch，1993），同时与男性相比，她们对技术更不熟悉，因此其可能会认为技术水平对其未来企业增长的影响更重要。为了确定关于这个研究问题的性别差异，我们对以下假设进行测试：

假设 1：应用新技术的强度与增长愿望有关，并且存在性别差异。

没有现代技术，就无法开发解决复杂用户需求的新产品。由于商业竞争环境复杂性的增加，自主开发所需产品往往风险高、速度慢并且价格昂贵，这就是公司（特别是小公司）常常购买新产品及相关技术以供其使用的原因。这种做法可以同时促进产品以及工作程序中过程、组织和领导方法（根据 Rogers 的“再发明”，1995：392）上创新的产生。业务流程改进对于公司的长期成功至关重要，但是存在风险并且需要付出艰辛的努力。一般而言，创业往往被视为男性领域（DiMaggio，1997）。创业被认为可能涉及领导力风险、冒险精神和进取精神——人们认为这些活动都是男性化的，因为男性似乎比女性更愿意承担风险（Arch，1993）。男性在危险的环境中“更有可能发现需要参与的挑战”，而女性则更多地认为这些活动具有威胁性并试图避免这种危险。由于男性企业家的增长愿望高于女性企业家，所以他们倾向于对创业活动的结果抱有较高期待，而女性企业家更倾向于创业活动中的确定性结果，因此对结果的期待较低，同时风险也较低。基于这种理解，我们提出以下假设：

假设 2：业务流程改进与增长愿望有关，并且存在性别差异。

性别在公司增长中的作用是模糊的。Liao 和 Welsch（2003）报告了由 Kolvereid（1992）对挪威企业家进行的一项研究，该研究发现企业家的增长愿望与他们的经历、性别、地理位置或企业规模之间没有显著关系。但如前所述，其他研究人员声称性别是影响公司增长的一个重要特征，并且一般而言，女性会对增长产生负面影响，女性企业家很少成为“成长型企业家”（Kjeldsen 和 Nielsen，2004）。以前的研究（例如，Bager 和 Schott，2004）也表明新手创业企业家（在本研究中指更年轻的企业家）的抱负似乎高于成熟创业企业家。由于男性企业家和女性企业家的增长愿望是否有统计学上的差异尚未明确，因此我们提出下一个假设是为了加强对斯洛文尼亚这一问题的了解。本研究所调研的公司平均年限为 13.4 年；女性所拥有公司的平均年限比男性所拥有公司少 10 个月。以下假设试图探索公司年限与公司的增长愿望之间的关系：

假设 3：公司越年轻，增长愿望则越高；这一关系存在性别差异。

跟踪技术进步不仅发生在购买和开发过程中，而且发生在精确计划的信息收集和学习过程中。企业家需要了解并且思考国内外技术发展的全球趋势，尤其是对于其公司所在行业中的技术发展。重要的信息资源包括供应商、客户、竞争对手和研发机构。本研究试图确定获得现代设备和技术最常见的方式

（例如，购买新设备和技术，获得许可证和自己研发）。统计数据显示，尽管斯洛文尼亚有很高比例的女性拥有较高的专科、本科、硕士和博士水平的教育，但女性从事的领域仍与男性不同，她们更有可能从事那些不太以技术为导向的领域。2006年，斯洛文尼亚高等教育毕业生中有64%是女性，但在科学、数学、计算机、工程、制造业或建筑业的高等教育毕业生中女性比例不足8%；与此同时，近30%的男性毕业于这些领域（Statistical Yearbook of the Republic of Slovenia，2007）。根据人口统计数据，我们假设斯洛文尼亚企业家在获得现代设备和技术的方式上存在显著的统计差异。综上，我们提出如下假设：

假设4：获得现代设备和技术的方式存在性别差异。

我们开发的框架通过纳入与技术导向有关的度量而将创业概念化，这涉及将之前提出但未经充分测试的理论结构细化为可进行实证检验的框架。事实上，我们的研究目标之一是开发并测试一种有效而可靠的调查工具，该调查工具有助于为未来的研究建立框架，从而实现对创业现象的多维概念化并能够进行跨国比较。图17.1显示了这种分析的框架。

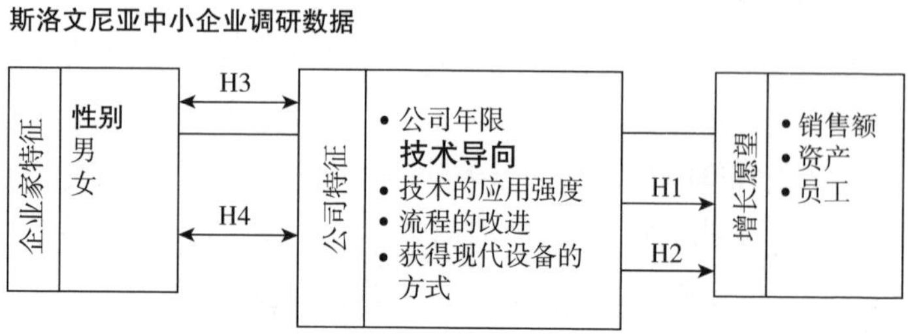

图17.1 考察技术导向中的性别差异

资料来源：作者本人研究。

研究方法

变　量

我们的调研对象是已经成立的公司，我们将企业家定义为帮助管理公司的所有者或共同所有者。本部分的调查依照先前进行过的某些调查提出五个问题，从而对斯洛文尼亚中小企业的技术导向提供深入的见解（Krošlin，2004；Ruzzier，2004）。接受调查的公司还提供了以下信息：在过去两年中它们是否进行过任何工艺或技术开发活动、预计应用新技术的数量、应用新技术的类型（对公司而言的新产品/服务；市场中的新产品/服务和对现有产品/服务的改进），以及过去两年业务流程改进的类型和频率。最后，受访者评估了获得现代设备和技术不同方式的重要性（购买新设备和技术、获得许可证、内部开发、与供应商或客户进行合作开发以及与院系或研究机构进行合作开发）。受访者以李克特量表评估所描述的项目，从 1 =“完全不重要” 到 5 =“非常重要”。

受访者还从销售收入、公司资产和雇佣情况等角度评估了未来三年增长愿望的因变量，每个项目的量表都是基于五点李克特量表，其范围从 1 =“远高于行业平均值” 到 5 =“远低于行业平均值”，我们将企业家性别分为两类（女性 =1，男性 =2），此外，公司的年限也被考虑在内。

数　据

数据来源于对斯洛文尼亚所有在标准行业分类（Standard Industry Classification, SIC）下的中小公司（股份公司、有限责任公司和非有限责任公司）进行的总体统计调查。根据配额抽样方法，按照公司规模、区域代表性、SIC代表性以及样本中男性和女性的适当比例（70∶30）选择每一部分的样本数量。

本研究采用问卷调查的方式来收集数据，样本包括201家企业。本研究所面临的核心难题是在收集与公司活动相关的主要数据时需要确保达到令人满意的回应率。在本研究中，调查的准备和实现阶段已尽可能将提高回应率的因素考虑在内。本研究的回应率为11.4%，访谈采用计算机辅助电话访问（CATI）的方法进行。

本研究采用的方法包括一般意义上的文献回顾和实证研究，以确定在当前知识背景下公司技术导向的决定因素。为了测量变量之间的联系或相关性，本研究以测量定量变量的方式检验数据的皮尔森相关性。同时，本研究使用独立样本 t 检验比较定量变量在不同组之间的平均值。接受假设的一般标准是在5%的水平上具有统计学上的显著差异（双尾检验）。为了减少数据量，本研究进行了因子分析。

研究发现

几乎50%的受访者声称他们在过去两年中自己或与合作

伙伴一起进行了技术应用或技术开发活动以发现新的知识或应用的可能性。多数（36%的）受访者表示他们使用了两到三种这类新技术，然而，还有30%的受访者表示他们从未使用过任何新技术，但作者认为由于对“新技术”的定义含糊不清，这些结果可能值得怀疑。此外，平均而言，接受采访的公司中有近50%的公司表示在一年内没有改进业务流程，大约20%的受访者表示他们的业务流程每年改进一次，主要集中于生产/服务流程。

本研究使用探索性因子分析检验假设1和假设2。在变量减少后，本研究定义了两个因子。表17.1列出了第一步因子分析的结果，两个因子分别度量应用新技术的强度和业务流程改进的频率。

在确定测量应用新技术的强度和业务流程改进频率的因子之后，将其与代表增长愿望的测量指标（销售收入的增长、公司资产和员工）进行相关性分析。假设检验的第一部分就整体样本对假设1和假设2进行检验，而第二部分则分性别研究。表17.2列出了相关系数。

表17.1　技术导向的第一步因子分析

变量	公因子方差	旋转因子	定义因子	可靠性检验
X_1	0.646	0.719	因子1：应用新技术的强度（Chronbach α：0.77）	Kaiser Meyer-Olkin：0.78 Bartlett球形度检验 $\chi^2_{(21)} = 348\ 959$ p=0.000
X_2	0.665	0.815		
X_3	0.579	0.757		
X_4	0.585	0.744		

（续表）

变量	公因子方差	旋转因子	定义因子	可靠性检验
X_5	0.642	0.786	因子2：业务流程改进（Chronbach α：0.67）	方差解释程度：61%
X_6	0.627	0.791		
X_7	0.537	0.701		

结果表明应用新技术的强度与斯洛文尼亚中小企业的增长愿望之间存在统计上显著的正向关系，具体表现为销售收入和公司资产方面的增长愿望而非雇员方面的增长愿望，这一结果部分证实了假设1的第一部分。此外，这一结果也证实了性别差异的存在。相关系数显示，极度关注应用新技术的男性企业家渴望在未来三年内增加公司的销售收入，与此同时，虽然女性企业家渴望增加公司的资产，但她们都不希望增加员工数量。同样有趣的是，应用新技术程度较强的女性希望减少公司员工的数量（然而，这种相关性在统计学上并不显著）。这一发现与 Kjeldsen 和 Nielsen（2004）的研究一致，该研究声称女性对增长产生负面影响，女性企业家很少成为“成长型企业家”。因此，假设1得到部分证实。

表 17.2　检验假设 1 和假设 2 中性别差异的结果

样本整体		增长愿望		
		销售收入	公司资产	雇员
因子1	皮尔森相关系数	**0.219****	**0.204****	0.022
	显著性（双尾检验）	**0.002**	**0.004**	0.760

（续表）

样本整体		增长愿望		
		销售收入	公司资产	雇员
因子 2	皮尔森相关系数	**0.148***	0.134	0.077
	显著性（双尾检验）	**0.040**	0.063	0.285
女性				
因子 1	皮尔森相关系数	**0.250****	0.155	0.130
	显著性（双尾检验）	**0.004**	0.075	0.138
因子 2	皮尔森相关系数	**0.221***	0.160	0.159
	显著性（双尾检验）	**0.011**	0.066	0.068
男性				
因子 1	皮尔森相关系数	0.149	**0.324***	-0.161
	显著性（双尾检验）	0.252	**0.011**	0.208
因子 2	皮尔森相关系数	-0.005	0.082	-0.053
	显著性（双尾检验）	0.969	0.529	0.680

根据假设 2，业务流程改进的类型和频率与增长愿望之间较弱的关系已经确定，只有在销售收入增长愿望方面，才出现了统计学上显著的关系，同时性别差异也再次出现。追求上述增长的主要是男性而非女性，由此，假设 2 也得到部分证实。

表 17.3 描述了公司年限与公司增长愿望之间关系的检验结果（假设 3），包括样本整体以及按照性别分类的结果。值得注意的是，这些数据表明男性（拥有年轻公司）的增长愿望高于女性，从而证实了假设 3，结果同时表明年轻公司有更高的增长愿望。如前所述，就雇员而言，这些结果显示出相似

的发现，即整个样本的差异在统计学上并不显著，女性在雇员方面也呈现出负面影响。此外，男性的增长愿望具有统计学上的显著性，而女性则没有，这些结果与以前的研究结果相一致(例如，Bager 和 Schott，2004)。新手创业企业家的创业愿望似乎高于已有的企业家。同时，这些结果也与之前表明女性会对企业增长产生负面影响的研究结果相一致（尽管在目前的情况下，它不是负面的，仅是在统计上不显著)。新手创业企业家的创业愿望为何通常高于成熟创业企业家，在文献中可以找到各种解释（Brown 和 Kirschoff，1997；Carter 等，1997)，我们可以从企业生存和学习两种角度对这一现象进行解释。大量新创企业无法生存，很可能是因为这些企业有着最高的和最不切实际的期望，同时，初创企业家也很有可能因为获得关于企业和创业环境的具体知识与技能而降低了他们的期望。

表 17.3　检验假设 3 中性别差异的结果

样本整体	增长愿望			
		销售收入	公司资产	雇员
公司年限	皮尔森相关系数	**0.142****	**0.254****	0.069
	显著性（双尾检验）	**0.049**	**0.001**	0.342
女性				
公司年限	皮尔森相关系数	**0.181***	**0.269****	**0.182***
	显著性（双尾检验）	**0.039**	**0.002**	**0.037**
男性				
公司年限	皮尔森相关系数	0.004	0.165	-0.222
	显著性（双尾检验）	0.978	0.203	0.080

假设 4 试图证明斯洛文尼亚的企业家在获得现代设备的方式方面存在性别差异。我们的研究表明购买（45%）是最常见的应用新设备和新技术的方式，其次是与供应商和客户合作开发，最不常见的方式（本研究中只有 11% 的案例）是与院系和研究机构的合作。

与男性企业家相比，女性企业家更频繁地获取许可证以及购买新设备和技术，而男性企业家则更频繁地采取其余的方法。性别与获得现代设备和技术的方式之间唯一在统计学上显著的差异是与供应商或客户合作开发，与女性相比，男性认为这种合作更重要（$p=0.036$）。因此，假设 4 得到部分证实，因为大多数回答在统计学上没有显著差异。

对技术导向的测量和雇员增长愿望之间在统计学上没有显著的相关性。对于这种情况的一种解释是样本规模结构：87% 的样本公司是微型公司，雇用的员工少于 10 人，因此不符合高增长潜力公司的标准。第二种解释与预期相符，即技术导向不一定意味着要增加新工作的数量。此外，对技术导向的测量和销售收入及资产增长愿望之间存在显著相关性，这表明现代技术有助于公司有效利用其资源（这可能会导致员工数量减少，同时产生更复杂的增值产品/服务），并且应用新设备提高了公司资产的价值。

结论

技术导向和企业增长——本研究的重点——在范围和性质上都是复杂的多维度问题，因此，提升我们对所描述现象的理解对于各个目标群体而言都极为重要。从理论角度来看，这些知识可以加强创业理论和创新理论的实证微观基础；从社会角度来看，关于促进或阻碍中小企业创业和创新的因素的更多知识可以使企业所有者、消费者和社区受益。关于政策影响，支持性措施不应以一般企业家为目标，而应更注重并有选择性地针对那些有增长动力和高增长愿望的个人和公司。

总而言之，我们对与技术导向相关企业的具体特征的分析表明，目前斯洛文尼亚企业家的增长潜力因性别而异。此外，斯洛文尼亚中小企业应用新技术的强度与增长愿望之间存在显著的正向关系。我们的研究进一步确定了与增长愿望有关的性别差异，男性渴望增加销售收入，而女性渴望增加公司资产，但是，没有人渴望促进员工数量的增加。

我们可以对结果（尽管没有统计学意义）做进一步的分析。应用新技术程度高的女性希望减少公司雇员的数量，这与以前声称女性对增长有负面影响、女性企业家很少成为“成长型企业家”（Kjeldsen 和 Nielsen，2004）的研究结果相一致。关于业务流程改进的类型和频率与增长愿望的关系，只在男性企业家样本中显著地表现出对于销售收入增长的愿望。此外，拥有年轻公司的男性比女性表现出更高的增长愿望。这些发现也与以前的研究结果一致（例如，Bager 和 Schott，2004），这表明企业家的创业愿望在新手创业企业家中似乎要高于成熟创业企业家。文献对这些现象有各种解释，例如，大量的新企业无法生存，很可能是因为它们有着最高的与最不切实际的期望。企业家的增长愿望是他们自己的期望，因为它们是自我估计的，因此不一定具有客观可能性。换句话说，新手创业企业家对增长潜力的主观预测可能高于更有经验的企业家。根据之前的研究，一些新手创业企业家出于某些原因（例如能力不足、过度乐观）错误地预估他们的企业有高增长潜力，而另一些企业家则较为温和。此外，与后者相比，前者更有可能放弃创业（Davidsson，2006）。新手创业企业家可能会在努力获得关于企业和创业环境的具体知识与技能后，降低他们的期望。因此，存在一种特别的需求，即需要一个发展良好的创业环境来刺激具有潜力的企业家追寻和利用机会。最后，斯洛文尼亚企业家获得现代设备的方式各不相同，考虑到人口统计数据，即毕业于科学、数学、计算机、工程、制造业或建筑业的女性不足 8%，而近 30% 的男性毕业于这些领域，这一结果与预期相符（Statistical Yearbook of the Republic of Slovenia，2007）。

本研究的发现与社会女权主义理论相一致（Fischer 等，1993），该理论认为男性和女性确因其经历的社会化过程不同而有所不同，这一理论将男性和女性视为两个独立的群体，尽管二者的思维方式和理性思考都是有效率的、有根据的，但仍然是独特的（Johnsen 和 McMahon，2005：118）。社会女权主义理论认为男性和女性在创办和经营企业的动机、业务技能、教育水平、对成功的衡量、自信水平、个人特征和业务任务优先级等方面存在差异（Moore 和 Buttner，1997）。目前的研究已经证实了上述很多问题，但是仍需进一步的研究。政策制定者需要牢记，在某些领域（尤其是在高增长、有野心、技术导向的公司）中，性别差异确实存在。因此，迫切需要一个“高速增长的企业家政策”，因为希望增长的企业有许多特定的需求，需要灵活性和敏捷性。

除创业活动的数量外，创业活动质量的影响力也很大。在此背景下，技术的应用及开发的重要性在当今全球竞争环境的许多方面都很明显。例如，欧洲500强的上市公司证明任何一个商业领域都可以拥有充满活力、创业精神、注重增长的公司。事实上，有助于公司快速增长的不是领域，而是其对增长的承诺。对分类的进一步分析清晰地表明占主导地位的部门是“IT服务、信息和通信技术”（拥有90家公司），其次是“建筑和房地产”（42家公司）（Europe's，2007）。

正如本研究的结果和文献综述已经证实的，增长主要基于企业家的思维方式。企业家必须首先确定增长的决心，然后理解（并完成）为实现这一目标而必须采取的一系列活动。政策制定者应该认识到人们会有不同的思维方式，并且文化、经济和社会因素会影响思维方式的形成。

最后，每个企业家都是不同的，他们有着不同的愿望，因此需要区别对待。本研究的结果显示，政策制定者必须着重鼓励受过良好教育的个人创业，这些人可能建立有增长潜力的技术型公司。激活这些人的创业潜力需要促进以技术和增长为导向的创业活动的发展。在宣传榜样的同时，建立有效和有意义的激励机制也至关重要。同时，进一步的研究将有助于区分有效的政策工具来促进以增长为导向的创业活动。

参考文献

Acs, Z. J. (2002), *Innovation and the Growth of Cities*, Cheltenham, UK and Northampton, MA, USA: Edward Elgar.

Allen, I. E., Elam, A., Langowitz N. and Dean, M. (2008), *Global Entrepreneurship Monitor: 2007 Report on Women and Entrepreneurship*, Wellesley, MA: Global Entrepreneurship Research Association (GERA).

Anna, A. L., Chandler, G. N., Jansen, E. and Mero, N. P. (1999), 'Women business owners in traditional and non-traditional industries', *Journal of Business Venturing*, 15 (3), 279-303.

Arch, E. C. (1993), 'Risk-taking: A motivational basis for sex differences', *Psychological Reports*, 73, 3-11.

Autio, E. (2005), *Global Entrepreneurship Report 2005, Report on High-Expectation Entrepreneurship*, Babson Park, MA: Babson College and London: London Business School.

Bager, T. and Schott, T. (2004). 'Growth expectations by entrepreneurs in nascent firms, baby businesses and mature firms: Analysis of the Global Entrepreneurship Monitor surveys in Denmark 2000-2003', paper presented at the first GEM Research Conference, Berlin, 1-3 April.

Begley T. (1995), 'Using founder status, age of firm, and company growth rate as the basis for distinguishing entrepreneurs from managers of smaller businesses', *Journal of Business Venturing*, 10, 249-263.

Brown, T. E. and Kirschoff, B. A. (1997), 'The effects of resource availability and entrepreneurial orientation on firm growth', *Frontiers of Entrepreneurship Research*, Wellesley, MA: Babson College, 32-46.

Brush, C. G. (1997), 'Women-owned businesses: Obstacles and opportunities', *Journal of Developmental Entrepreneurship*, 2 (1), 1-24.

Carter, N., Gartner, W. B. and Reynolds, P. D. (1997), 'Exploring start-up sequences', *Journal of Business Venturing*, 11, 151-166.

Cavusgil, T. and Knight, G. (1997), 'Explaining an emerging phenomena for international marketing: Global orientation and the born global firm', working paper, Michigan State CIBER.

Cooper, A. C. (1993), 'Challenges in predicting new firm performance', *Journal of Business Venturing*, 8 (3), 241-253.

Cooper, R. G. and Kleinschmidt, E. J. (1995), 'Performance typologies of new product projects', *Industrial Marketing Management*, 24, 439-456.

Davidsson, P. (2006), 'Nascent entrepreneurs: Empirical studies and devel-op- ments', *Foundations and Trends in Entrepreneurship*, 1 (2), 1-70.

De Jong, J. P. J. and Brouwer, E. (1999), *Determinants of Innovative Ability of SMEs*, Zoetermeer: EIM, Small Business Research and Consultancy.

De Jong, J. P. J., Kemp, R. and Snel, C. (2001), *Determinants of Innovative Ability*, Zoetermeer: EIM, Small Business Research and Consultancy.

Delmar, F. and Davidsson, P. (1999), 'Firm size expectations of nascent entrepreneurs', *Frontiers of Entrepreneurship Research 1999*, Wellesley, MA: Babson College, 90-104.

DiMaggio, P. (1997), 'Culture and cognition', *Annual Review of Sociology*, 23, 263-287.

Drnovšek, M. and Glas, M. (2006), 'Women entrepreneurs in Slovenia: by fits and starts', in F. Welter, D. Smallbone and B. N. Isakova (ed), *Enterprising Women in Transition Economies*, Aldershot: Ashgate.

Du Rietz, A. and Henrekson, M. (2000), 'Testing the female underperformance hypothesis', *Small Business Economics*, 14, 1-10.

Dutta, S. and Evrard, P. (1999), 'Information technology and organisation within European small enterprises', *European Management Journal*, 17 (3), 239-251.

Europe's 500 (2007), available at: http://www.europes500.com/results.html (accessed January 2009).

Fischer, E. M., Reuber, R. A. and Dyke, L. S. (1993), 'A theoretical overview and extension of research on sex, gender, and entrepreneurship', *Journal of Business Venturing*, 8 (2), 151-168.

Gal, S. and Kligman, G. (2000), *The Politics of Gender after Socialism: A Comparative-Historical Essay*, Princeton, NJ: Princeton University Press.

Global Competitiveness Report 2007-2008, available at: http://www.weforum.org/en/initiatives/gcp/Global% 20Competitiveness% 20Report/index.htm (accessed September 2008).

Global Gender Gap Report (2008), available at: http://www.weforum.org/en/Communities/Women% 20Leaders% 20and% 20Gender% 20Parity/GenderGapNetwork/index.htm (accessed January 2009).

Gray, C. (2000), 'Formality, intentionality, and planning: Features of successful entrepreneurial SMEs in the future?', paper presented at the ICSB World Conference 2000, Brisbane, June.

Greene, P. G., Hart, M. M., Gatewood, E. J., Brush, C. G. and Carter, N. M. (2003), 'Women entrepreneurs: Moving front and center: An overview of research and theory', *Coleman White Paper Series*, 3, 1-47, available at: http://www.usasbe.org (accessed September 2008).

Gundry, L. K. and H. P. Welsch (2001), 'The ambitious entrepreneur: High growth strategies of women-owned businesses', *Journal of Business Venturing*, 16, 453-470.

International Helsinki Federation for Human Rights (IHF) (2000), 'Women 2000: An investigation into the status of women's rights in Central and South-Eastern Europe and the Newly Independent States', Vienna, available at: http://www.onlinwwomenpolitics.org/beijing12Women_2000.pdf (accessed January 2009).

Johnsen, G. J. and McMahon, R. G. P. (2005), 'Owner-manager gender, financial performance and business growth amongst SMEs from Australia's Business Longitudinal Survey', *International Small Business Journal*, 23 (2), 115-142.

Kjeldsen, J. and Nielsen, K. (2004), 'Growth creating entrepreneurs: What are their characteristics and impact, and can they be created?', in M. Hancock and T. Bager (ed), *Global Entrepreneurship Monitor Denmark 2003*, Copenhagen: Borsens Forlag.

Kolvereid, L. (1992), 'Growth aspirations among Norwegian entrepreneurs', *Journal of Business Venturing*, 5, 209-222.

Krošlin, T. (2004), 'Vpliv dejavnikov invencijsko-inovacijskega potenciala na uspešnost podjetij' ('The impact of the determinants of inventive-innovative potential on the firm performance'), master's thesis, Faculty of Economics and Business, University of Maribor.

Leinert-Novosel, S. (2000), *Žena na pragu 21. stoljeća: između majčinstva i profesije* (*Women at the Beginning of the 21st Century: Between Motherhood and Profession*), Zagreb: Women's Group TOD.

Liao, J. and Welsch, H. (2003), 'Social capital and entrepreneurial growth aspiration: A comparison of technology- and non-technology-based nascent entrepreneurs', *Journal of High Technology Management Research*, 14, 149-170.

Lin, N. (1999), 'Social networks and status attainment', *Annual Review of Sociology*, 25, 467-487.

Maki, K. and Pukkinen, T. (2000), 'Barriers to growth and employment in Finnish small enterprises', paper presented at the ICSB World Conference 2000, Brisbane, June.

Moore, D. and Buttner, H. (1997), *Women Entrepreneurs Moving Beyond the Glass Ceiling*, Thousand Oaks, CA: Sage.

Ogloblin, G. C. (1999), 'The gender earnings differential in the Russian transition economy', *Industrial and Labor Relations Review*, 52 (4), 602-627.

Organisation for Economic Co-operation and Development (OECD) (2004), *Women's Entrepreneurship: Issues and Policies*, Paris: OECD.

Orser, B. J., Hogarth-Scott, S. and Wright, P. (1998), 'On the growth of small enterprises: The role of intentions, gender and experience', *Frontier of Entrepreneurship Research*, Wellesley, MA: Babson College, 366-380.

Rebernik, M. and Širec, K. (2009), *Dynamics of Slovenian Entrepreneurship: Slovenian Entrepreneurship Observatory 2008*, Maribor: Faculty of Economics and Business, University of Maribor.

Rebernik, M., Tominc, P. and Pušnik, K. (2008), *Premalo razvojno usmerjenih podjetij: GEM Slovenija 2007* (*Too Few Growth-Oriented Enterprises: GEM Slovenia 2007*), Slovenian Entrepreneurship Observatory, Maribor: Faculty of Economics and Business, University of Maribor.

Rogers, M. E. (1995), *Diffusion of Innovations*, 5th edn, New York: Free Press.

Ruminska-Zimny, E. (2003), 'Women's entrepreneurship and labour market trends in transition countries', in *Women's Entrepreneurship in Eastern Europe and CIS Countries*, Geneva: United Nations, 1-16.

Ruzzier, M. (2004), 'The internationalization of small and medium enterprises: The influence of the entrepreneur's human and social capital on the degree of internationalization', dissertation, Faculty of Economics, University of Ljubljana.

Širec, K. (2007), 'Vpliv poslovnih priložnosti, sposobnosti podjetja in osebnih lastnosti podjetnika na rast malih in srednjevelikih podjetij' ('The impact of entrepreneurial opportunities, firm abilities and entrepreneurs' personal characteristics and SMEs' growth'), dissertation, Faculty of Economics and Business, University of Maribor.

Smallbone, D. and Welter, F. (2001), 'The distinctiveness of entrepreneurship in transition countries', *Small Business Economics*, 16 (4), 249-262.

Solymossy, E. (1998), 'Entrepreneurial dimensions: the relationship of individual, venture, and environmental factors to success', dissertation, Department of Marketing and Policy, Weatherhead School of Management, Case Western Reserve University.

Statistical Yearbook of the Republic of Slovenia (2007), Ljubljana: Statistical Office of the Republic of Slovenia.

Storey, D. (1994), *Understanding the Small Business Sector*, London and New York: Routledge.

Stoyanovska, A. (2001), *Jobs, Gender and Small Enterprises in Bulgaria*, Geneva: ILO.

Sundbo, J. (1998), *The Theory of Innovation: Entrepreneurs, Technology and Strategy*, Cheltenham, UK and Lyme, NH, USA: Edward Elgar.

Tominc, P. (2002), 'Some aspects of the gender wage gap in Slovenia', *Družtvena istraživanja*, 11 (6), 879-896.

Tominc, P. and Rebernik, M. (2006), 'Female entrepreneurial growth aspirations in Slovenia: An unexploited resource', in C. G. Brush, N. M. Carter, E. Gatewood, P. G. Greene and M. M. Hart (ed), *Growth-oriented Women Entrepreneurs and their Businesses: A Global Research Perspective*, Cheltenham, UK and Northampton, MA, USA: Edward Elgar, 330-347.

Tominc, P. and Rebernik, M. (2007a), 'Growth aspirations and cultural support for entrepreneurship: A comparison of post-socialist countries', *Small Business Economics*, 28 (2/3), 239-255.

Tominc, P. and Rebernik, M. (2007b), 'Gender differences in early-stage entrepreneurship in three European post-socialist countries', *Družtvena istraživanja* (Zagreb), 16 (3), 589-611.

Ward, J. L. (1997), 'Growing the family business: Special challenges and best practices', *Family Business Review*, 10 (4), 323-337.